Anne Morrow Lindbergh:
Blume und Nessel
Jahre in Europa

Deutsch von Elisabeth Piper

Deutscher
Taschenbuch
Verlag

dtv

Von Anne Morrow Lindbergh
ist im Deutschen Taschenbuch Verlag erschienen:
Die Hochzeit (2510)

Im Text ungekürzte Ausgabe
Juni 1986
Deutscher Taschenbuch Verlag GmbH & Co. KG,
München

Titel der Originalausgabe: ›The Flower and the Nettle‹
(Harcourt Brace Jovanovich, Inc., New York und
London 1976)
 · ISBN 3-492-02665-6
Umschlaggestaltung: Celestino Piatti
Gesamtherstellung: C. H. Beck'sche Buchdruckerei,
Nördlingen
Printed in Germany · ISBN 3-423-10582-8

Das Buch

»Die Jahre in Europa bescherten uns ein persönliches Glück, wie es uns nie zuvor beschieden gewesen war«, bekennt Anne Morrow Lindbergh. Vor dem Druck ungeheurer Publicity, die seit Lindberghs Atlantikflug und der aufsehenerregenden Entführung und Ermordung ihres ersten Babys ein Leben in Amerika unerträglich machte, flohen Charles und Anne Lindbergh Ende Dezember 1935 nach Europa. Mit der Ankunft in Liverpool beginnt dieser Erinnerungsband mit Briefen und Tagebuchaufzeichnungen, der die für unser Jahrhundert so entscheidenden Jahre 1936 bis 1939 umfaßt. In einem Landhaus in Kent und später in einem Haus auf einer Insel vor der bretonischen Küste findet die Familie die erhoffte Ruhe. Unbeschwert wachsen hier die beiden Söhne auf, Anne arbeitet an einem neuen Buch, und ihr Mann widmet sich seinen Studien und Experimenten. Von hier aus reisen sie nach Deutschland und Rußland, sind Gäste vieler amerikanischer Botschaften in Europa, treffen mit Politikern, Künstlern und Wissenschaftlern, aber auch mit ganz einfachen Menschen zusammen. Doch getrübt werden Glück und Frieden durch die Schatten des nahenden Krieges. So ist Anne Morrow Lindberghs Bericht nach eigener Darstellung »die persönliche Geschichte zweier junger Amerikaner inmitten der Schönheit und Vielfalt der europäischen Szenerie. Gemeinsam mit den erfahrensten Diplomaten bot sich uns eine Ära noch nie dagewesener Veränderungen in der Weltpolitik dar«.

Die Autorin

Anne Morrow Lindbergh, geboren am 22. Juni 1906 in Englewood, New Jersey, unternahm zusammen mit ihrem Mann, Charles A. Lindbergh, weite Flugreisen. Ihrem schriftstellerischen Werk, das Reiseberichte, Lyrik, Romane, Essays umfaßt, ist ein ungewöhnlicher Erfolg beschieden.

Redaktioneller Hinweis

Tagebuch und Briefmaterial in diesem Buch wurden im Hinblick auf Wiederholungen gekürzt. Da dies ein persönlicher und kein historischer Bericht ist, sind die Anmerkungen, auf die Zeit des Tagebuchs bezogen, absichtlich kurz gehalten und auf Informationen beschränkt, die zum Verständnis des Textes unerläßlich sind.

Die folgenden Abkürzungen wurden durchgehend verwendet:
D.W.M. – Dwight Whitney Morrow
E.C.M. – Elizabeth Cutter Morrowa
E.R.M.M. – Elisabeth Reeve Morrow Morgan
C.C.M.M. – Constance Cutter Morrow Morgan
E.L.L.L. – Evangeline Lodge Land Lindbergh
A.M.L. – Anne Morrow Lindbergh
C.A.L. – Charles August Lindbergh

Einführung

Die Blume

Die vorangegangenen Bände meiner Tagebücher und Briefe berichten von meiner Jugend in der einstmals kleinen Stadt Englewood, New Jersey, wo ich in einem behüteten Milieu, in dem die Familienmitglieder einander herzlich zugetan waren, aufwuchs. Wenn auch Englewood unser eigentliches Zuhause war, so pendelten wir doch wochentags zwischen dort und unserer New Yorker Stadtwohnung hin und her, da mein Vater Teilhaber der J. P. Morgan Bankgesellschaft war. Während meines letzten Jahres im Smith College (1927–1928) wurde mein Vater zum amerikanischen Botschafter in Mexiko ernannt. In den Weihnachtsferien fuhren diejenigen von uns, die in der Schule geblieben waren, nach Mexiko City zu der übrigen Familie. Dabei begegnete ich – verschreckt und vor Schüchternheit kaum eines Wortes mächtig – Charles Lindbergh, der im vorhergegangenen Frühjahr den ersten Alleinflug über den Atlantik gemacht hatte. Er war von meinem Vater nach Mexiko City eingeladen worden, da er sich gerade auf einem »Goodwill«-Flug durch Mittel- und Südamerika in seiner einmotorigen *Spirit of St. Louis* befand.

Es war danach noch kein Jahr vergangen, als Charles Lindbergh mich zu meinem Erstaunen in New Jersey anrief und mich nach ein bis zwei Wochen, in denen wir gemeinsam Spritztouren im Flugzeug unternommen hatten, um meine Hand bat. Wir heirateten im engsten Familienkreis am 27. Mai 1929, und mein Mann verfolgte weiter seine Karriere als Flieger. Ich begleitete ihn für die T.A.T. (die spätere T.W.A.) auf seinem Vermessungsflug über den Kontinent und über die Karibik. Zur damaligen Zeit existierten noch keinerlei kommerzielle Flugrouten. In den folgenden Jahren flogen wir über Kanada und Alaska, um nördliche Routen zu erforschen, später dann über Grönland, Island und über den Nordatlantik, um mögliche Stationen für den ersten kommerziellen panamerikanischen Luftpostdienst ausfindig zu machen.

Unsere ersten Ehejahre waren keineswegs ein einziges goldenes Abenteuer. Beide waren wir, von Natur aus zurückhaltend, ganz plötzlich zum Mittelpunkt des öffentlichen Interesses geworden, Zeitungsreporter redeten auf uns ein, und unser Privatleben war bis in seine Details Gegenstand der Publikumsneugier. Wir konnten nicht auf die Straße gehen, gemeinsam kein Restaurant betreten oder wie normale Menschen Einkäufe machen. Wir waren in den Sog einer Publicity geraten, wie sie bis dato nur königliche Familien, Präsidenten oder Filmschauspieler kannten, allerdings waren wir ohne jeglichen offiziellen Schutz, den sonst Personen des öffentlichen Lebens erhielten. Ohne Erfolg versuchten wir, unser Privatleben von unseren fliegerischen Unternehmungen abzutrennen. Wir gingen deshalb daran, uns auf dem Lande, in der Nähe von Princeton, New Jersey, ein Zuhause einzurichten.

Unser Kampf um ein normales bürgerliches Leben erreichte seinen tragischen Höhepunkt, als am 1. März 1932 unser erstes Baby aus unserem neugebauten Haus entführt wurde. Nach Monaten vergeblichen Suchens wurde sein Leichnam etliche Meter von unserem Haus entfernt gefunden. Die »Stunde von Gold« wurde mit einem Schlag zur »Stunde von Blei«. Unser zweiter Sohn Jon wurde im August desselben Jahres im Hause meiner Mutter in New Jersey geboren. Dorthin hatten wir uns aus Sicherheitsgründen, und um für uns leben zu können, zurückgezogen. Die Publicity jedoch verfolgte uns weiter, Neugierige jagten uns, sogar an unser neugeborenes Baby wurden Drohbriefe gerichtet. Dieser ständige Druck, unter dem wir standen, nahm in den folgenden drei Jahren mit der Festnahme und dann 1935 mit der gerichtlichen Verurteilung von Bruno Hauptmann, dem Entführer und Mörder unseres Kindes, unentwegt zu. Bemüht, für unseren zweiten Sohn und für uns selber ein normales Leben aufzubauen, verließen wir im Dezember desselben Jahres in aller Heimlichkeit das Land, um für unbestimmte Zeit in England zu wohnen.

Dieser vorliegende vierte Band meines Lebensberichts in Briefen und Tagebuchnotizen beginnt nach unserer Ankunft in Liverpool und mit unserem Aufenthalt in Wales, wo uns die Familie von Aubrey Morgan, des Mannes meiner ein Jahr vorher an Lungenentzündung verstorbenen Schwester Elisabeth, großzügig aufnahm. Anfang 1936 unternahmen wir hier die ersten Anstrengungen, uns eine neue Existenz aufzubauen.

Unser Versuch, Frieden und Ruhe zu finden, wurde schließlich von Erfolg gekrönt. Die Jahre in Europa bescherten uns ein persönliches Glück, wie es uns nie zuvor beschieden gewesen war. Wir bewohnten zwei außergewöhnliche Häuser. Das erste, Long Barn, ein altes, weitläufiges, ausgebautes, bäuerliches Landhaus, gehörte Harold Nicolson und seiner Frau Victoria (Vita) Sackville-West; es lag in der Nähe von Sevenoaks in Kent. Dort, in dem terrassenförmig angelegten Garten und der hügeligen Landschaft, konnte unser Sohn Jon zwanglos und ohne Bewachung spielen; ich konnte an einem neuen Buch über unsere Flüge über den Nordatlantik *(Listen! the Wind)* arbeiten und mein Mann nahm hier seine Studien und Forschungen, die er mit Dr. Carrel vom Rockefeller-Institut in New York City begonnen hatte, wieder auf. Dieser idyllische Ort wurde auch das erste Zuhause unseres dritten Sohnes, Land, der am 12. Mai 1937 in London zur Welt kam. Long Barn war ein sicherer Ausgangspunkt für unsere Reisen in Europa, nach Paris, Italien und nach Indien.

Schließlich zogen wir nach Frankreich in unser zweites außergewöhnliches Haus, das auf einer unwirtlichen felsigen Insel vor der bretonischen Küste in der Nähe der Ile St. Gildas lag, die den Carrels gehörte. In dieser herrlichen und abgeschiedenen Umgebung konnte mein Mann seine Diskussionen fortsetzen, seine Experimente an Gewebezellen und auch die Perfusion von

Organen weiterführen, während ich mir fröhlich und energiegeladen die Aufgabe gestellt hatte, eine Familie zu versorgen, und dies in einem türmchenbewehrten Steinhaus, das aus dem letzten Jahrhundert stammte, weder Heizung noch Installation und auch keinen elektrischen Strom hatte. (Das »einfache« Leben, das viele Männer so in den Himmel heben, ist, wie ich in diesem Sommer lernte, eine große Belastung für die Frauen.)

Den Engländern und Franzosen bin ich für diese Zeit des privaten Friedens und Glücks zutiefst dankbar. Ich verdanke ihnen einige der glücklichsten Jahre meines Lebens. Die »verschlossenen Räume« lagen hinter mir, ich hatte innere Unabhängigkeit und innere Kräfte entwickelt, die von einem ganz persönlichen Glücksgefühl genährt wurden. Diese Entwicklung hatte aber nicht nur mit unserem persönlichen Leben zu tun – dem harmonischen Zuhause, dem zweiten Buch, dem dritten Kind –, sie war auch auf die äußere Umgebung zurückzuführen.

In den Vorkriegsjahren 1936 und 1937, in denen England und Frankreich nach außen so friedlich, auf uns aber stimulierend und herzerwärmend wirkten, breiteten sich, wie wir entdeckten, unterschwellig Unsicherheit und Ratlosigkeit aus, bedrohliche Vorzeichen des entsetzlichsten Krieges, den die Menschheit erleben sollte. Und bald wurde uns bewußt, daß sich schon der Sturmwind erhob. 1936 war der Spanische Bürgerkrieg ausgebrochen, spätestens 1938 wurde es bei der zunehmenden Macht der Nazis in Deutschland offenkundig, daß persönlicher Friede und persönliches Glück nicht nur für jeden einzelnen in Europa auf dem Spiele standen, sondern daß, selbst wenn man von der Bedrohung nicht unmittelbar betroffen war, eigener Friede und persönliches Glück, gekettet an das allgemeine Schicksal, als Bollwerk nicht ausreichen würden. Die Vorkriegsjahre in Europa lehrten mich diese schwierige Lektion.

Die Nessel

Ich bin bei der Planung, meine Tagebücher und Briefe zu veröffentlichen, an einem schwierigen Punkt angelangt, an einem Punkt, den ich zu Beginn der Arbeit vorausgesehen und sogar in einer früheren Einführung erwähnt habe. Wenn man sich entschließt, Aufzeichnungen über das eigene Leben zu hinterlassen, gibt es mehrere Möglichkeiten: eine Biographie, eine Autobiographie oder die Tagebücher und Briefe in ihrem ursprünglichen Zustand. Welchen Weg man auch einschlägt, stets gibt es Vorteile und Nachteile. Eine Biographie ist kürzer, für den Autor wie für den Leser klarer. Verfaßt man die Niederschrift selber, kann man sie zur gegebenen Zeit, dank einer lebenslangen Erfahrung, geschickt gestalten und mit weisen späten Einsichten versehen. Fehlurteile und mißliche Unbesonnenheiten kann man weglassen, übergehen oder derart vertuschen, daß das Bild, das so entsteht, für den Autor vorteilhafter und dem Leser gefälliger erscheint. Die Versuchung ist groß, eine ursprüngliche Darstellung, oft sogar unbewußt, geringfügig zu verfälschen oder aufzumöbeln. Ein Mann der Historie lehnte es angeblich ab, seine Memoiren zu schreiben, da er, wie er kurzerhand antwortete, »nichts zu verbergen habe«.

Leichter, und für mich und meinen Mann bei weitem schmeichelhafter, wäre es gewesen, hätte ich eine zusammenfassende, gemilderte und überarbeitete Autobiographie geschrieben, in der ich das, was mir mißfiel, weggelassen, spätere Erkenntnisse hinzugefügt und somit den erwünschten angenehmen Eindruck erweckt hätte, den ich mir in der Vorstellung meiner Leser und für die Nachwelt erhoffte.

Aber solche Imaginationen waren mir mein ganzes Leben lang widerwärtig. Der Ruhm sorgt dafür, daß Opfer und Helden gewisse Vorstellungen erwecken. Rilke sagte einst: »Ruhm ist die Summe der Mißverständnisse, die sich um einen neuen Namen rankt.« Fast fünfzig Jahre lang waren wir die – wohl nicht immer ganz unschuldigen – Opfer honigsüßer sowie herber Vorstellungen. Diese in meinen Büchern zu zerstreuen, ob sie nun gut oder schlecht ausgefallen waren, das war mir das allerwichtigste. Unser Leben sollte so aufgezeigt werden, wie es mir *damals* schien, und nicht wie es sich mir heute rückblickend darstellt.

Ganze historische Zeitläufe unterliegen ebenfalls gewissen Vorstellungen, und das besonders in konfliktgeladenen Perioden, in denen Emotionen geweckt werden, idealistische Hoffnungen oder Ängste die Realität verdrängen, und so ein vereinfachtes Bild für die Nachwelt entsteht. Die Vorkriegsjahre in Europa fallen in seine solche Zeit, und möglicherweise beleuchten meine Tagebücher etliche vergessene Aspekte dieser Ära.

Hitler war seit drei Jahren an der Macht. Er hatte sein strategisches Programm für Deutschlands »Wiedergeburt« bereits begonnen.

Viele Staatsmänner und Diplomaten hatten mit Hitler Unterredungen geführt, darunter Anthony Eden, John Simon, Benito Mussolini, André François-Poncet, Lloyd George, Thomas Jones und der Historiker Arnold Toynbee. Thomas Jones berichtet in seinem Tagebuch am 8. März 1936 über Toynbees Eindruck, der seinen eigenen bestätigt: »Heute morgen machte ich mit Toynbee – der eben von einem Aufenthalt in Deutschland zurückkehrte, wo er in Bonn, Berlin und Hamburg Vorträge gehalten hatte – einen Spaziergang. Er hatte eine eindreiviertelstündige Unterredung mit Hitler. Er ist von Hitlers Aufrichtigkeit in seinem Wunsch nach Frieden für Europa und nach einer engen Beziehung zu England überzeugt.«

Im Gegensatz dazu gab es auch warnende Stimmen, besonders in den Vereinigten Staaten, wo die ersten jüdischen Flüchtlinge eingetroffen waren und von Unterdrückungen und zunehmenden antisemitischen Maßnahmen berichteten. Abraham Flexner warnte seinen Freund Thomas Jones ganz freimütig davor, Hitler zu trauen. Auch in England gab es mutige Gegenstimmen, die vor der wachsenden deutschen Streitmacht, insbesondere der Luftwaffe, warnten. Winston Churchill war ein unerschütterlicher Vertreter dieser damals abweichenden Meinung. Neville Henderson, der damalige britische Botschafter in Berlin, setzte sich konsequent für eine Wiederaufrüstung zur Unterstützung der Friedenspolitik ein, zu der ihn Baldwin und auch Chamberlain verpflichtet hatten. Roy Fedden (von 1920 bis 1942 leitender Ingenieur der Bristol Aeroplane Co. Ltd.) beschwor die Regierung, energisch ein wirkliches Wiederbewaffnungsprogramm durchzusetzen. Ansonsten jedoch trafen alle Warnungen auf taube Ohren.

C.A.L. gehörte mit zu der Gruppe, die schon sehr früh auf die Gefahr Hitler aufmerksam machte. Er war keineswegs der Initiator seiner Erkundungsreisen durch Europa, er wurde vielmehr 1936 dazu beauftragt, und zwar auf Wunsch von Oberst Truman Smith, dem damaligen Militärattaché in Berlin, dem es unmöglich war, für den amerikanischen Nachrichtendienst die nötigen detaillierten Informationen, speziell über die außerordentliche Aufrüstung der deutschen Luftwaffe, zu erhalten. Das Ergebnis des Berichtes von C.A.L. war, daß die deutschen Luftstreitkräfte stärker waren als die aller anderen Länder zusammen, und daß die Vereinigten Staaten das einzige Land wären, das es, in bezug auf das Flugwesen, mit Deutschland aufnehmen könnte.

C.A.L. begegnete Hitler in Deutschland nie, Göring traf er nur drei- bis viermal und zwar immer bei großen formellen Anlässen, niemals alleine. (Die Tatsachen strafen die Gerüchte über eine Freundschaft Lügen.) Gespräche führte er mit dem erfolgreichen Kampfflieger des Ersten Weltkrieges Ernst Udet und mit Erhard Milch (dem ehemaligen Chef der Lufthansa und späteren Generalinspekteur der Luftwaffe und Staatssekretär).

Zweifellos »benutzte« Göring C.A.L., um mit seiner Luftstreitmacht zu prahlen, denn er nahm wohl an, daß Berichte über die Stärke der Luftwaffe ins Ausland gelangten, und daß damit der Widerstand gegen Hitlers aggressives Vorhaben zurückgedrängt würde. Doch gleichzeitig wurde auch von dem amerikanischen Nachrichtendienst ein doppeltes Spiel gespielt. Selbst das notorische Diner in Berlin, das der US-Botschafter Hugh Wilson gab, und auf dem Göring C.A.L. völlig überraschend einen Orden verlieh, gehörte zum diplomatischen Manöver.

C.A.L. erhielt die zivile Auszeichnung »für seine Verdienste um die Weltluftfahrt, insbesondere aber für seinen historischen Alleinflug über den Ozean im Jahre 1927«. Vor dem Essen war kein Amerikaner, weder Botschafter Wilson noch C.A.L. darüber unterrichtet worden. Es handelte sich um eine absolute Überraschung. Unter diesen Umständen, so schrieb Botschafter Wilson später an C.A.L., gab es damals keine andere Alternative, als den Orden anzunehmen. Der Sinn des Diners wäre zunichte gemacht worden und jede weitere Nachrichtenermittlung C.A.L.s wäre damit beendet gewesen. Es erübrigt sich wohl, zu erwähnen, daß er den Orden nie getragen hat, er wurde in das Jefferson Memorial Museum in St. Louis gesandt, wo auch alle anderen Orden, die C.A.L. für seinen Flug 1927 bekommen hatte, aufbewahrt werden. Deutschland war die einzige europäische Macht gewesen, die ihm nach seiner Ozeanüberquerung keine Auszeichnung verlieh. In der Hitze des Gefechts der Vorkriegsjahre – aber selbst noch bis zum heutigen Tag – wurde C.A.L. vorgeworfen, daß er von Göring einen Orden angenommen hat, als wäre das ein bewußter Akt der Billigung des Naziregimes und womöglich sogar von den Nazis eine Anerkennung für die ihnen geleisteten Dienste gewesen. Tatsächlich aber war die Ordensverleihung ein unvorhergesehener Zwischenfall, der sich ereignete, als er seine Mission im Auftrag des Geheimdienstes zu erfüllen hatte.

Daß wir in der europäischen Szenerie ausgesprochene Neulinge waren, läßt sich nicht leugnen. Wir waren nie vorher in Deutschland gewesen (wenn man von meinem Aufenthalt als Kind absieht), in Rußland waren wir nur einmal kurz. Wir konnten weder Deutsch noch Russisch, und in den Hauptstädten, die wir besuchten, trafen wir hauptsächlich Angehörige der diplomatischen Korps und Offiziere der Luftwaffe des jeweiligen Landes. Das Personal der Luftstreitkräfte ähnelt sich in der ganzen Welt weitgehend, zumeist zeichnet es sich durch Mut und ein echtes Engagement aus, und wir hatten den Eindruck, daß das auch in Rußland und Deutschland nicht anders war. In der damaligen Zeit waren die Flieger eine Art internationale Bruderschaft, wie es heute weitgehend die Astronauten sind. In offiziellen Kreisen sprachen deutsche Fliegeroffiziere nicht über Außenpolitik.

Jedenfalls muß man unsere Naivität, wenn man das so bezeichnen kann, im Zusammenhang mit der damaligen Zeit sehen. In den verschiedenen europäischen Botschaften, in denen wir ein und aus gingen, herrschte eine Atmosphäre, in der man den dringenden Wunsch spürte, der einzig darin gipfelte, den Frieden durch Verhandlungen zu sichern. So schrieb Bruce Lockhart 1938: »Mir begegnete kein Minister und kein Staatsmann, der nicht der Überzeugung war, daß der Schlüssel zum europäischen Frieden in einer anglo-deutschen Verständigung zu suchen wäre.« Das gleiche Thema bestimmte François-Poncets Darstellung: »Die demokratischen Völker waren ebenso wie ihre Regierungen von dem für die damalige Zeit typischen Leitgedanken beherrscht: einem gesunden Pazifismus und der Furcht vor einem Krieg für ganz Europa. Sie waren dazu bereit, für die Friedenssicherung Opfer – unter Umständen auch schmerzliche Opfer zu bringen.«

An dieser Stelle muß ich erwähnen, daß meines Mannes und mein Standpunkt sich nicht deckten. Er sah die Dinge in erster Linie aus der Sicht des Technikers. Ihn interessierten die Fakten und die waren ihm klar. Soweit es die Technik des Flugwesens betraf, die sein Arbeitsgebiet war, war er keineswegs naiv. Von Natur aus und aufgrund seiner Ausbildung besaß er die Fähigkeiten, die Aufgabe, die man ihm gestellt und die er bereitwillig akzeptiert hatte, zu lösen; an Vor- oder Nachteile dachte er dabei nicht. Er war erstaunt und beeindruckt vom raschen Anwachsen der deutschen Luftstreitmacht, sah aber auch die Gefahr. Es entsprach seinem Wesen, daß er, wo immer Gefahr lauerte, ihr so nahe wie möglich sein, ihr begegnen, sie abschätzen und, so es ging, sich zum Kampf gegen sie rüsten wollte. Als »Fachmann für Störfaktoren« wurde er für die Luftverkehrslinien, für die er sein Leben lang tätig war, unentbehrlich. Seine Aufgabe bestand darin, Gefahrenquellen aufzuspüren und sie auszuschalten. So reagierte er auch in früheren Zeiten bei heraufziehenden Stürmen. Erhielten wir einen Schlechtwetterbericht, war seine Antwort unweigerlich: »Wir fliegen mal los und sehen zu, wie es aussieht, umkehren können wir immer.« Ich bin sicher, daß es diese charakteristische Haltung war, die ihn zu der Überlegung veranlaßte, den Winter 1938/39 in Deutschland zu verbringen. Zweifellos wußte er, daß Deutschland die Gefahrenquelle in Europa war. Er wollte dieser Gefahr so nahe wie möglich sein, um sie genau abschätzen und andere vor ihrem Ausmaß warnen zu können.

Wir haben dieses Vorhaben selbstverständlich nicht ausgeführt. Am 7. November 1938 erschoß ein junger polnischer Jude, halb wahnsinnig vor Kummer über das Schicksal seiner deportierten Eltern, einen deutschen Sekretär der Pariser Botschaft. Diesen Zwischenfall benutzten die Nazis als Vorwand, um am 9. und 10. November ein schändliches geplantes Pogrom gegen die Juden auszuführen, indem sie in ganz Deutschland Synagogen in Brand setzten und systematisch Geschäfte plünderten und zerstörten. C.A.L.s sofortige Reaktion darauf war ein Telephonanruf bei dem Militärattaché in Berlin, dessen Frau in ihrem Tagebuch vermerkte: »Er wollte in Berlin kein Haus, in einem Land, in dem solche Greuel verübt würden – er war aufgebracht.«

Wenn der Standpunkt meines Mannes im wesentlichen vom Technischen und Praktischen bestimmt war, war meiner im Gegensatz dazu weitgehend vom Emotionalen und von *viel mehr* Vertrauen geleitet. Ich erinnere mich, daß man mich in einer Besprechung einer meiner früheren Bücher mit gewissem Recht als »verwirrte Pazifistin« bezeichnete. Die Urgefühle meines Pazifismus' entstammten meiner Jugend, einer Jugend, die in die hoffnungsvolle Atmosphäre nach dem Ersten Weltkrieg verstrickt war, »dem Krieg, der allen Kriegen ein Ende setzen sollte«. Die Gespräche, die ich während meiner Schuljahre am Familientisch hörte, waren voller Enthusiasmus für die vierzehn Thesen Woodrow Wilsons: »Das Recht der Selbstbestimmung« für die Völker, »eine neue Formel für den Weltfrieden«. In jener friedlichen Periode glaubten wir, daß Verhandlungen innerhalb des Völkerbundes geeignete Mittel seien, um durch ratifizierte Kontrakte, die man »in aller Offenheit« erreicht hatte, Kriege für die Zukunft zu vermeiden. Mein Vater schrieb eine kleine Studie über ehemalige Versuche der Völker, ihre Probleme zu lösen (Dwight W. Morrow *The Society of Free States*). In meiner Jungmädchenzeit machte mir Erich Maria Remarques *Im Westen nichts Neues* einen unauslöschlichen Eindruck und überzeugte mich davon, daß Krieg das größte Unheil sei.

Erst jetzt, rückblickend, wird mir klar, wie weitverbreitet bei einer ganzen Generation in Europa der allgemeine Schrecken und die Abneigung vor dem Krieg sowie die Hoffnung und das Vertrauen auf Zusammenarbeit und die offene Diskussion waren.

Diese Tagebücher widerspiegeln die Meinungen, die in den europäischen Botschaften in den Vorkriegsjahren kursierten. Der deutsche »Grundsatz« wurde mir auf unserer ersten Deutschlandreise, im Juli 1936, von General Milch erklärt – ein Grundsatz, den ich damals leichtgläubig akzeptierte, und vermutlich traf das auch für General Milch zu. »Immer war Frankreich unser Feind. Wir sind dazu erzogen worden, Frankreich zu hassen, und umgekehrt die Franzosen uns. Doch Hitler ist der erste, der sagt, daß das ein Ende haben muß. Wir hassen Frankreich nicht mehr. Wir wollen Frankreich nicht bekämpfen. Wir wollen keine Völker erobern. Deutschland ist übervölkert. Wir brauchen unbesiedeltes Land.«

Zweifellos war ich von den in den diplomatischen Kreisen herrschenden Argumentationen beeinflußt. Mit meinen pazifistischen Tendenzen, die entsprechend C.A.L.s technischer Veranlagungen von Visionen eines kriegszerstörten Europa überlagert waren, gelangte ich zu der Vorstellung, daß es nichts Schlimmeres als »das unbesonnene, dumme, schreckliche Chaos des Krieges« geben könnte. Ich begriff langsam – langsamer als andere Menschen –, daß furchtbare Dinge geschahen. Erniedrigung und Grauen, die in Auschwitz, Buchenwald und Dachau aufgedeckt wurden, waren noch viel schrecklicher als Krieg. Doch zu der Zeit, als ich meine Tagebücher schrieb, wußten wir nichts von diesen von Menschen geschaffenen Infernos.

In Europa und auch in den Vereinigten Staaten war der Wunsch, den Krieg zu vermeiden, groß und für vieles ausschlaggebend. (Noch am 19. Dezember 1941 ging ein Gesetzentwurf über die Verlängerung des Wehrdienstes im Abgeordnetenhaus mit nur einer Stimme Mehrheit durch.) Im Nachhinein ist es leicht, uns alle, die derartige Hoffnungen hegten, naiv – wenn nicht gar »Beschwichtiger« oder »Nazisympathisanten« zu nennen. Begreiflicherweise waren wir die Sündenböcke für eine Generation, deren Hoffnungen auf Frieden betrogen worden war. Auf Sündenböcke und Schurken werden unweigerlich enttäuschte Hoffnungen und bittere Gegenklagen abgewälzt.

Letztlich ist es Aufgabe der Historiker, die Vorstellungswelt anderer Epochen zu ermitteln und aufzudecken. Ich bin kein Historiker, und der Bericht in diesem vorliegenden Buch ist nur insofern von Wert, als er die Atmosphäre der Vorkriegsjahre in Europa widerspiegelt – eine Atmosphäre, die im glühenden Hochofen des darauffolgenden Krieges verdampfte. Die Gedanken, Gefühle und Handlungen vieler Männer und Frauen jener Zeit sind vielleicht in meiner Darstellung der Vergangenheit leichter verständlich, als es damals den Anschein hatte.

Die Tagebücher, auch wenn sie nicht historisch sind, gehören zu der Kategorie »geschichtliches Rohmaterial«. Wir trafen und sprachen Menschen, die Geschichte machten; wir machten sie nicht selber. Auch begegneten wir den Hauptfiguren des Dramas, Churchill, Hitler, Mussolini oder Stalin nicht. Es ist sogar fraglich, wieviel Einfluß mein Mann auf die Ereignisse der Zeit hatte. Er kam den Geschehnissen am nächsten, als er 1936 Deutschland besuchte und der erste war, der dem US-Geheimdienst über das ungeheure Anwachsen der deutschen Luftstreitkräfte berichtete. In den offiziellen Kreisen in Amerika und Frankreich schenkte man seinen Berichten Gehör, weniger allerdings in den britischen Kreisen – eine Erfahrung, die der anderer Beobachter später 1938 und 1939 entsprach. Eine bemerkenswerte Ausnahme war der amerikanische Flugzeugfabrikant J.B. »Dutch« Kindelberger, der 1938 nach einer geplanten Reise durch Deutschland dem Oppositionsführer Churchill durch gemeinsame Freunde seinen höchst beunruhigenden Eindruck über die Luftwaffe mitteilte. Churchill, der durch die Darstellung überzeugt wurde, leitete sie an Sir Kingsley Wood weiter, den damaligen Luftfahrtsminister, der, wie das Gerücht besagt, sie mit der Bemerkung vom Tisch fegte: »Wir haben diese ganze Sache bereits gehört.«

Wie sich Leser seiner *Wartime Journals* erinnern, bewunderte mein Mann die Engländer, er verstand aber ihre Blindheit in bezug auf die deutsche Luftwaffe nicht und war beunruhigt darüber, daß sie der Bedrohung eines allgemeinen Krieges so unvorbereitet gegenüberstanden. Er fühlte sich den Franzosen verbunden, die sich der Gefahr, die Deutschland für sie bedeutete, bewußt zu sein schienen, aber er war entsetzt über ihre Apathie – ja Paralyse – angesichts dieser Gefahr.

Im ganzen genommen sind die Tagebücher demnach die persönliche Geschichte zweier junger Amerikaner inmitten der Schönheit und Vielfalt der europäischen Szenerie. Gemeinsam mit den erfahrensten Diplomaten bot sich uns eine Ära noch nie dagewesener Veränderungen in der Weltpolitik dar. Etliche unserer Eindrücke wurden mißverstanden. Es dauerte eine Zeit, bis wir die hinter ihrer Zurückhaltung und Reserve verborgene Warmherzigkeit und unerschütterliche Loyalität der Briten zu schätzen wußten. Zu den Franzosen fühlten wir uns bald hingezogen, aber ihre widersprüchlichen Reaktionen verwirrten uns.

Wir haben die Ausmaße der Greuel der Naziregierung nicht begriffen. Es gab wirklich in unseren Europajahren eine ganze Menge Blumen, aber auch viele Nesseln.

An E.L.L.L. *Brynderwen, Llandaff, Wales*
Freitag, 10. Januar

Liebe M.,
ich sitze in Aubreys[1] Haus in dem kleinen alten Kinderzimmer. Jon sitzt am gleichen Tisch und ißt zufrieden sein Abendbrot. Für ein paar Tage sind wir hier, vielleicht bleiben wir auch noch etwa zwei Wochen oder länger. C. will sich, ehe die Wogen sich nicht völlig geglättet haben, nicht nach einem Haus umsehen (einzig dem Druck der amerikanischen Presse werden wir weiterhin ausgesetzt sein).

Soweit ist alles gutgegangen. Die Überfahrt war stürmisch, aber Jon war auf der ganzen Reise sehr brav. Einen Nachmittag und einen Abend lang war er seekrank, als es sehr stürmte, doch sonst aß und schlief er gut. Das Wetter war mild, wir waren täglich an Deck. An Bord gab es ein kleines Kätzchen, das Jon entzückte.

Es war friedlich, Schiff und Mannschaft waren nett – der Kapitän war ein Skandinavier, daher wohl seine Besonnenheit und ruhige Zuverlässigkeit.

In Liverpool liefen wir die Laufplanke hinunter Spießruten an den Photographen vorbei, sonst gab es kaum Scherereien. Anschließend fuhren wir ganz gemütlich im Auto hierher.

Ich bin noch immer wie betäubt von dieser ganzen Fahrt. Ich kann es nicht recht glauben, daß wir hier sind, und es fällt schwer, sich vorzustellen, wie es weitergehen soll. Unsere überstürzte Abreise (auch wenn C. seit über einem Jahr immer mal wieder davon gesprochen hat) hat uns von allem abgeschnitten, was wir in Amerika taten und planten, und ich bin dadurch

[1] Aubrey Niel Morgan, A.M.L.s Schwager.

reichlich durcheinander geraten. Ich glaube doch, daß wir richtig gehandelt haben, und eben jetzt in diesem stillen Garten spüre ich den Unterschied zu vorher. Keine Angst, daß jemand von der Presse widerrechtlich das Grundstück betritt, keine Lauscher. Abends keine Angst, wenn Jon nach oben ins Bett gebracht wird, kein Hinaufrennen, um nachzusehen, ob alles in Ordnung ist. Ist ein Wachhund da? etc. Wir sind sehr wenig gestört worden und werden von den Menschen und der Presse offenbar ganz friedlich uns selbst überlassen.

*

Tagebuch *Freitag, 10. Januar*

Gestern trafen Mutter und Con ein. Aubrey fuhr nach Southampton, um sie abzuholen. Charlie Weigham[1] und Harold Nicolson[2] waren auch dort. Dann fuhren sie nach London. Ich möchte sie sehen, mit ihnen plaudern und lachen und das gegenseitige Verständnis spüren, den Humor und die Wonne, die von gemeinsamen Gesprächen herrühren und jenes Aufleben des eigenen Ichs, das sich in der Sonne eines solchen Verstehens entfaltet. Nach all dem habe ich Heimweh, auch wenn ich meine Familie erst vor zwei Wochen verlassen habe, aber die Umstellung ist so groß gewesen, daß es mir vorkommt, als sei es ein Jahr, wohl auch deshalb, weil ich hier so ein Fremdling bin.

Dazu bin ich lächerlich eifersüchtig – Mutter und Con, vergnügt bei den Grenfells[3], eingehüllt in die Wärme einer Heimkehr, im Genuß von Daddys Hinterlassenschaft. Im Geglitzer und Schimmer der Londoner Straßen Einkäufe machend, mit Aubrey ins Berkeley und ins Theater gehend,

[1] Partner von Morgan, Grenfell & Co., London.

[2] Englischer Karrierediplomat, Biograph und Kritiker. Freund der Morrows und Autor von *Dwight Morrow*, einer Biographie von A.M.L.s Vater.

[3] Edward C. Grenfell (Lord St. Just), Leiter von Morgan, Grenfell & Co. in London und seine Frau Florrie, Freunde der Morrows.

plaudernd, ein Scharmützel von Familienscherzen. Sie werden die chinesische Ausstellung besuchen, den Reiz Londons spüren, Männergespräche über den Krieg, die Abrüstungskonferenz führen, die Hoffnung auf Frieden erwägen. Büchergespräche. Danach lechze ich und auch nach dem Funken, der überspringt, wenn man dabei ist. Ich koste die Qualitäten der einzelnen Familienmitglieder aus, von denen jedes sich mit den anderen messen kann.

Gestern überkam mich eine plötzliche schmerzliche Sehnsucht, gegen die ich nicht aufkam. Doch heute ist das besser. Ich habe ein gewisses Gleichgewicht gefunden. Ich sang den ganzen Morgen – Jon und ich im »Sommerhaus« – während ringsum der Regen prasselte. Wahrlich, eine Befreiung von allen Beklemmungen: Regen, Wind, der Schimmer des nassen Laubes, der Mond (in der letzten Nacht), der plötzlich zwischen schmalen hellen Wolken an einem windstillen, klaren, offenen Himmel dahinsegelte. Versenkt man sich intensiv in das Wesentliche ringsum – gibt sich ihm ganz hin –, krempelt einen das ganz um, zerstreut alberne Gelüste und Neid.

Dann Jon – sehr drollig. Ich, verärgert beim Abendbrot: »*Jon*, entweder du ißt deinen Apfel ...« (Ich mache eine Pause, um mir eine Drohung einfallen zu lassen.) Jon schalkhaft: »... oder ich esse ihn nicht«, damit brachte er mich zum Lachen, bis mir die Tränen kamen.

*

Brynderwen, Llandaff, 12. Januar

Liebste Con –

Du scheinst so verführerisch nah – wie bedauerlich, daß ich Dich nicht sehen kann, es gibt so viel zu erzählen. Es war mir nicht möglich zu schreiben, da Jon mich derart in Anspruch nahm. Das liegt nicht daran, daß nicht alles glattginge, oder ich erschöpft wäre. Alles hat großartig geklappt. Jon zu versorgen, ist hier bei weitem einfacher als zu Hause, wo ich stets erledigt war. Nein – ich bin entsetzt und entzückt über meine Fähigkeiten als Kindermädchen! Doch es ist seltsam. Die Aufgabe beschäftigt einen geistig und gefühlsmäßig etc. so sehr, daß es unmöglich ist, zu lesen, Tagebuch oder Briefe zu schreiben – ja selbst an etwas anderes zu denken als an Jon.

Wie gerne wäre ich jetzt bei Dir in London, doch es ist natürlich das beste, ganz ruhig hier zu bleiben, auch fühle ich mich nicht imstande, Morgan, Grenfell & Co. in ihrem vollen Ornat zu begegnen, ich komme mir recht gouvernantenhaft vor. Ich stelle fest, daß ich bei den Mahlzeiten (die einzigen Zeiten, bei denen ich überhaupt Menschen sehe) keinen Gesprächsstoff parat habe. Wenn jemand mich fragt: »Hat Jon heute mittag gut gegessen?« quittiere ich das mit gouvernantenhaftem Schweigen und dem üblichen dankbaren selbstbewußten Blick. Langsam sehe ich auch schon aus wie eine Erzieherin, plattfüßig und mit dem Hut auf dem Kopf, als wär's mir egal, wer's sehen würde. Meine Nase ist immer rot und glänzend (oder liegt das am Klima?). Du siehst, es scheint wirklich wichtiger zu sein, daß Jon rechtzeitig hinauskommt, als Puder aufzulegen. Einen Lippenstift habe ich nicht mehr gesehen, seit ich von New York fort bin!

Aber, daß man nicht mehr Zeit für sich hat – ganze Stunden, in denen man *allein* ist, nachdenken, Briefe oder auch Tagebuch schreiben kann, *das insbesonders*, fällt mir schwer, es ist das einzige, was ich wirklich vermisse. Ein Kraftquell scheint damit versiegt zu sein.

P.S.: Aubrey hat mich in ein chinesisches Restaurant ausgeführt. C. brachte Jon ins Bett! Sehr ermunternd. Ich zog meine flachen Schuhe aus und schminkte meine Lippen. Hurra!

*

Jon: »Wohin ist der Montag gegangen?«

A.M.L.: »Er ging mit der Sonne unter.«

Jon betrachtet die Sonne durch das Fenster: »Ist er auch mit der Sonne aufgegangen?«

Donnerstag, 23. Januar

Die Morgans reisen ab – Margaret taucht im letzten Augenblick mit zwei mexikanischen Hüten auf, die sie unverpackt mitnehmen wollte, aber Mrs. Morgan besteht auf einem Paket! Ganz wie Mutter. Aubrey fährt nach London zur »Partei«. Ich sitze draußen, passe auf Jon auf und betrachte das still gewordene Haus und frage mich, woran das liegt, daß ein Haus plötzlich sein Aussehen verändert, nachdem die Familie es verlassen hat. Es sieht leer aus, düsterer, wie ausgelaugt. Ich blicke zu Mrs. Morgans Fenstern mit den leicht auf die Fensterbänke schlagenden Vorhängen hinauf und sage mit Nachdruck »sie ist nur in die Stadt gegangen« – aber es nützt nichts. Die Vorhänge, die verdunkelten Fenster und das ganze Haus antworten ungerührt: »O nein, sie ist fort ... das Haus wird ganz dichtgemacht ... sie sind fort.«

Samstag, 25. Januar

Gestern abend kam die Familie. Beim Zubettgehen erzählte Con mir ihr Geheimnis (Cons Verlobung mit Aubrey). Ich hatte das vorhergesehen, aber nicht so bald erwartet. Ich spürte, ja, das hat seine Richtigkeit für sie wie für ihn. Es ist wunderbar – ist vollkommen. Dennoch geriet mein gesamtes Weltbild für einen Augenblick ins Wanken. Ich lag die ganze Nacht wach, gab mir Mühe, dem Geschehen in meiner Vorstellung den richtigen Platz zu geben. Zeitweilig gelang das, und ich versuchte mir klarzuwerden, wie mir dieser Kraftakt geglückt war, um Mutter dabei helfen zu können.

Sonntag, 26. Januar

C. war gestern Abend reizend mit mir, und ich glaube, er verstand alles. Ich fühlte mich ihm näher, als wohl seit langem – als hätten wir uns ständig aufeinander zubewegt.

Montag, 27.

Nach London. Das Ritz: Nelken, vergoldete Türgriffe, Satinvorhänge, Spiegel und das Telephon ... und das Gefühl, daß jederzeit jedermann hereinkommen kann.

London, Dienstag, 28. (des Königs Begräbnis)

Ein merkwürdiger Tag – in persönlicher wie auch in anderer Hinsicht. Erst einmal gestern abend die ungeheure Erregung in der City. Diese schwarzen und purpurnen Fahnen, die den Weg bezeichneten, den der feierliche Umzug entlangführen würde. Männer, die Verkehrsinseln beseitigten auf den Straßen, in denen Vorkehrungen getroffen wurden. Die verhangenen Schaufenster, die Fahnen auf halbmast, alle Menschen auf den Straßen in Schwarz. Die Reklameanschlagtafeln an den Haltestellen schwarz angestrichen, Gerüste aufgestellt, Straßen mit Holzgittern abgesperrt, und nachts die Unruhe auf den Straßen, das Geräusch vieler Schritte, es wurden Programme verkauft. Die Menschenmenge formiert sich (sagt C.) morgens um drei Uhr zu beiden Seiten der Straße. Es war noch recht dunkel und regnerisch. Wir sahen von unserem Fenster aus auf ein großes Zelt aus Segeltuch, das etliche Stände bedeckte. Dem Park gegenüber war ein Zelt für die Erste Hilfe. Die ganze Straße entlang an den Fenstern und auf den Balkons standen Stühle (selbst in dem vorderen Fenster eines Lagerraumes, an dem ich gestern abend vorbeigekommen war, standen Reihen vergoldeter Stühle – von denen ich mir erst gar nicht vorstellen konnte, wofür sie sein sollten).

Als wir dann frühstückten, waren die Menschenmengen in zwei Hälften zu beiden Seiten der Straße zusammengepfercht, flankiert von braununiformierten Polizisten. Innerhalb der

Absperrung bewegten sich die Massen ganz ungezwungen; Autos gab es kaum. Dann beförderte die Polizei nach und nach die in der Mitte auf und ab flanierende Menge zur Seite, ein berittener Polizist bildete dabei die Nachhut. Sie zerstreute sich sehr langsam, vereinzelt wanderten immer noch seltsame Gestalten in der Mitte herum. Ein festlich gekleideter Mann mit Zylinder hatte ein Kind unter den Arm geklemmt, dessen rote Gamaschen hinten herausstaken. Männer trugen braune, zeltähnliche, zusammengerollte Bahren, und immer wieder tauchten zwischendrin offizielle Kontrolleure mit federgeschmückten hohen Helmen und Bärenfellmützen auf den Köpfen auf. (Einige saßen in einem eleganten offenen Auto, die Federn flatterten, als sie ganz ungebührlich vorbeirauschten!)

Man hattte den Eindruck, wenn man die Menge so von oben betrachtete, daß jeder zweite einen khakifarbenen Regenmantel trug. Menschen, die im Park auf die Bäume stiegen. Leute spähten aus den Fenstern der Untergrundbahnstation. Dann kam der Moment, in dem sich jemand entschloß auf etwas hinaufzuklettern. Gedrängel, ganz fix waren sie hinauf und auch schon oben. Der große Polizist mit seinem Helm auf dem Kopf näherte sich und holte sie nach und nach alle wieder herunter – ohne Hast, ohne Gewalt, sehr höflich. Der letzte war ein Photograph. Er stieg eine Leiter hinunter, während ihm der Polizist seine Päckchen und die Kamera nach und nach hinunterreichte. Man konnte ihn beinahe sagen hören: »Und hier ist Ihr Hut!« Ein großer Lautsprecher im Zelt unter uns berichtete vom Beginn der Zeremonie. In derselben Minute fingen die Kanonen zu wummern an.

Die Parade. In der Entfernung die Musikkapellen, die verschiedenen Regimenter. Die purpurnen Fahnen flatterten. Es wirkte sehr ruhig – lediglich diese sich langsam bewegende Schlange der Menschen in düsteren Farben und die gedämpften Trommeln (die schwarz verhüllt waren) und die Musik.

Pfeifenklang – unverkennbar und reichlich geisterhaft – in der Ferne und dann bogen erschreckend plötzlich unter unserem Fenster jene streng ausgerichteten Reihen der Matrosen um die

Ecke, die weißen Kragen schnurgerade und die weißen Reeps in Reih und Glied, so straff gespannt, wie ein gewebtes Muster. Con flüsterte atemlos: »Die Lafette!« Gleichmäßig zogen sie diese kleine unverhüllte Lafette – der Sarg, unwahrscheinlich klein, war in das üppige Gold der Fahne gehüllt. Oben darauf die bekannten Krönungsinsignien: Reichsapfel, Krone, Szepter und eine Krone aus Rosen. Es war merkwürdig, wie stark der zierliche, in das Fahnentuch gehüllte Sarg die ganze Aufmerksamkeit und die Gefühle aller auf sich zu konzentrieren vermochte.

Ich habe kaum auf die nachfolgenden Menschen geblickt, ja erst überhaupt daran gedacht, als es schon fast zu spät war. Die Standarte hing herab, so daß sie kaum auffiel, der König (Edward VIII.) in Marineuniform, bewegte sich in einer Art Stechschritt vorwärts (das muß er sein, denn er geht alleine, zierlich und pathetisch). Die Kutsche der Königin und die roten Mäntel der Lakaien dahinter, zwischen den Bäumen des Parkes die Reihe prächtiger Kutschen, die sich den ganzen Piccadilly hinaufzog. Das Rot und Gold der Mäntel, das Gefolge mit seinen Federbuschen, der ferne Klang der Musikkapelle, dazwischen das dumpfe Krachen der Böllerschüsse.

Später, als alles vorüber war, beobachteten wir, wie die Menschenmengen die Reihen durchbrachen, wie Wassertropfen, die durch ein Sieb quellen. In lockeren Grüppchen bewegten sich die Menschen weiter. Als es regnete, schossen über ihnen Regenschirme wie Hunderte von Pilzen empor, sie schwebten über der Menge die Straßen hinab, als trieben sie auf einem Strom dahin.

Wir gingen hinunter und besuchten den Trauergottesdienst in Windsor. Der herrliche Trauermarsch aus Händels *Saul* und »Alone ... in a coach ... the Queen«, die »Vita« des verstorbenen Königs und gleich anschließend die des jetzigen Königs wurden verlesen.

Sehr eindrucksvoll um 13.30 Uhr auf allen Straßen die »Schweigeminute«. Immer mehr Menschen versammelten sich an der Straßenecke... das allmähliche Abebben des Verkehrs ... der völlige Stillstand ... schließlich erstarben alle Laute. Männer sprangen aus Taxis und standen mit entblößten Häuptern stramm. Ein Mann, der zwei Frauen begleitete, blieb auf der Stelle stehen, nahm seinen Hut ab. Ein Böllerschuß, dann kein Geräusch, keine Bewegung mehr. Vögel schraubten sich in den Himmel hinauf, Papier wehte über die Straßen, das war alles. Seltsam, wie in einem der Märchen, in denen jeder für die nächsten tausend Jahre an der Stelle, an der er sich gerade befindet, in Schlaf sinkt, oder so, als sei die Welt versteinert. Es machte den Eindruck, als habe sich die »City« für den Augenblick in eine »Landschaft« verwandelt. Der Himmel hatte an Bedeutung gewonnen und schien bis auf die Straßen herabzureichen. In dieser Welt waren die Vögel die einzigen Aktiven, ebenso der Wind, der Papierstücke über die Straßen wehte. Man wußte, was für ein Tag auf dem Lande war, oder auch was für eine Funktion diese Ecke gehabt hatte, ehe sie ein städtischer Häuserblock geworden war.

Das lehrte einen die aufrichtige Zuneigung zu einem Mann, der es hervorragend verstanden hatte, den Platz, auf den er in der Welt und in seinem Leben gestellt war, auszufüllen.

Aber nein, das ist nicht alles. Es ist weit mehr: es ist die Kontinuität der Geschichte, einer lebendigen, nationalen Geschichte. Die Kontinuität von allen möglichen traditionellen Überzeugungen, Idealen, Normen, Charakteristika – ein aufrichtiger Stolz und das nötige Verständnis für diese Dinge und ihren Fortbestand.

Als wir die Halle hinuntergingen, trafen wir Harold Nicolson im Zylinder, Cutaway, etc. Wenn man Menschen unverhofft begegnet, ist das nur von Vorteil, besonders dann, wenn sie Zylinderhüte tragen und am Ende eines langen Korridors auftauchen! Ich war überhaupt nicht schüchtern, eher ein bißchen belustigt.

Aubrey redete mit mir und ich war über alles (seine Verlobung mit Con) ganz glücklich – die Bilder lassen sich jetzt vereinen. Auch Elisabeth ist eingeschlossen.

Montag, 3. Februar

Fahre mit C. nach Cambridge. Köstlich, sich so frei zu fühlen wie ein jungverheiratetes Paar, überall können wir halten, niemand wird uns folgen, keiner nimmt von uns Notiz. Wir sind schlicht zwei Menschen in einem Auto.

Sehr schöne Landschaft. Fahren durch enge, verwinkelte Städtchen mit grauen Steinhäusern, blicken auf grüne Täler hinab. Als wir endlich in Cambridge ankommen, Kälte, Dunkelheit, ganz eben, ich war sehr enttäuscht. Ich kann keine Bäume sehen. Nichts als häßliche moderne Häuserzeilen an den Straßen.

Universitäts-Wappen. Dem Himmel sei Dank, daß es Wärmflaschen gibt.

Dienstag, 4. Februar

C. möchte über Land fahren, ehe er mit irgend jemandem Verbindung aufnimmt. Wir fahren *stundenlang*. Nur in Grantchester sehen wir ein paar hübsche Häuser. Auf dem Land gibt es nur strohgedeckte Häuser – nichts dazwischen, kein altes schönes Haus. Vom ständigen Ausschauhalten nach Beschilderungen und von der gestrigen langen Fahrerei habe ich Kopfschmerzen.

Donnerstag, 6. Februar

Brechen auf, um nach Wales zu fahren, überlegen es uns anders, fahren nach London, um zuerst in der dortigen Umgebung Ausschau zu halten. Ich freue mich sehr darüber, denn ich wäre wohl lieber in der Nähe Londons. Ich weiß allerdings nicht warum. Es gibt dort keinen Menschen, der mir wirklich etwas bedeutet – in England überhaupt niemanden. Doch die Straßen sind mir wenigstens vertraut, geben mir ein Gefühl der Sicherheit, führen sie doch zurück in andere Bereiche meines Lebens.

Außerdem gibt's dort die chinesische Ausstellung, Margaret Morgan, Ausstellungen und Musik und die Läden an der Bond Street, die jugendliche Vorstellung, daß alles an der nächsten Ecke zu haben ist – und jemand plötzlich wie aus dem Boden gewachsen vor mir stehen könnte!

Jedenfalls ist es aufregend, nach London zu fahren, und wenn's nur für eine Nacht ist. Ich singe auf der ganzen Fahrt.

Mutter ist alleine dort. Amüsieren uns sehr.

Mittwoch, 12. Februar

Interviewe eine Kinderschwester, Katharine W. Sie gefällt mir sehr.

Mutter und Con reisen ab – schrecklich. C., Aubrey und ich fahren nach Wales zurück. Jon im Bett, hat rosige Wangen; Post.

[Freitag, 14.]

Liebste Mutter –

gestern abend konnte ich nichts sagen. Ich kann es nie, selbst wenn ich wollte, es ist so schwer, nicht zu weinen. Offenbar muß es in unserer Familie immer wieder diese herzzerreißenden Abschiede geben. Aber wie schön ist es dann wiederum, wenn man sich wiedersieht, sich alles mitteilen, lachen kann und einander so versteht wie kein anderer!

Ich möchte es immer und immer wiederholen: Bitte, bitte, komme, sobald Du kannst. Es würde mich und auch C. ganz besonders freuen. Wirklich Mutter, es würde ihn stolz und glücklich machen, wenn Du in *unser* Zuhause kommen würdest. Erinnerst Du Dich, wie schön es an den paar ersten Sonntagen in Hopewell war? Weißt Du noch, wie stolz und entzückt wir – besonders C. – waren, wenn Menschen zu uns kamen, um unser Haus anzuschauen und wenn es ihnen gefiel?

Also glaube nicht: »Nein, ich muß sie in Ruhe lassen.«

So wäre das keineswegs, außerdem hast Du Deine eigenen Freunde in England und kannst hier Dein eigenes Leben führen, etliche Gründe demnach, um zu kommen. Jon ist auch ein

Grund, er hat eine echte und direkte Beziehung zu Dir, die keineswegs über mich geht – eine besondere »Daddy Bee«-Beziehung. Außerdem können wir Briefe schreiben. Gott sei Dank können wir das wirklich! Du wirst mir schrecklich fehlen, aber ich konnte es nicht aussprechen, doch werden wir uns näher sein, wenn wir glücklicher sind und richtig Fuß gefaßt haben. Zeit und Raum vermögen Menschen nicht wahrhaft zu trennen, einzig mangelndes Verständnis füreinander. Wir haben die Beziehung zu Elisabeth nie wirklich verloren und werden auch immer mit ihr verbunden bleiben. Ich wiederhole daher ihr »Komm wenigstens für kurze Zeit«!

*

Tagebuch *Sonntag, 16. Februar*

Auf dem Weg hinaus nach Chesham ist es nebelig. Das beste Objekt – nämlich das Lye Green House – ist nicht offen, aber wir gehen um es herum. Ein sehr reizendes, einsam gelegenes Haus, *herrlicher* Garten, einige alte Bäume, wunderbar geschützt. Ich wage kaum zu sagen, wie sehr es mir gefällt, denn ich nehme an, daß es mir mehr als C. zusagt. Es sieht aus, als sei es bequem und leicht zu führen. Wir könnten Jon im Garten frei herumlaufen lassen und er wäre dort völlig sicher. Der Goldfischteich und der Taubenschlag wären seine absolute Wonne.

Auch C. ist von dem Haus begeistert. Vielleicht könnten wir es kurzfristig mieten, während er sich über seinen Aufgabenbereich informiert. Er möchte sich nicht binden, ehe er seiner Sache nicht sicher ist, und sagt mir nachher, daß er Layston Park ganz genau wie ich beurteilte, es mir aber nicht gestehen wollte, es sei das beste Haus von allen gewesen!

Fahren nach London zurück, sind guten Mutes.

Dienstag, 18.

C. erwägt, Harold Nicolson wegen seines Hauses anzurufen,

um noch etwas anderes in petto zu haben, falls aus diesem Projekt nichts würde. Wir *müssen* etwas finden und sind verzweifelt. Aus Brynderwen *müssen* wir ausziehen. Ich bin wegen Mrs. Morgan und wegen der Dienstboten in Sorge.

Mittwoch, 19.

Lye Green wird nicht vermietet, nur verkauft. Wir müssen wieder ganz von vorne beginnen – nach Hause fahren, ins Hotel ziehen etc.; sehr enttäuscht. C. ruft Harold Nicolson den ganzen Abend lang immer wieder an; keine Antwort – es ist so schwierig, Menschen zu erreichen.

Donnerstag, 20.

Ein glücklicher Tag – einer der Tage, an denen sich alles fügt, die Schwierigkeiten sich verflüchtigen. Plötzlich scheint man befreit und unbeschwert. Wie leicht fällt es, glücklich zu sein, wie einfach lassen sich all die verschiedenen Gefühle miteinander verbinden. Man findet auf alles eine Antwort, denn man ist furchtlos, wie ein Kind, daß in der Straßenbahn Fremden zulächelt. Sie können nicht widerstehen und lächeln zurück. Hat das Verhalten den Tag verändert, oder war es das Zusammentreffen der verschiedenen Umstände?

Als erstes rief C. morgens Harold Nicolson an und erreichte ihn! (Das allein schon, nach dem ewigen Versteckspiel, das uns überall in England begegnet, genügte, um uns zu ermutigen.) Nein, das Haus war noch frei! Ja – wir könnten uns mit ihm treffen. Ob wir mit ihm mittagessen wollten? C. und mir wurde sehr viel leichter ums Herz, hier geriet etwas ins Rollen! Ich ging fort, kaufte Spielsachen für Jon und eine Bluse. Im Taxi zu den Houses of Parliament. Harold Nicolson führte uns augenzwinkernd und geschäftig herum. Der alte Teil ... der neue Teil ... wo Guy Fawkes hingerichtet wurde ... »Wo wir abstimmen« ... »Wo ich sitze«! etc. etc. (und er hatte seinen Spaß daran).

Dann nach Sevenoaks. Fuhren nach der Karte: Long Barn,

Weald, Sevenoaks. Während der ganzen Fahrt redeten wir uns umdüstert und ärgerlich, wie um uns vorzubereiten, ein, »*das* nenne ich nicht Land!« und »*das* würde ich nie als kleine Stadt bezeichnen«. »H. N. sagte, es *wäre nicht* vorstädtisch«, und bei verschiedenen Häusern an der Straße, die groß und häßlich waren und ganz frei dastanden: »Da ist es!«

Schließlich fragten wir nach Long Barn und man sagte uns: »Über dem Hügelabhang« und dann wußten wir beide: »Dort ist es!« Niedrig, an den Hang geschmiegt und ein Eckgrundstück. Weder davor noch dahinter standen andere Häuser, niedrige, gefiederte Bäume schirmten es vor der Straße ab. Ein Tor, ein kleiner Hof und man hatte ein altes weitläufiges Haus vor sich, das sich dem Hügel anpaßte.

Es war plötzlich sehr still, als wir aus dem Auto stiegen und das Tor öffneten. Viele Vögel sangen. Wir gingen auf Zehenspitzen hinter das Haus und sahen, daß die zwei Flügel des niedrigen Teiles einen Hof umschlossen, wir schauten von dem Hügel auf Gärten, Felder und Gehöfte, alles ruhig, ländlich, still. Es war Abend und sehr friedlich. C.s Gesicht, nachdem wir herumgegangen und die Rückseite erreicht hatten! In diesem Augenblick war für ihn die Entscheidung gefallen. Das Gefühl war überwältigend: »Endlich, hier steht es – natürlich. Hier war es immer schon und hat auf uns gewartet.«

Dann suchten wir den Gärtner auf und besichtigten das Haus von innen. Verwinkelt, unregelmäßig angelegt, wackelige Dielen, schräge Wände. Doch hübsche Sachen, schöne Tapeten, zinnienfarben. Aber die Anordnung der Zimmer! Oben keine Halle – alle Zimmer gingen ineinander, unzählige kleine Treppchen, »Hühnerleitern«, Wendeltreppen. Ich lachte vor Vergnügen, Erleichterung und heller Freude. Ich dachte, daß es C. vielleicht zu groß vorkäme, aber er nickte zustimmend und sagte: »Natürlich, da gibt's gar keine Frage – dies ist das richtige!« Wir sind dann noch einmal im Garten herumgegangen und entdeckten einen Tennisplatz, einen Teich und einige herrliche Bäume. Und den ersten Stern, dem ich den Wunsch hinaufschickte: Gott, laß dies ein gutes Omen sein! Dann sagte C.: »Meine Güte, ich hätte mich schrecklich geärgert, wenn wir Lye Green genommen und dieses Haus hier gesehen hätten!« Und ich: »Wie gut, daß der Mann in Lye Green unser Angebot nicht angenommen hat!«

Wir fuhren überglücklich zurück. Ich sang auf der ganzen Fahrt. Beide waren wir erleichtert. Ich erzählte C., daß mir wie nach einem Flug zumute sei, auf dem man sich durch Nebel, Regen und Wolken durchgekämpft hat und plötzlich in »grenzenlosen« Sonnenschein gerät mit freier Sicht, Platz und einem freien klaren Himmel. Er hatte das gleiche Gefühl. Er meinte, dies sei *von allen* das beste Haus. Die Entfernung störe ihn nicht. Er ließ keinen meiner Einwände gelten (mir würde es rundherum zusagen; Nachteile hatte nur er – die Entfernung von Cambridge, die Entfernung von London, etc.).

Freitag, 21.

C. telephoniert mit Harold Nicolson. Ich entnehme dem Gespräch, daß er sich freut, aber immer noch Einwände hat (so wie ich, wenn ich etwas möchte, um sicherzugehen, daß ich es auch wirklich bekomme).

Donnerstag

Mittagessen in der italienischen Botschaft. *Warum* sind wir hingegangen! Als unser Taxi am Randstein hält, fliegen schon die Türen auf – sechs Diener stehen davor. Die Papptafel mit der Sitzordnung; Hunderte von Menschen (mindestens zwanzig!).

Herrlich angezogene Frauen stehen vor dem Kamin (keiner nimmt den Mantel ab, man schmort, bis man sich zu Tisch setzt), Lippenstift, Perlen, Satin und Persianer – und ich in meinem kleinen schwarzen Kleid! Zwischen mir und der Welt nur eine wunderschöne Brosche und Elisabeths Uhr (daß sie mich schützt, hätte ihr Freude gemacht). *Courage, mon amie!* Halte den Kopf hoch. Eine gute Haltung ist hilfreich (wenn ich doch nur helleren Lippenstift aufgelegt hätte!). Der Sherry hilft und auch der Mann mit der Brille, der H. N. kennt und über Gertrude Stein und D. H. Lawrence redet. Im Haus herrliche Sachen; Menschen strömen herein und hinaus. Amerikanerinnen mit Ponds-Cream-Gesichtern. »Ah, reizend – ganz reizend.« Jeder scheint jeden zu kennen.

Ging in die chinesische Ausstellung, um mich zu beruhigen. Aber das Mittagessen hat mir das frische, unberührte, schöne und verborgene Bild unseres Hauses verdorben. Ich bin wieder unsicher und unglücklich geworden: man wird uns dort belagern. Jetzt haben wir genau damit begonnen, was wir am wenigsten mögen. Reine Gesellschaft.

Wir hatten das Gefühl, wir säßen in der Falle, lachten aber dann zusammen darüber. Wie konnten wir das aber auch ahnen? Wir glaubten, es würde ein kleines informelles Essen werden. C. hatte sogar vorher angerufen und sich darüber zu informieren versucht.

Dienstag, 3. März

Nach Long Barn, treffen dort Mrs. Nicolson[1]. Ich war ein bißchen verschreckt, aber sie kam in Reithosen und einer Art Samtwams heraus und war eigentlich sehr nett, natürlich und ungezwungen. Wir setzten uns ins lange Zimmer und unerhielten uns über Dienstboten, Geschäftsleute und Verträge etc. (C. war meist dabei.) Sie schätzt C., und ich spürte es, ich merke es immer, wenn jemand von ihrem Kaliber C. mag. Dann scheinen sich Klingen zu kreuzen, fast konnte ich den Ton hören! Ich kam mir wie ein Kind vor, schrecklich jung und farblos, als hätte sie sehr viel mehr erlebt als ich, mehr gelitten und mehr gelernt. Das geht mir bei anderen Frauen nicht so, meist komme ich mir viel älter vor. Dazu hatte ich das Gefühl, daß ich ausgesprochen weiblich sei, schrecklich frivol und feminin, sie hingegen wirkte auf mich zeitweise überhaupt nicht wie eine Frau.

Ein Tag, an dem uns in den Schoß fiel, was uns lange

[1] Die Romanschriftstellerin und Dichterin Vita Sackville-West.

Kopfzerbrechen machte. Das Ehepaar, das sich uns vorstellte: Der Mann fährt Auto, die Frau ist willig und hilfsbereit. Wir entschließen uns, sie zu engagieren. Jetzt können wir einziehen!

Long Barn, Weald, 6. März

Nach dem Frühstück packen wir, räumen Sachen auf den Rücksitz, Miss W. [die Kinderschwester] fährt mit dem Zug. Wir halten unterwegs, um Blumen zu kaufen. Ich singe ein deutsches Lied, das mir nur in den Sinn kommt, wenn ich fröhlich bin. Jon bemerkt alle Fahnen an der Straße. Er ist sehr glücklich. Long Barn – hinter uns ein Reporter. Wir eilen hinein; innerhalb des Grundstücks ist Ruhe.

Wir gehen nach draußen. Jon findet zwei weiße Taubenfedern, entdeckt eine Eiche, wirft Steine in den Teich! Seine Schaufel und Gartengeräte sind eingetroffen, und Mr. Hook[1] zeigt ihm ein Fleckchen, das er umgraben kann.

C. und ich erforschen das Haus, schauen Bücher an, klettern auf den Speicher, verschieben Möbel, werden sehr staubig, öffnen Schubladen, finden eine Menge Trödel.

C. und ich sitzen am Eichentisch im Eßzimmer einander gegenüber und sind sehr glücklich, »spielen Haus« oder »spielen Verheiratetsein«, und setzen uns dann in das kleine Wohnzimmer, wo die Tulpen vor den grünen Vorhängen stehen, ein Feuer brennt und es Kaffee gibt. Unser eigenes Zuhause. Wir sind schrecklich glücklich.

Wir haben vor, morgen in den alten Teil des Hauses zu ziehen.

Samstag, verrücken den ganzen Tag Möbel! C. und ich beziehen das alte Zimmer mit den schrägen Wänden. Wir stellen einen kleinen Schrank für die Kleider und einen Geschirr-

[1] Gärtner und Hausmeister in Long Barn.

schrank für C.s Papiere hinein. In Jons Zimmer kommen ein Bett, eine Kommode, zwei kleine Schränkchen für Spielsachen.

Montag. Herrlicher Spaziergang mit Jon durch die Wälder. (Wie sehr erinnert mich das an jene Frühlingstage in Hopewell, als ich auf dem kleinen Pfad hinter dem Haus nach den ersten Frühlingsboten Ausschau hielt und mit aller Kraft versuchte, dem Augenblick zu leben, weil gar nichts anderes übrigblieb. Jetzt ist es so schön, daß ich den Tag genieße. Ich habe Jon.) Primelknospen, Veilchenblätter, frisches Grün an den Zweigen, Palmkätzchen (wir pflücken welche), und reizendes Moos. Auch Jon freut sich, er gab mir die Hand (freiwillig!). Nach dem Essen treffen wir uns mit Miss H.[1] Sie ist sehr nett, jung und bereitwillig, aber ach, wieder eine Fremde. Wie leid bin ich es, immer mit Fremden zu tun zu haben.

Lange Diskussion mit C. über Frankreichs augenblickliche Situation[2] und darüber, ob Hoffnung auf eine Lösung bestünde. Beide reden wir uns dabei die Köpfe heiß, als handele es sich um eine persönliche Angelegenheit.

C.s Argument ist, daß Frankreich den großen Fehler gemacht hat, Deutschland, während beide Länder noch Krieg führten, nicht *völlig* niederzuwerfen, denn ist man einmal in einen Krieg eingetreten (er gibt zu, daß das entsetzlich ist und wenn möglich vermieden sollte), dürfe er auch seine Wirkung nicht verfehlen. Weshalb sich sonst beteiligen, weshalb das ganze Blutvergießen? Man hätte Deutschland zum Wohle Frankreichs, so führt er aus, für ein Jahrhundert total handlungsunfähig machen, oder aber gar nicht erst demütigen sollen. Der Mittelweg führte in die jetzige Sackgasse. Er sagt, wäre ich ein Franzose, hätte ich sicherlich das Gefühl ... daß wir dennoch den Krieg gewonnen

1 Sekretärin der Lindberghs.

2 Am 7. Mai benutzen deutsche Truppen den französisch-sowjetischen Pakt als Vorwand, um das Rheinland zu besetzen, gleichzeitig bietet Hitler Frankreich einen Nichtangriffspakt an.

haben. Krieg ist Krieg, und wir gewannen ihn, jene Bedingungen haben wir ihnen auferlegt und damit basta.

Ich wende ein, daß man dadurch, daß man ein Land zur Handlungsunfähigkeit zwingt, nur den Boden bereitet für erneuten Militarismus, weitere Demütigungen und Kriegsinteressen. Es handele sich hier nur um ein temporäres Heilmittel – um die Sicherheit für eine Generation – aber nachher sei die Gefahr größer denn je. C. verneint, da die Gefühle in der nächsten Generation gemildert wären. Ich weiß es nicht.

*

Long Barn, Weald, Sevenoaks, 23. März

Liebste Con –

der Tiefpunkt des Nachmittags ist erreicht, und ich kann nicht arbeiten. (C. kommt immer mal wieder herein, um nachzusehen, was ich mache, und sagt entweder zufrieden »Konstruktive Arbeit!« oder mit leichter Reserve »*Wem* schreibst du?« oder »Wieder *Briefe?*« Das macht mich ganz kribbelig und ist einer der Gründe, weshalb ich nicht eher oder öfter geschrieben habe.) Heute morgen erhielt ich den dritten Stoß Briefe von Dir und Mutter aus Singapore, über Kandy (das immer so romantisch klang!).

Mich amüsiert die Vorstellung, die Ihr Euch aufgrund unseres Telegramms, daß wir ein wunderschönes Haus gefunden haben, *aber* vorübergehend im Haus von H. N. wohnen, gemacht habt. Ich frage mich nur, wann es Euch allmählich dämmern wird, daß das »bezaubernde Haus« *H. N.s Haus ist.* Ich habe Mutter alle Einzelheiten nach Shanghai geschrieben. Du fragst, was uns alle Vorbehalte gegen Kosten, Größe und Lage vergessen ließ? Erklären kann man das nicht, aber es hat etwas mit Laune zu tun – mit vagen Vorstellungen und Vorurteilen.

Das Haus ist wunderschön eingerichtet – lauter alte Sachen. Sie sind in keinem guten Zustand (was in einem alten englischen Haus offenbar gar nicht möglich ist, wegen der Feuchtigkeit etc.). In den Möbeln sind Holzwürmer, das beunruhigt mich etwas, denn sie sind zu gut, als daß man sie verkommen lassen sollte. Es muß schrecklich sein, ein Haus zu mieten, das schön eingerichtet ist. Es hat hereingeregnet und von manchen schönen Bildern blättert die Farbe ab.

Gestern rückte ich den ganzen Tag über Möbel – *wieder einmal.* Eine ganze Menge verschoben wir in der ersten Woche. Jetzt sind wir in der »Nein, ich glaube es wäre besser dort«-Phase. Das Pendel schwingt zurück (direkte Erbschaft von E.C.M.). Donovan sagte in der ersten Woche geschmerzt (er trug gerade einen großen Schrank mit Schubfächern): »Ich habe beobachtet, daß es immer die *Frauen* sind, die vorschlagen, daß Möbel umgestellt werden sollen!« Wie dem auch sei, gestern schien er richtig Feuer gefangen zu haben und es machte ihm tatsächlich Spaß.

Ein langer Brief, aber ich schreibe ihn mit Freuden! Teils deshalb, weil ich jetzt das Haus habe und das wiederum ist himmlisch. Pläne schmieden für Gäste, um sich zu freuen, damit es Dir, Mutter, Aubrey etc. gefällt! Die richtige Kerzenfarbe für das Eßzimmer, neue Leselampen, Plätze zum Schreiben. Seit unserer Ankunft haben wir niemanden gesehen. Mrs. Nicolson (die sehr verständnisvoll war) machten wir ausdrücklich klar, daß wir weder telephonieren noch angerufen werden wollen, also sind wir ungestört geblieben.

Bis jetzt habe ich Menschen kaum vermißt, außer vielleicht, um einen Schwatz wie diesen zu halten, denn das Haus nimmt mich ganz in Anspruch. Ich habe meine Tagebücher und Photos herausgekramt und angefangen, an »Bathurst«[1] zu arbeiten. Mit was für einem Erfolg – ich weiß noch nicht – bin ganz aus der Übung und es fällt schwer, denn die Einrichtung des Hauses füllt mich ganz aus und überall sieht man kleine Erfolge. Gerade bin ich dabei, meine eigenen Bücher und Bilder in einer Ecke des Studios unterzubringen, was überaus hilfreich ist, denn nun

[1] Ein Abschnitt in *Kind an vielen Küsten.*

kann ich die Nicolsonschen Bücher und Bilder etwas im Hintergrund belassen. Außerdem beschäftigt mich »Bathurst« doch sehr – so sehr, daß es ausreicht, um mich ganz zu befriedigen und mir das Gefühl einer gewissen geistigen Stärke zu verleihen.

Das Haus als Nest, in dem ich geborgen bin, »Bathurst« als geistigen Rückhalt, Jon und den Frühling zur Erholung! Ich bin vollkommen glücklich – doch würde ich gerne mit Dir plaudern.

C. ist sehr glücklich hier. Er hat im Pasteur-Institut (Paris) einige sympathische Leute getroffen und eine ganze Reihe Bücher, »Big Game in Africa«, »Alone in the Sleeping Sickness Country«(!), »Congorilla«, etc. gekauft. Er hat auch eine Sekretärin aufgetan, die für ihn die Post erledigen muß. Jeden Abend wandern wir meilenweit über die Felder. Jon ist bei allen Mahlzeiten mit bei Tisch. Zwei- bis dreimal in der Woche fährt C. nach London, um mit den Leuten über Tsetsefliegen, Gelbfieber und Affen zu diskutieren. Ich bin froh, daß er Menschen hat, die an diesen Dingen Interesse haben, aber ich bete (selbstsüchtig), daß wir nicht zu bald nach Afrika fliegen, da ich hier so restlos glücklich bin.

*

Tagebuch *[London], 21. April*

Nach dem Theater und beim Autobeladen auf der Straße – Regen. Der Hoteldiener trägt die Taschen hinaus. Margaret [Morgan] und ich stehen im Regen am Randstein und raffen wegen der Pfützen unsere Röcke. Gerald[1] nimmt den großen Regenschirm des Hoteldieners, der ihn bei der Türe abgestellt hat, und hält ihn über uns. Er ist riesig und schützt uns alle. G. sieht unter dem Schirm sehr komisch aus. Der Wind geht, und Gerald sagt, er hoffe, daß er nicht das Gleichgewicht verlieren und davongetragen würde – hinauf in die Lüfte. »Mann wurde

[1] Gerald Morgan, jüngerer Bruder von Aubrey Morgan.

zuletzt über dem Piccadilly Circus gesichtet...« Margaret und mich schüttelt es vor Lachen. Es ist zu komisch: wir stehen mit gerafften Röcken in der Pfütze; der Hoteldiener naß und geduckt beim Verstauen der Taschen; Gerald unbeschwert mit Regenschirm. Ich war gerührt und begeistert. Es paßte haargenau zu dem Abend, der Gelegenheit und zu Gerald.

Plötzlich begriff ich, daß in diesem Satz, dieser Bekundung Geralds etwas sehr Wesentliches von ihm steckte. Eine Eigenschaft, wegen der sich eines Tages jemand in ihn verlieben würde – nicht, daß dieses Mädchen sich das klarmachen würde – gewiß nicht. Er würde einfach so sagen: »Mann zuletzt über den Piccadilly Circus dahinschwebend gesichtet!« und sie würde sagen »Oh, Gerald!« und würde insgeheim lächelnd denken: »Wie ähnlich sieht ihm das! *Echt Gerald!*« Weil er das gesagt hat, würde sie sich in ihn verlieben.

Denn liebt man einen Menschen, offenbart er sich einem in jeder Handlung, man erkennt darin sein Wesen. Man ist imstande, sich stets bei allem, was er tut, zu sagen: »Wie sehr sieht ihm das *ähnlich*.« Dadurch ist es einem möglich, alles, was er tut oder sagt, zu akzeptieren, »denn es ist typisch er«. Daran dachte ich die ganze Zeit auf dem Rückweg im Auto – eine schreckliche Fahrt im Regen, eine finstere Nacht, die Lichter verschwommen, eine schmale Straße, und C. fährt wie verrückt (so jedenfalls kam es mir auf dem Rücksitz vor, als ich probierte, nicht hinzuschauen, meine Gefühle auszuschalten und mich damit abzufinden).

Doch weshalb *tust* du das? Nötig ist es nicht, sagte ich mir. Wenn du wirklich Angst hast, brauchst du nur zu sagen: »Charles, würde es dir etwas ausmachen, langsamer zu fahren?« Und er wird aufhören mit der Raserei. Weshalb sagst du nichts? Weil es Charles ist – das ist alles – er fährt eben so: schnell, konzentriert, sicher, geschickt, tüchtig, läßt sich von nichts aufhalten, ist voller Kampfeslust (deren er sich vielleicht gar nicht bewußt ist, da ihm diese Heimfahrt im Regen sicherlich ganz normal und keineswegs gefährlich vorkommt). C.s Wesen zeigt sich bei dieser raschen Heimfahrt, so wie der Satz »Mann zuletzt über den Piccadilly Circus dahinschwebend gesichtet« charakteristisch für Gerald ist. Margaret reagiert ihrem Wesen entsprechend, indem sie sich wortlos am Vordersitz festhält, und meine Art ist es, wenn mich plötzliche Angst packt, mich zu verkrümeln und noch dazu zu schweigen. Doch dann sagte ich mir, nein, mein wahres Wesen ist dadurch charakterisiert, daß ich hier sitze und mich all diese Menschen beschäftigen.

Eine äußerst merkwürdige Fahrt.

Während wir im Dunkeln dahinbrausten, zog in meinen Gedanken mein Leben an mir vorüber – hektisch flüchtig, aber basierend auf meinem Vertrauen zu C. – einem Vertrauen, auf das ich stets bauen kann.

23.–26. April

Nach Paris und Claire Fontaine [dem Landhaus der du Noüys[1]] – zu den du Noüys und Mme. Carrel.

Mme. Carrel ist für meine Begriffe eine großartige Frau, denn sie ist weiblich. Das heißt, sie gehört zu den Frauen, an deren Schulter man sich ausweinen kann; dabei würde man es nicht ohne weiteres und gewiß nicht grundlos tun, denn sie ist so stark, mutig und so unbeugsam wie ein Mann, der Verständnis zeigt, da er mit den Schwierigkeiten des Lebens konfrontiert wurde. Man würde sich nicht an sie wenden und sich an ihrer Schulter ausweinen, wenn es sich um Nichtigkeiten handelte, es müßten schon gravierende Dinge sein, sonst würde man sich schämen.

Ihre Gefühle, ihre rasche Intuition und ihr Verständnis sind die einer Frau, dabei aber hat sie die großzügige Art des Denkens, den weiten Gesichtskreis, die klare Voraussicht, die unpersönliche Attitüde eines Mannes (eines Wissenschaftlers).

1 Pierre Lecomte du Noüy, französischer Biophysiker, Schriftsteller und Philosoph, Freund von Dr. Carrel, im Ersten Weltkrieg sein Mitarbeiter in einem Frontlazarett.

Ich bin sehr stolz auf C. Er überzeugt sie durch seine Sachlichkeit, Einsicht, Schlichtheit und Klarheit.

Daher überlege ich mir: Wer bin ich denn, daß ich nein sage, nein, ich möchte mein eigenes Leben führen, nein, ich will nicht nach Amerika, nein, ich möchte ein Buch beenden. Welchen Wert würde es repräsentieren? Eine persönliche Darstellung überholter, nochmals durchgekauter Erfahrungen. Was bedeutet das neben C.s Weitblick, den neuen Wegen, die er weisen kann, zu denen mein Beitrag sein muß, daß ich ihn glücklich mache und das tue, was er von mir will? Doch dabei erwartet er das gar nicht von mir. Er will, daß ich mein Eigenleben führe – und schreibe.

Dienstag, 28. April

Wir wandern auf der Insel herum über Sand, Matsch und Felsen, dann hinauf zum *Kloster.* Aber das Schönste war der Morgenspaziergang, oder zumindest die Rast an der Stelle, an der ich gestern abend gesessen und auf die Kapelle und den Strand geblickt habe. Was für eine herrliche Farbe – kein Perlweiß, kein Zinnaschenweiß, auch kein Creme – eine warme, perlig-rosa Sandfarbe, durchsichtig und glatt, eingestreut Flecke opalisierenden Wassers. Dann zurück zur Stadt; plötzlich erkenne ich, daß ihr Reiz zum Teil darin liegt, daß sich die Farben der Ufer und des Wassers in ihr wiederholen. Die Steine haben die gleiche rosarote Zinnaschenfarbe des Strandes und auf den Schieferdächern erscheint das Blau der Wasserflecke noch einmal, da sie den Himmel reflektieren. Es gab auch blühenden Flieder, und gelber Goldlack wächst in den Mauerritzen.

Nach einer langen, langen Fahrt im Auto nehmen wir das 5.35-Uhr-Schiff nach Folkestone und kommen etwa um 12 Uhr in Long Barn an.

Donnerstag, 30. April

Einige wenige Tulpen lugen am Wege hervor und Knospen stecken in ihren grünen Blatthüllen – in dem zauberhaften matten Grün, das mit Weiß vermischt ist. Die Pappeln leuchten golden und haben kleine Blätter. An der Sonnenseite des Hauses blühen in zwei Beeten orangerote und weiße Tulpen. Vorne die Narzissen sind schon verblüht. Die Eichen auf dem Feld sind von einem rosa-braunem Hauch umgeben. Die Ulmen auf dem hinteren Feld verschwimmen leicht. Weiße Kirschbäume hinter dem Tennisplatz. Ein weißer Spalierobstbaum am Tor. An der Terrasse ein Beet mit herrlichem Goldlack, gelb, braun und fast weinrot.

Ich kann nicht arbeiten; die Wälder sind voller »Glockenblumen«, wilder Hyazinthen und Veilchen, Jon pflückt Blumen. Wir gehen zusammen zum Bach hinunter. Er wirft Stöckchen ins Wasser, während ich mich hinlege und geradezu in den Himmel hinaufschaue durch die spärlich belaubten Zweige hindurch. Ich liege zu gerne flach auf der Erde und schaue direkt hinauf, von Angesicht zu Angesicht mit dem Himmel – wie eine geöffnete Blume.

Jon sagt, er möchte ein Baby und will eines kaufen. »Du kannst keines kaufen, Jon.« »Wenn ich eines ohne Mutter finden würde, dann könnte ich es doch haben!«

Brief von Mrs. Nicolson, sie schreibt etwas Nettes über Jon und macht mich glücklich.

Rede mit C. über meine Arbeit und meine Vorstellung von seiner Arbeit und dem Fliegen, erwähne auch meine Unsicherheit und meine allgemeine Lebensangst. Habe das Gefühl, daß zu beiden Seiten des wunderschönen Pfades, den man in unschuldiger Wonne wenige Sekunden lang beschreitet, tiefe Gruben lauern. Daß ganz dicht unter der Oberfläche dieses bezaubernden Glanzes eines sicheren, friedlichen, normalen Lebens Schrecken und Unerträgliches verborgen liegen. Mache einen Ritz in diese Oberfläche und es ist da. Ich glaube, daß dieses generelle Unsicherheitsgefühl meine Ängste und meine Schüchternheit in vieler Hinsicht erklärt. C. ist lieb und hilfreich und meint, daß ich das Gefühl der Sicherheit zurückgewinnen würde. Er sagt, daß er vor allem möchte, daß ich schreibe.

Wenn es mir jetzt gelingt – o Gott!

Nach London, um dem König vorgestellt zu werden. Tee bei den Scanlons[1]. Alles sehr komisch, besonders mein zehn Jahre altes schwarzes Kostüm, das ich gestern hervorkramte. Ich brachte den Mantel in Ordnung und steckte den Rock ab. Dann glichen Miss W. und ich die Länge aus. Es ist das Kostüm – Elisabeth trug es auf vielen Auslandsreisen – mit der bunten gesmokten Bluse, die so teuer war. Ich versuchte gestern eine ähnliche zu kaufen, allerdings eine billige. Bügele es, probiere es an – ja, es wird gehen.

Wir kommen an. Kein Tee (ich wußte, ich hätte einen im Hotel trinken sollen). Diese schöne Amerikanerin, Pelzmantel und Perlen, den Blick auf die Türe gerichtet. Sie lebt nur drei Monate mit ihrem Mann in England, um der doppelten Einkommensteuer zu entgehen! Es ist ihr nie in den Sinn gekommen, daß es irgend etwas geben könnte, das wichtiger wäre. Einen Monat benutzt sie zur »Kur«, einen verbringt sie in Schottland auf der Jagd und einen verwendet sie unter Umständen auf Weihnachten! Er kann sechs Monate mit ihr zusammen in Miami sein. Die übrige Zeit ist sie auf Reisen, um die Steuer zu umgehen. Jeder tituliert jeden mit »Darling«.

Überall weiße Lilien, auf einem Tisch stehen Getränke und Hors d'oeuvres. Alle geben sich zu meiner Überraschung die Hand – sie sind doch lauter Amerikaner. Wir reden über die englische Zentralheizung, die Schwierigkeit, ein Haus zu finden, und ab und an über »Seine Majestät«. Ich zwar nicht, aber die anderen. »Ist noch nicht da ... sagte, es solle früh sein ... lediglich eine informelle kleine Plauderei ... meine *liebe* Mrs. Lindbergh.« Und wie seltsam es doch ist, bei hellichtem Tag ins Theater zu gehen, die Wochenenden und auf einen »Schuß« nach Schottland, und wie man es anstellt, richtige Hot Dogs in Soho zu bekommen (sehr gute Hot Dogs und Ananassaft) und Mrs.

[1] Oberst Martin F. Scanlon, von 1936–41 stellvertretender Militärattaché der Luftfahrt in der US-Botschaft in London.

..., die sich nicht traut, noch eins zu nehmen, aus Angst, der König könnte kommen, wenn sie mitten dabei ist.

Mir fiel neben all diesen Frauen nichts ein, wie immer, wenn ich es mit diesem rein konventionellen, gesellschaftlichen Frauentypus zu tun habe. Ich glaube, ich stehe dann ganz ruhig da, starre sie schweigend an und warte, bis sie alles heruntergehaspelt haben. Einmal muß das Ende ja kommen – ein eher klägliches Ende. Ich möchte sie alle gerne schütteln, etwas Reales entdecken, etwas, was *in ihnen* steckt. Was immer es auch sein mag, es muß besser sein als dieser äußere Anstrich, der nichts – ja schlimmer als nichts ist. Eine Absage an das Leben. Aber die Männer sind anders. Bei ihnen gibt es fast immer etwas, an das man sich halten kann, einen *Berührungspunkt.* Gewöhnlich erhält man auch eine Antwort, wenn man diese Seite zum Klingen bringt. Wenn es mir nicht gelungen ist, bei den Menschen, denen ich begegne, eine gewisse Resonanz zu erwecken habe ich das Gefühl, versagt zu haben. Die Frauen ärgern mich, da sie mich frustrieren. Bei den Engländern ist es besonders schwierig, Kontakte herzustellen.

Der König. Wir sehen sie durchs Fenster. Mrs. Simpson und den König. Alle erheben sich – ehrfurchtsvolle Stille. Er ist klein, flink und drahtig. Er kommt rasch herein, schier gekrümmt vor Bescheidenheit, als fiele er dadurch weniger auf. Es wird einem dabei warm ums Herz, denn er wirkt so, als wolle er Platz schaffen, damit sich die Menschen wohl fühlen. Er geht händeschüttelnd durchs Zimmer. Sein Gesicht wirkt verzerrt, er ist mager und sieht schrecklich traurig aus – nicht richtig alt. Seine ganze Erscheinung ist jung, ja – selbst sein Gesicht ist eher träumerisch und hat etwas Jungenhaftes, nur verhärtet. Dieses Knabengesicht hat sich der Verantwortung des Alters angepaßt. Beim Anblick wird man traurig. Man hat das Gefühl, er sei seinem Aussehen nach frühzeitig gealtert, oder aber er ist noch voller jugendlicher Sehnsüchte, trotz seines Alters.

Alle machen einen Hofknicks. Ich versuche es und mache einen halben.

Mrs. Simpson herrlich angezogen und mit dem Habitus und der Ruhe einer Dame, die weiß, daß alles, was sie tut, richtig ist, und daß sie diejenige im Zimmer ist, der sich alle zuwenden, für die es stets Pardon gibt, die kopiert wird, um die sich alles dreht. Sie braucht nur ihre Rolle zu spielen und alle werden mitmachen. Doch sie gefällt mir. Sie ist wenigstens ehrlich, spielt die ihr zugefallene Rolle und keine andere. Sie ist eine der wenigen authentischen Figuren in einer gesellschaftlichen Welt – eine von denen, die Mode *kreieren*, und keine von denen, die sie kopieren. Außerdem spricht eine vitale Energie aus ihr: »Sonne in den Knochen«, wie sie von den Amerikanern sagt. Schön ist sie nicht, aber vital, und man betrachtet sie mit Vergnügen.

Der König redet mit C., mit den Herren.

Pause. Er kommt zu mir herüber – o Gott. Ja, er durchquert das Zimmer, ist höflich, macht die Runde. Erst ein paar Minuten mit ihm, dann einige Minuten mit ihr. Schau nicht hin – ja, es läßt sich nicht umgehen. »Gefällt Ihnen die Gegend? Ich weiß nicht, wo das genau ist ... ich kenne Harold Nicolson. Ja – ja«, knappe, höfliche, rasch vorgebrachte Fragen, auf deren Antworten er kaum wartet (er kann sie auch nicht verstehen, da ich vor Verwirrung ganz eingeschüchtert bin). Sagt man Euer Majestät, oder nicht? Ich *bringe das nicht fertig*. Wie schleppend würde dadurch die Unterhaltung. Redet man den König in der dritten Person an? Kann man einen Satz anfangen, oder darf man nur antworten? Diese Zweifel wirken auf mich wie ein Bremsklotz, und ich rede immer leiser. Er neigt mir sein intaktes Ohr zu – seinen Blick abgewendet. Dann beantwortet er seine eigenen Fragen an meiner statt. »Sind Sie je selber geflogen ... Nein, in der letzten Zeit nicht, nein. Ich kann von mir nicht behaupten, daß ich ein Flieger bin ... Man muß immer in Übung bleiben. Kann nicht sagen, daß ich es besonders gern tue – doch es ist praktisch. Man gelangt überall hin.«

»Aber«, platze ich heraus, »*so* sollte man das Fliegen betrachten – als eine nutzbringende Institution ...«

Endlich läßt die Spannung nach und der König geht nach

nebenan, um etwas zu trinken. Huch, das ist vorbei! Weshalb war ich so schüchtern? Er ist sehr liebenswürdig, lebhaft, begreift rasch und ist ungeheuer drahtig, alle seine Bewegungen sind sprunghaft und eilig.

Jetzt sitzt er und redet mit C. über das Fliegen, über Flugzeuge und die Segelfliegerei. C. wirkt jedenfalls ganz natürlich, und beide geben sich ungezwungen. Ab und zu lacht der König: »Das letzte Mal sah ich Sie in Albert Hall!« Ich würde auch gerne dem König und C. zuhören, aber es ist sinnlos. Der Engländer zu meiner Linken geht langsam immer weiter. Wann immer ich mich der Gruppe zuwende, zieht er mich zurück.

Doch nach und nach versiegen die Gespräche in den umstehenden Gruppen, was bleibt, ist ein weiter Kreis, der C. und den König beobachtet. Ich sehe, wie Mrs. Simpson das kleine Band in ihrem Mantel sucht – eine unscheinbare Geste, die womöglich unbeachtet bleibt. Doch der König sieht sie und steht unverzüglich auf (oder hat sie auf ein Signal von ihm reagiert, das mir entgangen ist?).

Wir erheben uns alle. Schade, denn eben jetzt hatte ich das Gefühl, als würde es zwanglos. Alle saßen im Kreis, die Männer hockten am Boden und der König lachte über einen amerikanischen Slangausdruck. Ich hatte das Empfinden, aber er ist ja V. ein wenig ähnlich, diese spöttischen Augen, der herausfordernde Blick, eine hochgezogene Braue, das Blinzeln, die rasche Reaktion, die Nervosität. Nur kann er nie ganz frei sein. Er ist noch ein Junge. Und alle anderen Menschen in dem Zimmer (nur C., der der Jüngste ist, ist richtig erwachsen – und ich bin es auch), nur wagen sie es nicht so recht, ihre Reserve aufzugeben. Dabei würde es ihn freuen. Er möchte das »Nach-dem-Fest-Küchen-Zusammensein«, das es in Amerika gibt. Er ist auch noch in dem entsprechenden Alter. Vielleicht hat er deshalb die Amerikaner gern.

Aber Mrs. Simpson fummelt an dem Band ihres Mantels. Er schießt kerzengerade in die Höhe. Wir springen alle auf, nehmen Haltung an, verbeugen uns. Händeschütteln, Aufeinanderzugehen, Hofknickse. Danke, sagte ich – wieder falsch! Ich kann mir das »Sir« nicht merken.

Die Nachreden. Mrs. Scanlon: »Ich finde, er ist abgesehen davon, daß er ein König ist, ein besonders reizender Mensch, nicht wahr?« Eine derart konventionelle Frage, daß ich wie stets feststelle, daß ich darauf keine Antwort habe. So lächle ich nur. Auch möchte ich mich nicht über den König auslassen, nachdem er eben erst das Zimmer verlassen hat.

15. Mai

Ich träumte wieder sehr lebhaft von Elisabeth. Wir lagen auf einem großen Bett, sie zu meiner Rechten. Wie früher kam ich mir wieder jung vor, ich suchte bei ihr Rat, sie sollte mir Halt geben. Sie sprach mit mir über mein Leben – wie ich es planen, gestalten und bejahen sollte. Was sie sagte, war wichtig und traf den Kern, aber jetzt kann ich mich nicht mehr daran erinnern. Mit der gleichen Intensität, mit der mir die Klugheit ihrer Ratschläge bewußt wurde, die ich mir bewahren und die ich im Gedächtnis behalten wollte, spürte ich auch das drohende Unheil. Sie würde weder immer, noch lange da sein. (Offensichtlich besuche ich sie und muß wieder fort – zurück in mein eigenes Leben.) Ich durfte keinen Tag länger bleiben – nicht einen einzigen, obgleich ich wußte, wie kostbar diese Tage waren, und daß sich mir eine solche Chance vielleicht nie wieder bieten würde. Daß ich sie unweigerlich werde verlassen müssen, um in mein eigenes Leben zurückzukehren, traf mich hart und schmerzlich. Und ich schrie auf – während sie mit mir sprach –, schrie bei diesem Gedanken auf vor Schmerz. Sie schalt mich ganz sachlich, sehr vernünftig wegen meines Selbstmitleids. »Unsinn, Anne, du mußt das bewältigen – es hat keinen Sinn, deswegen ein Lamento anzustimmen. Es ist dein Leben. Du mußt es akzeptieren und meistern ...« Ich dachte an alles, was sie in ihrem Leben hatte hinnehmen müssen, und schämte mich.

Donovan erhält die Nachricht vom Sekretär des Königs – eine Mitteilung »Seiner Majestät«. D., der in gar keiner Weise überzeugt ist, glaubt, daß es sich um einen Pressegag handelt. Er sagt in seiner schönsten »Na, nun aber zur Sache, Freundchen«-Manier: »Seine Majestät *von was wohl*?« Die höfliche würdevolle Stimme am anderen Ende: »Seine Majestät, der König.« D. ist total verblüfft und nimmt die Mitteilung entgegen: »Mittwoch in acht Tagen zum Abendessen.« Wir nehmen natürlich an, aber D. ist noch immer nicht überzeugt (doch in seiner Achtung sind wir gestiegen: er ist ein bißchen ehrfürchtig). Später, während des Abendessens, gewinnt er seinen Gleichmut zurück und sagt: »Ich habe über diese Einladung nachgedacht, und ich frage mich, ob sie echt ist. Weshalb kam keine schriftliche Einladung?« Er glaubt, daß sich jemand mit uns einen Scherz erlaubt!

Long Barn, Weald, Sevenoaks, 21. Mai

Lieber Corliss,[1]
Du fragst mich, ob Du die Anthologie Elisabeth widmen kannst, und wieder bin ich bei dem Gedanken eher unglücklich, doch es ist nicht ganz leicht, Dir das auseinanderzusetzen.

Ich bin sicher, daß ich Dir bei Deiner ersten Erwähnung, irgendwann letzten Winter oder im Frühling, gesagt habe, wie mir dabei zumute ist. Ich glaube, ich sagte, und dazu stehe ich heute noch, daß eine Anthologie über den Tod sich schwer mit Elisabeth in Verbindung bringen läßt. Irgendwie habe ich das Gefühl, daß sie sehr viel stärker mit dem Leben, als mit dem Tod verbunden ist, so wie sie eher ein Geschöpf des Frühlings als des Herbstes war. (Das hatte nichts mit dem Alter zu tun. Das wäre immer so gewesen, ganz gleich welches Alter sie erreicht hätte.) Deshalb meine ich, daß das Hauptanliegen des Buches nicht das

[1] Corliss Lamont, Philosophielehrer und Schriftsteller, langjähriger Freund von A.M.L.

Ihre seine kann, nicht mit *ihr* zu identifizieren ist, daher kommt es mir, von diesem Standpunkt aus betrachtet, irgendwie falsch vor, es ihr zu widmen.

Doch Elisabeths Tod? Kann man einwenden. Schafft er keine Verbindung, die standhält? Nicht in meiner Vorstellung, bestimmt nicht. Ich finde, daß ein Elisabeth gewidmeter Gedichtband über den Tod eher ihrem Ableben oder dem persönlichen Schmerz, den man dabei empfand, ein Denkmal setzt, als daß er zum Gedanken an Elisabeth beitragen könnte. Das ist ihr gegenüber nicht fair. Auch Deiner Anthologie wird das nicht gerecht. Sie ist *kein* Tempel, den man persönlichem Schmerz errichten kann. Hier handelt es sich um eine weit wichtigere Arbeit; selbst, wenn sie, wie ich glaube, unter dem ersten Eindruck Deiner Gefühle bei Elisabeths Tod entstanden sein mag, ist sie ein Ergebnis Deiner generellen Überzeugungen. Ein Ausdruck bestimmter Prinzipien und Ansichten, die Du Dir in Deinem Leben erarbeitet hast.

Andererseits gibt es selbstverständlich immer den vollkommen berechtigten und verständlichen Wunsch, den Menschen, die man liebt und bewundert, eine Arbeit, an die man sein Herz gehängt hat, zu Füßen zu legen. Dieses Gefühl respektiere ich durchaus und stimme ihm voll zu.

Du willst meine Meinung zu den »Anerkennungen« im Vorwort hören. Wirklich, Corliss, es ist schrecklich nett von Dir, daran zu denken, mich da zu erwähnen, doch muß ich sagen, daß ich ein bißchen erstaunt war. *Was* habe ich getan? Außer, daß ich an etlichen besonders netten Nachmittagen das Vergnügen hatte zu erwähnen: »Ja, das ist eine wunderbare Anthologie! Kennst du *diese*?« oder »Ja, ich *liebe* das Gedicht, hast du das gesehen?« Ich käme mir ehrlicherweise auf einer Liste von Leuten, denen Du in Deinem Werk Dankbarkeit bekundest, deplaziert vor.

Was den »Ruhm« anbelangt (um auf Deinen kleinen Diskurs einzugehen!), habe auch ich natürlich das Gefühl, das jeder andere, der überhaupt gelebt hat, teilen muß, das einen weder in Ekstase versetzen noch beeindrucken muß. Andererseits darf man seine Konsequenzen nicht übersehen. (Da es sich nicht um meinen persönlichen »Ruhm« handelt, kann ich ganz unbefangen darüber sprechen.) Es ist schlichtweg albern, wenn man behauptet, daß man einfach so tun kann, als gäbe es ihn nicht. Man ändert seinen Namen. Er symbolisiert nicht mehr den Menschen, der man im täglichen Leben ist. Eine andere Gestalt wird damit bezeichnet – eine seltsame Zeitungs-Gestalt, die fremder Menschen Vorstellungen und Geschwätz hervorgebracht haben. Bei einer Begegnung ist der Eindruck dann vermutlich ganz anders.

Jedenfalls danke ich Dir sehr für Deinen Brief, in dem Du dieses Thema angeschnitten hast, und ich freue mich sehr, wenn ich Dir tatsächlich bei dem Buch geholfen haben sollte.

Ich freue mich auch, daß es nun zu so einem guten Abschluß gekommen ist, tatsächlich beendet ist und bald erscheinen wird.

Was den griechischen Epitaph anbelangt, so ist er einer meiner ausgeprochenen Lieblinge. Die griechische Haltung in bezug auf den Tod (und das Leben) bedeutet eine große Hilfe. Mrs. Hand[1] und ich haben vor meiner Abreise darüber gesprochen. Sie sandte mir die Photographie eines griechischen Grabsteins, auf dem eine Frau sanft und ruhig ihre Ringe abstreift. Eine großartige Auffassung – den Tod so still, so natürlich und friedlich hinzunehmen.

Charles, Jon und ich sind hier unglaublich glücklich in diesem herrlichen alten Haus und Garten, ich habe nicht gewußt, daß man so untertauchen kann, wie das auf dem Land in England möglich ist. Die Menschen lesen die Zeitungen, aber sie scheinen sich hier weniger zu beunruhigen, dabei sind sie den Weltkatastrophen näher. Es wird hier lange nicht so viel und so aufgeregt über den Krieg gesprochen wie zu Hause. Man liest davon, aber gesprochen wird über eine neue Abart des Wiesensteinbrechs für den Steingarten, oder über die *Queen Mary!*

*

[1] Frau von Richter Learned Hand.

Nach London zum Abendessen beim König. Tee im »Washington«. C. kommt an: Auspacken, Panik; die weißen Veilchen sehen sehr protzig aus. Vermutlich tragen alle lange weiße Handschuhe. Ich bin nicht richtig angezogen – sollte wohl große Abendtoilette sein.

Der riesige holpernde Wagen fährt uns den Piccadilly hinunter; Gefühl wie in einem Goldfischglas; fragen den Schutzmann nach dem Weg nach St. James's, York House. Der erwartungsvolle Ausdruck auf dem Gesicht des Dieners. Lasse ich meinen Mantel hier, oder nicht? Ich lasse ihn hier. »Colonel und Mrs. Lindbergh.« Nur Herren in dem Zimmer – nein, um das Feuer herum stehen Damen. Ja, sie tragen Schwarz. Der König kommt heraus, schüttelt Hände, führt uns herum. Er gibt einem sofort das Gefühl, daß er sich um einen bemüht. Er kommt in gewisser Weise den Menschen entgegen, für einen Engländer ist das erstaunlich – für gewöhnlich begegnet man einer *negativen* Freundlichkeit, seine ist *positiv.*

Man wird vorgestellt; ich bin gelähmt vor Schüchternheit – mein Gesicht ist zur Maske erstarrt. Der Raum ist wunderschön, Blumen wie moderne Gemälde und schöne alte Ölbilder. Die Damen führen keine richtige Unterhaltung, da sie die Hereinkommenden beobachten. Lady Duff Cooper so außerordentlich schön wie vor sieben Jahren in Nassau. Und ich – was habe ich seither alles erlebt seit den Monaten, ehe unsere Verlobung angezeigt wurde, und Elisabeth und ich an dem Tisch im kleinen Strandhaus saßen und sie beobachteten: exquisit gewandet in Blaßrosa, worüber Daddy nach dem Abendessen seine Witze machte.

Man sagt mir, wo ich beim Essen sitze. Der König führt Mrs. Baldwin zu Tisch. Mrs. Simpson äußerst elegant in schwarzem Leinen mit weißer Spitze, die hinten die gekrausten Bänder ziert. Sie ist eine lebhafte Person mit diesem merkwürdig scharf geschnittenen, fesselnden, verzerrten, kleinen Gesicht. Ich finde, es wirkt herb und gequält, als habe sie viele Schmerzen gelitten.

Der König ist (für einen Mann) ein ungewöhnlich guter Beobachter. Vielleicht analysiert er die Menschen nicht und denkt auch nicht weiter über sie nach, aber er zeigt viel Verständnis. Er sieht und bemerkt Kleinigkeiten, ähnlich wie wir, wenn uns Leute beobachten, sofort wissen, wenn sie uns erkannt haben. Vielleicht hat ihn das sein Leben im Rampenlicht gelehrt.

Versuche, über den Tisch hinweg C.s Blick aufzufangen. Er spricht mit Mrs. Simpson, die uns wohlwollend, aber wachsam im Auge hat.

Ihre kaum wahrnehmbare Geste, beziehungsweise das Zucken der Augenbraue als Zeichen dafür, daß es an der Zeit ist, den Raum zu verlassen. Der König erhebt sich, er versucht, es den Menschen leichtzumachen, und sagt ihnen, was sie zu tun haben.

Ich hatte beim Verlassen des Zimmers nicht an den Hofknicks gedacht! Mache einen halben. Hinaus mit den Damen, es wird über die Blumenarrangements geredet und darüber, wie müde man wird, wenn man jeden Abend zum Essen ausgeht, daß man in London etliche Lügen parat haben muß, da man sonst vollständig erschöpft wäre! (Ob sie je erwägen, daß man etwas Interessanteres zu tun haben könnte, als »auszugehen«?)

Jene beiden Damen: »Ich habe gerade Ihr Buch gelesen, Mrs. Lindbergh«, dann zu der neben ihr stehenden Schönheit gewandt, »*sie* hat ein *Buch* geschrieben!« Nicht zu glauben, so in etwa, als habe man gesagt: »Sie hält sich einen Schimpansen als Schoßhund«, oder »Sie hängt an ihren Zähnen in der Zirkuskuppel!« Ich komme mir wie Alice im Wunderland vor. Hier muß wohl eine Erklärung abgegeben werden. »Es ist lediglich ein Buch über unsere Reise, wissen Sie.« »Oh«, sagt die Schönheit einigermaßen erleichtert und verständnisvoll. Das ist weniger seltsam für sie. »Oh, eine Art Tagebuch, nehme ich an.« »Eigentlich nicht so ganz, ich schrieb es zwei bis drei Jahre danach.« Gelinde Verwirrung auf seiten der Damen. Dann (ah – die Erklärung!): »Haben Sie es selber geschrieben, oder hat Ihnen jemand dabei geholfen?« »Nein«, lache ich laut heraus, »o nein, ich schrieb es selber.« »Wie ... also, ganz selber?« Völlige Verwirrung, und ich habe das Gefühl, das ist die reine Kinderei, diese Leute hier, zu albern. Sie haben kein Gesprächsthema. Sie können von nichts anderem reden, als immer wieder von derselben Sache. Ich komme mir um Jahre älter vor, fühle mich sicherer als sie, trotz meiner Schüchternheit auf Gesellschaften.

Doch ich bewundere den König und er hat meine ganzen Sympathien. Er scheint sich große Mühe zu geben (hat dabei auch Erfolg), die vorgeschriebene Form zu wahren, sie aber auch in gewisser Weise zu sprengen, um sie mit Leben zu erfüllen.

Ich glaube, daß er nach dem Motto seiner Thronrede zu leben versucht: »Ich bin derselbe Mann.«

Es ist schon so, wie C. sagt: viele, durchaus begabte Leute haben für die Menschen an sich kein Interesse. Es liegt ihnen lediglich daran, mit denen zu reden, die zu ihrem eigenen speziellen Thema etwas beitragen können. Ihnen bedeuten gesellige Zusammenkünfte nichts, aber den konventionellen Ritus übernehmen sie auch.

Jedenfalls zeichnet sich der König dadurch aus, daß er sich nicht unbedingt hinter der konventionellen Fassade verschanzt, oder zumindest da, wo er sie braucht, erfüllt er sie mit Realität.

Ich habe den Eindruck, daß er C. Verständnis und Sympathie entgegenbringt und dazu auch eine gewisse Neugier – da er sich zu jemandem hingezogen fühlt, der durch Zufall in eine sehr ähnliche Situation geraten ist, in die er hineingeboren wurde.

Späte Heimfahrt. Die Kastanienbäume blühen. Es ist unsere Hochzeitsnacht.

Wir fahren zur Sandwich Bay zu den Grenfells. Ein ziemlicher Verkehr und es regnet. An der Straße außerhalb von Canterbury werden wir aufgehalten – ein Mann liegt auf dem Boden, war von seinem Motorrad gestürzt, um ihn herum eine kleine Menschenmenge. C. fährt frontal darauf zu, holt seinen Erste-Hilfe-Kasten und geht zurück, um zu sehen, ob er etwas tun kann. Ich bin voller Vertrauen und erleichtert. Der Mann realisiert das nicht, aber jetzt kommt jemand, der wissen wird, was nicht in Ordnung ist, der die Sache in die Hand nehmen wird. Nach und nach werden alle Leute, die nichts verstehen und ihn nur stören, verschwinden – nur C. wird übrigbleiben und ihn versorgen.

Ich stand neben dem Auto, wartete, ob C. mich rufen würde und sah zu, doch ich wollte nicht auf den Mann schauen, aber er war zu benommen, um sich daran zu stören. C. nahm anscheinend die Dinge wirklich in die Hand, hob das Bein aus dem Rinnstein (mehrfacher Bruch), wies den Busfahrer an, den Verkehr zu regeln und die Autos umzuleiten; sorgte dafür, daß man nach einer Ambulanz schickte; öffnete seinen Erste-Hilfe-Kasten, legte Gaze auf die blutende Stelle. C. versuchte den Mann von der Straße wegzutragen, doch eine Arterie begann zu bluten, daher hob er nur das Bein hoch und schob seinen Hut darunter. Er veranlaßte, daß ein anderer Mann den Verletzten mit seinem Regenmantel zudeckte und zündete ihm eine Zigarette an. Er erklärte ihm, daß sein Bein gebrochen, die Blutung aber gestillt sei und nun alles in Ordnung kommen würde.

Wir blieben, bis man ihn in eine Ambulanz transportierte. Die Sanitäter hatten keine Ahnung und richteten sich nach C.s Anweisungen. Unser Freund war sehr dankbar und fragte C., ob er glaube, daß er noch diese Nacht aus dem Krankenhaus entlassen würde!

Dann fuhren wir weiter. C. sagte: »Das ist der schlimmste komplizierte Bruch, den ich je gesehen habe – der Mann wird sein Bein nie wieder voll bewegen können, vielleicht muß man es amputieren.«

*

C. wandert nachts bei Florries [Florrie Grenfell, Lady St. Just] im Zimmer auf und ab, denkt über den Mann nach und darüber, was man bei einem solchen Bruch in den Außenbezirken, wo kein Arzt und kein Krankenhaus in der Nähe ist, tun könne.

Claire Fontaine

Was für ein Glücksgefühl: sie freuen sich wirklich über unseren Besuch! [Die du Noüys]

Der herrliche Fluß, träge fließend und ruhig. Zuerst schaue ich auf die Iris, die sich über seine dunkle Tiefe neigen, gelbe Iris, die aus der Seite des Dammes herauswachsen, und ich denke: Wie herrlich sind die Iris vor dem dunklen Hintergrund. Dann entdecke ich nach und nach, über den Iris – die Bäume, den Himmel, die Welt, die sich im Strom unterhalb spiegelt, und denke: Wie kann ich diese Iris an der Oberfläche mit jenen Tiefen bemerkt haben, diese Welt, die sich darüber öffnet. Mein nächster Gedanke war, das ist für Menschen, die etwas von Musik verstehen, das ist wie Polyphonie.

Mme. Carrel eilt mit mir den Pfad entlang, um mir das Nest der kleinen *poule d'eau* in der Mitte des Flusses zu zeigen. Mme. Carrel, eine unglaublich starke, wunderbare Persönlichkeit.

»Oh, du warst jenseits allen Ruhmes. Du warst unberührbar; sanft hast du deine Schönheit in dir versammelt, so wie wir eine festliche Flagge am grauen Morgen eines Arbeitstages einholen, alle Wünsche ausschalten, nur arbeiten wollen – was sich nicht verwirklichen läßt, trotz allem nicht geschieht.«

Dr. Carrel, so handfest, munter, stets mit dem Finger am Abzug. Unglaublich kraftvoll, kontrolliert. Das ist stimulierend und flößt einem (mir jedenfalls) Furcht ein. Ich werde schüchtern, stottere, habe das Gefühl, ich verschwende Worte, Zeit, Energie, Verstand etc. Er gleicht C., der auch nie etwas Überflüssiges tut.

Ich erzähle Mme. Carrel, daß ich an C.s Arbeit – seiner neuen Arbeit – teilhaben möchte, *persönlichen Anteil* nehmen möchte, aber auch weiß, daß ich das technisch nicht kann. Sie sagt: »Aber glücklicherweise wollen Sie nicht...« Ich glaube, sie ist ziemlich erleichtert, ich bin es auch, da ich meinen Standpunkt klargemacht habe. »Außerdem«, sagte sie, »haben Sie andere Interessen.« Habe ich die, so frage ich mich. Ich habe hier das Gefühl, daß ich keine Interessen habe, die ich gegen C.s Bedeutung und das, was er auf der Welt zu leisten vermag, in die Waagschale werfen kann. Doch für uns, für unser Verhältnis zueinander, ist es notwendig, daß ich meine eigenen Interessen wahre.

Fahren durch das ehemalige Kriegsgebiet zurück. Es sieht hier noch immer unbeschreiblich schrecklich aus – zwanzig Jahre danach.

Wie tröstlich, England zu erreichen, wo keine Spuren, die einen jede Sekunde daran erinnern, zu sehen sind.

Donnerstag

Mrs. Lamont[1] zum Tee, sehr vergnügt und hübsch, voller Geschichten über ein Abendessen bei Sibyl Colefax, wo sie den König traf, mit Gandhi über Sanktionen (!), mit Walter de la Mare über Träume, mit Lady Astor über Roosevelt und Winston Churchill über ... sprach, etc. etc. – war groß in Form. Sie unterhielt sich die ganze Zeit über mit C., verlieh allem und jedem ihre besondere Würze, angefangen beim englischen Telephonsystem bis hin zu Mrs. Simpson.

Sie wollte wissen, was sich bei unserem Abendessen beim König abgespielt habe und ließ (wie ich glaubte, mit einem gewissen Seitenhieb) die Bemerkung fallen, wie nah Harold Nicolson ihm zu stehen schien.

20. Juni, nach Paris

Sehr aufregend, das Auftauchen der französischen Küste zu beobachten, denke mir: genauso entdeckt man die Wahrheit im Leben. Sie zeichnet sich als tiefliegende flache Linie in weiter Ferne am Horizont ab, wird breiter, vertieft sich. Oder aber

[1] Frau von Thomas Lamont, alter Freund der Familie, Partner von J. P. Morgan & Co.

taucht wie eben jetzt in voller Größe vor einem auf. Plötzlich – Klippen!

Erregende Tage mit den Carrels. Ging wie auf Wolken.

Der Vormittag mit dem Hellseher [Dr. Carrel forschte ihn aus]. Der macht einen Fehler, verliert sein Vertrauen, hält der brisanten unbestechlichen Klarheit Dr. Carrelscher Beobachtungen nicht stand, macht schließlich alles falsch. Er tut mir so leid. Mme. Carrel tröstet ihn.

Abendessen im Klub: verschlissene Herrlichkeit, drohendes Gewitter im eingeschlossenen Garten, Leute laufen in Panik mit ihren Weingläsern die Stufen hinauf in den Speisesaal. Dr. Carrel sagt: »So leben sie – in Furcht.«

Danach die lange Fahrt nach Rouen in der Dunkelheit, ich auf dem ganzen Weg auf Kohlen, mit einem Blick auf die Landkarte – aus Angst, daß ich von der richtigen Straße abkommen und Dr. Carrels Zeit verschwenden könnte.

22. Juni

Nach Château de Clères. Ein wunderschönes Paradies, ein Tierpark [den Jean Delacourt, ein Freund Dr. Carrels leitet] mit rosa Flamingos, die elegant über den Rasen unter dem blauen Rittersporn und den Glockenblumen dahinschreiten. Antilopen und Rotwild hüpfen auf zerbrechlichen Läufen über einen Hügel, Känguruhs starren uns mit ihren erschrockenen Kaninchengesichtern an. Gibbonaffen schaukeln, purzeln, wenden und häkeln sich durch die Bäume, sie tun es mit sehr viel mehr Anmut als alle anderen Tiere, die ich je gesehen habe – wie in Zeitlupe.

24. Juni

Jon kommt herein, während ich auspacke, und hilft mir, meine Schuhe ins Regal zu tragen – er macht es mit Wonne! »Ich helfe dir, nicht wahr?«

Er fragt mich über das Sterben aus. »Sterben alle?« »Ja, jeder stirbt eines Tages.« Jon (recht beunruhigt): »Ich will nicht sterben.« Ich nehme ihn daraufhin auf meinen Schoß und versuche, ihm zu erklären, daß die Blumen dahinschwinden und wieder in die Erde zurückkehren, spreche davon, wie die Blätter von den Bäumen fallen und die Menschen alt und müde werden. Ich versuche ihm klarzumachen, daß bis dahin noch viel Zeit vergeht, daß ich dadurch gar nicht beunruhigt bin und daß ich vor ihm sterben werde, so daß er länger leben wird als ich. Daß das noch ganz weit weg ist, er dann müde und alt sein und es ihm nichts ausmachen wird.

Jon: »Wer wird zuerst sterben – du oder Vater?«

Es gefällt ihm nicht, daß Bäume länger leben als er, aber es tröstet ihn, daß seine Lebensdauer länger ist als die der Blumen. Ihm ist allerdings klar, daß manche Lebewesen früher sterben, als sie eigentlich sollten. Er erinnert sich an diesen Vogel in Brynderwen.

4. Juli

Mary Hand[1] einen Abend und einen Tag über hier. Gute Gespräche über vielerlei: die Engländer, den Feminismus, wie man sein Kind am besten erzieht, damit es sich in dieser Welt zurechtfindet, über Ehe, Frauen, Karrieren. Außerordentlich stimulierend. Mit jemandem zu sprechen, der sensitiv ist, Augen im Kopf hat, der über die gleichen Themen nachdachte wie man selber, klärt vieles.

Nachdem sie fort war, und ich abends draußen im Garten saß, sah ich auch Dinge, die wir nicht unbedingt erwähnt hatten, die aber aus unseren Gesprächen resultierten, in einem anderen Licht:

Das ganz gewöhnliche Alltagsleben ist so heikel, so atemberaubend, so schwierig, verlangt einem so unglaubliche physische und mentale Kontrolle und Kräfte ab wie der Tanz über ein Drahtseil.

[1] Tochter von Richter Learned Hand, spätere Mrs. Norris Darrel.

Die Ehe ist die interessanteste, schwerste und wichtigste Aufgabe im Leben.

Mein Leben, mein Handeln sind bedeutungslos, wenn es mir nicht gelingt, Jon etwas davon zu vermitteln.

Das Leben ist die wichtigste aller Künste. Das Schreiben ist nur insofern von Bedeutung, als es mir das nötige Gleichgewicht verschafft, um das Leben wie eine Kunst zu gestalten. Und mehr noch, das aber ist ungreifbar, schwer zu analysieren. Es ist mir wichtig, nicht weil ich annehme, daß ich Bedeutendes schreiben und der Welt vermitteln könnte, sondern weil es zufällig meiner Optik entspricht, mir Klarheit verschafft, mir ermöglicht zu sehen, zu denken und das, was in mir steckt, zu konzentrieren, um so besser zu leben.

Mit »Schriftstellern« und »Künstlern« zu wetteifern, mit ihrer Intensität, Geschwindigkeit, auf ihrem Niveau etc. zu arbeiten, ist unmöglich – und nichts für mich. Ich muß mir meine eigenen Maßstäbe setzen.

Die Menschen, die die wichtigsten im eigenen Leben sind, und die, die es erst lebenswert machen, können sehr verschieden sein, das muß kein Widerspruch sein. Es gibt die Liebe *und* das Verständnis.

Wie kann ich Jon etwas geben? Ich muß viel mehr Zeit mit ihm verbringen und mir etwas ausdenken.

C. hat das meiste gemacht. *Beispiel:* die ganze Arbeit an der Leiter, der Schaukel und an dem Trapezseil, dabei hat er Jon Beherrschung, Behendigkeit, Wachsamkeit, Kampfeslust, Vorsicht und Anpassungsvermögen beigebracht.

Heute zeigte Jon mir – von einem Ohr zum anderen grinsend – wie er eine Leiter hinaufkletterte (höher noch als bei C.), das Seil schnappte, seine Füße darum schlang und sich wieder abwärts hangelte. Er kletterte auch das lose hängende Seil (das an beiden Enden wie eine Schaukel geknüpft war) hinauf und hing in seinen Knien, dann richtete er sich auf und hielt sich an beiden Seilen.

*

9. Juli, Long Barn, Weald, Sevenoaks

Meine liebe Mutter –
heute ist ein richtiger Regentag. Mrs. Lindbergh und Jon veranstalten auf dem Fußboden im Long-Barn-Zimmer eine Jagd mit Tragschraubern. Feuer in allen Kaminen. Der schwach rauchige Geruch erinnert mich an North Haven (ich habe auch North-Haven-Kleidung an!). Vor mir steht, an den *Briefkasten* gelehnt, ein Bild der Leadbetter Island.

Mrs. Lindbergh kam ohne jegliche Zwischenfälle am Montag hier an. C. und ich fuhren nach Southampton, um sie abzuholen, übernachteten in einem ruhigen kleinen Hotel in Winchester. Am nächsten Morgen wanderten wir in die grüne friedliche Einsamkeit hinaus, unter diesen herrlichen Bäumen. Wie wunderschön, wie grau und wie englisch ist Winchester!

Letzten Sonntag kamen Mrs. Morgan, Margaret und Gerald von Geralds Schule zum Tee herüber. Es machte großen Spaß, Mrs. Morgan herumzuführen, ihr entging nichts, ihr gefiel alles, ihr fielen besondere Stücke auf und sie machte Vorschläge für eventuelle Verbesserungen. »Jeder, der wollte, könnte das mit neuer Seide ausbessern«! etc. Waren auch überall im Garten, wo sie genau sah, wie weit die einzelnen Rosen waren.

Wir sprachen viel von Dir: »Wie würde das Ihrer Mutter, wie sehr würde es Elisabeth gefallen!«

Unser Sommer ist vollkommen »ausgebucht« bis auf zwei Wochen, von jetzt bis zum 22., an dem wir nach Deutschland fahren. Wir kommen etwa am 1. zurück, fahren am 8. wieder ab nach Kopenhagen. Werden am 15. zurück sein und gehen dann vielleicht in die Bretagne.

*

Tagebuch *18. Juli*

Nach wochenlangem Regen, Kälte und kaltem Wind ein herrlicher Tag: Nachdem unser Haushalt etliche Wochen leicht durcheinander geraten war, kam heute endlich das neue Hausmeisterpaar: »Das soll ein Reispudding sein?« »Nein, Harrison, nicht diese Tasse.« Miss. W. jagt hin und her zur Küche, um ihnen zu sagen, wie man den Tisch deckt, wie man Kaffee macht, wie man Regale aufräumt etc. Mrs. Hook schindet sich mit ihrer Arbeit ab, eigentlich deren Arbeit, aber sie beklagt sich nie. Zum Schreien komisch ist das alles. Harrison zu C., der ihm den Wagen erklärt: »Sie müssen entschuldigen, Herr, aber ich verstehe nur etwa jedes zweite Ihrer Worte«! Klein-Donald – fett, krummbeinig, blaß, mampfend, sitzt auf seinem Topf unter dem Eisschrank, das Gesicht wird ihm mit den Geschirrtüchern abgewaschen. Himbeeren vergammeln in der Speisekammer. Nein, wir trinken nicht nach dem Kaffee auch noch Tee! Wir bedienen uns bei Tisch bei jeder Mahlzeit selber, räumen die schmutzigen Schüsseln ab; haben nicht genug Schüsseln, Messer, Gabeln, Löffel; angeschlagene Gläser. »Nein, Harrison, *nicht* diese Tasse.« C. tranchierend: »Mutter, welches Fleisch möchtest du?« »Oh, irgendeines – nur *irgend etwas.*« Das Steak zu sehr durch, die Äpfel nicht gar. Zwei Wärmflaschen in Mrs. Lindberghs Bett. »Wo ist Jon?« Achtung, paß jetzt auf Anne, alles ist in Ordnung. (»Noch mehr Gerenne geht nicht, bleib wo du bist.«) »*Wo ist* Jon?« »Nein, Harrison, *nicht* diese Tasse.«

Sitze in dem kleinen Zimmer, bin unfähig zu arbeiten, Jon hält über mir seine Tragschrauberjagden ab, Donald miaut am Fenster, und der Wind bläst, grau und beängstigend, als wolle er mir etwas Böses antun. »Du kannst mich nicht schlagen – ich sorge schlichtweg dafür, daß dieser Tag so unerträglich wie nur möglich wird.«

Ich aber denke, das ist jetzt mein Sommer, das sind meine zwei ruhigen Wochen zu Hause, meine zwei Wochen, die ich zum Arbeiten habe – und ich kann nicht arbeiten. Was bin ich nur für eine Treibhauspflanze, daß es mir unmöglich ist, zu arbeiten. Wie albern. Immer müssen für dich die Bedingungen perfekt sein. Renne vor Verzweiflung auf und davon nach London und versuche, dort Schuhe zu finden (alle anderen machen es genauso): »Nein, gnädige Frau, wir haben keine breiten Größen.« Bei den Hüten: »Ja, er wird genauso gut aussehen wie der andere, gnädige Frau, wenn er fertig ist.« (Ich sehe *genau* wie eine Engländerin aus – altmodisch, altmodisch: diese aufgeschlagene Krempe über dem Ohr, und ein bedrucktes Seidenkleid.) »Ihnen wird schwerlich etwas passen, gnädige Frau, unsere kleinste Größe ist Sechsunddreißig.« »Es gibt überhaupt nichts, gnädige Frau.«

Heute wieder Sonnenschein und ein köstlicher Wind vom Meer, kommt aus dem Süden – ist kühl, frisch, aber nicht wirklich kalt, wie kühles Wasser an einem heißen Tag, herrlich und beruhigend. C. und ich machten einen Spaziergang über die Felder und zu den Hügeln. Man hätte am liebsten seine Arme gehoben, um sanft auf ihm dahinzusegeln, so wie an den Abenden in Falaise[1] nach einem heißen Tag, als wir dort geschwommen sind. Die stille Bucht, keinerlei Anstrengung – lediglich köstlich ausgestreckt, das Wasser mit kühlen Armen zerteilend.

Doch ich wollte hinauskommen und spazierengehen. Diesem Garten, diesem reizvollen englischen Garten bekommt die Hitze nicht, die Rosen verblühen, die Pappeln neigen sich zaghaft, die Ahornblätter baumeln herab. Doch draußen auf den Hügeln war es herrlich.

Heute ist so ein Tag, an dem man nicht die Erde betrachtet, sondern sich zurücklehnt, einem inneren Zwang folgend nach oben in das wechselvolle Antlitz des Himmels blickt – große weiße Wolken segeln in loser Folge vorüber. Man spürt, daß sich das wahre Drama, das wahre heutige Leben dort oben abspielt. Hier unten, in den Bäumen und im Gras, erleben wir lediglich einen Abklatsch davon. Dort oben ist dieser Tag wie er sein sollte, frei und schrankenlos.

So frei fühlte auch ich mich, aller Fesseln ledig. Der Wind blies mir in die Ohren wie fernes Grollen, und um mich herum pflanzte er sich als sanfter, tiefer Seufzer in Bäumen, Gräsern und der ganzen Natur fort.

[1] Das Gut der Guggenheims auf Long Island.

Daran teilzuhaben, ihn in den Haaren, auf den Armen, in den Kleidern zu spüren, war köstlich. Jetzt konnte ich verstehen, warum C. Stürme liebt, gerne durch sie hindurchfliegt, ganz darin aufgeht. Ich muß versuchen, mich daran zu erinnern, wenn ich das nächste Mal in der Luft Angst habe, daß er sich ganz sicher dabei fühlt und so glücklich ist, wie ich es jetzt eben bin.

Im täglichen Leben verkrampft man sich nur.

19. Juli

Was für ein Nachmittag. Zuerst die ganzen Nicolsons – sie in einem gewaltigen Schlapphut. Mrs. St. Aubyn[1] ruhig, aufmerksam, lebendig, in Grau; H. N. mit einer leicht verblichenen Nelke in seinem Knopfloch; die Buben schlaksig, riesengroß, ruhig, gelangweilt – sehr nett. Alle schlüpfen gebückt in den kleinen Wohnraum, begrüßen sich. Ich verlegen, verkrieche mich in mich selber (was *ist los* mit mir?), bin in Verteidigungspose. Alle schlüpfen wieder hinaus, wandern durchs Haus (nein, keiner bemerkt die Blumen) und es geht ins lange Zimmer; Jon kommt herunter, Mrs. Lindbergh. Man stellt vor (Mrs. St. Aubyns Name wollte mir nicht einfallen): »Miss Sackville-West« (das klingt auch komisch). Alle stehen verlegen herum. Mrs. L., ruhig und deutlich (leicht verlegen und mit dem Versuch zu helfen): »Möchten die beiden Herren nicht mit Jon und mir mitkommen und das Kaninchen anschauen?« Eine leicht betroffene Stille. Bens Gesicht färbt sich zartrosa. C. und ich kichern ein bißchen. Natürlich wollten sie – Eton und Balliol! Einfach großartig. »Kommt mit mir und schaut euch das Kaninchen an.«

Jedenfalls gingen wir alle hinaus, Mrs. N., um sich den Garten anzusehen. Ich halte mich an Mrs. St. Aubyn. Sie ist ein Schatz. Mrs. Nicolson ist C.s Partnerin. Ja, so ist es richtig. Mrs. St. Aubyn und ich schwätzen über Dienstboten, Ehepaare und

[1] Gwen St. Aubyn, Harold Nicolsons Schwester.

Babys. Das ist jedenfalls besser als meine Hilflosigkeit. Dann erscheint H. N., höflich und fragend: »Ist das Ihre Schwiegermutter? Ich glaube, ich werde hingehen, um mich mit ihr zu unterhalten ...«

»Tun Sie das – sie ist sehr zurückhaltend.« Dann rief ich ihm noch nach, weil es mir zusätzlich einfiel: »Sie ist in der Türkei gewesen!«

Mrs. St. A.: »Wird sie ihm einen Streich spielen?«

A.: »Einen *Streich?* Weshalb?« (Wir werden hier alle ga-ga!)

Mrs. St. A.: »Nun, Sie sagten doch, daß ihr der Schalk im Nacken säße und sie wohl einen Trick auf Lager haben könne.«

A.: »Einen *Trick?* Ich sagte, sie ist in der *Türkei* gewesen.«

Mrs. St. A.: »Oh, mir kam das ein bißchen komisch vor...«

A.: »Türkei – nein, Türkei.« (Wahrlich, das ist alles närrisch.) Ich erkläre es C. Er lacht – der Schatz.

Dann wandern wir hinunter und schauen Jon am Trapez und bei seinen Saltos zu. Das ist alles ein bißchen prekär. Ich frage mich besorgt, wie die Menschen auf ihn wirken mögen. Aber er bleibt einfach hängen, und es macht ihm Spaß. Allen anderen schwindelt es. H. N. über Mutter (bei ihm habe ich immer den Eindruck, daß er der einzige ist, der sie versteht, und daß ich eine recht herzlose Tochter bin, die nicht sieht, worum es geht): »Ich glaube, sie ist ziemlich einsam... Sie sagte, sie käme vielleicht herüber.« »Ich fürchte, wir werden nicht hier sein.« (Glauben sie, daß ich *gerne* fort bin? Ist ihnen nicht klar, daß ich sie *nur zu gerne* hier hätte?).

20.–21. Juli

Abends liest C. mir eine Rede[1] vor, die er eventuell in Deutschland halten wird – jedenfalls dachten wir, daß er, wenn er darum

[1] C.A.L. sollte auf Ersuchen von US-Militärattaché Oberstleutnant Truman Smith, den die dürftigen Nachrichten über die Luftfahrt, die er auf normalem Wege in Erfahrung bringen konnte, nicht befriedigten, nach Berlin gehen. Er hoffte, daß es Lindbergh gelingen würde, die technische Entwicklung in Deutschland gründlicher zu erforschen, und daß er Informationen über die

gebeten werden sollte, seine Gedanken auf diese Weise formulieren sollte. Ich werde dabei ganz aufgeregt, denn alles, was C. zu sagen hat, ist wichtig, sollte vorgebracht werden, und er ist der geeignete Mann dafür. Außerdem berührt es die zentralen Punkte im Leben – in meinem Leben –, jene leidenschaftlichen Debatten, die wir über die »Gewalt«, die die Welt regiert, hatten – verschiedene Arten der Gewalt. Die Auseinandersetzungen über Frankreich und Deutschland – Athen und Sparta, Italien und England.

In dieser Rede weist er den Weg – die Verantwortung.

Ich würde allein deshalb nach Deutschland fahren, um sie zu hören.

Mittwoch, 22. Juli

Abreise nach Deutschland. Früh auf. Harrison hat das Frühstück fertig. Ein herrlicher Tag – »nicht ein einziges bauschiges Winzlingswölkchen am Himmel«.

Wir heben ab und nehmen Richtung auf Lympne. Wir fliegen über unser Haus – winzig klein und schutzlos. Terrassen-Quadrate mit französisch gestrickten Rosen bestickt, herauslaufende Menschen, Jon vollführt einen Indianertanz und winkt mit einem langen Handtuch.

Ab nach Lympne; ein friedliches Flugfeld, grasbewachsen, schön, unberührt. »Stell deine Maschine ab – du wirst dich eine Weile hier aufhalten.« Wir steigen aus, begeben uns zum Zoll und unterschreiben Papiere. Keiner da, sehr schön, nette lässige Jungens des ländlichen Fliegerklubs.

Winde in der Höhe? Wetter? Oktanzahl des Benzins?

Man will uns über dem Kanal »entlassen« (was soll das, denke ich im stillen. Niemand hat uns je über *irgend was* entlassen).

Zwei Funker kommen heraus, möchten Autogramme.

zunehmende Größe der Luftwaffe bekommen würde, die das US-Kriegsministerium forderte.

Auf dem Flugfeld keine Signale, keine Lichter für den Start? Nein, sonst niemand da, schöne grüne Weite – im Schlaf.

Ab geht's über den Kanal. C. ist über das Flugzeug sehr glücklich, begeistert, jungenhaft und vergnügt. »Dort ist der Kai, von dem wir abflogen – dort ist Boulogne.« Wir streifen die belgische Küste, schmale Felder, in allen erdenklichen Richtungen angelegt, wie eine ausgestreute Schachtel Streichhölzer. Lastkähne pflügen durch die Kanäle, hinterlassen Kräuselspuren. Örtliche Stürme. Der Himmel ist auf der ganzen Welt der gleiche, ganz egal, wie sich die Welt darunter wandelt.

Die Kathedralen sind der Mittelpunkt einer jeden Stadt, ziehen die Häuser zu sich heran, wie das Zentrum einer Blume – oder wie die Sonne.

Fliegen nach Karte, folgen dabei Kanälen, Städten, Eisenbahnstrecken.

Die ordentlichen deutschen Wälder, größere Felder.

Köln, mitten darin die Kathedrale, lichtdurchflutet. Gute Landung. Ein merkwürdiger achteckiger Turm, der mir sehr deutsch und klotzig vorkommt.

Deutsche Gesichter, einige Offiziere. Keine Menschenansammlung. Der Armee-Doppeldecker. Wir steigen aus. Hackenzusammenknallen, die Begrüßung. Händeschütteln. Hauptmann [Theodore] Koenig[1]. Kameras. Jeder ist in Uniform; die Hacken knallen oft.

»Yah.« Abgehackte Rede. Man beachtet mich kaum; sehr wenig Frauen.

Wir essen im Flughafen zu Mittag. Nein, danke – keinen Mosel: Bei uns sind einige Abgeordnete der Stadt Köln.

Deutsche Jungens kommen herauf, schlagen die Hacken zusammen, heben wie ein Mann die Hände zum Gruß *»Heil Hitler«*, bitten um Autogramme, verbeugen sich, verschwinden.

An der Wand Landkarten. Auf der Landkarte sind der polni-

1 Stellvertretender Militärattaché der Luftfahrt in der US-Botschaft in Berlin.

sche Korridor und Elsaß-Lothringen eingeschlossen, lediglich in hellerem Blau angegeben.

Ein großer Rosenstrauß. »Wunderschön ... haben Sie vielen Dank.«

Hauptmann Koenig sagt, daß über den Bergen eine Waschküche hängt. Es kann sein, daß wir umkehren müssen. Er gibt uns eine Karte.

Wir machen uns startbereit. C. setzt den Propeller in Bewegung. Ich bediene die Schalter.

Das Armeeflugzeug fliegt wie der Teufel. In dieser Maschine kann man mit der von uns angegebenen Geschwindigkeit schwer folgen. (Der Pilot sagte, er würde etwa 120 fliegen, aber es sind ungefähr 140.) Wir versuchen, uns an die Karte zu halten. Hügeliges Land, Wind und Regen. C. fliegt nicht zurück. Wir verlieren das Armeeflugzeug aus den Augen. C. meint: »Waschküche! Feierabend für alle Passagierflüge!« Über dem Harz (Bad Harzburg). Weitere Städte, flache Felder, Wälder.

Potsdam, die Seen und winzige Segel. Das Schloß. Vor uns Berlin, viel Grün und eine Menge Wasser. Das Flugfeld: Junkersmaschinen, alle in Reih und Glied, Männer signalisieren (C. glaubt, daß das Bodenpersonal eine Übung abhält). Er landet in einiger Entfernung. Er hätte in ihrer Mitte landen sollen! *Sorry*...

Viele Offiziere kommen auf uns zu, Hackenschlagen, Begrüßungen, Verbeugungen, Handküsse. Kameras im Hintergrund. Keine Menschenansammlung, aber Offiziere und einzelne Zivilisten. Sie kommen auf uns zu, Händeschütteln und wieder Begrüßungen. Die Hintenstehenden treten vor: »Ihre Freunde – Ihre Landsleute.« Rasche Trennung von C. (Ja, natürlich, die Unterordnung der Frauen in Deutschland!) Er fährt mit den Offizieren in einem offenen Wagen davon. Hochrufe etc. Wir, Mrs. Smith[1], ihre Tochter und ich, fahren ruhig in einem

[1] Frau von Oberstleutnant Truman Smith, der von 1935–39 US-Militärattaché war.

geschlossenen Wagen hinterher. Ich habe plötzlich das Gefühl, daß C. auf und davon wirbelt und ich ihn nie mehr wiedersehen werde, so lange wir in Deutschland sind.

Erste Eindrücke beim Hineinfahren: Alles neu, die Straßen, Gebäude, Häuser. Der Geschmack, die Ordnung, der Glanz, die Sauberkeit (sehr verschieden von französischen Straßen). Die Aktivität, viele Menschen auf den Straßen, kleinbürgerlich, unmodern, aber in guter Verfassung und in ordentlicher Kleidung. Kein Zeichen von Armut. Viele Räder und Autos. Feststimmung, Beflaggung, überall die Fahnen der Nazis, rot mit einem Hakenkreuz drauf und die olympische Flagge mit den fünf Ringen auf weißem Grund. Beflaggte Prachtstraßen, Inseln mit großen Fahnenmasten, Fahnen aus aller Welt. Viele Gebäude säumen die Straßen. Die Schiedsrichter, die Mannschaften etc. sollen dort wohnen. Der Eingang zum Stadion. An der Strecke die neuen pseudogriechischen Plastiken der Läufer (von den Berlinern scherzhaft, als »Die letzten vier Steuerzahler verlassen Berlin« bezeichnet).

Überqueren Brücken, Kanäle, Seen, viele kleine Segelboote. Überladene häßliche Statuen auf alten Brücken.

Herrlicher Park, wie ein Wald, aber besser gepflegt. Niemand verläßt die Wege. Ziemlich häßliche überladene Bauten, ungefüg, mit Ornamenten versehen, braungelb und alle aus Quadersteinen errichtet. Das Brandenburger Tor, Unter den Linden. Berühmte Namen – eindrucksvoll, ja, aber nicht schön, ganz entschieden nicht schön.

Wir gehen zu den Smith' in ihre Wohnung. Kühl und angenehm. Fahren durch die Stadt, Unter den Linden geschäftig und reihenweise Flaggen. Frisch gestrichen, pieksauber und mit Fahnen geschmückt, sieht alles aus, als sei es über Nacht aus dem Boden geschossen. Dieser Eindruck wird noch dadurch verstärkt, daß es keine alten Bäume gibt. Zwei Reihen neu angepflanzter Baumschößlinge. Auch die Fahnen, Plakate, Schierling und Girlanden etc., die für die Olympiade aufgehängt wurden, geben dem Ganzen das Gepräge eines Welt-Jahrmarktes. Große überladene, mit Ornamenten gezierte Gebäude, die vielleicht unter dem Schutz einer ehrwürdigen Rußschicht ganz eindrucksvoll gewirkt hätte, sehen gräulich und übel aus mit ihrem neuen bonbonfarbenen Anstrich.

Sehr viele Uniformen auf den Straßen. Wir fahren an Görings Luftfahrtministerium vorbei, einem schönen neuen Gebäude, das ganz modern, einfach, zweckgebunden und doch großartig, gewaltig und eindrucksvoll, erstaunlicherweise mitten in die alten, behäbigen, antiquierten Bauten hineingesetzt wurde. An Hitlers Haus vorbei – am Tor eine Wache in schwarzer Uniform – nichts Besonderes – Görings Oper mit Blumenkästen voller Blumen. Pfadfinder auf den Straßen, schwarze Hosen, braune Hemden, auf Fahrrädern, braungebrannt und kräftig – Hitlerjungen.

Wir fahren nach Hause und unterhalten uns; sehr interessant. Oberst Smith ist lebendig, stellt Fragen, hat ein gutes Ausdrucksvermögen. Sie ist aufmerksam, intelligent und amüsant.

Donnerstag

Zum Mittagessen in den Fliegerklub. Eine Menschenmenge säumt die Straße. Der Klang von Trommeln und Musik. Ist das – eine Parade? O nein, Wachablösung. Welche Wache? Die des Luftfahrtministeriums. Ist heute etwas Besonderes? Nein, das geschieht täglich – Klapp-Klapp der Füße, Helme, Stechschritt. Wir treten ein. Es ist palastartig – viele Bögen, Treppenaufgänge modern gestaltet, in Marmor, verschiedenem Grau und Sämischleder, sehr luxuriös. Offiziere, Hackenknallen, gehobene Arme *(»Heil Hitler!«)*, Begrüßungen und Handküsse.

Hinauf, treffen Menschen. Udet[1], vogelartig, gewandt und

[1] Ernst Udet, ein führendes deutsches Flieger-As im Ersten Weltkrieg. Er wurde Leiter des technischen Büros der deutschen Luftfahrt und als solcher zum General befördert. Er entwickelte die Sturzbombertechnik, die die Deutschen im Zweiten Weltkrieg anwandten.

humorvoll. Die Gronaus[1], Thea Rasche[2], viele Offiziere. Gehen hinein zum Mittagessen, eine lange Tafel, die mit weißen Porzellanfiguren geschmückt ist. Eine herrliche Karte an der Wand, auf der die Flugrouten über die ganze Welt eingetragen sind. General Milch[3] sitzt zu meiner Linken. Sieht sehr deutsch aus, untersetzt, gerötet, rundes Gesicht, blond, intelligent und schmissig – mit intelligenten blauen Augen. Wenn er einen ansieht, sind seine Augen kindlich und ernsthaft, sein Mund aber ist zusammengepreßt, diszipliniert und streng. Wir redeten ein bißchen über das Fliegen, leiteten es mit der Bemerkung über »diesen wunderbaren Klub« ein, der, wie mir Milch mitteilte, Göring zu verdanken sei, dem sowohl das Luftfahrtministerium als auch das Finanzministerium unterstellt ist. Ich fand es sehr richtig, daß man für die Luftfahrt das Beste wählt, da sie von besonderer Bedeutung in der modernen Welt ist, und die Nationen, denen diese Erkenntnis fehlt, ins Hintertreffen geraten werden. Wir sprachen über England (General Milch): »Es fängt eben erst an...« (Nun mach' schon – leg' ein gutes Wort für England ein.) »Aber mein Mann meint (ich werfe einen Blick über den Tisch), daß die Engländer auf gewissen Gebieten weit voraus sind – zum Beispiel unser Flugzeug...« (Beeil dich – lanciere die Unterhaltung jetzt auf die gegenüberliegende Seite. General Milch und C. werden davon profitieren. C. beugt sich interessiert herüber und die beiden unterhalten sich über die Blumen hinweg.) Ich rede mit der reizend aussehenden Frau Dieckhoff[4], meinem Gegenüber. Es gibt also gutaussehende deutsche Frauen!

Versuche auch eine Unterhaltung mit einem sehr deutsch

1 Hans Wolfgang von Gronau, von 1934–38 Präsident des deutschen Fliegerklubs.

2 Nach dem Ersten Weltkrieg erste deutsche Pilotin.

3 General Erhard Milch, ursprünglich in der deutschen Zivilluftschiffahrt bei der Lufthansa, Generalinspekteur der Luftwaffe und Staatssekretär des Luftfahrtministeriums.

4 Frau von Hans Dieckhoff, dem deutschen Botschafter in den Vereinigten Staaten.

aussehenden Offizier zu meiner Rechten. Sehr schwierig. Er spricht kaum Englisch und ich kein Deutsch. Wieder zurück zu General Milch. Er erwähnt das Zusammengehörigkeitsgefühl, das die Flieger ohne Rücksicht auf die Nationen verbindet – das es den Engländern und den Deutschen während des Krieges nach einem Kampf ermöglichte, sich miteinander zu unterhalten und zu scherzen. Die Franzosen gehörten nicht dazu: sie konnten die Feindschaft nicht außer acht lassen, die Engländer aber brachten das fertig. (England haben sie nicht angegriffen, das sagte ich nicht.) Was ich aber sagte, wenn auch mehr, um mich etwas vorzutasten, war: »Aber die Engländer haben sich in Charakter, Rasse und Temperament Ihnen immer verbunden gefühlt.« »Finden Sie?« Eine Sekunde lang sah er mich prüfend an. Sein Blick enthüllte blitzschnell verborgene Perspektiven. Er offenbarte Freude, Eifer, Hoffnung und Verletzlichkeit, die er durch das rasche, erstaunte »Finden Sie?« zu zügeln versucht hatte. Er kann kein Gespräch darüber führen. Wie sehr liegt ihnen daran. Das Gefühl der Verletzlichkeit...

Sehr mühsames Gespräch mit einem hohen Offizier, der zu meiner Rechten sitzt. Schließlich bewundere ich in meiner Verzweiflung die Porzellanfiguren auf dem Tisch (etwas, worauf man *deuten* kann!). Sie sind deutsche Arbeit? Verbeugungen, Lächeln. Ah, ja. Er hebt den großen weißen Porzellanhirsch hoch und dreht ihn um. Dann geht ein Leuchten über sein Gesicht. (O Gott, denke ich, er wird ihn mir schenken!) Ich schaue zu C. hinüber. Er beachtet uns nicht. Ich versuche, ein anderes Thema anzuschneiden. Aber der Offizier stellt den Hirsch vor mich hin. Er sagt etwas, verheddert sich, wendet sich an die Dame zu seiner Rechten und redet mit ihr deutsch. Sie lächelt und wiederholt. »Zur Erinnerung an ... das glückliche Ereignis, etc.« Ich protestiere und versuche erfreut auszusehen, sage, er ist sehr schön, unsinnig, soll das nicht tun, etc. Ohne Erfolg. Er wehrt ab. Stellt den Hirsch dichter heran. Er bricht in begeistertes Gelächter und fröhliche Erklärungen aus und lehnt sich dann befriedigt zurück.

Trinkspruch auf C. (Er ist kurz und seine Rede ist lang, aber sie muß vorgebracht werden.)

C. steht auf. Sein Gesichtsausdruck ist gesammelt und ernst. Er fängt gut an, zwanglos und ohne Konzept. Dann liest er vor, sehr ernst. (Gott, wie ernsthaft, wie abschreckend sind seine Worte – zu abschreckend für diese Gelegenheit? Nein, sie *müssen* gesagt werden, es ist richtig so.) Die Gesichter sind ernst, nachdenklich, regunglos. Ich glaube nicht, daß die Hälfte der Anwesenden den tieferen Sinn der Rede versteht. Aber Milch richtet nachher seinen ernsthaften, nachdenklichen Blick auf mich und sagt: »Das ist eine sehr gute Rede.« In seinem Gesicht stehen Integrität und Aufrichtigkeit geschrieben.[1]

Wir gehen durch den Klub, um dessen Ausstattung Göring sich persönlich gekümmert hatte, wunderbare Ausführung, sanfte moderne Farben, einfache Linien. Ein riesiges Hitlerbild, ein großes Bild von Göring im Militärmantel mit allen Orden.

Die deutschen Ehefrauen trippeln wie verschreckte Kaninchen durch die Gänge und kichern hie und da. »Wir dürfen hier nie mit, nur heute.«

Diese Geschichte mit dem Handheben gehört zu den Komplikationen im Leben. Es wird so oft gemacht und nimmt so viel Platz in Anspruch.

Am Nachmittag zum Flughafen in Tempelhof. Groß, tosend, wirkungsvoll wie ein gewaltiger Bahnhof. Menschenmassen. Die Junkersmaschinen in Reih und Glied. Im Flughafengebäude ungeheure Geschäftigkeit, Billettschalter, Landkarten an den Wänden, Fahrpläne, Büros, Drehkreuze, Pulte, etc. – alles voller Leben. Menschen kommen und gehen mit

[1] Mit dieser Rede erging ein Warnruf an die Flieger: »Die Luftfahrt hat eine revolutionäre Veränderung in eine Welt gebracht, die durch Veränderungen selbst bereits in Wanken geraten ist. Wir tragen somit die Verantwortung dafür, daß wir nicht genau das zerstören, was wir schützen wollen.« In Deutschlands Presse wurde sie nicht kommentiert, da diese Rede nicht mit Hitlers Expansions- und Kriegspolitik in Einklang zu bringen war.

Reisetaschen, wie im Grand Central, wie in einem futuristischen Flugreisetraum.

Tee in einem Raum, der das Flugfeld überblickt. Leute starren durch das große Glasfenster zu uns herein und photographieren uns. C. kann nichts essen. Ständig das Gefühl, daß uns *Unmengen* von Menschen umgeben.

Wir sollen in einer der großen Lufthansamaschinen (acht Jahre alt) mitfliegen, ungeheuerlich. Prinz Louis Ferdinand (in Lufthansauniform) und ich direkt vorne im Beobachtercockpit im Bug (über der Welt, wie ein Segelflieger). Kameras. Er ist dünn, groß, dunkel, schmales Gesicht, er lächelt, wann immer man ihn ansieht, und verbeugt sich gewandt zum Handkuß, spricht mit starkem amerikanischen Mittelwestakzent. Er ist lebhaft, aufmerksam, zivilisiert und gibt sich mit einer lockeren amerikanischen Heiterkeit. Keinerlei Förmlichkeit. Er holt die Karte heraus und zeigt mir Verschiedenes. »Potsdam, wo mein Vater lebt. Der kleine Palast, in dem ich geboren wurde – und dort Sanssouci, das Friedrich der Große erbaut hat...« Über Berlin: »Das königliche Schloß (und mit einem Achselzucken und augenzwinkernd), das *ehemalige* königliche Schloß.« Wie seltsam, besonders inmitten des tosenden Fluglärms. Hier oben, vorne in der Maschine, die Lufthansauniform, der Detroiter Akzent, das amerikanische Lächeln. »Sie sind gerade erst dem König – König Edward – begegnet. Er ist nett – nicht wahr? Sehr reizend – nicht?«

Louis Ferdinand bewegt sich unglaublich frei. Ich kann mir nur schwer vorstellen, daß er der ist, der er ist.

Ich bin eher nervös, da ich nie in Transportmaschinen fliege, alles ist ungewohnt. Und dennoch spüre ich in einer Kurvenschräglage einen Augenblick lang, es kann gar nichts sein, denn Charles sitzt an der Kontrollvorrichtung. Prinz Louis Ferdinand schaut sich um und lacht und sagt, ja, so ist es. Ein Jagdflugzeug saust vorbei. Wir spüren den Stoß. Wir landen ohne Schwierigkeit. Photos, Menschen, Händeschütteln und eine Unterhaltung, die aus Wortfetzen besteht. Wer ist ein Reporter und wer nicht? Wem bin ich schon früher begegnet?

Schließlich hasten wir mit Prinz Louis Ferdinand Gänge entlang und dann geht's raus.

Freitag, 24. Juli

Mrs. Smith, Kätchen, ihre dreizehnjährige Tochter und ich gehen zusammen aus. Unter den Linden: noch mehr Fahnen, und wieder Girlanden an den Laternenpfählen, Plakate von deutschen Städten und wieder Menschen. Vor dem kleinen Tempel des Unbekannten Soldaten ist eine Menschenansammlung. Weshalb? Vermutlich legt jemand einen Kranz nieder.

Wir umgehen die Menge. Nein, die Straße können wir erst überqueren, wenn sich der Polizist umwendet, selbst wenn sie leer ist. Man kann dafür eingesperrt werden. Wir gelangen hinüber und gehen mit allen anderen weiter. Keine armen Leute, keine gutangezogenen Leute – außer hier und da eine Amerikanerin. Eine Menge zwanglos gekleideter Menschen, die zu einer ländlichen Kirmes unterwegs sind, eine Art »hemdsärmeliger« Bürgeratmosphäre. Ich finde, sie sind sehr unattraktiv, unordentlich, sie schwitzen, sind dick und sehen dennoch nicht übel aus. Keineswegs arm und auch nicht unglücklich. Ein sehr zufriedenes gesundes Landkirmesvölkchen.

Das bleiche Baby in dem Kinderwagen mit blaßblauen Augen und dem einen heruntergebogenen Ohr, das in den heißen Himmel hinaufstarrt. Ich finde, daß die kleinen Kinder teigig und anämisch aussehen.

Die Geschäfte gleißen, sind elegant, voll und lärmend. Jeder ist beschäftigt. Die deutschen Männer schubsen einen einfach von der Straße, langbeinige braunhemdige Hilterjungen, etliche Kinder in bunten Bauernblusen, ein bis zwei hübsche deutsche Mädchen in Bauernkleidern, durchaus das kleidsamste Gewand, das sie wählen konnten. Weiter Rock, anliegendes Leibchen und geblümte Weste.

Plötzlich Trommeln, Musik, Aufmarsch. Was ist das? Wachablösung? Die sehen ja wie von der Marine aus. Alle, die sich auf dem Bürgersteig tummeln, marschieren mit. Es ist nicht leicht, sich seinen Weg in die entgegengesetzte Richtung zu bahnen. Wir überqueren die Straße und marschieren zurück. Zusammen mit Männern, Frauen und Kindern. Ist das etwas Außergewöhnliches? Ganz und gar nicht, nur ist an Samstagen und Feiertagen (und während der Olympiade) eine Kapelle dabei.

Immer noch steht ein Grüppchen Menschen beim Grab des Unbekannten Soldaten. Zwei Soldaten sind zu beiden Seiten des Eingangs postiert, die üblichen Helme, die Beine gespreizt, Gewehr mit aufgepflanztem Bajonett geschultert. Diese breitbeinige Haltung, die wir weder von England noch in Amerika kennen, macht einen merkwürdig ungestümen, herausfordernden Eindruck. Komm heran, wenn du dich traust!

Nachmittags zum Reichssportfeld. Das Stadion, die Gebäude, die Kampfstätten warten auf die Olympischen Spiele. Alle sind sie überdimensional, modern, schlicht, wunderbar ausgeführt – im »Hitler-Stil«, kompakt aus Marmor und Stein. Nach der Olympiade sollen sie Berlin ständig für alle Sportarten zur Verfügung stehen. Sie sind wunderbar in ihre Umgebung gefügt; alles, wie es da ist, der Rasen, die Bäume, die Blumenbeete, die Teiche. Hinter keiner Ecke sind Trümmer verborgen, es gibt keine Mörtelspuren. Wir besichtigen das Kollegium, in dem die Leichtathletiklehrer ausgebildet werden, es liegt zwischen Fichten, von denen man die großen hellen, die so japanisch wirken, im Hof stehen ließ, was sich vor den modernen Gebäuden geradezu perfekt ausnimmt. Soweit wie möglich hat man zur Dekoration der Oberflächen natürliches Material verwendet: herrliche Hölzer, grobgesponnene Wolle, einfache, praktische Möbel.

Inzwischen bin ich von dem Herumwandern mit Offizieren, den vielen Begrüßungen, dem Händeschütteln und den Handküssen einigermaßen müde geworden. Dazu begegnen wir auf Schritt und Tritt Photographen in voller Größe. Ich denke ständig an Carrels Buch: Was nützt das alles? Stimmt diese

Überbetonung? Deckt sie sich mit den geistigen Eigenschaften und der Mentalität? Oder züchtet sie eine Rasse hochgewachsener schwachköpfiger Athleten?

Fahren zum Fliegerklub am Wannsee in der Nähe Potsdams. Mr. Mayer[1] nimmt mich mit. Das ist ganz lustig, sehr erholsam, sich ruhig und ungezwungen unterhalten zu können. In dieser Woche der Unwirklichkeit einer jener realeren Momente, wie wenn man sich auf sich selbst besönne und sein Gleichgewicht wiederfände. Gespräch über China, die Philosophie in *My Country and My People* [von dem chinesisch-amerikanischen Autor Lin Yutang], über die Lebensbejahung der Griechen, über die Franzosen. Kann man diese Philosophie, diese Bejahung, diese Ausgeglichenheit, dieses gesittete Verhalten in einem kraftvollen Volk nicht erwarten? Die Gegensätze in den Deutschen...

Am Eingang zum Klub Hunderte von Autos. Am Tor muß man Eintrittskarten herzeigen – so viele Menschen! Ich hasse diese unwirkliche Person, zu der ich bei solchen Gelegenheiten werde. Großes, gelblich-rötliches Klubhaus. Terrassenförmig ziehen sich Blumenrabatten bis hinunter zum Rasen und dem See. Tische unter herrlichen alten Bäumen. Viele Menschen schwirren herum, eine leise Kapelle, Photographen hüpfen mit finsteren schwarzen Kästen verstohlen herum. Na, das wird vielleicht ein Abend! Vorstellungen, Begrüßungen, Händeschütteln, Handküsse, höfliche Konversation: »Wie gefällt Ihnen Berlin? Wie lange werden Sie bleiben? Ist das Ihr erster Aufenthalt?« – »Es ist so köstlich, daß es dieses herrliche Fleckchen so nahe bei Berlin gibt«, immer und immer wieder.

Ich setze mich zwischen zwei fette, ältliche, borstige Deutsche. Das Gespräch ist schleppend. Die Olympischen Spiele. »Lieben Sie die Künste?« – »Richard Strauß, mein Freund,

1 Ferdinand Mayer, Rechtsbeistand und erfahrener Karrierediplomat, agiert in Abwesenheit von Botschafter Dodd als Chargé d'Affaires.

sagt, es ist ein Sakrileg, daß man bei der Eröffnung die Neunte Symphonie spielt.« (Das stimmt wirklich, finde ich.)

Noch mehr Essen, schwere Kuchen, Wein. Photographen lauern hinter Bäumen, um uns beim Essen zu beobachten und uns zu knipsen. Wir essen nichts. C. schmallippig, ärgerlich. Mücken. Die Lichter gehen an, beleuchten die Unterseite der Blätter, die Terrassen, das Haus auf dem Hügel. Sieht aus wie eine Bühne. Die Musik spielt.

Samstag, 25. Juli

Nach Potsdam, eine Wasserrundfahrt auf dem Wannsee und den anderen Seen um Berlin im Motorboot. Die Smith', Mrs. Henry, die Duttons (Marineattaché), die Koenigs, ein deutscher Admiral und seine Frau mit Tochter und Schwiegersohn. Es regnet die ganze Zeit. Ständig schieben sie die Vorhänge rauf und runter und sagen: »So ein schauerliches Wetter – wenn es doch nur schön geworden wäre. Es ist eigentlich so herrlich. Wir hatten geplant...« Sie sind verärgert. Es ist ziemlich kalt. Wir sagen alle, daß uns nicht kalt ist – überhaupt nicht. C. geht nach vorne und redet mit dem Kapitän.

Wir fahren an Potsdam vorbei. Es ist recht reizvoll, durch die verschiedenen Kanäle und unter Brücken durchzufahren, Gärten reichen bis ans Wasser heran.

Ich genieße es sehr, in meinem Regenmantel und meinem Kopftuch, bin gefesselt von Major Smith' historischen Berichten, finde, daß der Regen und die Ufer Maine ähneln und beobachte die sehr hübschen deutschen Mädchen an Bord. Doch frieren die meisten Menschen, glaube ich. Der alte Admiral gefällt mir. Er hatte während des Krieges das Kommando über eine Flotte in der Nordsee. Er ist ein Aristokrat, intelligent und ein wenig streng.

Dann fahren wir ab nach Rangsdorf und dem dortigen Fliegerklub. Außerhalb Berlins, bei einem kleinen Flugfeld (kleiner als Tempelhof), ein wunderbares neues Gebäude, wieder ganz modern. Ich beginne den Unterschied zwischen der *alten* Armee und der neuen zu verstehen – erkenne die scharfe Trennungslinie: auf der einen Seite Aristokratie, Manieren, Tradition, selbtbewußte Geistigkeit, Überdruß. Auf der anderen Kraft, Energie, (gelegentliche) Grobheit, natürliche Einsicht, Geschicklichkeit – Jugend.

Von Gronau gehört nach meinem Dafürhalten in keine der beiden Kategorien, obgleich er wahrhaftig ein »neuer« Mann ist. Doch seinem Temperament nach ist er, finde ich, ein *hors de combat,* einer dieser Abenteurer (von der besten Sorte), wie die Gelehrten und Forschungsreisenden, die ewig jung, kindlich und für sich bleiben, Außenseiter, an Politik oder sozialen Bewegungen nicht interessiert. Etabliert man sie dort, sind sie hilflos, verlieren ihren Einfluß. Man sollte ihnen alle Freiheit lassen, um im Norden als Pioniere zu wirken. Von Gronau fand schöne Worte über Grönland – wie man dort »die Stille durch den Klang der Maschine hören konnte!« Man sah, *das* war die ihm gemäße Lebensform, zu der er gerne wieder zurückgekehrt wäre.

General Milch kam herein, rosig, mit leuchtenden Augen, lächelnd, machte eine steife Verbeugung. Er setzte sich zu mir. Sich mit ihm zu unterhalten, fällt leicht. Wir reden über den Klub, der von dem gleichen Mann gebaut wurde wie der andere in der Stadt auch, selbstverständlich alles nach General Görings Anweisung. »Der Klub«, erklärt General Milch, und sieht mich dabei ernsthaft mit seinen runden Augen an, »verfügt über kein Geld, um so etwas selber zu finanzieren.« Irgendwo muß das Geld herkommen, ich frage nicht.

Noch Wein? Eine Zigarette? Nein, danke. Ja, ich rauche, aber nicht viel. »Sie sind sehr klug.« Wieder der reizende, ernsthafte, auf mich gerichtete Blick. »Sie tun nicht so was (er streicht mit seinem Finger über seinen entschlossenen Mund) auf Ihre Lippen oder auf Ihre Wangen. Das mögen wir sehr, wir bewundern das. Wir finden, daß die Amerikanerinnen nicht immer so sind...«

Ich mache irgendeine banale Bemerkung über New York, das

nicht ganz Amerika ist, erzähle ein bißchen über den Westen, und daß Charles von dort kommt, berichte über sein Leben. Dann sprechen wir aus irgendeinem Grund, wie das angefangen hat, kann ich nicht sagen, über Deutschland, seine Einheit, seinen Mangel an Einheit bis in die Gegenwart. Ich beuge mich vor und General Milch redet ernst und ausführlich über die deutsche Geschichte: die frühe Niederwerfung der Stämme; über die Franken, die ein germanischer Stamm waren. Wie (leicht humorvoll) sowohl Deutschland als auch Frankreich Karl den Großen für sich, als jeweils ersten König, in Anspruch nehmen. Das Königreich Lothringen. Ich unterbreche ihn nicht, ich möchte, daß er fortfährt. Immer hat es Kämpfe gegeben; alle dreißig Jahre (?) war dieses Territorium umkämpft und ging in andere Hände über. Hitler ist der erste, der den Mut hatte, einen Schlußstrich darunter zu ziehen.

»Wie viel Blut ist an dieser Grenzlinie vergossen worden. Stets war Frankreich unser Feind. Wir sind damit aufgewachsen, Frankreich zu hassen und umgekehrt Frankreich uns. Doch seit Hitler hassen wir Frankreich nicht mehr. Wir wollen mit Frankreich keinen Krieg führen. Wir wollen keine Völker erobern. Deutschland ist übervölkert« (er nannte mir die für Deutschland geltenden Zahlen, im Vergleich zu den Vereinigten Staaten, Frankreich und Rußland). »Und Ihre Bevölkerung wächst?« »Jährlich« (er nennt mir die Zahlen – mit weit offenen Augen). »Frankreich ist bereits übervölkert – nicht in dem Maße wie Deutschland, aber doch schon weitgehend. Wir brauchen unbewohntes Land ...« Er berichtet von der Bevölkerungsdichte pro Quadratkilometer in Frankreich, Deutschland und Rußland, wo sie in vielen Teilen sehr gering ist, »das betrachten wir als ungerecht«.

Er erwähnte, daß Frankreich seinen Haß noch nicht begraben habe, Deutschland noch als Feind betrachte, daß Hitler die Vorstellung habe, den Frieden herbeiführen zu können, wenn es in Frankreich nur einen starken Mann gäbe, mit dem er verhandeln könne, »aber den gibt es nicht«.

Ich sage nichts. Mich haben die unzähligen, einander widersprechenden Gedanken, die sich aufgrund seiner Worte in mir regten, verstummen lassen.

Dann trennen sich Männer und Frauen, wie es echter deutscher Sitte entspricht. Ich kämpfe mich durch, um von einer deutschen Dame etwas über Rilke in Erfahrung zu bringen. Niemand ist sonderlich interessiert. Man sagt mir, er sei ein bißchen »degeneriert.«

Schließlich brechen wir auf und gesellen uns zu den Herren. Udet zeichnet Karikaturen. General Milch zeigt mir alle Zeichnungen, die Udet in seinem [General Milchs] kleinen Notizbuch verewigt hat. Immer wieder vergesse ich, daß die Deutschen auch Humor besitzen. Jedesmal überrascht er mich neben ihrer Ernsthaftigkeit, ihrer Gründlichkeit, ihrem feierlichen Gehabe und ihrer Sentimentalität; und doch existiert er, als ein rascher Sinn für das Groteske. Milch jedenfalls besitzt ihn in hohem Maße.

Sonntag, 26. Juli

Wir fahren mit den Smith' zusammen aus, um Unter den Linden die Menschen und die Aufmärsche etc. zu besichtigen. Ein ganzer Block, vielleicht sind es auch mehrere, ist abgeschnitten, da Paraden oder Demonstrationen im Gange sind. Wir steigen aus und gehen zu Fuß weiter. Fahnen verdecken die Gebäude und säumen die Straßen. In der Ferne tönen Musikkapellen; sieht man die verstopften Straßen an, so erkennt man die sich zusamenrottenden jungen Männer mit Fahnen. Ein öffentliches Gebäude, dessen Balkon für eine Rede geschmückt ist. Alle möglichen Uniformen. SA in Braun, SS in Schwarz – Hitlers ureigene Stoßtruppen (eine bewacht ständig seinen Eingang). Ebenso Hitlerjugend, Pimpfe und BDM-Mädchen. Die Buben tragen schwarze Kordhosen und braune Hemden. Die Mädchen tragen ziemlich lange, schwarze Röcke (Hitler schätzt bei Frauen Bescheidenheit!). Die Massen sind von Ehrfurcht ergriffen. *»Wunderbar!«* Ein großartiges Schauspiel für sie.

Nach Potsdam zur Schloßbesichtigung. Die Deutschen haben einen Cabriolet-Tick. Eilends entfernen sie die Verdecke ihrer Autos, um bei jeder Gelegenheit frische Luft zu bekommen. *Ach! Natürlich!* Die ganze Zeit bin ich völlig durchgepustet – schiele und kaue auf meinen Haarspitzen herum.

Viele deutsche Schaulustige – die fette, aufgeknöpfte, barhäuptige Ausgabe, die nur lose die Mäntel über der Schulter trägt – wandern in den Gärten herum.

Die einzelnen Flügel des Schlosses sind ungeheuerlich, wie Versailles oder wie in Rußland. (Friedrich der Große ließ einen Flügel erbauen, nur um zu demonstrieren, daß er nach den Kriegen nicht bankrott war.) Von den Kaisern bewohnt worden! Wie haben sie sie ausgefüllt? Unmöglich.

Die Grabstätte der Kaiserin. Wahrlich, sie verstehen es, ihre Grabgewölbe zu gestalten: schummeriges Licht, Marmorstatuen, Kiefern, Kränze!

Zurück zum Auto. Der Chauffeur ist verschwunden. Koepelle, unser Begleiter in den Berliner Tagen, springt in den Wagen. »*Ach!* Das ist schrecklich, es ist empörend! Das geht zu weit!« Er ist böse, es hat ihn eine Art Besitzerzorn erfaßt: »Welcher Schimpf« – etwa diese Art Zorn. Etwas geht nicht nach Plan. Er bläht sich auf vor Stolz und schwingt sich dann auf den Vordersitz und setzt den Wagen brüsk in Bewegung. (Ich bin sicher, der arme Mann ist lediglich um die Ecke – weshalb das ganze Aufheben? Ich bin richtig schockiert. Der sanfte, höfliche, reizende, lächelnde kleine Koepelle erstarrt zu einem übermächtigen tyrannischen Offizier: Runter mit seinem Kopf!)

Endlich kommt der Mann angerannt. Eine Szene gibt es nicht, aber ich zittere für ihn nach der Fahrt.

Wir fahren zur Garnisonskirche, wo des Königs Wache den Gottesdienst besuchte, wo Friedrich der Große beerdigt ist, wo Napoleon zu Ehren eines Generals einen Kranz niederlegte, der größer als er selber war, und wo Hitler vereidigt wurde. Sehr interessant – wo sonst erhielt eine königliche Garde eine eigene

Kirche? Die alte SS? Stets wird der bewaffnete Mann so hervorgehoben, ist der Aristokrat die hervorragende Persönlichkeit.

Die Kirche ist ganz einfach und von außen schön. Innen viktorianisch, eher häßlich. Bachs Kirchenbank. (Ich *kann* Bach hier *nicht* unterbringen. Seine klare, perfekte, reine, geistige Welt.)

28. Juli, Mittagessen mit General Göring

Die Fahrt durch den Verkehr in den Stadtkern. Die Wachen, die lange Anfahrt, teppichbelegte Stufen hinauf. Leute rennen herunter, Türen tun sich auf. Wir steigen aus – Begrüßungen, Offiziere, geistesabwesende Beamte und Diener, die Treppe hinauf und in eine lange Halle. Ein Grüppchen Menschen und eine Frau in langem grünem Samt mit weizenblondem Haar, ihre Brosche ein diamantenes Hakenkreuz in Smaragden gefaßt, gnädig und wie eine Königin schüttelt Frau Göring Hände. Türen öffnen sich. General Göring pomphaft in einen weißen Mantel mit goldenen Litzen gehüllt, gut aussehend, jung, kolossal – ein pomphafter Alkibiades – schüttelt Hände. Die Gruppe erschaudert. Stille – alle ihm zugewandt. Er gibt mir die Hand, ohne mich anzusehen – oder doch nur mit verschleiertem Blick, um sich dann, als er sich zum nächsten begibt, nach mir umzudrehen.

Der Speisesaal: ein riesiger Raum mit Spiegeln, Rosen, Porzellan, Kerzenhaltern auf dem Tisch.

Sie beobachtet den Tisch. Er stellt Fragen – aber nicht mir. Ein rätselhaftes Gesicht, unschmeichelhaft, unnahbar.

»Ich entwarf dieses Haus.« (Natürlich – kein Kommentar.) Fragen über C. und seinen Flug: Was C. in England mache, über seine wissenschaftliche Tätigkeit, die neue Pumpe? Weshalb arbeite er nicht hier, wo bessere Wissenschaftler sind?

Man bringt ihm eine wichtige Meldung und er steht auf.

Über Bayreuth und die Oper – weshalb wir sie nicht besuchten?

C. soll zum Parteitag nach Nürnberg kommen – warum nicht?

Der Wein – ja, es ist der beste... Geflüstert – »1911«.

Funker? Flieger? Auf dem Flug um die Welt? (Er erkundigt sich nach meiner Aufgabe auf den Flügen.)

Wir gehen durch lange, große, hohe Hallen, in denen herrliche alte Gobelins hängen, die wie Bilder wirken, da sie beleuchtet sind. Wie üppig wirken die königlichen Farben auf den Tapisserien, prächtig und außerordentlich prunkvoll die Vorhänge, aber nirgendwo in den großen Räumen stehen Möbel herum – sie sind leer wie eine Bühne – noch dazu wie eine sehr große Bühne. Ich kam mir winzig vor und fehl am Platze. Vereinzelt wunderbare kunstvolle Möbelstücke, eine Skulptur, Bilder, die wie Gemmen in den Raum gesetzt sind.

Silberne Schatullen, Porzellan, alte Malerei auf dem Weg nach draußen zur modernen schlichten Holzveranda. Der Garten, dahinter ein Teich, Blumen und das Luftfahrtministerium.

Der Lieblingslöwe macht es sich auf der Couch auf Görings Schoß bequem. Eine Kiste wird schnell hereingebracht – »das Löwenklo«. Frau G. schmust mit ihm. Er ruft ihn zurück. Das gleiche noch mal. Dann die Tropfen auf der Uniform. Ich sehe sie, sage aber nichts. Jemand lacht. Göring springt auf und schleudert den Löwen von sich. Frau G. tut so, als hätte sie das Malheur entdeckt und lacht. Jetzt lachen alle. Er behauptet, »Genau wie ein Kind«, mokiert sich, zankt den Löwen aus. Der Dolmetscher an meiner Seite redet einfach weiter.

Ob wir die Trophäen sehen wollen? Alle gehen ins »Büro« hinüber, ein langer Wohnraum, ringsum Bücher, Purpur und Gold, Tapisserien an beiden Enden und wundervolle Schnitzereien. An den Wänden sind Madonnen plaziert, am Schluß ein überdimensionaler Schreibtisch und ein ebensolcher Stuhl. Wir betrachten die Madonnen, die Bilder, die Trophäen. Göring kehrt zurück, gekleidet in einen pongéseidenen Anzug, in Eau-de-Cologne-Duftwolken gehüllt und mit einer diamantenen Brosche geschmückt. Er prahlt mit seinen Madonnen, den Bildern, den Trophäen und einem Schwert. Er schwingt es und gibt es an C., der das auch versuchen soll (was C.A.L. aber vermeidet). Mir werden die Madonnen präsentiert: »Aus einer Augsburger Kirche« ... »Aus Griechenland« ... »Aus Nürnberg«, das Hitlerbild.

»Ist der Oberst ein Jäger?« Wir betrachten Görings Jagdtrophäen. Wieder Händeschütteln – diesmal eine Verbeugung – ein langer Rückzug durch alle Räume.

Samstag, 1. August

Schreibe morgens.

C. besucht Messerschmitt[1].

Wir fahren zum Stadion hinaus. Die SA und die SS bewachen die Straßen. Eine riesige Menschenmenge im Stadion. Hitlers Ankunft – ein Kind tritt vor und überreicht Blumen.

Die Nationen marschieren auf – Österreich, Frankreich, Ungarn, Italien – die Fahnen senken sich zum Gruß. Begeisterungsrufe aus der Menge.

Der Läufer kommt mit dem Feuer...

Der Auszug.

Sonntag, 2. August

Um 2.35 Uhr Abflug von Staaken nach Kopenhagen; Wolken. Ankunft Kopenhagen 5.07 Uhr. Zu Fregattenkapitän Dam[2] zum Abendessen.

*

Bei den Dams, Kopenhagen, 5. August 1936

Liebe Mutter,
ich habe ein zehntägiges Berlinerlebnis hinter mir – explodiere

[1] Deutscher Flugzeugkonstrukteur und Flugzeugfabrikant.

[2] Fregattenkapitän Dam, 1938 Lindberghs Verbindungsoffizier auf der Atlantikroute ihres Vermessungsfluges.

fast vor Neuigkeiten, aber keiner aus meiner Familie ist greifbar, und C. ist ganz von dem in Anspruch genommen, was die Zeitungen mit »sein Herz« bezeichnen (»Lindbergh und sein Herz«!). Die Vorstellung, daß man direkt im Zentrum des europäischen Vulkans war – als Beobachter und Zuhörer, mit Menschen, die unterrichtet und interessiert sind, hektische Gespräche geführt hat. Plötzlich war man von der anderen Seite auf eine Frage gestoßen, die man den ganzen Winter über durch die gotischen Fenster der Londoner *Times* betrachtet hat.

Der Schock, der einen traf, nach den Bildern, die einem in den Vereinigten Staaten und in England durch die Zeitungen präsentiert worden waren – die strenge puritanische Ansicht zu Hause, daß Diktaturen notwendigerweise unrecht, verderblich und labil sind, aus ihnen nichts Gutes hervorgehen kann, in Verbindung mit der komischen Pressevorstellung, daß Hitler ein Clown ist.

Die englischen Zeitungen stellen Deutschland als einen unverschämten, schlecht erzogenen, obstinaten, schwierigen Flegel vor, den man aber nicht unbedingt zu fürchten braucht. Die Franzosen unterschätzen die Stärke Deutschlands natürlich keineswegs, aber es ist ihnen nicht ganz klar, in welche Richtung sie sich ausweitet. (Oder aber sie sind davon *unterrichtet*, und wir anderen werden zum Narren gehalten.)

Jedenfalls stehen Deutschlands Macht, Einigkeit und Zielstrebigkeit außer Frage. Sie sind ungeheuer. Nie in meinem Leben ist mir eine derart *gezielte* Kraft begegnet. Man ist erschüttert, wenn man sieht, wie sie sich in der Energie, dem Stolz und der Moral der Leute – besonders der jungen Leute – manifestiert.

Aber in ihrer Einheit ist sie auch erschreckend – eine Waffe, die ein Mann geschmiedet hat, die aber auch von einem Mann geführt werden kann. Hitler, so habe ich langsam das Gefühl, ist wie ein erleuchteter religiöser Führer, und als solcher fanatisch – ein Phantast, der wirklich das Beste für sein Land will.

Sicher haben wir nur das Beste gesehen, genau wie in Rußland, und man kann die beiden nicht vergleichen – Deutschland ist weit überlegen. Natürlich war es auch nicht so tief gesunken, dennoch glaube ich, daß zu Hause oder in England niemandem klar ist, wie nahe Deutschland dem Kommunismus war, und daß es eine echte Revolution durchgemacht hat.

Trotz aller Exzesse sieht es doch so aus, als habe man in Deutschland weniger Verschwendung getrieben als in Rußland, und die Ergebnisse sind mit Sicherheit besser. Die Deutschen haben ihre Vergangenheit nicht abgehängt oder zerstört, wie die Russen das getan haben.

Mit großem Unbehagen denke ich an ihre Behandlung der Juden, ihre gewalttätige Art, ihre Dummheit, ihre Grobheit und die Zucht. Lauter Eigenschaften, die mir so zuwider sind, daß ich nicht sicher bin, ob die daraus resultierende Leistung, Einigkeit und Gesinnung ihrer wert sind.

Aber es existieren sowohl die starke, einheitliche physische und geistige Kraft, als auch die hoffnungsvolle stolze und aufopferungsvolle Gesinnung, die man nicht übersehen darf. Die gibt es weder bei uns noch in Frankreich oder England. Es stört mich, daß sie scheinbar auf diese Weise, und nicht durch eine Demokratie, herbeigeführt wurden. Es stört mich auch, daß die Menschen das schlicht als Wiederholung der Geschichte betrachten und sagen, das ist das Deutschland vor 1914 – der gleiche preußische Geist, die gleiche militärische Haltung, die gleichen Ziele, etc. Vermutlich ist es der gleiche Geist, die gleiche Kraft, sind es die gleichen Charakteristika; aber ich werde das Gefühl nicht los, daß man sie in Bahnen lenken könnte, die sich zum Guten für die Menschheit auswirken könnten, während sie, würden sie ignoriert, beschmutzt und zertrampelt, oder in die falschen Hände fallen, sich zu einer entsetzlichen destruktiven Macht auswachsen würden. Mir scheint England unsere einzige Hoffnung zu sein. Man behauptet, daß England bei Hitler in hohem Ansehen steht. Die Deutschen wünschen sich England als Freund, sie wollen Frieden mit Frankreich, aber sie *müssen* sich irgendwohin ausdehnen. In die Kolonien oder nach Rußland – durch Krieg oder Frieden. Frankreich wollen sie nicht bekämpfen. Frankreich ist ebenfalls übervölkert. Sie benötigen unbesiedeltes Land. »Volk ohne Raum!« ist das Motto, das über der großen Deutschlandkarte in der großen Propagandaausstellung in Berlin geschrieben steht. Kein Wunder, daß Rußland beunruhigt ist.

Die große Ausstellung war äußerst interessant. Natürlich kann ich, soweit es die Propaganda betrifft, nicht umhin, sie mit Rußland zu vergleichen. Zum ersten, sie war nicht destruktiv, (ich weiß, daß destruktive Propaganda im Gange *ist* – gegen die Juden, Kommunisten etc.) doch in der Ausstellung gab es keine, (die mir aufgefallen wäre), weder über andere Nationen noch über ihre eigenen vergangenen Regierungsformen, außer in einem Raum mit Schlagzeilen aus alten Zeitungen (Fall der Regierung, Geldentwertung, Prozentsatz der Arbeitslosen etc.), um die Zeit aufzuzeigen, in der Hitler an die Macht kam. Im restlichen Teil sah man, was das Hitlerregime getan hat – noch tut – auf dem Gebiet der Gesundheit, Eugenik, Arbeitsbedingungen, Wirtschaft, öffentlichen Arbeit etc. Ich habe nicht sehr auf das geachtet, *was* sie sagten, denn das ist natürlich propagandistisch. Ich konnte die Methoden der Propaganda – ihre Lehren – beurteilen, die ausgesprochen klug und gekonnt sind. Alles, was gezeigt wird, ist als erstes in Worten (zumeist in Worten Hitlers) an die Wände geschrieben, dann in photographischen Wandbildern, Diagrammen, Statistiken und Plastiken – einem kleinen Modell eines Bauernhofs, einer Eisenbahnlinie (auf der ein elektrischer Zug herumsaust!) oder einem Straßensystem präsentiert. Den Menschen wird eine Sache in vier bis fünf verschiedenen Darstellungsweisen beigebracht.

Ich habe mich so über Dein Telegramm gefreut.

Der Brief muß jetzt weg. Ich schicke ihn nach Englewood, hoffe Dich dort zu erreichen. Es wird so schön werden, wenn wir Dich sehen – eine friedliche Zeit mit Dir und Jon. (Ich habe das Gefühl, als hätte ich Jon den ganzen Sommer über nicht gesehen!) Ich hoffe, daß die Rosen in der zweiten Blüte stehen, und daß wir Sonne haben werden.

*

Mutter und Con hier; doch ich darf das Schreiben nicht vernachlässigen. Ich muß mich davor schützen, »daß es keinen Zweck hat zu schreiben, wenn jemand da ist«. Ich muß *bessere* Arbeit leisten als bisher. Einzig, um etwas unter Beweis zu stellen und zu schützen. Mutter geht ganz in Jon auf und ist mit ihm glücklich, sie schneiden Rosen im Garten. Genau, wie ich es mir vorstellte – ein Korb, eine Schere und dieses alte schwarze Wollkostüm mit Hut, sie schneidet ruhig und bedächtig – Jon folgt ihr vergnügt. »Jon, jetzt sind wir die Gärtner!« »Ja, aber Gärtner an einem Feiertag!«

Die Grenfells kommen, Unterhaltung mit C., die auch mir Freude macht. Die Nicolsons besuchen uns, wie gewöhnlich *en famille* – und alles ist wie immer. (Es war schön in Sissinghurst, das Gesprächsthema war Deutschland.) Lebhaft und aufrichtig, nur H.N. sah alt, müde aus, war es sogar leid, über Politik zu reden.

Weshalb gehen in den Menschen derartige Veränderungen vor? Das Alter ist es nicht. Es handelt sich um etwas anderes – hier fehlt Substanz, oder auch inneres Feuer, das einen erglühen läßt. *Sie* besitzt dieses Feuer. Ich spürte es deutlich. Ihr ging es gut, sie war heiter und sprühend, und er einfach verquält, ruhelos und wie ermattet. Ich hatte das Gefühl, daß man ihm keinen besseren Gefallen tun konnte, als sich möglichst rasch zurückzuziehen, und ihm damit die Möglichkeit zu geben, das hinter sich zu bringen, was ihn beschäftigte.

Nur wenige Augenblicke mit Con zusammen, es war schwierig, sie zu erwischen – und kaum möglich, die Besonderheit dieser Gemeinsamkeit auszukosten. Flüchtig unterhielten wir uns über das Leben der Frauen; über das geistige Zugehörigkeitsgefühl der verheirateten Frau. Wir streiften die winzigen, beide Partner betreffenden Ärgernisse, die einen enger aneinander binden, als die ernsten Sorgen, die man mit sich selber abmacht – wenn sie jemanden betreffen, den man liebt, und die dadurch schier unerträglich werden – eben weil die Liebe zu dem anderen so groß ist.

Dazu ständig das verborgene Geheimnis: Stimmt es? Bekomme ich wieder ein Kind? Ich darf nicht zu viel tun, ich darf nichts riskieren...

Weihnachten 1936, Long Barn

Dies ist das erste Weihnachten, das wir als Familie zusammen feiern konnten – unsere kleine Familie in einem eigenen Haus.

Weihnachten war Freitag. Am Mittwoch morgen gingen Jon, Miss W. und ich nach Sevenoaks, um für den Tannenbaum, den Hook besorgt hatte, Schmuck zu kaufen.

Der Baum beschäftigt Jon sehr, er findet einen kleinen Eichenzweig, den er in eine Schachtel mit Schlick steckt und an mein Studiofenster bringt. Ist das nicht ein hübscher Baum, kann er ihn nicht behängen? Ich meine, daß er einen schönen Tannenbaum für die Vögel abgeben könnte, wenn wir etwas Eßbares daran hingen.

Donnerstag

Nach dem Essen beschließen wir, wohin der Baum soll. Wir stellen ihn ganz für sich vor die Tapisserie. Vor dem Hintergrund der gewebten Bäume und Reiter sieht er wunderschön aus.

Miss W. schmückt das Haus mit Stechpalmen, steckt große Zweige in den irdenen Krug am Ende des langen Zimmers. Die glänzenden Blätter und roten Beeren hellen den Raum auf und sehen zwischen den blauen venezianischen Vasen wunderhübsch aus. Während unserer Arbeit hören wir im Radio Weihnachtslieder aus der Kings-College-Kapelle in Cambridge.

Um 3.30 Uhr ruft Jon, daß er hereinkommen und helfen möchte beim Schmücken des Baumes (er war sehr schmutzig und im Overall). Wir stecken zusammen Weihnachtspapier um den Sockel des Baumes, Jon zeigt mir, wohin die Nadeln müssen. Wir fangen mit Rauschgold an, Jon nimmt ein Ende und ich das andere. Während des Schmückens tanzt Jon ab und zu vor Aufregung um den Baum herum. Wir befestigen die Papierketten, die er gemacht hat. Sie sind bunt und lustig und geben dem Baum mehr Farbe. Jon holt die Kugeln hervor, die ich anbinde.

Wir trinken vor dem angezündeten Kamin Tee im langen Zimmer. Jon und C. sind im Studio eingesperrt und kommen später mit einer langen Papierkette heraus, die Jon angemalt und C. aneinandergeheftet hat.

Ich stelle fest, daß wir nichts für die Spitze haben, nehme den ziemlich großen bemalten Holzengel (mit rosigen Wangen, rotgoldenen Flügeln und dem weißen Gewand, auf das Stechpalmen gemalt sind), den ich eigentlich als Kerzenhalter im Eßzimmer verwenden wollte, und binde ihn mit einem leuchtend roten Band an die Spitze.

Jon kommt herein, bemerkt ihn sofort, lächelt sehr zufrieden.

C. entdeckt die Ballons, bläst sie auf und bindet sie an Thor und Skean. Sie toben herum und so zerplatzen sie natürlich.

Mir fällt ein, daß Jon keinen Strumpf aufgehängt hat. Wenn ich daran denke, wie wir mit unseren Socken nach unten marschiert sind, habe ich das Gefühl, ich habe Jon betrogen, so laufe ich mit einem langen Wollsocken hinunter und hefte ihn an einen Stuhl bei dem Baum.

Die letzte Post bringt ein Päckchen mit Mutters Handschrift: Weihnachtsabend!

Weihnachten – Freitag

Es ist ein himmlischer Tag, ruhig und strahlend, die Sonne scheint in die Fenster. Ich gehe zu Jon hinein, der aus dem Bett krabbelt und auf der Matratze auf und ab hüpft.

Ehe ich zum Frühstück hinuntergehe, beuge ich mich aus dem Fenster, dem sonnigen Fenster hinaus, von dem aus man auf die Blumenbeete hinabblicken kann, wo ich letztes Jahr die ersten Krokusse, dann die Hyazinthen, Heliotrop und später Zinnien sah! Der kleine kahle Apfelbaum, auf dem Jon so viel herumkletterte, die Eiche und der Teich mit den sumpfigen Stellen, wo die Vögel den ganzen Sommer badeten und dann drüben die Felder. Jetzt gibt es dort keine Blumen, nur kleine Schößlinge, die Hook vorsorglich für das nächste Frühjahr gesetzt hat. Es ist frisch, sonnig, blendend, die nasse Erde und die roten Steine des gepflasterten Weges trocknen, glitzern, sie riechen nach Frühling. Die Erinnerung an das vergangene Jahr erwärmt mein Herz. Ich dachte an das letzte Jahr, als ich auf meinem Bett in meiner Kabine auf dem Schiff saß, sehr müde war und mir überlegte, was uns wohl erwarten würde. Wir sind in diesem Haus so glücklich gewesen. Während ich mich hier in der Sonne aus dem Fenster lehnte, war ich so dankbar, daß wir hier in diesem herrlichen Haus alle zusammen glücklich und in Sicherheit sein können. Ich dachte auch an die Zeiten, in denen ich geglaubt hatte, daß ich nie wieder richtig glücklich sein könne.

Im Zug nach London, 13. Januar

Liebe Mary[1],

dies ist kein richtiger Dankesbrief – obgleich er das wegen Deiner gelungenen Geschenke auch ist. Es ist so selten, daß man von dem Gedenken, der aufgewendeten Zeit und Mühe berührt ist und dazu noch begeistert sein kann darüber, wie sehr der andere mit seinem Geschenk das Richtige getroffen hat. Wir danken Dir sehr.

Ich mußte diesen Brief sofort beantworten, und zwar im Zug, denn Du hast ein Thema berührt, mit dem ich mich in Gedanken seit Jahren beschäftige. Ich weiß so genau, wie Dir in bezug auf Deine Arbeit in Kolumbien zumute ist, und Du bist ehrlich genug zuzugeben, daß sie nicht »wirklich wichtig« ist, »und alles dazwischen kommen kann und auch tut«.

Mein Schreiben, Mary – ich *habe mich nicht* ständig damit befaßt. Ich habe mich letztes Jahr durch den Frühling und die Freude an diesem Haus unterbrechen lassen, dazu kamen Reisen nach Frankreich, Deutschland und Dänemark mit Charles im letzten Sommer (ich wollte mit), und in diesem Herbst fühlte ich mich nicht gut, da ich wieder ein Baby erwarte. Jetzt fahren wir wieder fort! Und ich betrachte meinen Dilettantismus mit Abscheu: »Ich packe die Arbeit nicht richtig an.« Dabei bin ich jetzt dreißig – es ist Zeit, ich habe mich »an etwas herangemacht«, »bin aber zu alt« um »Erwartungen zu erfüllen«. Ja, ich kenne das Gefühl sehr genau.

Ist es einer Frau nicht möglich, eine Frau zu sein, und neben Kindern etwas Konkretes zustande zu bringen, etwas, das in der

[1] Mary Landenberger Scandrett, Ehefrau von Richard Scandrett, Vetter von A.M.L.

Männerwelt Bestand hat? Mit anderen Worten, ist es möglich, gleichzeitig den weiblichen und männlichen Lebensanforderungen zu genügen? Könnten sie identisch werden? (Wie bei den Feministinnen.)

Ich bin schließlich, nachdem ich viele Phasen durchgemacht habe, zu dem Schluß gekommen, daß es mir nicht möglich ist. Da ich in Wirklichkeit, in meinem tiefsten Herzen, nicht ernsthaft eine »Schriftstellerin« sein will, genausowenig, wie ich einst eine »Fliegerin« sein wollte (vielleicht sind »die Trauben zu sauer«). Da werden Opfer verlangt, die ich nicht zu bringen bereit bin. Nicht, daß ich nicht an Schriftstellerinnen, Fliegerinnen oder Ärztinnen etc. glaube. Nicht, daß ich nicht davon überzeugt wäre, daß sie Männern ebenbürtig sein können – wenn sie das wollen – auf manchen Gebieten (die Feministinnen haben uns bewiesen, daß das möglich ist), sondern weil ich glaube, daß sie damit genau die Vorteile und Qualitäten opfern, die echt weiblich sind.

Ich glaube nicht, daß Frauen »geradeheraus« sein, versuchen sollten, sich festzulegen. Sie sollten alles offen lassen, »rund« sein. (Klingt das widersprüchlich?) Ich finde, sie sollten in jeder Hinsicht gewandt, rezeptiv und sensitiv sein. Sie sollten vielerlei Strömungen erfassen, den verschiedensten Appellen ihr Ohr nicht verschließen, und – auch Zerstreuungen nicht abhold sein. So daß sie, reich an Kenntnissen und Wissen, voller Sympathie und Toleranz, als eine Art Hintergrund für ihre Männer fungieren. Starke Rückhalte geistiger und emotionaler Kräfte, wozu sie aufgrund ihrer Lebensweise und Funktionen etc. meiner Meinung nach bestimmt sind. Die Frauen, die auf den Gebieten der Männer zum Konkurrenzkampf antreten, opfern diese ausgesprochen weiblichen Fähigkeiten, um gezielte, »geradlinige« Resultate verbuchen zu können.

Ich glaube, daß ein Teil unserer Depressionen (bzw. *meiner*, denn Du klangst nicht deprimiert, lediglich leicht wehmütig, mit einem Schuß Humor) und jetzigen Enttäuschung daher rühren, daß wir unser heutiges Leben mit den Maßstäben messen, die wir uns vor zehn Jahren gesetzt hatten. Ich jedenfalls hatte durchaus fest umrissene und sachliche Vorstellungen. Ich wollte nicht einfach »jemandes Ehefrau« sein. Ich wollte meine eigene Arbeit leisten und bis zum gewissen Grad mein Eigenleben besitzen. Ich erwartete von meiner Arbeit greifbare Erfolge – ebenso greifbar, wie sie im College waren. Ich wollte auf meine Aufgaben eine Eins oder wenigstens eine Zwei, und ich wollte die Zensur deutlich, so daß ich sie sehen konnte. Ebenso wollte ich eine öffentliche Zensur, eine, auf die jeder stolz sein konnte, die ins Gewicht fiel.

Ich fange an zu glauben, daß die (meisten) Frauen nie um der wägbaren Erfolge willen arbeiten sollten oder gar wegen Zensuren. Sie müssen bereit oder klug genug sein, um ihre Aufgaben in etwas weit Wichtigerem und durchaus Ungreifbarerem zu erkennen, in etwas, das die Ehemänner, Kinder, das Zuhause, die Herkunft, den Charakter und dazu die Arbeit umfaßt. Doch die Arbeit ist nur ein Teil davon, lediglich eine Speiche im Rad, das sich ohne diese Speiche vielleicht nicht so reibungslos dreht, sie ist jedoch nichts Endgültiges, kein gesetztes »geradliniges« Ziel. Unsere Großmütter ließen, glaube ich, jene Speiche »das eigene Zimmer« aus dem Rad weg (sie konnten auch nicht wirklich etwas ändern) und unsere Mütter (ich spreche von der Generation der Feministinnen) dachten nicht daran, »alles offen zu halten, rund zu sein«, sie wollten und bewiesen es (in mancher Hinsicht auch), das »gezielte Resultat«. Wir müssen nun irgendwie beides bewältigen. Wir brauchen unsere eigene Arbeit, um die größere Aufgabe, die uns gestellt ist, zu bereichern, aufzuhellen oder anzuspornen. Eine Sache, die wir nicht sehen können, die ungreifbar ist, für die es keinen Lohn gibt, an der wir ständig weiterarbeiten und an die wir auch dann glauben müssen, wenn es die Menschen unserer Umgebung vielleicht nicht tun. (Besonders die Männer; Männer werden weiterhin von uns reale Resultate erwarten, da sie selbstverständlich die ihnen gemäßen Bedingungen für ihr Handeln sind und sein müssen, da sie dafür arbeiten. »Frauen«, sagte eine meiner Freundinnen, »sind reflektiv, Männer affektiv.«)

Weißt Du, ich habe seltsamerweise das Gefühl, daß man in diesem neuen vollen Leben auch von Frauen »greifbare« Erfolge wird buchen können, aber nur als Nebenprodukte und nicht in *Mengen.* Ich denke mir, daß sich in einer echt weiblichen Existenz wahrhaft große Kunst entwickeln könnte, etwas weit Aufsehenerregenderes als wir es bisher von Frauen kennen – nicht in großem Umfang, aber pur wie Gold. Einiges ist schon da, zum Beispiel bei: Virginia Woolf, Vita Sackville-West, Rebecca West und bei Rosamond Lehman. Es muß auch noch mehr geben, aber ich habe in letzter Zeit nicht viel gelesen. Dazu kommen andere Gebiete in der Kunst. Jedoch niemals in dem Sinne »berufsmäßig«, in dem Männer etwas berufsmäßig ausführen.

Über den Verlust des lang begehrten Stempels »berufsmäßig« bin ich, aufgrund eines Zitates von Maurice Baring[1], das ich neulich las, einigermaßen hinweggekommen: ... zwischen Willmott, einem Schauspieler-Manager, und Giles, einem Kritiker und *Homme de lettres,* findet folgende lückenhafte Unterhaltung statt. Sie diskutieren über Rostand.

»Willmott sagt: ›Er ist ein Amateur. Er war nie ein beruflicher Schriftsteller, der sich damit sein Brot verdiente, er schrieb nur zu seinem Vergnügen.‹

›Ja, so betrachtet‹, sagte Giles, ›ist Gott ein Amateur.‹«

Du aber Mary, brauchst nicht getröstet zu werden, denn Du hast Dich beruflich betätigt. Das muß einem ein starkes Gefühl des Vertrauens vermitteln – aber man legt dann wohl auch erschreckend hohe Maßstäbe an. Im Vergleich dazu muß die Teilzeitleistung, die eine verheiratete Frau aufweisen kann, sehr schwächlich wirken.

Ich bin nicht sicher, ob wir nicht in jenen Jahren der Anpassung Kraft gesammelt haben. (Wie gut beschreibst Du diesen schrecklichen, sehr schmalen, aber sehr tiefen Abgrund zwischen den Jahren, in denen wir »zu jung« waren, und der

1 *Have You Anything to Declare?* Anthologie von Maurice Baring.

Gegenwart, in der wir mit Dreißig »zu alt« sind, um etwas Gewichtiges zu beginnen.) »Die Entwicklung der Persönlichkeit«, sagt Carrel, »verlangt eine ständige Arbeit an sich selbst.« In jenen Jahren, »in denen das Eisen noch heiß war«, arbeiteten wir an uns, stählten unsere Kraft im Rahmen unserer Möglichkeiten. »Jeder Mensch (wiederum Carrel) ist formbar, festigt sich ... eine Persönlichkeit entsteht.« Ich fange an zu glauben, daß »Grenzen« dazu gehören, wenn es auch schwerfällt, das zu akzeptieren. Das ist die Schwierigkeit, wenn man dreißig ist, mit seinen Grenzen konfrontiert zu werden. Einmal hörte ich eine Diskussion zwischen einem etwa fünfzigjährigen Mann und einem Mädchen, das ungefähr in unserem Alter (und recht begabt) war. Sie sagte, der schrecklichste Augenblick im Leben sei der, in dem man an seinen eigenen Grenzen angelangt sei. Er sagte, daß, wenn das auch bitter sei, das Leben nach dieser Erkenntnis besser und einfacher sei. Ich hoffe es – hoffe, daß man innerhalb der Mauern gewisse Kräfte entwickelt. Vielleicht sind es gar keine »Mauern«, sondern Rahmenleisten, die weite Zeiträume und geistige Ausblicke zusammenzuhalten vermögen.

Ich weiß, daß, wärest Du hier, ich mit diesem Argument gar so leicht nicht davonkäme. Ich kann mir vorstellen, wie Du milde gestimmt sagst: »In England, wo die Züge so langsam fahren und das Leben so ruhig verläuft, daß man Zeit hat, im Januar einen zwanzig Seiten langen Brief zu schreiben, muß es leicht sein, wie Du es ausdrückst, ›rund‹ zu sein!« Tatsache ist, daß ich zu diesem Brief zwei Zugfahrten benötigte und ein häusliches Schlußkapitel daransetzte. Jetzt werde ich einen Monat lang mit dem Flugzeug unterwegs sein, dabei hinterlasse ich das erste Drittel einer Arbeit, die sich vielleicht zu einem Buch ausgewachsen hätte, einen Haushalt, in dem alle gekündigt haben, und ungeschriebene Weihnachts-Dankesbriefe, was alles nicht unbedingt für die »runde« Frau spricht!

*

Am späten Nachmittag – oder eigentlich abends, denn Jon war im Bett – verließen wir Long Barn. Aus meinem Zimmer pfiff ich Jon während des Packens, so wie jeden Abend, nachdem er ins Bett gegangen war. Dabei geht mir durch den Kopf, wie wenig er sich tatsächlich aus unserer Abreise macht, und wie schwer es mir fällt, ihn zu verlassen. Nachdem wir erst mal fort waren mit dem Auto (in strömendem Regen – Onkel Jay ging hinaus und hielt einen Schirm über uns), war es leichter; dieser schreckliche »Abschiedskloß« löste sich auf. Abendessen unterwegs, Übernachtung in einem Gasthaus außerhalb Dorkings, um für einen frühen Start am nächsten Morgen in der Nähe des Flughafens zu sein[1].

1. Februar

Wache früh bei Dunkelheit auf, Frühstück, und ab zum Flugplatz. »Anständiger« Himmel, bewölkt, aber es hellt sich auf – Wind. Abflug Reading um 8.06 Uhr. Etwa um 8.30 Uhr kreisen wir über Long Barn (bereits meilenweit und tagelang fort). Weißes Geflatter aus Jons Fenster, dann rennen Gestalten heraus, Jon tanzt auf und ab und schwenkt ein weißes Taschentuch. Dann ab nach Lympne. Landeten um 8.49 Uhr. Zoll nicht geöffnet. C. telephonierte am Tag vorher und stellte fest, daß sie um 9.00 Uhr aufmachen. Noch nicht ganz neun. Wir warten und warten. »Er hat einige Schwierigkeiten mit seinem Wagen gehabt.« Er kommt ungefähr um 9.45 Uhr, entschuldigt sich sehr und fertigt uns rasch ab. Langwieriger Start, schwere Tanks, über den Bäumen in einen bewölkten Himmel. Der Kanal, kreisen über dem Leuchtturm, Bewölkung, gelegentlich klarer Himmel, nicht sehr kalt. Kein Nebel, nur wenig Regen. Über den Kohlengebieten und dem Kriegsland, in den tiefbrau-

[1] Die Lindberghs wollten in ihrem Eindecker, *Miles Mohawk*, nach Italien fliegen und unterwegs in Rom Station machen.

nen Feldern die hellbraunen Zickzacklinien der ehemaligen Gräben, die Halden mit den Gruben dort, wo früher ein Wald gewesen ist. Flüsse, die über die Ufer getreten sind, Laon und Reims. Lange Zeit über einer dünnen Wolkenschicht, einem Wolkenmeer.

Wir erreichen die Hügel, nähern uns den Alpen. Grüne Hügel hinauf, steigen jetzt, freie Landstriche, am Horizont schneebedeckte Berge, blau und fern. Die Hügel sind sehr grün, rotbedachte Bauernhäuser, Fichten. Das muß die Schweiz sein (denn C. fliegt über die Alpen und nicht außen herum). Überfliegen hohe Hügel, Berge, unter uns ein blauer See. Erreichen Neuchâtel – so weit sind wir schon. Genfer See – ein Zipfel war sichtbar.

Noch immer sind wir in der Schicht sich überlagernder, weißer Wolken und dort vor uns ragt in strahlendem Sonnenschein und in gleißendem Blau ganz plötzlich eine schwindelerregend hohe Wand auf. *Dort* sind die Alpen, sie wirken so gigantisch, makellos und überirdisch, so streng und uns derart überlegen, daß ich mir ganz ärmlich vorkam. Wie können wir je zu ihnen aufsteigen, sie überqueren? Welche Arroganz – welche Dreistigkeit und Arroganz veranlassen uns, zu glauben, daß uns das gelänge?

Wir stiegen immer weiter auf, gewannen an Höhe und Zuversicht, atmeten freier. Ja, vielleicht würde es gehen, wir hatten die Bergrücken erreicht, waren hoch oben in der gleißenden Welt, weit unterhalb der Wolken schimmerte ein See. Jetzt setzten wir zur Überquerung der Alpen an, waren inmitten ihrer Kuppen, über ihren Hängen, die Maschine knatterte laut in den kalten Höhen. In meinem Gesicht spürte ich die Eiseskälte, aber lang würde es nicht dauern. Hier führte Hannibal seine Elefanten herüber – hier blickte er auf die Gletscher. Was für eine Vorstellung! Mache eine Notiz für C.

In den Rinnen unter uns Hütten mit Schneemützen. Wir folgen einer Eisenbahnstrecke. Dort ist ein Paß. Wir fliegen über eine Schneise. Jetzt werden wir sicher (auch wenn wir noch zwischen den Gipfeln sind) mit dem Abwärtsflug beginnen; wir haben den Gebirgskamm passiert, werden den Paß hinunterfliegen, hinein nach Italien.

Folgen einem Tal, grün ist es nicht, Schnee liegt keiner, viele Dächer. Eine Eisenbahn, ein Fluß. Die Eisenbahn verliert sich; die Dächer verschwinden. C. wendet die Maschine, sieht auf seine Karten und schaut auf das Tal, beschreibt einen Kreis, schüttelt den Kopf. Es geht zurück in die entgegengesetzte Richtung. Mich verläßt der Mut. C. ruft nach hinten, daß er das falsche Tal entlang geflogen war. Wo, frage ich mich, ist das richtige? Überall um uns Berggipfel und Wolken.

»Verdammt ungemütlicher Ort, um hier verlorenzugehen!« versuche ich zu rufen. Sind jetzt unterhalb der Gipfel. Wir fangen an zu steigen und Höhe wiederzugewinnen. In die kalte Luft hinauf, hinüber über ein weißes Wolkenmeer, durch das die noch weißeren Gipfel ragen. *Überfliegen* wir sie demnach? Ich nehme an, daß wir uns dann nach dem Paß auf der anderen Seite richten werden. Es ist sehr kalt.

Nach und nach lassen wir die Gipfel hinter uns. Vor uns nur das glatte, beschattete, graue Wolkenmeer, auf das keine Sonne scheint. Über uns ist eine weitere Wolkenschicht, die sich hin und wieder lichtet und den Himmel freigibt – einen blassen Himmel. Was würde C. tun, wenn die Maschine jetzt streikt? Überziehen – und das im Blindflug? Auf einen Berg? Keine Fallschirme. Auf einen solchen Flug war ich innerlich nicht vorbereitet.

Ich frage mich, wie lange es wohl dauert, bis sich die Ausläufer der Berge nach Italien erstrecken? Aber ist Italien flach? Die »Bergstädte« Italiens. Um Rom muß es eben sein – dort liegen die Sümpfe. Wir fliegen sowieso die ganze Zeit abwärts. Es wird wärmer. Doch das Wolkenmeer zeigt keine Veränderung. Der Himmel ist ganz gleich, wolkig, düster, ab und zu sieht man einen helleren Streifen, der aber nicht sehr blau ist. Wie spät ist es? Wo ist die Sonne? Ich studiere den Himmel, ob sich eine Änderung zeigt. Am Horizont ein heller Streifen. Vielleicht wird es, wenn wir den erreichen, auch unterhalb desselben klar sein. Vielleicht kommen wir über Italien heraus, über dem schönen, warmen, hellen, sonnigen Italien. Doch wie weit ist der helle Streifen entfernt, wir kommen kaum näher heran.

Plötzlich sehe ich durch den Dunst das kalte Blau eines Sees im Dunkel der Nebelschleier. Ein See! Ich schaue auf meine Karte. Lago Maggiore, Comer See – dann wären wir in der Nähe von Mailand!

Nein, es ist kein See, sondern Himmel – ein Streifen Himmel, hellblau. Doch *das* sind sicher Hügel – sie sind dunkel. Sie rühren sich nicht. Ich beobachte sie, versuche eine bestimmte Vertiefung zu entdecken, aber sie verändern sich nur unmerklich. Ich geb's auf.

Die Seegeschichte hat dazu geführt, daß mir klar wurde, daß ich Angst habe. Ich zittere, aber auch vor Kälte. Vielleicht würde C. sagen, daß es keinen Anlaß zur Beunruhigung gibt. Vielleicht könnte ich einfach seine Schulter berühren. Aber wenn *er* in der Klemme sitzen sollte, würde es wenig nützen, wenn er sähe, wie ängstlich ich bin. Nein, ich darf nicht fragen. Aber ich könnte ein Zettelchen schreiben. Also kritzele ich: »Wo glaubst Du, sind wir – über dem Mittelmeer?«

Er lächelt, schüttelt den Kopf und ruft: »Wir sind nicht über dem Mittelmeer.« C. weiß nicht, wo wir uns befinden und ist beunruhigt. Wir stecken »in der Klemme«. Aber ich fürchte mich etwas weniger, fühle mich stärker, in gewissem Sinne angespornt – bin nicht allein. Wir sitzen eben in der Tinte. Mal sehen, ob ich kein Land entdecken kann, vielleicht sehe ich etwas, was ihm entgeht. Endlich ist da, so glaube ich, zu unserer Linken eine Bergkette, die sich nicht zu verändern scheint. Ich kritzele: »Das *muß* Land sein – es bewegt sich nicht.«

C. schaut genau hin, ändert aber seinen Kurs nicht. Wir fliegen geradewegs weiter. Etliche meiner Berge schmelzen dahin. Auch *sie* waren nicht echt!

Immer noch gibt's dort diese Stelle, diesen Streifen klaren Himmels vor uns am Horizont – einen Schlitz im Gewölk, durchsichtig blau, blaß und gold getönt, idyllisch wie jene blauen Landschaften, die den Hintergrund auf italienischen Madonnenbildern abgeben. Erwartet uns diese Welt? Bleibt uns Zeit, sie zu erreichen? Der bleiche goldgetönte Streifen hat etwas von der Milde und Blässe des Abends an sich. Dabei ist es erst 16 Uhr – wir haben doch gewiß Zeit? Aber ich hatte vergessen, daß man auf dem Weg nach Osten eine Stunde verliert.

Was werden wir unternehmen? Hinter uns erstreckt sich das Wolkenmeer so weit wie monoton. Zurück können wir nicht. Es steigt ständig.

C. ändert den Kurs, hinüber nach rechts, entfernt sich von meiner imaginären Apenninkette, hält auf das Meer zu. Er umkreist einen Punkt, der eine Schattierung dunkler ist. Ist unterhalb Land? Nein, ich kann nichts sehen. Er hat vor, im *Blindflug* niederzugehen!

Mein Gott – steht es so schlecht? Gehen wir im Blindflug runter – durch dieses Gewölk, kreisen abwärts, im überzogenen Flug, wohin? Ins Meer? Die Berge? Zerschellen, ehe man etwas sehen kann?

Etwas anderes gibt es wohl nicht. Die anderen Alternativen sind schlechter. Dies ist die letzte Chance. Ich schaue nach, ob die Karten richtig verstaut sind, befestige meinen Gurt. Setze mich und bin bereit. C. setzt seine Schutzbrille auf und schiebt die Lukentüre nach unten, damit er sehen kann, dreht sich nach mir um. Ganz kurz: »Hast du deinen Gurt um?« Ich nicke. Ja, das heißt, sei auf alles gefaßt. Höchstwahrscheinlich auf den Tod – nie zuvor war ich ihm so nahe. Welche Chancen gibt es? Ich ziehe sie ernsthaft in Erwägung. Doch, eine könnten wir haben. Vielleicht stoßen wir auf eine Hauptwolkenuntergrenze. Möglicherweise haben wir Zeit, die Maschine abzufangen – jedenfalls irgendwie zu landen.

Auf der anderen Seite besteht die Gefahr, daß wir die Kontrolle über das Flugzeug verlieren – oder was noch wahrscheinlicher ist, daß eine Tragfläche an einem Bergabhang hängenbleibt. Ein berstendes Geräusch, und alles wird vorbei sein.

Ja, dort unten wartete der Tod, aber ich konnte ihm ins Auge sehen. Ich weiß nicht weshalb, denn ich bin in jeder Beziehung ein schrecklicher Feigling, und es ist furchtbar, sich die Geschichte nochmals zu vergegenwärtigen. Doch damals hatte ich dazu die nötige Kraft.

Wir beginnen mit dem Wenden. Die Landeklappen sind draußen, ein Schauer überrieselt mich auf dem Weg ins Verderben. Ein Zurück gibt es nicht. Jetzt müssen wir durch. Wir können nur warten. Hinab in den schwärzlichen Nebel. Er deckt uns zu, schlägt über unseren Köpfen zusammen, versperrt uns den Himmel. Einmal untergetaucht, treibend und trudelnd, fallen wir, wie ein Ahornsamen, der an einem friedlichen Herbsttag zur Erde schwebt – sanft dem Tod in die Arme. Es ist still, der Motor gedrosselt. Ich bin ruhig. Wir sind zusammen; ich bin froh, daß wir zusammen sind. Es macht mir nichts aus, zu sterben. Ich freue mich über unser Leben. Es ist ein herrliches Leben gewesen. Jon zu verlassen, schmerzt mich, aber ich glaube, wir haben für einen guten Start gesorgt. Ich bin für das Jahr, das wir alle zusammen verlebten, dankbar.

Hinab, hinab in die Dunkelheit, ganz sanft. Nie habe ich mir vorgestellt, daß der Tod so ruhig und sanft sein würde. Ein langsamer, wundersamer Abstieg in die Unterwelt.

Doch während ich mich mit dem Versinken in diesen federigen Abgrund abfand, beobachtete ich in jeder Sekunde und mit meinem ganzen Konzentrationsvermögen den Spiralsinkflug des Tiefdeckers, um mir kein Anzeichen entgehen zu lassen, das Tod, oder Entrinnen und Leben für uns beide bedeuten konnte.

Ehe ich dem Verhalten der Tragfläche etwas entnehmen konnte, bemerkte ich mit einem Seitenblick, daß mein Mann seinen Kopf auf und ab bewegte, zuversichtlich und erleichtert nickte: »Ja, ja, es stimmt also, es ist, wie ich glaubte, eine Hauptwolkenuntergrenze.« Ich konnte das alles an seinem langsamen, zuversichtlichen Nicken ablesen. Eine Sekunde danach konnte ich aufgrund der Tragfläche erkennen, was ihn zu dem Nicken veranlaßt hatte. Einmal eine leichte Veränderung der Beschaffenheit des Nebels unterhalb. Das Meer, dann einen

Augenblick lang die Küste zu unserer Linken, steil und grün, vulkanische Hügel, darauf getüpfelte Städte.

Plötzlich war es warm und feucht, hatte Form angenommen, war Wirklichkeit geworden. Gedämpfte Farben, dämmrig. Über uns hing dieser graue Vorhang, durch den wir eben gestoßen waren. Er reichte bis zu den Hügelspitzen herunter. Bis zum Ufer war es noch eine ganz anständige Entfernung, aber vor uns lag eine vulkanische Insel. Angenommen ... doch ich hielt mich bei dem Gedanken nicht auf, jetzt war das nicht wichtig. Jetzt waren wir unten, wieder ein Teil der Erde, lebendig, warm und atmend – ein Teil dieser Erde, die mit kleinen Städten, Häusern, Häfen und Schiffen bedeckt war.

Wir waren aus einem Traum erwacht – so neu war diese Welt für uns, greifbar, kostbar, grün – wiedergeboren für uns beide.

Vor der Küste von Genua kamen wir herunter und flogen nach Pisa. Es wurde dunkel. Hier verzog sich der Vorhang, darüber war freier Himmel. Also *gab* es ihn eben doch, wenn wir weiter geflogen wären. Wir hätten ihn erreichen können, diesen Streifen Himmel. Ich wies C. darauf hin. Er drehte sich um und rief: »Ich habe mich nicht getraut, so lange zu warten – es wird dunkel.« Nein, wir hätten auf diese Chance auch nicht warten können, um dann im Dunkeln hindurch und hinunter zu fliegen.

Wir landeten in Pisa, fast dunkel, zu müde, um nach Rom weiterzufliegen. Wunderbar warm, so schien es, angenehm zu atmen, schön zu gehen und am Leben zu sein. Langes Warten am Flugplatz, Beamte schwatzen. Doch was machte es? Dann durch die dunklen engen Straßen voller Menschen, unbekannt und neuartig, in ein Hotel am Fluß. Alte Brücken, alte Türme, Spiegelbilder im Wasser. Glockenläuten, Fahrräder, Marktbuden.

Pisa, 2. Februar

Am nächsten Morgen wurden wir vom Klang vieler Glocken und von strahlendem Sonnenschein geweckt, nach dem Frühstück nahmen wir ein Auto zum Schiefen Turm. Über alte Brücken, durch enge Straßen, gellend hupend, vorbei an Obst- und Blumenständen zum Platz, auf dem drei wunderbare Gebäude inmitten von gänseblümchenübersäten Wiesen stehen: der Dom, das Baptisterium und der Turm, alle in blaßfarbenem Marmor, der manchmal weiß, dann crèmefarben und manchmal rosa war.

Nach dem Mittagessen (mit leichtem italienischen Wein) pakken wir zusammen, machen uns auf den Weg zum Flugfeld und nach Rom. Hinter uns bleibt ein wolkenloser strahlender Himmel zurück und wir fliegen in Regen hinein und kommen ungefähr gerade bei Sonnenuntergang in ein vom Abendnebel verhülltes Rom. Landen in Littoria in der Biegung eines vom Zwielicht erleuchteten Flusses unterhalb eines Hügels, auf dem diese hohen grünen Zypressen stehen. Eine ganz stattliche Menschenmenge, ein paar hundert Photographen hüpfen herum wie die Affen, wenn wir gehen. Keiner weiß, was zu tun ist. »Können wir nicht in den Hangar?« Auf einer großen Rampe gehen wir in den Hangar. Die Photographen kommen alle mit. Dann nimmt uns ein großer, gutaussehender Amerikaner, Hauptmann White[1] mit in sein Büro, die Leute werden durch die Glastüren zurückgehalten. Eltliche Botschaftsangehörige, höfliche Bemerkungen, wir steigen in ein Auto und fahren zu Whites Haus. Sie sind sehr freundlich; ein Badezimmer, Tee, Telephone.

Mittwoch, 3. Februar

C. unterwegs, um einigen offiziellen Vertretern der italienischen Luftfahrt seinen Besuch zu machen, ich bin dabei, die Rechnung zu begleichen und zu packen, etc. Habe ich bisher nie gemacht, komme mir in meiner Hilflosigkeit reichlich stupide vor. C. erledigt das immer. Absurd. Ich kann's – ist gar nicht schwer. Ich bringe alles auf den Weg und in ein Taxi inklusive einiger

[1] Hauptmann Thomas D. White, US-Fliegerattaché in Rom, wurde 1942 General und 1957 Stabschef der Luftwaffe.

Körbe mit Veilchen – römischen Veilchen, die herrlich duften. Freue mich auf den Besuch bei Amey. Die strahlende Sonne, die Springbrunnen, die Obststände und die Blumenstände, sie blenden mich alle. Die Villa Aurelia[1] ist ganz still. In unserem Zimmer stehen Narzissen und Mimosen. Wir sehen auf die Stadt. Vor dem Fenster der blütenübersäte Baum und die tiefgrüne Schirmpinie. Ameys liebe alte »Eleanora« (eine Kinderfrau wie aus Romeo und Julia). Eben habe ich mich häuslich eingerichtet, da erscheint C. und wir essen friedlich zusammen zu Mittag auf der Veranda in heißem, heißem Sonnenschein. Amey und Chester kommen von einer Hochzeit.

Am Nachmittag weg, um das römische Forum, den Palatin und die Triumphbögen zu besichtigen, wo Cicero seine Reden hielt, die gepflasterte Straße der Imperatoren hinab. Das Kolosseum. Das Pantheon...

Beim Herumfahren auf den neuen breiten Prachtstraßen Roms sehen wir große Gedenktafeln an den Wänden, die die Größe und den Verfall des Römischen Reiches aufzeigen und an das erinnern, was unter Mussolini erreicht wurde.

Mir gefallen die orangerosa Farbe der alten Gebäude, die flüchtigen Ausblicke auf tiefgrüne Zypressen und Pinien am Ende einer Straße, die Springbrunnen, die einem unvermutet überall entgegenrauschen, und die Blumenstände am besten.

Ein friedliches Abendbrot, bei dem C. mit Amey und Chester über Italien, Deutschland, Diktaturen und Demokratie diskutiert.

Sinke früh ins Bett.

Freitag, 5. Februar

Zwei Autos mit Reportern folgen uns. Wir gehen durch die Gärten des Palazzo Doria, um ihnen zu entrinnen. Der Vatikan, das Bewußtsein von ungeheurer Größe, Geschichte, Reichtum, Macht etc. Mich berührt nichts, außer der zauberhaften Galerie

1 Offizielle Residenz des Direktors der amerikanischen Adademie in Rom.

mit den Landkarten und die kleine Fra-Angelico-Kapelle, die so still und mit einem Heiligenschein umgeben ist wie die Gestalt des Mönches an der hinteren Wand. Dann das Deckengemälde von Michelangelo – die Hand Adams. (Symbol des göttlichen Funkens schlechthin – handelt es sich nun um schlichtes Verstehen oder Liebe?)

Die »Jungen« der Akademie und Alexander Kirk[1] zum Mittagessen (C. macht Besuch bei Balbo[2]).

Samstag, 6. Februar

C. zum Flugfeld. Amey und ich zum Haus von Keats-Shelley am Fuß der Spanischen Treppe. Alles ist genauso geblieben wie es war, ein sehr ruhiger, muffiger alter Ort, an den Wänden Drucke und Bücher, ein nettes Mädchen mit sanfter Stimme kümmert sich um das Ganze. Keats' Zeichnung einer griechischen Vase, die kleine weinumrankte Veranda hinter dem Haus, die auf die Treppenflucht schaut. Unten die Blumenstände mit Freesien, Sprößlingen, Narzissen. Ich dachte an Elisabeth. Auf dieser Reise habe ich sehr viel an sie gedacht – mit ihr gemeinsam Italien erleben, so wie wir gemeinsam unsere ersten, kostbaren Eindrücke von Mexiko gewannen. Jemanden zu haben, mit einem kindlichen, oberflächlicheren Entzücken als C. es aufbringt, für den alles (aufgrund einer ähnlichen Erziehung und Herkunft) nicht ganz neu war, aber auch jemanden, dem nicht alles schon so bekannt war wie Amey und Chester, die so viel wissen und so viel gesehen haben. Sie wäre der geeignete Mensch, für den ein blütenüberschäumender Obstbaum ebenso wunderbar wäre wie ein alter Tempel oder ein Tor, und der dennoch Freude daran hätte, das aufzuspüren, was bekannt und alt ist. Das Haus von Keats hätte ihr viel bedeutet, ebenso aber

[1] Amerikanischer Karrierediplomat, 1938 Chargé d'Affaires in der UdSSR. 1939 in Deutschland, später amerikanischer Botschafter in Ägypten und Italien.

[2] Italo Balbo, 1896–1940, italienischer Flieger und Staatsmann, kommandierte 1929 Massentransatlantikflüge nach Brasilien und im Sommer 1933 in die USA. Wurde 1933 Luftmarschall.

auch die kleinen italienischen Kinder in den Karnevalkostümen, die einem ihre Zungen herausstreckten, damit man sie beachtete, wie sie da in einer schäbigen Türe oder in einem Hintergäßchen standen.

Montag, 8. Februar

Abschied von Rom.

Tiefliegende Wolkendecke über Neapel. Kann gerade eben den Umriß von Capri sehen. Gipfel des Vesuvs in den Wolken. Herculaneum und Pompeji sind braune Gebeine, offene Gräber inmitten moderner Siedlungen.

Sehr stürmisch, Sturmwolken. Während wir die Stiefelspitze umfliegen und uns Sizilien nähern, klart es auf, aber wir haben starken Gegenwind. Sanfte blaue Himmel. Die Straße von Messina und die weiße Haube des Ätna in der Ferne über den Hügeln. Runzelige kahle Hügel reichen weit hinab ins tiefblaue Wasser.

Das Blau der Berge wird immer intensiver, unwirklich und märchenhaft. An manchen Stellen säumt das Meer als breites leuchtendes Band die Strände, wie ein morgenfrisches Blütenblatt, ehe es in dunkleres purpurfarbenes Blau übergeht. Alles wirkt sanft, verträumt, unwirklich (ganz anders als die strengen nördlichen Berge), selbst für die Segelschiffe unter uns. Ich denke an »Ich habe alte Schiffe gesehen/schlafenden Schwänen gleich« und ich versuche mich an die Zeile zu erinnern über das Schiff, das »so alt...« war, »man wartete vergebens, daß aus dem berstenden Mast eine Rose sprießt«.

Eine fantastische Vorstellung, aber hier wäre so etwas möglich. Als wir uns Palermo näherten, konnten wir einen langen Meeresarm mit vulkanischen Gipfeln und eine große blaue Bucht sehen, dazu die Stadt – weiß und grün – die, wie eine Hand, durch die zerklüfteten vulkanischen Hügel hindurch nach dem Meer griff.

Das Flugfeld liegt an der Hügelseite im Rücken der Stadt. Es war schrecklich stürmisch. Ich wurde von einer Seite auf die andere geworfen. Ich hasse den Wind. Wind und Sturmwolken treiben direkt von den Bergen herab und über das Flugfeld. Das Flugzeug bockte beim Wenden. Ich hatte Angst, aber C. lachte und sagte, das sei völlig in Ordnung, und wir landeten ohne Schwierigkeit quer zum Feld. Wir entschließen uns, einen Tag hierzubleiben und nehmen uns einen Wagen nach Segesta.

Dienstag, 9. Februar

Nach einem ruhigen Frühstück ziehen wir mit Karten bewaffnet los. Durch die Straßen Palermos, ohne einen Schimmer, auf welcher Straße wir fahren müssen, und ohne ein Wort Italienisch zu können! Außerdem stellen wir fest, daß wir den Rückwärtsgang nicht bedienen können. Wir fahren in eine unbelebte Straße und C. übt und entdeckt, wie es geht. Ich sage zu ein paar Frauen »Monreale«, wir erreichen die richtige Straße und wir beginnen eine steile Aufwärtsfahrt an den zweirädrigen Eselskarren vorbei, die so bunt bemalt und darunter geschnitzt sind. Sie sehen wie alte italienische Malerei der Primitiven aus – satte Blau-, Rot und Goldtöne. Die dargestellten Szenen schildern das Leben der Heiligen, das Leben Jesu, die Kreuzzüge, manchmal sind es auch Ballettänzer! Die Karren führen große Lasten an Gemüse (Blumenkohl) zum Markt.

Wir klettern alleine zum Tempel hinauf.

Die Säulen waren äußerst schlicht, aus massiven Blöcken vulkanischen Gesteins. Kein Ornament (nur unterhalb an der Ecke, wo die Enden zusammentreffen – ein Blatt?) doch das Ganze wirkte nicht schwer, sondern graziös und zierlich. Man blickte durch die Säulen über das Tal auf Hügel hinab, über Olivenbäume und eine gewundene Straße auf einen gewaltigen schroffen Berg. An seinem Fuß die Dächer einer Stadt und ein winziger blauer Zipfel – ein Meeresarm!

Natürlich gehörte dieser Blick aufs Meer dazu, bei einem griechischen Tempel.

Makellos und geheiligt, doch ich weiß nicht, welchem Gott er errichtet wurde. Hier ist noch immer geweihter Boden.

Schließlich gingen wir im Wind um den Hügel herum, vorbei an herabstürzenden Felsen, die aus dem einstigen dortigen Steinbruch stammten, und kamen nach einem kurzen ebenen Stück ganz plötzlich an die rückwärtige Mauer eines kleinen Amphitheaters, zu dem es einen Eingang gab. Vor uns öffnete sich die Aussicht auf das ganze unter uns liegende Tal.

Es war atemberaubend. C. sagte nur mühsam: »Genau hier *mußten* sie es erbauen!«

*

State Hotel, Jodhpur, Raiputana, 21. Februar

Liebe Mutter,
von Kairo aus sind wir ziemlich rasch geflogen, aber die Tage sind nicht anstrengend gewesen. Doch für gewöhnlich gehe ich gleich nach dem Abendbrot ins Bett und das läßt mir nicht mal mehr Zeit, noch in mein Tagebuch zu schreiben.

Dieser Flug war völlig anders als die bisherigen. Wir reisen auf Flugstrecken der britischen Luftfahrt oder der holländischen KLM, und das beinahe schon seit Kairo, dadurch waren die Landungen und die Anpassung an die Zivilisation sehr erleichtert.

Der wirklich große Unterschied auf diesem Flug war aber, daß wir, vom Standpunkt der Zivilisation aus betrachtet, über so *altes* Land flogen, so viel Geschichte unter uns wußten. Wir flogen über die Gebeine anderer Zivilisationen, römische Aquädukte, griechische Tempel und sogar die nördlichen Küsten Afrikas entlang, wo zwischen der braunen Wüste und dem blauen Mittelmeer, halb im Sand vergraben, römische Bäder und römische Theater standen. In Tunis flogen wir über das Gebiet von Karthago. In Tripolis, wo wir uns bei Marschall Balbo aufhielten, war inmitten der neuen, aus Beton errichteten Stadt ein römischer Triumphbogen und eine recht große freigelegte römische Stadt ganz in der Nähe. Unser erster Ankunftsort in

Ägypten lag bei einem kleinen Naturhafen, in dem Antonius und Kleopatra gelandet sein sollen. Ein glänzendes Juwel, blau wie ein Skarabäus. Ägypten aus der Luft besehen war eine Sensation. Dieses große Land der grünen Ebenen zwischen den braunen Wüsten und diese wie Türkensäbel geschwungenen weißen Segel auf den engen blauen Kanälen. Die sandfarbenen Pyramiden schauen über die Wüste hinweg und markieren eine Grenze zwischen der Wüste und der grünen Fläche des Nils. Aus der Luft besehen sind sie außerordentlich eindrucksvoll, da sie der Landschaft angepaßt sind, und alles, was so ist, wirkt aus der Vogelperspektive am besten. Der ganze Abschaum der Hotels, Telegraphenleitungen, Eisenbahnschienen, Kamelstationen etc. sieht wie bedeutungsloser Kiesel zu ihren Füßen aus, unbeständig, vergänglich und belanglos angesichts ihrer massigen ewigwährenden Herrlichkeit.

Befindet man sich auf der Erde, wirkt Ägypten ganz schön touristenverseucht. Riesenhafte Hotels, französische Küche, Touristen, Damen in seidenen Röcken, die auf geschmückten Kamelen reiten und dabei ihre neuen Tropenhelme festhalten, wenn der Wind bläst. Wir waren dort, als es einen Sandsturm gab, was, wie man uns sagte, *sehr selten* vorkommt. Das gesunde Klima dieses Landes wird in einem Ton angepriesen, der kalifornisch klang.

Weiter ging es über Palästina, das, wie ich mir nach der Biblischen Geschichte und aufgrund meiner kindlichen Vorstellungen dachte, irgendwie schrecklich sein würde. Vielleicht wäre dem so, wäre man auf der Erde. Doch aus der Luft besehen, waren die fruchtbaren Felder, über die wir im Süden kamen, und die reizvollen Hügel, nach der Wüste und den flachen, monotonen Landstrichen am Nil, ein durchaus befriedigender Anblick. Man konnte verstehen, daß es den Juden wie ein Land erschien, »in dem Milch und Honig fließen«. Wir flogen nur über Land, auf dem Ackerbau und Schafzucht betrieben wurden, keine Handelsstädte. Selbst die kahlen, steinigen Hügel wirkten nach unseren vielen Wüstenflügen tröstlich und freundlich. Ich nehme an, es ist weitgehend so geblieben, wie es war. Weideland mit einigen Anpflanzungen, sogar Bethlehem war aus der Luft besehen ein erstaunlich erfreulicher Anblick. Aus der Höhe konnte man nicht erkennen, ob die Gebäude modern waren oder nicht, man sah lediglich eine Ansammlung lehm- und schlickfarbener Wände und Dächer, die in einen sichelförmigen Berg geschmiegt waren, der inmitten kahler und steiniger Hügel aufragte, auf die sich, wie man sich durchaus noch vorstellen – und auch sehen – konnte, Esel hinaufbewegten.

Jerusalem sieht ziemlich modern aus, wenn auch nicht wie eine moderne Stadt im westlichen Sinn. Dort steht noch eine alte Mauer. Und von oben sehen beide in der Ferne in diesen kahlen Hügeln ganz weit weg, unberührt und wie der Teil einer anderen Welt aus. Ich war sehr glücklich, daß ich sie gesehen habe. Von den Hügeln hinunter über Jericho (lediglich eine winzige Siedlung), mit dem Rücken zu den Hügeln und mit Blick auf das trockene, windstille Tal des Toten Meeres. (Es ist 1293 Fuß unter dem Meeresspiegel.) Ich frage mich, von welcher Seite Gideon mit seinen Trompeten den Angriff geführt hat!

Über der Wüste folgten wir einer bei Fliegern berühmten Pipeline, mit einer Straße und Flug-»Feldern« bis nach Bagdad, das wir wegen eines Sandsturmes nie erreichten. Dann ging es über das Tal zwischen Euphrat und Tigris (noch in Staubwolken), flach und ausgedörrt, trotz der großen Flüsse und der Palmenhaine. Ich war sehr enttäuscht, da ich erwartet hatte, ein »fruchtbares Becken«, »die Wiege der Kultur« etc. zu sehen. Wir flogen über die freigelegten Ruinen von Babylon, große Mauern, die bis zum Halse im Sande steckten. Dann den Persischen Golf hinunter, endlich ließen wir den Staub hinter uns, hohe Bergwände auf der einen und das »persisch blaue« Meer auf der anderen Seite. Nach und nach verdorrten die Berge zu aschfarbenen Berggerippen und Wüsten, wir kamen nach Karatschi, Indien und an den Indus. (Reichte nicht Alexanders Imperium bis zum Indus? Das erschien mir derart unglaublich.

Wie konnte er das erobert und beherrscht haben, was wir hinter uns gebracht haben, seit wir Sizilien verließen?!)

Gestern von den Grenzen Indiens (Gwadar) nach Jodhpur (das ich in meiner Vorstellung vage mit Polo, Tropenhelmen, Kipling, »Rupien« etc. in Verbindung bringe). Wenn C. die Maschine auf einem sehr guten Stützpunkt nachgesehen hat, werden wir eine kleine Stadtbesichtigung machen und morgen vielleicht nach Agra oder Udaipur weiterfliegen, wo ich für einige Tage bleiben möchte. Es kann sein, daß C. nach Bombay fliegt, um Sir Francis Younghusband[1] abzuholen und nach Kalkutta zu bringen, dann kommt er zurück, um mich zu holen. C. hat Sir Francis kurz in England gesehen (Du erinnerst Dich sicher, er war der erste, der Lhasa besuchte) – ein großartiger alter Mann. Er wohnt in Westerham, zwanzig Minuten von uns entfernt. Er ist hier zu einer Tagung aller Gläubigen. C. findet die Gelegenheit, gleichzeitig mit ihm in Indien zu sein, großartig, da Sir Francis Indien und die Inder so gut kennt.

Mir ging es gut, wir haben wirklich einen problemlosen Flug hinter uns, konnten wir doch jeden Abend an einem sauberen, bequemen Ort bleiben. Nur träume ich jede Nacht von Jon. Der Weg zu ihm zurück erscheint mir unendlich. Die Entfernung zu Dir kommt mir geringer vor, denn Dein Gedenken kann sie überbrücken, doch Jons nicht.

Kalkutta, 8. März

Liebe Mutter,
Indien hat uns ganz schön beschäftigt, alles ist gutgegangen. Das Land hat etwas Bedrückendes. Ist Dir das auch aufgefallen? Die Last scheint so groß, daß man sie selbst in seiner Vorstellung

1 Britischer Soldat, Forschungsreisender, Schriftsteller; leitete 1904 die britische Expedition ins verbotene Lhasa.

nicht zu tragen vermag. Die Größe, die Komplexität, die Mannigfaltigkeit, die Menschenmassen, die schreckliche Armut, der Schmutz, die Gerüche: Weihrauch und Bratendüfte, Kühe und Kuhdünger, Mangobäume in Blüte und ein unter Wasser gesetztes Trottoir, das ihnen Kühlung verschaffen soll, in der Hitze aber trocknet, Staub und Menschen – diese Lumpenbündel, die auf dem Bürgersteig liegen, und von denen Du annimmst, daß es Müll ist, dann stellt sich aber heraus, daß es schlafende Menschen sind.

Und seine Komplexität als Ganzes – der Versuch, die sich überlagernden Schichten der Historie, der verschiedenen Rassen und Kulturen zu verstehen; die Religionen und sozialen Gepflogenheiten, die so festgelegt, unterteilt und miteinander verflochten sind, daß man über die eigene Kühnheit erschrickt, wenn man sich in diese Bereiche vorgewagt hat. Die Klassen, die Typen, der große Rangunterschied zwischen der gebildeten Politikerin und dem barfüßigen Mönch in Lumpen (wir begegneten sowohl dem einen, wie dem anderen, und die Gespräche mit ihnen interessierten uns gleichermaßen).

Dazu die Probleme – diese Mischung aus Elend, Armut, Verstrickungen und Fehlern – Sünden, die, so sieht es wenigstens aus, selbst ohne die Last der kommenden Jahrhunderte unmöglich wiedergutgemacht werden können. (All das, so scheint mir, manifestiert sich im Gewicht, und die Ornamentik an der mit Schnitzereien überladenen Architektur der Tempel und Schreine symbolisiert die Verworrenheit.)

Der dünne undurchdringliche Firnis, mit dem die Engländer die hiesige Welt »überzogen« haben, ist genauso unverständlich und merkwürdig irritierend. Bedrückend auch die watteweiche Atmosphäre, die die dienende Bevölkerungsschicht umgibt: Hunderte von armen, servilen, hellbraunen, tierhaften Gestalten versuchen jedwede Dienste zu leisten – einem die Serviette hinzubreiten, den Lift herbeizuklingeln, einem Sachen zu verkaufen oder sonstige Handreichungen für einen zu tun. Sie liegen wie Hunde vor den Türen der Touristen, die sie engagiert haben, schlafen, kauern auf dem Beton, putzen auch mal einen Schuh – und das alles für wenige Cents.

Selbstverständlich hat es auch die der gebildeten Oberschicht angehörenden Inder gegeben. Mit ihnen ist ein Gespräch durchaus anregend, sie wissen eine Menge, sind sensibel, aufgeschlossen, gehen den Dingen auf den Grund.

Von denen, die wir gesehen haben, ist der größte Teil sehr verbittert über die Engländer, sie verhalten sich offenbar noch immer so, wie es Forster in seinem Buch *A Passage to India* beschrieb. Ich kann die Verbitterung recht gut verstehen, auch wenn die Briten im Land zweifellos für Frieden und Ordnung gesorgt haben und die Bevölkerung somit frei genug wurde, um ihren Stolz und den Wunsch nach einem neuen Indien zu entwickeln. Sie sind natürlich ganz gegen die britische »überhebliche« Herrschaft[1] und das unglaublich versnobte insulare Gehabe.

Sir Francis Younghusband, den wir hier getroffen haben, ist ganz und gar nicht so. Er ist ein sehr ungewöhnlicher Mann. Durch ihn ist es uns möglich gewesen, Inder kennenzulernen. (Auf gesellschaftlicher Ebene treffen Engländer sonst zumeist keine Inder, außer auf Gartenfesten natürlich die Prinzen, Radschas und Maharadschas etc.) Sir Francis wurde hier geboren. Sein Vater half mit, die anfänglichen Grenzschwierigkeiten Indiens zu beheben, und er selber leitete die erste Expedition nach Tibet – eine diplomatische Mission, die Curzon in Marsch gesetzt hatte, um die Tibeter der englischen Herrschaft gegenüber gewogen zu stimmen. Ich nehme an, daß es anfänglich schwere Kämpfe gegeben hat, aber schließlich führte alles zu einem guten Ende und es hat seither nie wieder Schwierigkeiten gegeben.

Er hat eine außerordentliche Fähigkeit – obgleich er ein karger pragmatischer Soldat, sehr englisch und zurückhaltend ist –, die Menschen auf der ihnen gemäßen Wellenlänge zu erreichen, sie

1 Zu der Zeit war Indien noch unter britischer Herrschaft.

zu packen und, wenn er sie nicht versteht, sie dafür zu gewinnen, daß sie ihm vertrauen und ihn gerne mögen. Er mußte sich jeden Lama einzeln vornehmen, um sein Vertrauen zu gewinnen. Dabei ließ er sich immer zuerst dessen Lebensgeschichte und dann das, was er zu sagen oder einzuwenden hatte, erzählen. Dann hat er den jeweiligen Fall vorgetragen, wobei ihm der Umstand zuhilfe kam, daß er die schwerwiegenden Einwände kannte und gleichzeitig um Verständnis dafür warb. Ich wurde lebhaft an Daddy erinnert und sagte es ihm auch. Er schien sich darüber zu freuen. »Oh, Mr. Morrow – hat das ebenso gemacht, ja?« Sir Francis ist viel älter, ich glaube, er ist jetzt wohl über achtzig. Er sagt nicht viel, wenn er sich über etwas freut, man muß es am Aufblitzen seiner Augen erraten.

Sir Francis ist hier in seiner Eigenschaft als Oberhaupt einer World Fellowship of Religions. Eine Idee, die ihn jetzt vornehmlich beschäftigt, ist die Verständigung zwischen den Religionen der Welt. Die Konferenz in Indien findet anläßlich des Geburtstages eines großen Hindu-Heiligen statt. Wir haben nur einige Versammlungen besucht.

Wir sind (indischen) Anwälten, Ärzten, Lehrern, Tänzern und natürlich (in kleineren Orten) britischen Beamten begegnet, die unglaublich nett zu uns gewesen sind. Hier benimmt man sich Fremden (der eigenen Rasse) gegenüber völlig anders als in England, das Ausmaß an Freundlichkeit und spontaner Aufnahmebereitschaft hat mich geradezu überwältigt – eine englische Gastfreundschaft, so warmherzig wie bei uns in den Staaten.

Ich habe Jon schrecklich vermißt, da wir im Winter auf gemeinsamen Spaziergängen so vieles zusammen unternahmen, besprachen und abends miteinander spielten, ganz so, als wäre er schon erwachsen.

Jedenfalls fliegen wir jetzt sehr bald nach Hause, wir warten nur auf ein Ersatzteil für unsere Maschine, das heute oder morgen kommen soll. Dann geht's langsam über Indien auf unserer Route zurück, unter Umständen nördlich des Mittelmeeres, das ist der direkte Weg.

Long Barn, Weald, Sevenoaks, Sonntag, 11. April

Liebste Mutter,
sowohl Cons Hochzeit als auch ein Besuch von Dir sind bei weitem wichtiger als die Krönung.[1] Das gleiche gilt auch für Deinen Ehrendoktor. Ich finde ihn großartig, besonders da die Fakultät dafür gestimmt hat. Ich sehe Präsident Neilson vergnügt zwinkern, wünschte mir aber, ich könnte Zeuge sein, wie Du zierlich und reizend auf der Plattform stehst, Deinen Kopf neigst, um den Doktorhut aufgesetzt zu bekommen (wird es ein neuer sein?). Wie gerne würde ich Präsident Neilsons Rede hören. Doch das ist unmöglich.

Ich hoffe, daß ich mit auf Cons Hochzeit sein kann – das heißt, daß ich mir natürlich wünsche, daß sie hier stattfinden wird. Doch habe ich Verständnis dafür, daß die beiden sie, unter Umständen, der Einfachheit halber rasch zu Hause hinter sich bringen wollen. Ich bin über diese Hochzeit glücklich und kann es kaum erwarten, bis es soweit ist. Für gewöhnlich hegt man derartige Gefühle nicht, wenn ein Mensch, den man liebt, heiratet. Man meint, man würde ihn verlieren. Aber in diesem Falle glaube ich, führt die Heirat in unser aller Leben zu größerem Verständnis, mehr »Sicherheit« und »Bestand« in den jeweiligen persönlichen Beziehungen (wenn man auch in diesem Dasein keineswegs von »Sicherheit« und »Bestand« sprechen und sich ihrer schon gar nicht rühmen sollte). Ich freue mich sehr auf dieses neue Leben, das uns allen beschieden sein wird, und auf das Glück, das es uns allen bringen soll. So gesehen ist die Hochzeit, in bezug auf das, was wir in der Folge von ihr erwarten, schier unbedeutend.

Was das Baby anbelangt, so ist es mir selbstverständlich wichtiger als alles andere! Doch der Zeitpunkt der Geburt scheint mir relativ belanglos zu sein. Damit will ich nur zum

[1] Aufgrund der Abdankung von Eduard VIII. (1936) sollte Georg VI. am 12. Mai 1937 gekrönt werden.

Ausdruck bringen, daß keiner, der dann gerade hier wäre, seine Pläne deshalb ändern sollte. Ich werde in einer Privatklinik liegen, wo vermutlich gestrenge englische Sitten in bezug auf die Kontakte zur Außenwelt und die Besuchszeiten herrschen.

Ich finde, man hat nie das Gefühl, daß einem das Baby gehört, ehe man es nicht in sein eigenes Haus mit dem eigenen Inventar gebracht hat. Und darauf freue ich mich ganz unglaublich: wenn ich das Baby dann gemütlich oben im mittleren Gästezimmer eingehäuselt habe, wir behutsam zu ihm gehen werden, um es zu betrachten, wie es in seinem Moseskörbchen auf dem alten Tisch schläft! Thor schnüffelt darunter herum und Skean steht auf seinen Hinterbeinen, um festzustellen, was so ein komisches Geräusch macht.

Nun zur Krönung – ich habe sie aus meiner Vorstellung längst gestrichen. Es werden so unbeschreiblich viele Menschen hier sein, daß es in London schlimmer als auf einer Weltausstellung zugehen wird. Das normale Londoner Leben wird aus allen Fugen geraten – die Stadt ihr Charakteristikum verlieren.

Wahrscheinlich kein gut gewählter Zeitpunkt, um ein Baby in die Welt zu setzen.

An E.L.L.L. *Long Barn, Weald, Sevenoaks, 5. Mai*

Liebe M.,
eben habe ich einen so verständnisvollen Brief von Dir erhalten – Deine Antwort auf einen meiner kurz vor dem Aufbruch geschriebenen Briefe. Du sagst: »Ich weiß nicht warum, aber ich glaube, Du warst sehr müde, als Du diese Zeilen verfaßt hast.« Und Du fährst sehr lieb fort, daß Du meinem Leben keine weiteren Schwierigkeiten hinzufügen wolltest.

Ich *war* damals schrecklich müde. Wir hatten anstrengende Tage – Onkel Jay und (meine Kusine) Katharine Leighton waren unangemeldet zu Besuch da. Wir hatten keine rechte Hilfe im

Haus und versuchten ständig, alle Vorbereitungen für unsere Abreise zu treffen. Doch jetzt bin ich so dankbar, daß wir keine Mühe gescheut haben, da Onkel Jay nach seinem hiesigen Besuch – etwa vor drei Wochen – gestorben ist. Vielleicht hast Du es in der Zeitung gelesen.

Er hatte große Freude daran, Jon einfach zu beobachten oder mit ihm zu spielen. Ich schrieb Dir, glaube ich, daß er mit ihm Dein Buchstabierspiel an der Tafel nach der Uhr spielte und (sehr zum Erstaunen seiner Mutter) sagte, daß Jon »der intelligenteste Knabe« sei, den er je gesehen habe.

Ich bin dankbar dafür, daß wir ihm ein bißchen Glück bescheren konnten, und wir wissen es auch; die Mühsal ist jetzt ganz unwichtig. Wie gerne behalte ich Onkel Jay so in Erinnerung wie zur Zeit seines hiesigen Aufenthalts! Glücklich, zu allen Späßen aufgelegt und humorvoll. Er war so ein großartiger Soldat.

Demnach war mein Brief ein durch die Umstände bedingter »müder« Brief, nicht etwa deshalb, weil es mich Anstrengungen kostete, Dir zu schreiben. Ich tue das gerne. Ich glaube, daß Du an allen kleinen Geschehen, die mit Jon zu tun haben und die ich keinem anderen berichten kann, ohne daß man mich albern oder zumindest langweilig finden würde, genauso viel Freude hast wie ich selber. Ich teile diese Erlebnisse gerne mit Dir, es ist schön zu wissen, daß Du sie zu würdigen verstehst.

Der Gedanke, für die Geburt des Babys nach London zu fahren, begeistert mich nicht sonderlich, aber es wird wohl das beste sein. C. und ich wollen am 16. hinaufziehen, denn der Arzt meint, daß ich von dem Zeitpunkt an in der Nähe der Klinik sein und mich nicht darauf verlassen sollte, erst abzufahren, wenn es losgeht, denn die Fahrt ist ziemlich lang.

Ich möchte Dich bitten, an einen baldigen hiesigen Besuch zu denken. Du weißt, wie einfach das jetzt ist, in Jons Vorstellung bist Du noch sehr lebendig, und ich möchte Dir zu gerne das neue Baby zeigen. Dieser Brief muß heute abend noch zur Post, um die *Europa* zu erreichen.

Long Barn, Weald, Sevenoaks, 3. Mai

Liebe Großmama,
danke Dir sehr dafür, daß Du mir geschrieben hast. Ich weiß, daß es schwierig ist, im Bett zu schreiben – doppelt so schwer wie an einem Schreibtisch. Immer scheinst Du gegen Deinen ernsten Zustand anzukämpfen. Ich weiß es wohl zu schätzen, daß Du Dir die Mühe gemacht hast, mir zu schreiben. Wie sehr werde ich mich über etwas von Dir für das neue Baby freuen, auch wenn ich noch sehr reizende Babysachen habe, die Du mir früher schon gegeben hast und die Mutter mitbringen wird.

Dieses Mal ist die Zeit rasch vergangen. Ich habe mich sehr wohl gefühlt, und die Reise sorgte dafür, daß die Tage verflogen sind. Als wir in Kalkutta waren, wollte ich Dir schreiben, denn ich hatte einen Brief vom Leprakrankenhaus in Allahabad, in dem sie mir mitteilten, daß wir kommen und sie besuchen sollten, denn Du habest dreißig Jahre lang Schals für sie gestrickt. Es ist ganz gleich, wie weit wir auch reisen mögen – nach Japan, China, Korea oder Indien –, immer bist Du vor mir dort gewesesen mit Deinen Schals oder mit einer missionarischen Tätigkeit! Auf unserem Rückweg flogen wir über Allahabad, hatten aber keine Zeit, um dort zu unterbrechen, daher konnte ich der Leiterin des Krankenhauses auch nicht erzählen, daß ich, von meiner Großmutter dazu angeregt, als Kind auch etliche, reichlich knuddelige und kurzgeratene Schals aus obskuren roten und gelben Wollresten auf der hinteren Veranda in Quissett gestrickt habe!

Es ist herrlich, wieder zu Hause zu sein. Jon ist groß, kräftig und gesund. Er ist den ganzen Tag über in Gummistiefeln und mit einem Schubkarren im Garten. Sein Vater hat ihm ein paar Geräte besorgt, und wir haben einen kleinen Garten angelegt. Es war ein nasses Frühjahr.

Doch die letzte Woche ist herrlich gewesen. Der Kuckuck ruft unablässig, und nachts hört man die Nachtigall. Die Wälder sind voller Primeln und wilder Hyazinthen – eine Blume mit einer kleinen blauen Glocke, die die Engländer *bluebell* nennen. Wir machen mit den Hunden zusammen Spaziergänge über die Felder – ich nehme ein Tuch und einen Korb mit – und manchmal bringen wir eine wilde Orchidee mit nach Hause, die wir in das »Wildblumen-Beet« von Jon einpflanzen. Doch meistens sitze ich in der Sonne oder gehe langsam die Pfade entlang, schneide ein paar Narzissen oder Tulpen und bin glücklich, zu Hause und im Garten sein zu können, Jon und Charles zu haben und bald wieder ein Baby zu bekommen.

*

Tagebuch *Donnerstag, 20. Mai – Londoner Klinik*

Gestern abend vor einer Woche wurde mein dritter kleiner Junge, Land, geboren. Will ich in Gedanken diesen Zeitraum zurückverfolgen, muß ich eine tiefe Kluft überspringen. In Wahrheit handelt es sich nur um wenige Stunden, die aber, in bezug auf die physischen wie auch auf die emotionalen Gefühle, derart intensiv waren, daß ich mir jetzt, wie bei den beiden anderen Malen, wie neu geboren vorkomme. Sechs Monate hat man geistig im Dämmerzustand dahingelebt. (In den ersten drei Monaten nimmt man die Dinge noch wahr, sogar sehr deutlich. Im letzten halben Jahr wird man träge, die Gefühle stumpfen ab, man ist nur noch damit beschäftigt, ein Kind auszutragen. Einerseits ist man völlig mit sich selbst beschäftigt, und doch verzehrt sich die ausgeprägte, züngelnde Flamme des *Egos,* verglüht und verlischt.) Plötzlich flackert sie wieder auf und macht Tag und Nacht den Versuch, die verlorene Zeit wieder aufzuholen. Man denkt, schreibt, redet wieder und nimmt erneut die Verbindung zu anderen Menschen auf!

Ein Kind zu haben, macht einen neun Monate lang, und selbst in diesen schrecklichen letzten Stunden, so außerordentlich glücklich. Dieses Mal war es lange nicht so arg, ich hatte keine solche Angst und hatte das Gefühl, daß ich mich mehr in der Gewalt hatte.

Ich dachte an das vergangene Jahr, an unser Glück, an unser Eheglück in England. Vielleicht habe ich nicht viel zustande gebracht, aber ich bin durch Charles und Jon so glücklich gewesen. Ja, das bedeutete das wahre Leben, dankbar erkannte ich das ganz deutlich. Wie oft im Leben denkt man sich, »Wenn das vorüber ist, dann kann das Leben beginnen ...« So wie man den Frühling betrachtet und sich denkt, »Morgen wird es Frühling sein«, »Wir haben beinahe schon Frühling« oder »Jetzt ist der Frühling vorbei«, aber niemals erwischt man den rechten Augenblick – den eigentlichen Frühling.

Dann mache ich mich daran, an all die Orte zu denken, an denen dieses Kind gewesen ist – ein besonders hübsches Gedankenspiel. Man kehrt immer wieder von den zeitlich und räumlich entfernten Stätten in die Gegenwart und hierher zu dem Baby im benachbarten Zimmer zurück. Es geht über die Alpen, den Sonnenschein über Pisa, den griechischen Tempel in Segesta; die arabische Wüste; über den blauen Persischen Golf; die sengende Hitze Indiens, die Mauern der Kreuzritterstadt auf Rhodos; das Mittelmeer; die kantigen blauen Berge an der türkischen Küste; die Ägäis, das Kap Sunion und seine ins Meer hinausragenden Hügel, durch weiße Säulen hindurch zum Meer, zu griechischen Inseln und weißen Segelschiffen, die den Heimathafen anlaufen.

Es folgt eine Reihe erfreulicher, heller Tage in der Klinik – saubere Laken, Gelassenheit. Man bleibt selbst vor den eigenen Emotionen und dem eigenen Gewissen irgendwie bewahrt.

Dann besuchte mich Jon eines Tages. Ein sanftes Klopfen an der Türe, sie öffnet sich ... eine Pause, und Jon kommt in seinem braunen Overall langsam, leise, ein wenig ehrfürchtig und mit großen Augen herein.

»Jon!« Ich strecke ihm meine Hand entgegen. »Ich wußte nicht, daß du kommst, das ist eine Überraschung – eine Überraschung für Mama!« Das freut ihn. »Du hast nicht gewußt, daß ich komme – es war eine Überraschung.« Er strahlt vor Freude und nimmt meine Hand.

Dann rollten sie die Wiege herein. Jon ging sehr leise auf Zehenspitzen hinüber, schaute nur hin und lächelte sehr beeindruckt. Die Wiege wurde wieder entfernt. »Wie findest du ihn, Jon?« Und Jon antwortet mit seiner liebenswürdigen, Befriedigung heischenden Stimme: »Er gefällt mir sehr.« »Was möchtest du wohl als erstes mit ihm machen, wenn er nach Long Barn kommt?« Er zögert – dann ganz fix und ein bißchen perplex: »Meinst du, er kann sehr kleine Stöckchen aufheben?« (Ein ziemlicher Rückzieher in bezug auf die Holzklötze, die ihm seiner Meinung nach ein kleiner »Bruder« tragen helfen sollte!)

Dann tranken wir zusammen Tee. Die Türe zum Kinderzimmer war offen geblieben und ab und zu ging Jon auf Zehenspitzen hinüber, sah sich die Wiege an und kam lächelnd und still wieder zurück.

Wir fragten ihn nach der Augenfarbe des Babys. Jon konnte uns dazu nichts sagen, da das Baby schlief, er lief immer wieder hinein, um nachzusehen. »Er machte seine Augen auf, schloß sie aber so rasch wieder, daß ich nichts sehen konnte.«

Er schaute mich an. »Jetzt ist er nicht mehr da.« »*Wer,* Jon?« »Mein Bruder.«

Mein Bruder. Was für ein Erlebnis, Vergangenheit und Zukunft öffneten sich, es war, als habe ich ein Leben lang und immer wieder darauf gewartet, daß mein Sohn »Mein Bruder« sagen würde. Das erste Baby und der Morgen nach Jons Geburt, als Emily den Kopf herein streckte und mit einer erstickten, gebrochenen Stimme sagte: »Wenn der kleine Charles doch nur seinen Bruder sehen könnte.«

Die vielen darauffolgenden Jahre, in denen ich mich fragte, ob Jon jemals einen kleinen Bruder bekommen würde, und dann endlich, wie eine seltsame Wiederholung eines Traumes »Mein Bruder.«

*

Long Barn, Weald, Sevenoaks, 17. Juni
(Gestern war Dein Hochzeitstag)

Liebe Mutter,
dieser Brief wird Dich, wie ich annehme, irgendwann zwischen Cons und Dwights Hochzeiten erreichen.[1] Mir kommt das ganz unwirklich vor, und beinahe habe ich das Gefühl, ich sollte in solchen Augenblicken nicht über Alltäglichkeiten berichten. Doch möchte ich Dir gerne schreiben.

Florrie kam heute hierher. Wir hatten einen dieser ungewöhnlich kalten Sommertage. Florrie trug ein warmes Kostüm und einen warmen Überzieher. Es gingen Regenschauer nieder. Weshalb hat man immer an dem Tag Gäste, an dem der Klavierstimmer auftaucht (der einmal in sechs Monaten kommt – es auch noch regnet!), man den Stimmer nicht so recht wieder wegschicken kann, und die Blumen, die man auf dem Flügel arrangiert hat, weggestellt werden müssen, das einzige annehmbare Zimmer in Unordnung ist, und Thor ausgesprochen unruhig ist (da ein fremder Mann am Klavier hantiert und eine fremde Frau im Auto angekommen ist)!

Dazu mußte, ausgerechnet an dem Tag, die Rohrleitung bei der Terrassentüre, die bereits monatelang undicht gewesen ist, repariert werden. Man kommt von dem Eßzimmer herein und stellt fest, daß die Diele ungewöhnlich dunkel, die Terrassentüre geschlossen ist, eine große Lötlampe in der Ecke brennt, und entdeckt einen Mann im Overall, mit einer Werkzeugtasche auf den Knien!

Florrie war das gleich. C. hat sich gut mit ihr über Schottland unterhalten, sie sah beide Kinder, schaute Jons »acht Jahre alten Schubkarren« an, half beim Rosenschneiden und zeigte Jon, welche man schneiden darf. Dann führten wir im Studio ein Gespräch miteinander. Sie redete über Con und Aubrey – wie

[1] Constance Morrow heiratete Aubrey Morgan; Margot Loines, eine Freundin von Constance, heiratete Dwight Morrow.

schön sie das fand –, über Elisabeth, und darüber, wie sie in unseren Gesprächen weiterlebte. Sie berührte auch das Thema einer zweiten Eheschließung, daß die erste deshalb nicht »vergessen« sein müsse, sie gab dazu ein Beispiel. Sie erzählte, daß es sie richtig böse mache, wenn Leute behaupteten, daß sie ihre alten Freunde »vergessen« habe – womit sie Menschen aus den Kindertagen oder solche meinte, die sie etwa fünfzehn Jahre nicht gesehen habe. »Man hat sie nicht vergessen«, sagte sie. »Wenn ich sie treffe, kann ich mich wieder mit ihnen unterhalten, aber mich hat das Leben einen anderen Weg geführt.«

Long Barn, Weald, Sevenoaks, 16. Juni

Liebe Margot –
ich kann Dir gar nicht sagen, wie glücklich mich Dein Brief gemacht hat, und wie sehr mich diese Wiederbegegnung ermutigte. Ich habe nicht geschrieben, zum Teil deshalb, weil ich fürchte, daß England, Kinder, das häusliche Leben und meine gesundheitliche Verfassung mich in einen gewissen Dämmerzustand versetzt haben. Zum Teil aber auch, weil ich nicht ganz sicher war, wie Dir zumute war, und wenn ich an meine eigene Vorverlobungszeit oder an die Zeit vor meiner Heirat dachte, glaubte ich, daß es wohl besser sei, mich nicht zu äußern. Man zweifelt nicht an seiner Zuneigung, aber kein ernsthaft veranlagter Mensch ist wohl jemals eine Ehe eingegangen, ohne sich vorher zu fragen, ob es ihm auch gelingen wird, diese schwierige und wichtigste Aufgabe, die es gibt – und als solche muß sie gewiß betrachtet werden –, auch zum Erfolg zu führen. Ich nehme doch an, daß wir da alle einer Meinung sind.

Über Dich kann ich nichts weiter sagen, außer daß ich glücklich bin, daß Du heiratest – einesteils deshalb, weil man für mein Gefühl erst dann wirklich zu leben beginnt. Zum anderen erfüllt mich aber auch das merkwürdige Glücksgefühl (es bezieht sich genauso auf Con), daß Du ebenfalls »hier« angelangt bist. Ganz so, als sei das Verheiratetsein ein Standort in einem Raum.

Doch es ist ein egoistisches Glück. Ich bin froh darüber, daß Con und Margot »auch hier« sind, weil ich glaube, daß das, was Ihr entdeckt, denkt und aus der Ehe macht, wertvoll ist. Es wird auch mir helfen. Ganz so, als handele es sich in der Ehe stets um eine unbekannte Sprache, ein wissenschaftliches oder historisches Rätsel, das man zu lösen sucht. Es erfüllt einen mit höchster Befriedigung, wenn man selber ein Stück ergänzen kann, und man schätzt die Teilchen, die andere hinzufügen – es sind lauter Beiträge, die sich summieren. Eigentlich ist es merkwürdig, daß ich Dir das sage, denn ich finde, daß Du schon eine Menge erreicht hast, ohne verheiratet gewesen zu sein. Als ich Dich zum erstenmal gesehen habe, war mir das schon klar. »Wie ist sie, auch ohne verheiratet zu sein, so weit gekommen?« dachte ich mir. Was lediglich beweist, daß manche Menschen durch Erkenntnis, Vorstellungsvermögen und Empfindsamkeit lernen können und sich für sie die Lehrmethoden des »Friß, Vogel, oder stirb« erübrigen.

*

Tagebuch *22. Juni*

Gestern ließ C. den Namen des Babys registrieren. Es mag seltsam klingen, aber da wir uns auf keinen Vornamen einigen konnten, haben wir einen Nachnamen genommen, Land Morrow Lindbergh. (Die Familie Land hat eine gute alte Geschichte, und ich möchte den Namen gerne bewahren.)

Zuerst klingt das ungewöhnlich, aber es ist ein ordentlicher Name, mit dem wir wirklich etwas verbinden. Er ist einfach und leicht auszusprechen. Ich finde, er hat einen guten Klang, und in der Schule wird er auch nicht fremd klingen, da Buben sich ja oft untereinander mit ihren Nachnamen anreden.

Long Barn, Weald, Sevenoaks, 31. Juli

Liebe Thelma[1],
ich habe so oft an Dich gedacht, es aber in diesem Jahr so schwierig gefunden, zu schreiben. Es lag wohl daran, daß ich ein total physisches Dasein führte, das einen durchaus befriedigt, aber doch völlig mit Beschlag belegt. Das Kinderkriegen, die Reise nach Indien, das Führen eines Haushaltes etc. Und nur, wenn man in seinem Bett flach auf dem Rücken liegt (die Spuren früherer Wasserschäden an der Decke anstarrt!), hat man die Möglichkeit, solche Briefe zu schreiben und diese Dinge zu sagen, die man sich vorgenommen hat. Es gab viel, worüber ich mit Dir gerne gesprochen hätte, und Dein Brief hat mich nur darin bestärkt. Als ich ihn las, wurde mir sehr deutlich klar, daß Du in vieler Hinsicht sehr ähnliche Vorstellungen hast wie ich hier in meinem ausgesprochen ländlichen, friedlichen Leben, in diesem himmlischen Haus und Garten.

In dem Buch *The Thinking Reed* von Rebecca West sagt die Frau an einer Stelle, daß sie vollkommen glücklich sei – merkwürdigerweise aber keine Freunde habe. Plötzlich wurde ihr klar, daß die Freunde in ihrem Leben fehlten. Und es handelte sich hier keineswegs um eine Besonderheit in ihrem Leben, sondern gehörte offenbar unweigerlich zu einer Ehe – jedenfalls zu einer glücklichen, einer ganz erfüllenden Ehe dazu. Sie fragte sich manchmal, ob es nicht eine bewußte oder unbewußte Verschwörung der Männer darauf abgesehen habe, die Frauen derart mit Beschlag zu belegen, daß ihnen jegliche Eigeninitiative genommen würde. Dazu hatte sie das Gefühl, daß alles in ihrem Leben, das keinen Ausdruck fand, nicht umgesetzt werden oder auf irgendeine Weise an die Außenwelt gelangen konnte, vergeudet war. (Vielleicht würde es auch gar nichts bewirken!) Ich zitiere aus dem Gedächtnis und übertreibe vielleicht.

[1] Thelma Gawford Lee, eine Freundin von E.R.M.M. und A.M.L.

Ich habe in meinen Gedanken den Faden weitergesponnen; denn wir haben uns hier durchaus ähnlich verhalten. Ich glaube nicht, daß ich – bzw. wir jemals so glücklich gewesen sind, es so friedlich hatten und so vor uns hinleben konnten. Und doch war ich gleichzeitig merkwürdig verlassen. Auf C. trifft das vielleicht nicht ganz zu, denn durch seine Arbeit und seine Verbindungen kam er mehr weg. Bei mir aber lag es zum Teil an den Engländern (die niemanden stören wollen oder gar auf die Sprünge helfen, was auch wieder sein Gutes hat), zum Teil war es meine Schüchternheit und es lag daran, daß ich ein Baby erwartete und eher müde war und kaum Leute kannte. Ich glaube auch, daß ich ganz glücklich immer so weiterleben könnte, denn mir scheint, es gibt so etwas wie einen Skorbut der Sinne – irgendwo einen Vitaminmangel! Ich habe herausgefunden (während ich im Bett lag und an die Decke starrte), daß es entschieden die Freunde sind, die einen im gewissen Sinn beleben. Findest Du nicht? Dein Mann und Deine Ehe mögen das eigentliche *Leben* sein, aber Dir fehlt der zündende Funke zur Führung dieses Lebens, wenn kein Impuls von außen dazukommt. Deine unpersönliche Hälfte verliert an Lebendigkeit – oder vielleicht sollte man sie auch als die ausgesprochen persönliche Hälfte bezeichnen, nämlich Deinen inneren Kern, der schon vor der Heirat da war und der, ohne Rücksicht auf die Ehe, unbeirrt irgendwie weiter existiert. Das ist schließlich Dein wahres Ich, jedenfalls das Wesen, in das sich Dein Mann verliebte. Und Du mußt es pflegen. Ohne äußere Kontakte wirkt es recht kraftlos. Demnach sind es wirklich die Freunde, durch die das Leben in gewisser Weise »lebenswert« wird. Selbst wenn Du sie nur alle fünf Jahre einmal siehst, sie Dir lediglich schreiben, oder Du sie lebendig in Deinem Gedächtnis bewahrst wie Elisabeth. Allein der Gedanke an Elisabeth bestärkt mich, läßt mich bewußter leben.

Dies soll Dir nur sagen, daß ich Dich sehr vermisse, Thelma – manchmal habe ich richtiges Heimweh nach Dir, so wie nach einem Maine-Tag mit einem strahlenden klaren blauen Himmel.

Im Zug nach London, 31. Juli

Liebste Con,
meine Gedanken begleiten Dich auf Deiner eben beginnenden Reise nach Westen. Wer weiß, wo Dich diese Zeilen erreichen. Deine Briefe freuten mich sehr – über die Hochzeit. Die Stelle in der Feier ist wunderschön. Ich hatte sie vergessen: »...und prüfet, was da sei wohlgefällig dem Herrn.« Ja, auch mir war so zumute, nur fürchtete ich mich vor der Verantwortung.

Dein North-Haven-Brief kam hier an einem der Tage an, an denen der Wind durch die Bäume fegt, so daß sie weißlich aussehen und mein Heimweh nach Maine groß ist. Dort hätten wir gesagt, wir haben einen *smoky-sou'wester.* Die Assoziation zwischen Maine und Glücklichsein ist schön, oder? Ich bin froh, daß C. und ich auf unserer »Hochzeitsreise« auch dort waren, wenigstens in Maines Gewässern. C. meint, daß wir uns eines Tages dort etwas kaufen sollten. Aber wohl nicht in North Haven selbst, da es schon zu voll wird. Ich würde Leadbetters Island[1] gerne haben wollen, bin aber sicher, daß es C. zu ungeschützt ist. Das Postschiff fährt zweimal täglich an der Vordertüre vorbei!

Ich bin gespannt, wie Deine Reise sein wird, unsere Reisen in den Westen haben mir etwas völlig Neues vermittelt, das es in unserem bisherigen Leben nicht gegeben hat. Ich bin dafür unendlich dankbar, besonders wenn ich von hier aus Rückschau halte. Man traf bestimmte Menschen, denen man weder im Osten noch im College begegnete (wo wir zwar mit der jüngeren Generation zusammen waren, die aber in dieser Hinsicht gewiß nicht typisch war, sondern eher eine sogenannte *upper class* repräsentierte). Ich glaube, ich habe auf diesen Reisen eine Art »amerikanisches Empfinden« entwickelt. Die wahren amerikanischen Eigenschaften entdeckt man nur im landläufigen

[1] Eine Insel in der Nähe Vinalhavens, Maine, auf der ein altes Haus stand, und auf der die Morrows gepicknickt hatten.

Geschäftsverkehr mit dem einzelnen. Die Landläufigkeit ist die eine der Vorbedingungen, da sie die Charakteristika rascher preisgibt. Die zweite Vorbedingung ist das geschäftliche Zusammentreffen, da die Menschen, denen man gesellschaftlich, durch familiäre Kontakte, oder weil man sich menschlich für sie interessiert, begegnet – eben nicht »provinziell« sind. Ich meine das keineswegs snobistisch, ich finde lediglich, daß einem durch den »Provinzialismus« der eigenen Freunde etwas entgeht, da man das Augenmerk auf ganz andere Dinge richtet. Und ich verstehe unter Provinzialismus eine Eigenschaft, die sich auf den Lebensraum bezieht, in dem man beheimatet ist.

Dazu ist es vergnüglich, »Jungvermählten« von gleich zu gleich zu begegnen. Ich stelle mir vor, daß sie auf der Welt in der Überzahl sind! (Auch das klingt unlogisch.) Vielleicht hat man in der Lebensmitte nach beiden Richtungen tiefere Einblicke.

Wir nähern uns Charing Cross.

*

Tagebuch *Sonntag, 10. Oktober*

Abfahrt von Long Barn nach Reading und nach Deutschland.[1] Stehen früh auf, Abschied von *zwei* Kindern, Hin- und Hergerenne zwischen den Zimmern. Jon ist in seinem Bett. »Du mußt auf Land aufpassen, Jon, während ich fort bin!« Land schaut mit großen Augen lächelnd aus der in eine Wiege umgewandelten Badewanne auf. Lange Fahrt nach Reading, Kastanienbäume, Nebel, recht kühl.

Fliegen auf dichten Nebel zu, drehen ab, umfliegen London, dann Richtung Norden. Herrliche aufgetürmte Wolken, ein Wolkenmeer. Lympne, deutlich über den Kanal hinweg sicht-

[1] C.A.L. sollte in München am Kongreß der Lilienthal-Luftfahrtgesellschaft teilnehmen und hatte den Plan, für den US-Nachrichtendienst weitere Nachforschungen über das Wachstum der deutschen Luftstreitkräfte anzustellen.

bar. Unter einem düsteren Himmel in den Regen hinein, Wolkenfetzen, Nebel. Verdichtet sich über den Hügeln. »Können wir nach Brüssel?« C. dreht sich zu mir: »Dort werden wir *vermutlich* übernachten.«

Bonn, Koblenz und Mainz – ich zähle die Straßen und die Eisenbahnbrücken. Kommen an Burgen auf Hügeln vorbei und durch eine Schneise, dann folgen wir schließlich dem Main, einem Nebenfluß des Rheins, dann ab nach links. Es fängt an, dunkel zu werden. Landen im Regen. Ein Offizier kommt herbei, signalisiert und läßt einen deutschen Redeschwall vom Stapel: *»Platz Militär – verboten!«* Wir heben wieder ab, wurden zum Frankfurter Zivilflughafen dirigiert.

Die Lichter blitzen auf, als wir näher kommen, rote Lichter, die das Flugfeld begrenzen, breite Landebahnen und Hangars.

Landen. Dauert ewig, bis unsere Papiere alle gestempelt sind, dann ins Hotel.

Montag, 11. Oktober

Abflug Frankfurt nach München. Fliegen über schöne hügelige Landschaft, bebaute Felder, Höfe auf schmalen Landstrichen, kleine Gruppen ziegelgedeckter Häuser, die in wirrem Durcheinander um einen Kirchturm stehen. (Zwiebelturm.) Neu erbaute Häuserzeilen in den Außenbezirken der Städte und neue Flughäfen. Landen in München, Händeschütteln etc. Das unvermeidliche Hackenzusammenklappen, Handküsse. Wir steigen ins Auto und fahren aus München heraus. Wir, Mrs. Truman Smith, Mrs. Vanaman[1] und ich fahren zu einem Schloß. Fahren auf der Autobahn von München nach Süden in Richtung Gebirge. Das Land wird hügeliger, sehr grüne Felder, Fichtenwälder. Alles ist sehr gepflegt, die Straßen, die Gärten, die Wälder. Sieht aus, wie ein großer Park. Lediglich die hohen Berge stehen urwüchsig als Felswand im Hintergrund.

[1] Frau des damaligen Majors und späteren Oberst Arthur Vanaman, Militärattaché der US-Botschaft in Berlin.

Dann durch ein Tal, an dessen Ende, vor den Bergen, stand trutzig auf einem Hügel etwas Riesenhaftes, mit enormen Mauern und einem Turm – das Schloß.

Bemalte bayerische Bauernhäuschen mit vorstehenden Dachtraufen, Blumenkästen und bunten Fensterläden, Tücher hingen auf einer Leine unter den Traufen. Wir halten vor dem Tor eines Pförtnerhäuschens schauen nach oben, verdrehen uns die Hälse und erblicken senkrecht über uns eine abenteuerliche Bahn, eine steile grüne Schlucht und die Mauern des Schlosses. In dem kleinen Häuschen gibt es alte Stiche, einen gepolsterten Stuhl und eine höfliche Mitteilung, die besagt, daß man bitte Geduld haben möge, bis der Lift kommt, wenn er nicht zur Stelle ist. Er kommt, rattert senkrecht den Berg herab. Wir steigen ein, ein graubärtiger Wächter schließt hinter uns zu. Wie ein Lift mit Seitenfenstern. Ein muffiger, eher süßlicher Geruch nach altem Leder, Lack und Bierresten. Wir setzen uns steif auf unsere Sitze, das Ding macht einen Hopser und geht los, schaukelt knarrend bergauf, wobei jedes Schwanken von einem mahlenden Geräusch begleitet wird. Wir schweben zwischen grünbewachsenen Wänden aufwärts, gelangen in einen Tunnel und halten mit einem Ruck. Die Türen öffnen sich. Vor uns steht eine alte Dame in Schwarz mit grauem Herrenschnitt und einem pergamentfarbenen engelhaften Gesicht. [Baronin Cramer-Klett.] Sie lächelt und nimmt uns an der Hand. Ihre Hände sind wunderbar weich und sanft. Jemand steht hinter ihr, ihre Tochter, dünn, blaß, mit mittelalterlicher strenger Frisur und großen dunklen, schrägen Augen. Sie sieht wie eine der frühen italienischen Madonnen aus. Sie ist nicht schön, aber man muß sie immer anschauen. Es gibt noch eine Tochter, sie ist dick, sieht nett und keineswegs geheimnisvoll aus. Es sind noch mehr Leute da, wir schütteln Hände.

Wir gehen in ein kleines Zimmer – erstaunlich klein für so ein großes Schloß, aber von der Art, in denen die Menschen ständig leben. Es erinnert mich an die kleinen Räume im Norden, wo die Menschen sich um einen Tisch scharen, ihre Bilder an den

Wänden hängen, ihre Papiere um sie sind, die Außenwelt ausgeschlossen bleibt und wo ein Ofen steht. Hier gibt es einen großen Tisch mit einer Lampe darauf, einen großen grüngekachelten Ofen, etliche große Möbel, einen Schreibtisch (voller Papiere), viel zuviele Bilder an den Wänden und einen kleinen Schrein als Zentrum an der Wand.

Ein Mann sitzt zusammengekrümmt am Fenster. Als wir hereinkommen, erhebt er sich nicht, sondern liest in seiner Ecke. Die alte Dame spricht ihn an, er steht jäh auf und begrüßt uns, ein bißchen grämlich, finde ich. Er ist jung, sieht gut aus, ist aber ganz offensichtlich ungesellig. (Wie deutsch, denke ich, Frauen zählen nicht!) »Mein Schwiegersohn«, sagt die Baronin.

Wir setzen uns in einem anderen kleinen Zimmer zum Essen. Zwei große Kachelöfen, Gamsköpfe an den Wänden, alte Bierseidel auf den Regalen und ein unglaublicher Kronleuchter über dem Tisch – eine bemalte Frau mit Flügeln aus Hirschhorn, die die Leuchten hält. [Ein Lüsterweiblein, Anmerkung des Übersetzers.] Aus den niedrigen Fenstern schaut man aus schwindelnder Höhe auf die Berghänge. Man sieht keinen Himmel – sehr seltsames Gefühl.

Nach dem Mittagessen gingen wir über den Hof und wieder in ein sehr warmes Zimmer – die Bibliothek des Barons. Bücherregale an allen Wänden und darüber lauter Bilder, Porträts von Prälaten, Stiche von Kathedralen. Auf den Bücherschränken Bilder und kleine Skulpturen. Das Zimmer eines Menschen, der sein Leben lang gesammelt hat und etwas davon verstand. Der Baron – ein weißhaariger, hagerer, gebeugter Herr – kam auf uns zu. Sehr blaß, Habichtnase. Er schüttelt uns die Hand (oder führte sie höflich an seine Lippen). Er sprach sehr mühsam, brachte ein seltsames tonloses und kraftloses Geflüster hervor. Die Baronin erklärte, daß er Asthma habe. Er wirkte wie ein höflicher, recht gebrechlicher alter Herr, für den das Leben vorüber und der keiner Emotionen mehr fähig war. Er nahm uns mit hinunter in zwei kleine Zimmer, in denen ebenfalls lauter

Bücher standen. Dort zeigte er uns, auf einer Kommode, die Büste eines Bamberger Prälaten und begann uns dessen Geschichte zu erzählen. Ein Vorfahr seiner Frau, ein Kirchenfürst, der »Bayern für den Katholizismus rettete«! Seine Augen leuchteten.

Dann berichtete er aus seinem Leben, wie er seinerzeit, als das noch durchaus unüblich war, Artikel geschrieben hatte zu dem Fall Rom (»da man weiß, daß ich mich mit derlei Dingen befaßt habe«). Und, daß er den Leuten gegenüber keine Liebedienerei betriebe (dabei machte er einen höfischen Tanzschritt, stellte einen Fuß vor, breitete einladend die Arme aus und verharrte in der vorgeneigten Haltung eines Tanzmeister), sondern die Wahrheit präsentieren würde. Seine Stimme wurde barsch, das tonlose Gewisper steigerte sich leidenschaftlich bis zum äußersten. Er richtete sich kerzengerade auf, und sein Arm stieß vor wie bei einem Fechter. Sein ganzer Körper wurde kantig. Ein Mann aus Stahl. »Einen schwarzen Hund« nannte er sich selber – ein Mitglied der ehemaligen Zentrumspartei.[1]

Wir besichtigten dann das Schloß – gingen durch unzählige Hallen, in denen Skulpturen der früheren Besitzer (der Familie Preysing) standen, treppauf und treppab durch große Küchen (in einem Glasbehälter schwamm ein dicker Fisch herum, der frisch bleiben sollte für das Abendessen!) und hinauf zu einem

[1] Truman Smith schreibt in seinem Bericht über die Geheimdiensttätigkeit der Luftfahrt: »Die Tatsache, daß das Luftfahrtministerium Baron Cramer-Klett zu Lindberghs Gastgeber ausersehen hat, wirft ein interessantes Licht auf die damalige politische Situation in Deutschland. Wenn auch sein Schloß unglaublich malerisch war, so war doch dessen Lage höchst unbequem für die Gäste, die Teilnehmer des Lilienthal-Kongresses waren (die Entfernung betrug 60 Meilen). Baron Cramer-Klett ist ein augesprochener Antinazi gewesen und ist es noch, daher befand er sich persönlich in Gefahr. Doch hatte er in der deutschen Regierung viele Freunde, speziell in Görings Umgebung. Diese Freunde in der Luftwaffe beschieden, daß die Feindseligkeiten der Nazis neutralisiert würden, wenn sich der Baron dazu bereitfinden würde, als Gastgeber von einigen von Görings hochgestellten ausländischen Gästen zu fungieren. Das bestätigte sich auch, und nach Lindberghs Besuch wurde der Baron mehrere Jahre in Ruhe gelassen.«

Turm, der den Bergen zugewandt war. Man kam sich vor wie im Flugzeug, war völlig allein, und die Höhe war gewaltig. Dabei hatte man inmitten der Mauern und Türme nicht das Gefühl, der modernen Welt anzugehören, man versank in eine frühkindliche Märchenwelt (»Rapunzel, Rapunzel, laß dein Haar herunter«). Man hätte sich auf die Mauern stellen, mit den Armen schlagen mögen, um, wie in den Träumen, in denen man meint, fliegen zu können, in den Himmel zu schweben.

Die Männer gehen zum Abendessen aus, wir bleiben da, um mit der Baronin, den beiden Töchtern, dem Schwiegersohn und Seiner Exzellenz, dem General, zu essen. Ich glaube nicht, daß ich ihn vorher schon gesehen habe. Er ist klein und alt, hält sich aber so gerade, als habe er einen Stock verschluckt. Es fällt ihm nicht ganz leicht, englisch zu sprechen, aber er tut es mit Humor. Er ist nicht übermäßig differenziert, macht niemandem etwas vor, ist freundlich und humorvoll, hat viel erlebt, was er aber ohne jede Sentimentalität ad acta gelegt hat. »Die Politik ist nichts für uns alte Militärs«, sagt er achselzuckend und lächelt dabei.

Dienstag, 12. Oktober

Die Männer fahren zu der Sitzung nach München. Wir (Mrs. Smith, Mrs. Vanaman und ich) fahren in die Stadt, um sie uns anzusehen. Es ist kalt, feucht und recht grau. In die Ausstellung »Entartete Kunst«, ins neue Museum und zum Essen mit Herrn Merkel[1]. Er spricht so langsam, daß man beinahe den Faden verliert, dabei ist sein Bericht über die Zeppelinkatastrophe und den neuen Hubschrauber sehr interessant. Man kann sich gut mit ihm unterhalten, denn er redet so mit einem, als hielte er einen für intelligent.

Nach Hohenaschau zurück. Das friedliche Tal, der Fluß, die kleinen bayerischen Häuser, das große Schloß oberhalb auf dem Berg. Wie eine Rückkehr ins Mittelalter.

[1] Otto Merkel, ein Offizier der Lufthansa.

Mrs. Smith, Mrs. Vanaman und ich tauschen unsere jeweiligen Beobachtungen aus und stellen dabei fest, daß der Schwiegersohn weder der Mann der dünnen noch der dicken Tochter ist, sondern mit der ältesten Tochter verheiratet war, die nicht mehr lebt. Die dicke Tochter studiert in Berlin Gesang, die dünne tanzt. Der Schwiegersohn ist Gynäkologe (wer fand das heraus?).

Die Baronin steht immer am Lift, um uns zu begrüßen. Sie sieht stets blaß, traurig und geduldig aus, als trüge sie schwer an der Last der Haushaltsführung.

Wir (die Smith', C. und ich) fahren nach München zurück, um mit General von Reichenau[1], seiner Frau, seinem Sohn und seiner Tochter (oder Gouvernante) zu Abend zu essen.

Wir sprachen über China, wo er bis jetzt als militärischer Berater fungiert hatte. Wir waren alle der Meinung, daß sich die Chinesen stolz zu ihrer Kultur bekannten, ja in ihr verwurzelt waren, und man ihnen auf dieser Basis begegnen konnte, wohingegen die Japaner stets versuchten, sich auf einen kleinen, ausgeborgten Teil *unseres* Territoriums zu stellen.

Wir unterhielten uns über die Berge, das Überlegenheitsgefühl, ihren Frieden, aber auch über den Hochmut, der einen befällt, wenn man auf dem Gipfel steht und hinunterschaut, über mein Empfinden beim Überfliegen der Berge, durch die ich mich hindurchgekämpft hatte und die, als ich plötzlich über dem Paß war, sich wie das »Gelobte Land« unter mir erstreckten, als seien sie mein. Der General sagte daraufhin zu mir: »Vergessen Sie nie, daß der Teufel Christus auf einer Bergkuppe versucht hat.«

C. führte ein Gespräch über den Chinakrieg. (Er hat zu früh begonnen, sagt er – nur noch kurze Zeit und China wäre besser vorbereitet gewesen.) Nach dem Essen diskutieren die Herren über Kriegstaktiken und das Gespräch der Damen wird belanglos, plätschert so am Rande dahin. Wir sind nicht bereit, den

[1] Walter von Reichenau, damaliger kommandierender General der in München stationierten Truppen, später Feldmarschall.

Männern lediglich zuzuhören (ich wäre es) und zu höflich, um die Aufmerksamkeit auf unsere Interessen zu lenken. Oder aber wir finden den kleinsten gemeinsamen Nenner nicht für ein Dreiecksgespräch. Ich weiß nicht mehr, wovon wir redeten. Frau von Reichenau war reizend, jedenfalls gehört sie in den Kreis der Damen, die Charme besitzen (wie Mrs. Dalloway bei V. Woolf). Ich konnte den Blick nicht von ihr wenden, sie war schlank, liebenswürdig, sanft, blond, blauäugig – in Lavendelblau –, weiblich, gefügig und auch eigenwillig. Ihre Stimme und ihr Lachen waren wunderbar und ihr Lächeln hatte etwas leicht Verschmitztes. Man hatte das Gefühl, daß sie verwöhnt und geliebt worden war, man ihr stets entgegenkam und sie es genoß.

Als der Abend zuende ging, entdeckte ich, daß sie Rilkes Gedichte kannte und liebte. »Sie sind *nicht* dekadent – wer hat das gesagt?« Aber jetzt war es zu spät – dabei glaubte ich, daß wir uns etwas zu sagen gehabt hätten.

Donnerstag, 14. Oktober

Die Smith' fahren nach Berlin. Sie verstehen es beide ausgezeichnet, mit Menschen umzugehen, sind aufmerksam, sympathisch, machen es den anderen leicht. Bei ihr ist das ganz unbewußt und spontan, er nimmt es sich vor. Ich glaube auch, daß er weniger an den Gesprächen, dafür mehr an den Menschen selber interessiert ist; er überspringt dieses Stadium und verläßt sich einfach auf sein Einfühlungsvermögen. Sie macht es schrittweise, beobachtet die Menschen, führt Unterhaltungen, aber im Endeffekt erreichen beide das gleiche.

Der General und ich wandern auf einen Berg, bis zu einem Wasserfall folgen wir einem Flußlauf, gehen in Serpentinen unter leuchtend gelbroten Lärchen bergauf, blicken uns hin und wieder um und haben eine zauberhafte Aussicht auf das Schloß, das auf seinem Hügel liegt, als gehöre es in eines der Grimms-Märchen oder auf einen Hintergrund eines Dürerbildes.

Es ist schön. Gerne würde ich das, wie er (und er ist einundachtzig), täglich unternehmen und würde dabei wohl ein wortloses kameradschaftliches Zugehörigkeitsgefühl zu ihm entwickeln, das keineswegs auf einem gegenseitigen Gedankenaustausch, sondern auf einem gewissen inneren, spürbaren und nicht zum Ausdruck gebrachten Einverständnis beruhen würde. Ich bin über ein derartiges Verständnis immer erstaunt, denn ich neige dazu, Beziehungen aufgrund ihrer Aussage zu bewerten, was natürlich albern ist. Dann denke ich an Onkel Jay und Sir Francis [Younghusband].

Nachmittags nimmt C. die Baronin, die junge Baronesse und den General (im Lodencape) zum Priener Flugfeld mit, um mit ihnen über das Schloß zu fliegen. Die Baronin trägt einen gewaltigen Pelzmantel, einen schwarzen Turban und einen kleinen Schleier. Ich fürchte, sie wird völlig durchgepustet werden. Sie ist ganz ruhig und gelassen – auch wenn sie so aussieht, als gehöre sie nicht in diese Welt. Auf dem Flugplatz treffen wir eine Frau Braun[1], sie sieht jung aus, hat gute Farben und blonde Haare, ihr Lächeln breitet viele Fältchen über ihr ganzes Gesicht und ihr Händedruck zerquetscht einem die Finger.

S.S. »President Harding«, 28. November

Über ein Monat ist vergangen, seit wir aus Deutschland zurück sind, nun, nach turbulenten vier Wochen, auf dem Weg nach New York. Etliche Leute gesehen. Doch im wesentlichen saß ich arbeitend an meinem Schreibtisch – versuchte jeden Morgen den Start in Badhurst[2] darzustellen, der nicht so mühelos gelingen wollte, wie ich es mir vorgestellt hatte. Ich war nicht glücklich dabei, kämpfte um Ausdruck und Farbigkeit, um einen flüssigen Stil. Der Plan war gut, das Ergebnis schien mir mißlungen. Mir

1 Frau von Major Braun, er war einer der ersten deutschen Flieger, Pilot im Ersten Weltkrieg, ist jetzt zweiter Befehlshaber des bayerischen Zivilluftfahrt-Corps.

2 Hier wird auf das Buch *Listen! the Wind* Bezug genommen, das A.M.L. über ihren 1933 unternommenen Südatlantikflug schreiben wollte.

fehlten Leichtigkeit und Geschicklichkeit, das machte mich mutlos. Doch wenn ich Land badete und ihm dabei etwas vorsang, oder mit Jon an der Hand über die Felder lief, dann hatte ich das Gefühl, das allein ist wirklich wichtig. Der Unmut wich – alles war wieder im Lot.

In einer herrlichen klaren Nacht machten wir einen Mondscheinspaziergang, wanderten meilenweit über die Hügel. Milchiges sanftes Licht, die Felder gefroren. Die Straße dunkel beschattet oder auch hell und licht, Thor lief voraus durch seinen eigenen Schatten unkenntlich. Bäume als Spitzengewebe vor dem Himmel. Wir setzen uns auf ein Gatter, blicken über Heuschober durch eine knorrige Eiche auf den Mond. Eine dünne milchige Wolkenschicht überzieht nach und nach den Himmel. Ein Flugzeug fliegt vorüber, langsam bewegt sich ein Licht im Dunkel, ein Donnerhall in der Stille. Und wir wandern heimwärts, in uns klingt es, und unsere Wangen sind kalt.

Donnerstag übernahm ich die Kinder. Wir mußten unseren Christbaum besorgen, denn ich wollte mit Jon eine Weihnachtsfeier veranstalten. Als ich ich ihm vor einem Monat mitteilte, daß ich am Heiligen Abend fort sein müßte, sagte er: »Mußt du fahren?« »Ja, Jon, ich fürchte – dein Vater muß fort, und ich muß ihn begleiten.« »Aber weshalb an Weihnachten – ich *mag* Weihnachten nämlich.«

Ich erzählte ihm die Weihnachtsgeschichte, als er in meinem Zimmer sein Abendbrot aß, ich saß neben dem Kamin, hatte Land auf dem Schoß, der seinen Bruder mit großen Augen anblickte, Jon war sehr angetan (»Mach das mal wieder!«), Lands Anwesenheit machte alles besonders lebendig. (»Ein echtes Baby – nämlich Land.«) »Und was haben sie da im Heu gesehen?« »Das erzählst *du mir* jetzt!« sagte Jon mit leuchtenden Augen. Als ich ihm von den drei Weisen, die dem Stern gefolgt sind, berichtete, fragte er: »Wie schnell zog der Stern dahin?« »Na, er muß ziemlich schnell gewandert sein, denn sie sind auf Kamelen geritten.« »Was wäre passiert, wenn sie in einem Auto gefahren wären – wäre er dann schneller gewandert?«

Englewood [Next Day Hill] Dezember

Mutter, reizend und vergnügt, wieder mit beiden Beinen auf der Erde; Con, die eine ganze Menge auf dem Buckel hat – das Theater, das Studium an der Columbia-Universität und die Ehe, von dem Walisischen Feldzug ganz zu schweigen – und sie meistert alles.

Das Haus, schrecklich schön und luxuriös. Versinke wieder in Teppichen, Wärme, Badesalz, Blumen, Mahlzeiten, Bedienung und Lebensgenuß. Überwältigend und ein bißchen bedrückend. Aber Mutter ist in ihrem Element.

Das Zugehörigkeitsgefühl ist mir abhanden gekommen. Versuch der Selbstfindung. Der Ort ist erfüllt mit Gespenstern, neue Leute sind da, die ich nicht kenne.

New York, das mich schockierte: die Hast, die Luxusgeschäfte, der verrückte Versuch, stets auf dem laufenden zu sein, auch wenn es sich um geistige Belange, wie Kunst und Musik handelt.

Und wieder die Unruhe und Hektik Englewoods. Wer nimmt welches Auto? Dieser stets wiederkehrenden Frage nach den Transportmöglichkeiten haftet etwas an, das einen an jene Stücke Tschechows gemahnt, in denen der Diener regelmäßig hereinkommt und sagt: »Die Pferde sind noch nicht angespannt«, »Die Pferde sind nach Wladiwostock unterwegs«, oder »Es sind keine Pferde da.« Welche Abende stehen zur Verfügung? Weihnachtsgeschenke. Die Versuchung, sich von dem Reden, Lesen von Zeitschriften und Zeitungen, dem Ausschneiden von Reklamen, Garderobefragen und Plänen einfach mitreißen zu lassen. Und dabei der Luxus, Con und Mutter zu einem Gespräch zur Verfügung zu haben, wann immer es einen danach gelüstet.

Tagebuch *17. Januar*

Dieser letzte Monat war eine einzige Hetze, und es fällt schwer zu sagen, was dabei herausgekommen ist. Ungern möchte ich annehmen, daß es »nichts« war. In aller Eile haben wir versucht, so viele Menschen wie nur irgend möglich – am liebsten alle – zu sehen.

Ich glaube, daß mir nach meiner Rückkehr nach England, wenn ich all diese Kontakte noch einmal Revue passieren lasse, ihr Wert bewußt wird. Viele hatten Substanz, sind ein Bindeglied und ein Sprungbrett über den Ozean, dessen Dimensionen überhandnehmen würden, überquerte man ihn niemals oder zu selten. So muß ich diese Begegnungen betrachten, Berührungspunkte, die das nächste Kommen erleichtern, dann werden sie mir auch bleiben.

Doch auch das Händeschütteln kann einen stumpfsinnig machen. Ich ertrage es jetzt wohl nur deshalb zu einem gerüttelten Maß, weil mir, in der Beziehung, in letzter Zeit wenig geboten wurde. Zehren kann ich von den zwei Jahren des Babykriegens und des englischen Landlebens, die ich in der »Versenkung« zubrachte. Ein Reservoir des Friedens, der Familienzufriedenheit und der Erkenntnisse.

In der Nacht zum 15. rief ich Laura [Stevens][1] an. (Sie hatte eine Nachricht hinterlassen und darum gebeten.) Sie sagte: »Anne, ich wollte dir nur mitteilen, daß wir gestern nacht dein Buch *[Listen! the Wind]* ausgelesen haben und es *großartig* finden!« Sie erwähnte noch, daß sie es in einem Zug gelesen und

[1] Laura Brand, Freundin und Zimmergenossin von A.M.L. im College. Ihr Mann war George Stevens, Verleger.

es ausgewogener, aber ebensogut wie das andere gefunden haben.

Ich gab es ihnen Sonntagabend, hatte dann aber nicht mehr weiter daran gedacht – war zu beschäftigt. Aber ich träumte in der vorhergegangenen Nacht (als sie es lasen), daß sie in einer Menschenmenge auf mich zukämen und mir sagten, daß ihnen das Buch gefiele. Als ich erwachte, dachte ich, Träume bedeuten das Gegenteil – sie mochten es nicht!

Es war also kein überholtes Buch – sie fanden es gut und spannend.

Montag, 17. Januar

Ist Schnee gefallen, verwandelt sich die Welt bis zum kleinsten Zweig und Rasenstück, und es ist von großem Reiz, sie zu betrachten. Das Verständnis für die großen Veränderungen in der Natur, im eigenen Dasein, wie Liebe, religiöse Bekehrung, Schlaf und Tod vertieft sich.

Eben kommt Mutter von einer langen Sitzung bei Mrs. Lamont zurück, Thema: *Pazifismus.* Mutter hatte eine Erkältung, hat sich aber tapfer gehalten. Sie sagte etwas kläglich, daß sie sich so gerne mit einer der Damen still in einer Ecke über *Assignment in Utopia* unterhalten hätte, Mrs. Lamont sie aber zu einer allgemeinen Diskussion in einen großen Saal scheuchte. Mrs. Lamont mißtraut allen zwanglos geführten Frauengesprächen und hält sie für Klatsch. Vielleicht weil sie ihr so wenig liegen? Mißfällt mir die öffentliche Diskussion, weil ich mich so gar nicht daran beteiligen kann? Vielleicht.

Ich ziehe mich um, wir fahren zum Abendessen mit Bob und Thayer[1] hinein; hat uns sehr gefallen. Trubee und Dot Davison[2] und noch ein Ehepaar, dessen Namen ich nicht verstanden habe, da ich ihre Gesichter betrachtete. Ich mochte die Frau gerne.

1 Robert Thayer, ein Rechtsanwalt, hat den Lindberghs in Hopewell während der Entführung geholfen; siehe: *Stunden von Gold, Stunden von Blei.*

2 Trubee Davison, 1926–32 stellvertretender Kriegsminister im Luftfahrtministerium, dann Präsident des amerikanischen Naturhistorischen Museums.

Virginia war sehr schön, in schwarzem Samt mit weißen Schultern. Dot war hübsch, aber es fiel mir schwer, mit ihr zu reden. Ich spürte, wie sehr sie sich zusammennehmen mußte, weil sie noch immer um das Leben dieses Knaben kämpfte, der gestorben ist. In ihren Gedanken war sie stets an seiner Seite, hatte Mühe, das Wort an uns zu richten, lebte in einer anderen Welt. Selbstverständlich verbarg ich meine Gefühle, und so führte ich ein lustloses Gespräch über die Greenvale-Schule und moderne Erziehung, obgleich uns beiden das ganz unwichtig schien.

Ein Gespräch mit Bob ist so, als liefe man mit jemandem Schlittschuh. In dem Augenblick, in dem man eine freie Strecke vor sich hat und loslegen will, macht er einen Walzerschritt. O je, denke ich mir dann, jetzt warst du wieder zu engagiert, dabei hat mich lediglich sein Thema interessiert. Dot und Trubee sind keine Beobachter; sie sind reine Farben. Ich liebe solche Menschen, ja verehre sie sogar. Aber sie sind »auf der anderen Seite des Zaunes«.

Freitag

Meine Uhr bleibt (zehn Minuten) stehen, und ich verlasse das Haus um zwanzig vor drei, dabei versprach ich C., um viertel vor drei in Brackmans[1] Atelier zu sein. (»Das heißt nicht um fünf Minuten vor.«) Ich kam dort, rauchend vor Wut über mich, um fünf Minuten vor drei an!

Ein kleiner untersetzter Mann empfing mich lächelnd, ein bißchen schüchtern und linkisch an der Türe – Brackman. Aber er hat ein energisches Gesicht (ist vermutlich eigensinnig) – wirkt unabhängig, stolz und auf eine sympathische Weise aufrichtig und rechtschaffen. Ich würde annehmen, daß sein Pinsel mehr weiß als er. Das heißt, daß er die Dinge unbewußt und nur während des Malens wahrnimmt, denn

1 Robert Brackman, amerikanischer Maler, hatte zugesagt, zwei Porträts von A.M.L. und C.A.L. zu malen.

seine Bilder sind gut. Die Pastellarbeiten wirken plastisch, zeigen die Handschrift eines Bildhauers, lassen seine Meisterschaft erkennen.

Er ist offenbar ganz sicher, daß er ein gutes Porträt von mir machen kann. Da gibt es gar keinen Zweifel.

Es fängt an zu schneien in großen weißen Flocken. Wir schauen uns in der Macbeth-Galerie etliche schöne Bilder von Dale Nichols an, Höfe in Nebraska, kühl, klar, großzügig.

Sonntag, 23. Januar

Großmama hat einen leichten Schlaganfall erlitten. Ihre Schwäche hat dadurch sichtlich zugenommen, aber sie ist nicht ganz hilflos. Mutter sagt, es sei ihr klar, daß es nun wohl zuende gehen werde. Es sei ihr aber schrecklich, Großmama schwach und *verändert* sehen zu müssen. Es ist ganz richtig, wenn man sagt, daß man in ihrem Alter darauf gefaßt sein muß, aber es hilft einem wenig. Man erwartet den Tod und ist, wie Professor Woodbridge[1] neulich sagte, bereit, ihn sich verschwommen und *nicht zu grausam* als Rückkehr in die Natur vorzustellen. Doch in den meisten Fällen ist er nicht so. Man geht zu Boden, erhält Schlag auf Schlag, bis man es nicht mehr erträgt. Das alte grausame Gesetz tritt in Kraft: Du hast ihn uns gegeben, du hast ihn uns genommen.

Mutter ist traurig. Ich wollte, Jon wäre jetzt hier für sie. Wie schön, wenn Großmama ihn gesehen hätte, aber ich weiß, daß es für ihn das beste ist, wenn ich ihn in England lasse. Ich fürchte, ich würde ihn entwurzeln, würde ich ihn in die Unruhe und aufgeregte Atmosphäre Englewoods holen, wo ihn, in den ein bis zwei Monaten, alle Tanten, Freunde etc. sehen wollten. Ich glaube, damit wäre die ganze positive Wirkung der letzten zwei Jahre wieder zunichte. Inwieweit ist es gerechtfertigt, die Gesundheit des eigenen Kindes für das Glück anderer Men-

1 F. J. E. Woodbridge, Professor der Philosophie und Dekan der Columbia-Universität.

schen, die einem lieb sind, aufs Spiel zu setzen? In dieses Haus kommen zu viele Menschen und das Leben ist hier für einen kleinen Buben zu unruhig. Der Kreis ist zu groß. Sein Fassungsvermögen sollte nicht überstrapaziert werden – sein Leben auf seine kleine Familie abgestimmt sein und sich in den entsprechenden Grenzen bewegen. Doch wie gerne würde ich Mutter diese Freude machen – ihr etwas *Positives* bieten. Sie ist trotz ihrer mannigfaltigen Interessen von so vielem *Negativen* umgeben im Augenblick.

Wir gehen Skilaufen. Ich sehe Mutter in der Veranda herumgehen, Sachen aufheben, und überlege mir, ob ich eines Tages *mit dem* konfrontiert werde, *womit* sie sich jetzt auseinandersetzen muß. Con liest. Sie ist eine große Hilfe. Sie versteht, was ich zu tun versuche. Dadurch habe ich das Gefühl, es gelingt mir besser. Verständnis ist ein großer Luxus. Telephoniere mit Margot.

Donnerstag, 27. Januar

Dritte Sitzung für den Kopf in Pastell überstanden. Die Sitzungen waren ganz interessant. Brackman ist so aufrichtig und direkt, daß man sich gerne mit ihm unterhält. Er hat einen sehr amerikanischen Sinn für Humor und ausgeprägte Meinungen. Er hat keinerlei Allüren, was sehr angenehm ist. Er sagt etwas unbeholfen: »Was ... halten Sie ... uh ... vom Fliegen in Europa?« Doch ich versuche, das Gespräch auf das Malen zu bringen, das interessanter ist und über das er mehr zu sagen hat.

Er meint, früher haben Maler Maler gemacht. Heute sind es die Kritiker – zumindest *machen sie den Versuch.* Er erwähnte auch, daß er einem kommunistischen Maler in einem Streitgespräch gesagt habe: Du willst den Massen etwas geben, willst für die Massen malen, das kannst du nicht. Die Massen werden nie verstehen, was du malst (deine abstrakten Bilder), denn sie kennen die dazugehörige Literatur nicht. Die Bilder der Florentiner Schule werden überleben, selbst wenn alle Bücher, die darüber geschrieben worden sind, einmal verschwunden sein sollten. Vieles in der modernen Kunst ist von der Literatur abhängig.

Brackman möchte auch eine Kreidezeichnung von C. machen. Ich freue mich sehr. C. scheint damit einverstanden, vielleicht sogar mit einem Porträt in Öl, wenn Brackman beide Bilder gleichzeitig malen kann. Ich freue mich darauf, ihm bei der Arbeit zuzusehen.

Freitag, 28. Januar

Mutter fährt nach Cleveland zu Großmama. Sie ist besorgt, daß es ihr schlechtergehen könnte und sie dann nicht mehr die Möglichkeit haben wird, mit ihr zu sprechen. Mutter ist erkältet und fühlt sich ziemlich mies, ist aber erleichtert, daß sie jetzt fährt.

Con und Aubrey kommen zum Abendbrot heraus. Wir sprechen über die Mühsal, die das Alter mit sich bringt. Con sagt, sie findet manchmal, daß das ganze Leben so abläuft wie ein Wochenende zu Hause in College-Zeiten. Man denkt, es ist erst Freitag – und dann ist es plötzlich Sonntagabend und es ist vorbei! Die Möglichkeit, mit Con zusammen das Leben Revue passieren zu lassen und an manchen Stellen zu verweilen, ist herrlich. Was für ein Luxus. Wenn wir doch nur auch Elisabeth bei uns hätten.

Samstag, 29. Januar

In die Stadt zu meiner ersten Sitzung – nun für das Ölbild. Brackman sucht aus unseren Pullovern den geeigneten aus, den lavendelblauen, den ich gerne mag, den dazugehörigen Schal, den C. auswählte, worauf er sehr stolz ist, und meinen marineblauen Rock. Brackman bestimmt auch die Pose. Dann beginnt er mit Kohle (?) oder Wachsmalkreide und macht große Striche auf die Leinwand, er setzt einfache Linien und Winkel darauf (ich wollte, ich könnte dabei die Leinwand sehen), um den richtigen Aufbau, die richtige Stellung festzuhalten, um über dem Kopf genügend freien Raum zu behalten. Mrs. Brackman sagt, daß das besonders wichtig ist. (Sie hat bei Brackman studiert.)

Zu den Lamonts[1] zum Abendessen. Es war viel netter, als ich erwartet hatte. Dort komme ich mir immer besonders wie »die mit dem geringsten Verstand bedachte Morrow« vor. Doch heute abend war es nicht so schlimm. Mr. Lamont war von Con entzückt, die klare und gute Argumente gegen Corliss vorbrachte. Corliss war wirklich sehr reizend und vergnügt, er gab sich große Mühe, nett mit uns zu sein. Ehe wir dorthin gegangen waren, hatten wir uns vorgenommen, uns auf *keine* Diskussionen einzulassen.

Statt dessen überließen wir die Lamonts ihren Disputen. Tommy und Corliss, Mrs. Lamont und Mr. L., Margaret und Tommy, Margaret und Mr. L., hin und her über den Tisch hinweg. Tommy laut und wie am Rednerpult; Corliss gewandt, nervös und humorvoll. Margaret selbstverständlich todernst, Mr. L. verbindlich und Mrs. L. gereizt. Wir lehnten uns alle ganz vergnügt zurück und hörten zu (bis auf Con, die großartig war). Es machte Spaß.

Dienstag, 1. Februar

Mutter aus Cleveland zurück, sehr erleichtert. Großmama hat sich nicht so verändert, wie sie fürchtete, ist aber sehr schwach.

Connie Chilton[2], Con, Aubrey, Dwight, Mutter, C. und ich essen zusammen Abendbrot. Nachher ein Vortrag über »Die kleine Schule«. Con und ich sitzen oben. (Ich würde den Vortrag gerne hören, bringe es aber nicht über mich, wieder mit ganz Englewood Hände zu schütteln und mich mit noch mehr Menschen einzulassen.) Ich lese Gerard Manley Hopkins und ent-

[1] Thomas W. Lamont, amerikanischer Bankier bei J. P. Morgan & Co., seine Frau Florence; sein Sohn Thomas Stilwell Lamont, der ebenfalls bei Morgan arbeitete, dessen Frau Ellie Miner und sein zweiter Sohn Corliss Lamont sowie Margaret Irish, alte Freunde der Familie Morrow.

[2] Constance Chilton hat mit Elisabeth Morrow zusammen »Die kleine Schule« gegründet, die in Englewood für Vorschüler eingerichtet wurde, später Direktorin der erweiterten Elisabeth-Morrow-Schule.

decke ein wunderbares Gedicht. »The Blessed Virgin Compared to the Air We Breathe.« Es ist eines der Gedichte, die in einem so etwas wie eine Umkehr hervorrufen. Es rüttelt einen wach, und man befindet sich in einer neuen Welt (wie nach einem Schlaf, nach einer Krankheit, nach einem Glaubenswechsel, nachdem man sich verliebt hat, oder nach einem Kummer). Man spürt die Luft...

C. meint, daß wir Illiec[1] vielleicht für den Sommer mieten können! Ein köstlicher Gedanke. Das Meer, die herrliche Insel und die Carrels.

Dienstag, 8. Februar

Con, Mutter, C. und ich beim Abendessen. Die Pastellbilder sind da; werden nach dem Essen begutachtet.

Mutter ist über meines sehr enttäuscht, meint, es sei zu plump und ich sähe darauf aus, wie ich als kleines Kind ausgesehen habe, wenn ich geweint hatte und eine rote Nase bekam. Auch Con sagt, es sei zu plump und das Auge zu schläfrig. (Es zeigt die Gesichtshälfte mit dem kleineren Auge.) Mutter sagt erbost, ich habe zwei sehr schlechte Merkmale, einmal meine hohe Stirne und dazu meine Nase, die er besonders herausgearbeitet habe, und ich habe ein besonders gutes Merkmal, das seien meine Augen, aus denen er aber gar nichts gemacht habe!

Alle sind über C.s Bild begeistert, ich auch.

Mittwoch, 9. Februar

Den ganzen Tag über in Englewood. Mache einen langen Spaziergang durch die nassen, feuchten, tropfenden Wälder, im Regen sind Gras und Blätter ganz schlaff vor Nässe, durchweicht und dunkel. Es ist ganz schön, so anspruchslos, wirkt sich positiv auf meine Stimmung aus – besänftigend. Finde ein paar Weidenkätzchen, die ich Jon schicken kann. Mache bei den

[1] Eine kleine Insel vor der Nordküste der Bretagne, die bei Ebbe mit dem Festland und mit Saint Gildas verbunden ist, das den Carrels gehört.

Yates[1] eine Stipvisite, um deren Buben zu sehen, da ich Heimweh nach Jon habe.

Zaidee, Neil und Mr. Goodyear[2] zum Abendessen. Mutter füllte die mexikanischen Töpfe mit Blumen. Das Haus sieht wunderschön aus. Das schönste Lowestoft auf dem Tisch, leckere Alsen und Karameldessert. Es ist köstlich und alles klappt glänzend.

Nach dem Essen sprechen wir über die Porträts. Mr. Goodyear sagt, es seien wunderbare Zeichnungen: »Wußte nicht, daß er so gut zeichnen kann.« Alle sind sich einig, daß C.s Bild als Arbeit und Charakterisierung ausgezeichnet ist. Meine Familie und die anderen sind sich einig, daß meines zu massiv, trist, slawisch und unfroh wirkt. Mr. Bliss: »Das bist du überhaupt nicht, Anne.« Mr. Goodyear: »Es wird dir ähnlicher sein, wenn du vierzig bist.«

C. sagt am Schluß der Debatte: »Das Schlimme ist, daß sich hier niemand genügend aus mir macht. Wenn *meine* Mutter hier wäre, hätte ich jemanden, der auch *mir* Gerechtigkeit widerfahren ließe.«

Samstag, 12. Februar

Aubrey, Mutter, C. und ich erörtern nach dem Abendessen die Zukunft der »Kleinen Schule«. Sie muß ein neues Gebäude bekommen, soll eine Modellschule werden. Im jetzigen Zustand, ohne entsprechendes Haus und Areal und ohne die nötige Ausstattung, kann sie keine Modellschule abgeben. Wo soll man bauen? Wie muß die Nachbarschaft aussehen? Hier, auf diesem Grund? Wäre es die beste Verwendungsmöglichkeit für dieses Haus und diesen Besitz, den keines von uns Kindern übernehmen möchte? Mutter ist von der Vorstellung ganz erfüllt und glücklich darüber, daß die Schule hier unter Umständen errichtet wird.

1 David und Robert Yates, Söhne von Mrs. Sheldon Yates, der Schwester von E.C.M.

2 Amerikanischer Maler und Illustrator, dessen Aquarelle besonders bekannt waren.

Montag, 21. Februar

Hitlers Rede, Edens Rücktritt[1] –

Hinaus, um einen Spaziergang zu machen. Es ist herrlich, klar, warm und frisch. Jeden Morgen freue ich mich hier über die Sonne in Amerika (nach dem grauen Einerlei in England). Jeden Morgen gehe ich vor die Tür und sehe den Himmel, jeden Abend erblicke ich die Sterne. Ich bin dankbar und froh. Mit allen Bäumen auf diesem Grundstück habe ich wieder Bekanntschaft geschlossen. Die Flammengleichen (Magnolien), die Wasserähnlichen (Buchen und Birken) und die Eichen, die nervös, unregelmäßig, unvollkommen, dürr und unprophetisch sind – wie Männer. Sie alle stehen vor dem Himmel. Dazu gibt es die kleinen grauen Buchen und das Unterholz, die zwischen den Baumstämmen wie Ballettänzer hervorlugen. Stets sind sie im Gleichgewicht, in der Schwebe, aufgefaltet, halten die Arme gestreckt. Die Farbe der grauen Buchen gegen den blauen Himmel, diese herrliche milde Farbe, ruhig und friedlich, Buchen – ein Dankgebet, dachte ich mir heute morgen.

Dienstag, 22. Februar

Lese Edens Rücktrittsansprache. Chamberlain tritt für eine neue Politik der Zusammenarbeit mit Italien und Deutschland ein.

Gefühlsmäßig, instinktiv und meinem Herzen nach stehe ich zu Eden und seinen kompromißlosen Idealen. Aber nach allem, was mich das Leben schmerzlich gelehrt hat, sagt mir mein Verstand, daß Chamberlain mit seinem bodenständigen, praktischen Realismus recht hat.

Mittwoch, 23. Februar

Den ganzen Vormittag in Englewood, sanfter Sprühregen, keine heftigen Schauer. Die kleinen Tropfen hängen in Perlen an den

1 Anthony Eden, britischer Außenminister, tritt aus Protest gegen die Politik von Premierminister Chamberlain, der sich weiterhin um eine Zusammenarbeit mit Italien und Deutschland bemüht, zurück. Edens Nachfolger wird Lord Halifax.

Knospen der Bäume. Die Buchen sind heute unsichtbar, sie treten zwischen die anderen Bäume zurück, da ihre nasse Rinde dunkel wurde und nicht mehr das sanfte Grau aufweist.

Las mein Buch wieder. Das hat mir bevorgestanden wie eine Hausaufgabe am Sonntagnachmittag. Man weiß, daß man eine enorme Arbeit vorhat, fürchtet sie und schiebt es vor sich her, sie sich anzusehen, da einem vor der Enttäuschung bange ist.

Doch als ich sie mir vorgenommen hatte, war es nicht so arg. Ich war eher erleichtert. Scheint doch nicht so eine große Arbeit zu sein. Jedenfalls schaffe ich's, der Abstand war hilfreich. Die Sache hat an Lebendigkeit gewonnen, und ich möchte mich bald daranmachen.

Freitag, 25. Februar

C. legt mir die Bilder von Illiec mit einer Notiz hin: »Ich habe mich so gut wie einverstanden erklärt, Illiec zu kaufen.«

Die Bilder sind herrlich. Das Haus ist ganz schön, ein ordentlicher Steinbau. Es hat einen kleinen Turm, der mir mißfällt, aber schlimm ist er nicht. Die Aussicht von dort ist wunderschön. Die Insel sieht größer aus, als ich dachte – nicht nur ein Felsen mit Gras und dem Haus.

Ich möchte unbedingt Einzelheiten erfahren: Die Größe, die Zahl der Zimmer. Gibt es ein Badezimmer, eine Heizung? Vermutlich nicht.

C. ist aufgeregt. Er sagt: »Ich sehe Jon beim Muschelnausgraben vor mir.«

Die Carrels sind auch dort, das bedeutet uns beiden sehr viel. Wir gehen sie am Morgen besuchen. In meiner Vorstellung jagen sich die Pläne!

Ich bin sehr glücklich.

Dienstag, 1. März

Mme. Carrel will nach Frankreich reisen, um ihre dreiundneunzigjährige Mutter noch zu sehen, die stürzte, sich den Oberschenkel brach und sich davon wohl nicht mehr erholen wird.

Mme. Carrel ist traurig und müde. Sie wird auch schauen, ob sie die Insel für uns bekommen kann, darauf freut sie sich. Sie möchten uns gerne dort haben – C. vor allem, aber auch uns als Familie.

Mutter und ich gehen in die Kunstausstellung (moderne französische Porträts – eine Wohltätigkeitsveranstaltung). *Herrliche* Ausstellung, aber lauter Nerzmäntel posieren neben den Renoirs, dazu zwei Blitzlichtkameras. Viele Menschen kommen herauf. Eher ein Empfang. Ich ziehe mich in mich selbst zurück und kann die Bilder nicht genießen. Ausgesprochene Klatschspalten-Atmosphäre, und ich habe Angst vor dem Photographen. Mr. Goodyear versichert mir, daß man mich nicht knipsen wird, aber ich traue ihnen nicht. (»Sie lügen so wie sie atmen«, freie Wiedergabe eines Ausspruchs von Dr. Carrel.)

Mittwoch, 2. März

Das Haus befindet sich in seiner üblichen Vor-Abreise-Panik.[1] Am Ende von Mutters Diele ist alles mit Schachteln, Seidenpapier und Hüten vollgestopft.

Nach dem Abendbrot sitzt Mutter an ihrem Schreibtisch. Sie gibt mir immer noch Bücher, Papiere, kleine Notizbücher etc., die ich in die überfüllte Büchertasche hineinquetschen soll. Sie unterschreibt dabei weiter an ihrem Schreibtisch, den Hut auf dem Kopf.

Dann geht es hinunter zum Abschiednehmen. Mutter ist richtig traurig. Die Zeit ist vorüber und so vieles bleibt ungesagt.

Ich frage mich manchmal, ob das ganze Leben wohl so wie dieser Tag und wie diese Ferien vorüberziehen wird, begleitet von der Illusion, daß man Mutter sehen wird, und dabei sieht man sie überhaupt nicht.

Sie geht mit ihrem kleinen schwarzen Hut mit der kleinen

[1] Mrs. Morrow reist über Cleveland nach Mexiko.

roten Krone drauf, meinen roten Schal hat sie umgeschlungen. Ich weiß genau, wie ihr zumute ist. Ist der Abschied nahe, trenne ich mich *überall* ungern.

Donnerstag, 3. März

Den ganzen Tag über in Englewood. Con packt [für Mexiko]. Ihr Zimmer ist ein Chaos von Kleidern, Seidenpapier, Hüten und Schuhen. Ich sitze mittendrin auf dem Bett und hoffe, daß ich noch einmal die Gelegenheit bekomme, sie zu sehen, was aber nicht wirklich gelingt, denn ihre Aufmerksamkeit richtet sich darauf, passende Gürtel zu finden etc. So kann ich also nur sagen: »Ja, das ist eine reizende Bluse. Ja, das Kleid steht dir. *Was* für ein praktischer Hosenrock!« Schließlich gehen wir draußen spazieren. Wir sprechen über Pläne und setzen unsere Hoffnung auf den Sommer, in dem wir uns vielleicht in Illiec sehen werden.

Nach dem Essen setze ich mich an meinen Schreibtisch und versuche mich wieder über dem Atlantik zu befinden. Das habe ich auch gestern und heute früh gemacht.

Langsam gewinnt alles ein wenig mehr Gestalt, ich habe immerhin *eine* Idee und das macht mir Mut.

Mutter ruft aus Cleveland an. Sie klingt glücklicher. Der Arzt sagte ihr, daß sie in jedem Fall nach Mexiko fahren sollte. Großmama ging es nicht so schlecht, wie sie angenommen hat.

Samstag, 5. März

Margot, Con und Aubrey wieder hier. Wir machen Spaziergänge und warten auf Nachricht aus Cleveland. Um sechs ruft Mutter an. Großmama starb um fünf. Sie erlangte das Bewußtsein nicht wieder. Wir sprechen über unsere Reise nach Cleveland. Wenn ich fahre, wird dann die Presse kommen?

Wir rufen Mutter um neun Uhr wieder an. Sagen ihr, daß wir alle wohl kommen werden. Sie wendet nichts ein. »Auch Dwight?« fragt sie mit schwacher Stimme. Ich glaube, sie möchte uns alle um sich haben. Sie klingt so müde und traurig.

Frühstück im Zug. Im Taxi durch Cleveland. Freudlose Stadt. Den Hügel hinauf zu Großmamas Haus. Tante Annie, blaß und müde, aber ganz natürlich. Ebenso Mutter, die froh ist, uns zu sehen. Tante Edith hat sehr abgenommen.

Stecke Blumen ein – wie geschäftig geht es in diesem Haus zu.

Der Trauergottesdienst. Wir sitzen in Großmamas Zimmer, alles erinnert an *sie:* die geschliffenen Glasflacons auf der Kommode, die Kerzenhalter, Großpapas Bild im Silberrahmen, die eingerahmte Weihnachtskarte, ihre Bücher, *God's Minute,* das viktorianische Aquarell von Trossach.[1] Die kleine Karte auf ihrem Sekretär mit diesem Spruch, den sie liebte:

»I heard a bird sing in the dark of December,
›We're nearer the spring than we were in September.‹«[2]

Das Bild von Elisabeth mit Zöpfen und mir mit Locken, auf dem wir uns anschauen. Die Stickmuster und zwei kleine Vasen.

Tante Annie brachte in der letzten Minute eine grüne Vase mit Narzissen herein – geliebte Tante Annie!

Wie wunderlich und zugleich selbstverständlich, hier, in diesem Zimmer von Großmama zu sitzen – neben dem ordentlich gemachten und zugedeckten Bett, das wie ein nie benutztes Gästebett wirkte.

Der Gottesdienst war sehr schön. Zitiert wurde aus *Pilgrim's Progress,* wie Christians Frau in den Himmel abberufen wird und sich ruhig, zuversichtlich, ehrerbietig und auch triumphierend auf den Tod vorbereitet, was so gut zu Großmama paßte.

Dieser Gottesdienst war nicht wahrhaft traurig, und ich war glücklich, daß ich dabei war. Großmama hat so ein wunderba-

1 Malerische Landschaft in Perth, Zentralschottland.
2 »Ich hörte einen Vogel im dunklen Dezember,
›Wir sind dem Frühling näher als im September‹«.

res Leben geführt. Sie hat das Leben so geführt, wie es sich bot, sie hat es genossen, hat gelitten – es aber stets akzeptiert. Sie hat sich auf den Tod vorbereitet und ihn mit Würde, Mut und auf eine schöne Weise angenommen, so wie sie alles hinnahm.

11. März, an Bord der »Bremen«

Einer der letzten Tage, an denen man zu müde ist, um irgend etwas Gravierendes zu den Menschen zu sagen, mit denen man etwas besprechen möchte.

Packen: Con sitzt auf dem Fußboden, liest alte *Vogues*, ich vergrabe kleine Flacons in der Unterwäsche und versuche, Schuhe zu Büchern zu stopfen.

Wir reden wirklich nicht, aber ich möchte auch nicht, daß sie geht.

C. zu Hause, Koffer ab, keine Zeit für ein Bad.

Ich sage Mutter, daß wir im Sommer in England sein werden. Sie kommt am 8. Mai hinüber. Das läßt sich überbrücken.

Con und ich halten uns an den Gedanken, uns auf der Insel zu treffen (sie glaubt, daß sie sicher kommen werde).

C. sorgt dafür, daß wir eine halbe Stunde zu früh an der Türe sind und uns verabschieden können. Bringe, wie üblich, vor Mutter kein Wort heraus.

Als wir abfahren, schneit es.

Die Nazis sind in Österreich einmarschiert. Schuschnigg tritt zurück. Alle Welt ist entsetzt – bedeutet das Krieg?

Wir *werden* eine Woche auf dem Schiff sein – auf einem deutschen Schiff!

In unsere Kabinen und etwa um zwei Uhr sehr müde ins Bett. Man kann meinen großen Koffer nicht finden! Ich bin so müde, es ist für mich keine Katastrophe. Ist mir schlichtweg egal.

Träume von Jon.

Wir kaufen die letzte *New York Times* und lesen alle Nachrichten. Die Deutschen sind in Österreich. Es herrscht große Bestürzung, aber niemand scheint einschreiten zu wollen. Für Rom offensichtlich eine große Überraschung!

12. März, »Bremen«

Koffer gefunden! Spätes Frühstück, auf Deck zum Spaziergang. Ziemlicher Seegang. Sitze tagsüber meistens in meiner Kabine. Hole alle meine Notizen, das Tagebuch und die Unterlagen für das Buch hervor. Versuche mich in die damalige Überquerung und die Funkarbeit zu vertiefen.

Die Schiffsnachrichten bringen Hitlers Rede in Österreich. »Wenn mich die göttliche Vorsehung von Österreich nach Deutschland berief, um es zu einigen ... dann hat mich die göttliche Vorsehung zurückgeholt« etc. etc.!

Gehe vor dem Abendessen hinauf und laufe auf dem Sonnendeck herum. An manchen Stellen haben sich die Wolken zerteilt und man kann etliche Sterne sehen. Sie wirken tröstlich und vertraut, als gehörten sie in meine eigene kleine Welt, und wären nicht, wie in Wirklichkeit, unbekannte, fremde, andere Welten.

In den Bordnachrichten steht Hitlers Telegramm an Mussolini (der neutral geblieben war): »Mussolini, ich werde Ihnen das nie vergessen, Adolf Hitler!«

Ich arbeite den ganzen Tag an dem Kapitel über das Funken. Etliche Spaziergänge, einen am Abend; fast Vollmond, und große weiße beglänzte Wolken segeln am Mast vorüber, Sterne.

»The heavens declare the glory of God;[1]
and the firmament showeth his handiwork.
Day unto day uttereth speech,
and night unto night showeth knowledge.«

Ich muß Jon die Bibel lehren – aber wie?

Mittwoch, 16. März

Was für eine merkwürdige Reise ist das gewesen, ganz ohne Menschen. Wir haben niemanden gesehen, niemanden gespro-

[1] »Die Himmel rühmen des Ewigen Ehre;
ihr Schall pflanzt seinen Namen fort.
Ihn rühmt der Erdkreis, Ihn preisen die Meere,
vernimm, o Mensch, ihr göttlich Wort.«

chen, uns nur untereinander, mit den Stewards und mit dem Kapitän unterhalten.

Ich bin gerne für mich und erledige meine Arbeit, aber mir fehlen die Menschen, nicht immer, aber bei den Mahlzeiten. Selbst dumme Leute sind besser als keine, finde ich (C. ist anderer Meinung).

Donnerstag, 17. März

Um 18 Uhr im Hafen von Southampton. Gehen rasch von Bord und auf einen Gepäcktender. Keiner sieht uns. Mr. Gregory [von Morgan, Grenfell] ist da. Lange Warterei. (Unterhalte mich mit Mr. Gregory über die Verhältnisse in England, etc.) Lange Fahrt im winzigen Ford.

Endlich durch Weald und in unsere kleine Hütte. Im Mondschein den unebenen geplasterten Weg hinab. (Ich kenne jede Unebenheit – ertaste sie mit den Füßen. Könnte mit verbundenen Augen hier gehen!)

Wir gehen in Jons Zimmer. Es ist noch immer mit Papierketten geschmückt! Sein geschorener Kopf ist im Kissen vergraben. Er dreht sich um, wacht aber nicht auf. (Skean kommt herbei – ein schwarzes Wollknäuel.)

Sehr müde ins Bett, in das große weiche Bett, Thor schlägt ab und zu mit dem Schwanz auf den Boden.

Freitag, 18. März

Wache recht früh auf und verhalte mich ruhig, warte darauf, daß Jon »zum Wecken« kommt. Um uns singen alle Vögel. Jon klopft vor 7.30 Uhr an die Türe! Ob er hereinkommen darf? Er stürzt herein und klettert aufs Bett. »Weißt du, daß die elende Ratte die Meerschweinchen holte?«, bringt er in sehr englischer Sprechweise vor. »Ratten sind widerliche Biester.« Er erzählt ohne Ende, ganz aufgeregt. Ich sitze nur da, höre zu, bin erstaunt über sein ungewohntes Äußeres (den Akzent, die gestutzten Haare, seine Größe), unter dem sich der gleiche Jon verbirgt.

Er erzählt von Baumstrünken, die er umgelegt hat, von Hammond und von Land. Mit dem vertrauten Lächeln: »Es geht ihm gut – möchtest du ihn sehen?« Dabei gibt er mir die Hand. Ich hole ein paar kleine Geschenke für ihn.

Gehen zu Land und Miss W. Land groß, rosig, gelockt. Ich spreche mit ihm, er lächelt, zeigt unten zwei Zähnchen. Ich gebe ihm die Rassel (Jons alte), er schüttelt sie mit Wonne.

Samstag, 19. März

Schlafe lange (hole den versäumten Schlaf von der Schiffsreise nach. Es ist hier so ruhig und erholsam). Wache auf, höre ein Klopfen an der Türe, das meinem dumpfen Gefühl nach bereits eine Weile andauert, und vernehme Jons klägliche Stimme von draußen. »Ich habe ständig geklopft und einen gewaltigen Lärm gemacht, doch scheint mich keiner zu hören.« Ich wurde soweit wach, daß ich sagen konnte, »das kommt daher, weil wir *so* schläfrig sind«, drang damit aber nicht durch.

Jon und ich gehen hinaus. Wieder köstliches Frühlingswetter. Zuerst holen wir die »Geschenke« aus den Koffern.

Jon ist sehr glücklich. Als wir den Hügel hinaufgehen, sagt er mit seinem merkwürdigen englischen Akzent: »Es ist *zu* schön, daß du wieder zurück bist! Dies *ist* ein schöner Tag!«

Sonntag, 20. März

C. entwirft den Umschlag für *Listen! the Wind.* Auf einer Hälfte sind Sterne, auf der anderen der Mond und darunter Wellen, in schwarz-weiß. Sehr gut, auffallend und dekorativ.

Dienstag, 22. März

herrlicher Tag – noch schönes Wetter

Schreibe Mutter und Mrs. L. über die Kinder, muß die *Normandie*[1] noch erreichen. Ein ziemlich verhetzter Tag, da das Schiff

[1] Ehe man die Luftpost hatte, verfolgte man die Zeitungsnachrichten über die Transatlantik-Schiffahrt und adressierte seine Briefe »via the S.S. Normandie«, etc.

ablegt, und ich versuchte das Kapitel über den *»Start«*, den Umschlagentwurf und den Titel für Har. Brace noch mitzugeben.

Ich arbeite an dem Kapitel bis zur letzten Minute, bis die Post abgegeben werden muß, C. geht es auch nochmals durch. Er nimmt es mit zur Post.

Bin sehr müde. Seit wir zurück sind, war es eine Hetzerei – eigentlich keine »Hetze«, sondern ein normaler Tagesablauf. Aber jede Minute ist ausgefüllt, und man hat kaum Zeit, sich auszuruhen oder sich auf sich selbst zu besinnen.

Mittwoch, 23. März

Ich beende das zweite Kapitel über das Funken. Es ist lediglich *anständig*, glaube ich. Es sollte Schwung haben, vielleicht sogar vergnüglich sein, aber ich fürchte, es ist nur unfroh und dürftig.

C., Jon und ich am Nachmittag querfeldein. Die Primeln stehen als helle Tupfen inmitten der braunen Blätter des letzten Herbstes, unter den noch kahlen Bäumen, in den Wäldern. Es gibt auch Veilchen am Bach. Ein milder Himmel, an dem bleiche Wolkenstreifen erstrahlen.

Jon interessiert sich nur für Baumstrünke. Er nimmt vier mit nach Hause, von denen zwei sein Vater und ich einen tragen müssen. (Wir sehen zu seltsam aus, wandern an einem herrlichen Frühlingsabend heimwärts, beladen mit alten verrotteten Baumstrünken, hoffe nur, daß uns niemand sieht! Verrückte Amerikaner!)

Mme. Carrel kommt am Samstag. Ich hoffe auf Nachrichten über Illiec.

Nach dem Abendbrot lese ich C. das zweite Funkerkapitel vor. Er findet es ordentlich.

Es ist ein schöner Tag gewesen.

Sonntag, 27. März

Abends sitzen wir am Kamin und unterhalten uns über Illiec. Mme. Carrel glaubt, daß sie morgen abend darüber Bescheid weiß. Wenn wir es haben können, die Verträge unterschrieben sind, könnten C. und ich nächste Woche nach Saint Gildas fahren und es besichtigen.

Die Adresse wäre:

Illiec
Penvenan
Côtes-du-Nord!

Es ist ordentlich gebaut, hat aber, wie ich annehme, keinen Komfort. Keine Heizung (aber wahrscheinlich ordentliche Kamine – ich sehe auf der Photographie zwei Schornsteine). Kein Telephon (gut!), kein elektrisches Licht, aber Petroleumlampen gehen auch. Vielleicht kein fließendes Wasser und keine Kanalisation?

Aber es schaut sehr schön aus, also muß alles andere übersehen werden.

Mittwoch, 30. März

Beim Frühstück Brief von Mme. Carrel. Berichtet, sie habe echte Hoffnung, wenn nicht der älteste Sohn *die fixe Idee* hätte, daß er nicht verkaufen will. Werden während des Frühstücks ganz trübsinnig. Ich habe das Gefühl, es ist hoffnungslos. Mir war nicht klar, wie sehr ich damit gerechnet hatte. Alle meine Gedanken drehten sich um die Insel, ich machte Zunkunftspläne, jetzt wurden sie in ihre Schranken gewiesen.

Donnerstag, 31. März

Wache mutlos auf, erinnere mich, daß wir Illiec wohl nicht haben können. Während ich bade, kommt C. mit einem neuen Brief von Mme. Carrel herauf, der mit den dramatischen Worten beginnt: »Wir haben gewonnen – Illiec gehört Ihnen!« Ein erfüllter Vormittag: Pläne, Überlegungen etc.

*

Long Barn, Weald, Sevenoaks, 5. April

Liebe Mutter,
seit ich das letzte Mal geschrieben habe, ist schrecklich viel passiert. Wir haben Illiec – jedenfalls für den Sommer – und erst mal geheim. (Das ist die Nachbarinsel neben der der Carrels.) Es ist viel verhandelt worden, aber jetzt ist wohl alles abgeschlossen. Wir wollten die Sache ohne Aufhebens erledigen. Ich bin sehr glücklich darüber, denn jetzt haben wir den idealen »unberührten« Ort als »Ausgleich«. Illiec ist wild, herrlich, völlig anders, liegt am Meer und gehört zu Frankreich – was köstlich ist. Bei mir wird es niemals an die Stelle von Maine treten. Dafür fehlen die Assoziationen und es ist auch in seiner Art sehr verschieden. Maine ist und wird wegen seiner leichteren Zugänglichkeit immer mehr zu einem Ferienort, einem ländlichen Wochenendrefugium. Für mich bleibt es stets ein Zuhause, ich glaube sogar mehr, als irgendein anderer Ort. Aber »Unberührtheit«, »Abgeschiedenheit« und »Fremdartigkeit« verkörpert es keineswegs, so wie diese Insel. Maine bedeutet eher »Friede«, »Wohlwollen«, »Heimat«.

Aber wir können uns weiter darüber unterhalten, wenn ich Dich bald sehe. Morgen fliegen C. und ich in die Bretagne, um mit Mme. Carrel Pläne zu besprechen und das Haus zu besichtigen.

So wie die Dinge jetzt stehen, werden wir (inklusive Miss W. und Miss H.) nicht vor Ende Mai übersiedeln. (Unser Mietvertrag läuft hier am 1. Juni ab.) Wir werden wohl während Deines Besuches hier mit dem Auszug aus Long Barn beschäftigt sein, aber wenn es *Dich* nicht stört, uns macht's gewiß nichts! C. lachte und sagte: »Na, deine Mutter ist Umzüge gewöhnt.«

Das Buch – das erste Konzept – ist fertig! Jetzt geht das entmutigende und mühsame Korrigieren und Umschreiben los, aber mir ist eine Last von der Seele, daß es überhaupt erst mal zu Papier gebracht ist.

*

Früh auf. Schöner Tag. Jon hilft mir beim Schnüren der Bündel. Abschied von Land auf dem Fußboden.

Lange Fahrt nach Reading. Start um 12.20 Uhr. Landung in Lympne um 13.30 Uhr. Rasch durch den Zoll und ab zum Kanal – ziemlich diesig. »Je weiter man sich von England entfernt, desto näher ist man Frankreich.« Sonnig und dunstig auf der anderen Seite. Landen um 13.44 Uhr in Saint Inglevert. Einige Franzosen stehen lässig herum und rauchen Pfeife (als ich das letzte Mal dort war, war Land noch verborgen!) Ab, und die Küste hinunter. Dieppe, Le Havre, sehr schönes Wetter, ein paar Wolken, dann werden es mehr. Ich fliege auch kurz, steige durch die Wolken auf, zerteile mit der Tragfläche ihren weichen weißen Brodem. Unterhalb Gehöfte, blühende Bäume – kleine Sträuße.

Ein *zärtliches* Gefühl überkommt einen, wenn man von oben auf die Erde herabschaut!

In der Bretagne Felder mit orangerotem Stechginster und gelbem Senf.

In Morlaix um 16.30 Uhr. C. reicht die Karte zurück. Sturzflug, brausen über den Hangar; drei Leute rennen zu den Türen. Wir kreisen, landen und rollen gleich in den Hangar. M. Masson kommt schmunzelnd und heiter herbei, Mlle. Masson[1] dolmetscht fleißig. Mme. Carrel ergreift unsere Hände, unser Gepäck, alles.

Dann ziehen wir ab, Mme. Carrel berichtet uns von dem Verkauf der Insel, die eigentlich in drei Teilen verkauft wurde, von der Mutter und von den beiden Brüdern. Sie ist ganz aufgeregt gewesen deshalb, hat unablässig daran gearbeitet. Jedenfalls ist jetzt alles erledigt.

Durch Lannion, die nächste »große Stadt«. (Nein, ich glaube nicht, daß wir hier viele Geschäfte finden, wie wir sie aus Amerika gewohnt sind!) Hinein in den Nebel. Es wird sehr kalt. Blühender goldener Stechginster säumt als Hecken die Straßen.

1 Der Flugplatzmanager und seine Tochter.

Obstbäume blühen, alte Bäuerinnen schlurfen in schwarzen Röcken, Schals und weißen Hauben vorbei.

Keinerlei Installation in Illiec, aber eine Zisterne mit Trinkwasser. Es gibt einen recht ordentlichen Mann mit seiner Frau auf dem Grundstück, die vielleicht das Kochen besorgen und das Haus in Ordnung halten können. Das Mobiliar ist entsetzlich – scheußlich, schmutzig, »lauter Kringel«, bemerkt Mme. Carrel.

Wir entladen das Auto im Hafen, fahren in die Garage nach Port-Blanc zurück, und wandern dann die leere Straße zum Hafen hinunter. Auf dem Hügel kann man überhaupt nichts sehen – weder Saint Gildas noch Illiec.

»Dort ist Ihre Insel!« sagt Mme. Carrel und zeigt auf den Nebel.

Pierre [der Bootsmann der Carrels] im Ruderboot – da Ebbe ist –, um uns zum Motorboot zu fahren. Sehr kalt. Die Felsen von Saint Gildas tauchen im Nebel auf. Wir klettern über die losen Uferkiesel zu den Stufen hinauf, über die Mauer und in den Hof. Chérie bellt. Antoinette läuft heraus: *»Oui, Madame.«*

Früh zu Bett. Wir haben vor, morgen bei Ebbe nach Illiec zu wandern und mit dem Boot zurückzukommen.

Freitag, 8. April

Frühes Mittagessen (ich habe hier einen richtigen Heißhunger) und ins Boot, um nach Illiec zu fahren.

Wir halten auf der Île-de-Milieu, klettern einen Hügel hinauf, um eine gute Aussicht auf die Illiec vorgelagerten Inseln zu bekommen. Es sind eine ganze Menge und mindestens zwei davon sind mit Bäumen bewachsen. Das Haus kann man von hier aus nicht sehen.

Dann zurück in Illiec' kleinen Hafen. Das Haus liegt zwischen den Bäumen und dem großen Felsen. Eine unbebaute Fläche liegt vor dem Haus und endet (sowohl vor als auch hinter demselben) in einer steilen Mauer, die ins Meer abfällt.

Wir erklimmen die mit Kieseln übersäte felsige Landzunge, halten auf das Haus zu und nähern uns dem Kiefernwäldchen.

Das Haus erhebt sich grau, steinern, eckig – echt französisch –, mit einem gewaltigen Turm – neben einem Felsen, der es vor den Ostwinden schützt. Auf der anderen Seite befindet sich noch ein Kiefernhain. Die eine Front blickt auf einen Hafen und die Küste, die andere schaut auf das offene Meer und auf Felsen.

Sehr gescheit, nimmt uns Mme. Carrel zuerst mit auf den großen Felsen nordöstlich des Hauses: »Ehe wir in das schreckliche Haus gehen.« Dort gibt es Veilchen, Glockenblumen zwischen den Steinen, Heide und Stechginster. Eine herrliche Aussicht auf das offene Meer mit dazwischengestreuten Felsen.

Wir klettern wieder hinunter und gehen ins Haus: Jegliche Vorstellung von Charme verläßt einen, sobald man es betritt. Die Wände sind dunkel und mit Matten bedeckt. Die Halle ist durch farbige Glasfenster über der Tür und am Ende völlig verdunkelt. An den Wänden hängen billige Tafeln, Bilder und Armleuchter. Das Eßzimmer rechts ist sehr groß, wie in einem Hotel – einem zweitklassigen Hotel. Darin steht ein riesenhafter Tisch (häßliche geschnitzte Eiche, auf geschnitzten Windhunden), mit einem Wachstuch, Läufern und Tischtuch bedeckt. Es gibt einen alten geschnitzten Kaminsims, der massiv aber ganz schön ist, neben ihm stehen zwei überladene viktorianische Geschirrschränke, völlig verschnörkelt. Die Stühle sind häßlich und rot gepolstert. Eine ganz anständige alte geschnitzte Holztruhe.

Das Wohnzimmer war am schlimmsten (Mme. C. lief zu den hinteren Fenstern und riß sie auf, damit wir über das Zimmer hinweg aufs Meer schauen konnten!), an den Wänden hingen dunkles billiges Papier oder Läufer und darüber eine billige moderne Tapete.

Ich lege rasch meine Hand auf einen sehr hübschen kleinen alten Schreibtisch aus der französischen Provence, auf den ich zuging, wie man wohl in einem überfüllten Zimmer, mit aufwendig gekleideten Fremden, auf einen Freund zugegangen sein könnte. »Dies«, sagte ich matt, »ist hübsch und das (dabei trat ich vor das Büffett in der Ecke) ist nicht schlecht.« Man schaute von einem zum anderen und versuchte etwas Brauchbares zu finden. Das vielleicht? Nein – niemals. Dies? Nein – unmöglich, etc.

Das ganze Zimmer erweckte den Eindruck, als sei es mit Teppichen überladen, wie jene »Häuser«, die man als Kind aus umgelegten Stühlen gebaut und mit Teppichen bedeckt hatte. Böden, Wände, das Mobiliar waren ein einziges Durcheinander, unmögliche Farben, schrecklich heruntergekommen, baufällig und schmutzig.

Die Küche war einfach und schön, der einzig saubere Ort im Haus. Die Pfannen blinkten (was für die Frau spricht, die dort wirkt).

Wir gingen hinauf. Die Schlafzimmer waren praktisch unmöbliert, bis auf armselige eiserne Bettgestelle und billige Kästen mit Schubladen. Die Wände waren mit billigem Papier oder mit geblümtem Stoff bedeckt. Ein schreckliches Zimmer, das von oben bis unten – sowohl die Vorhänge wie auch die Tapeten – in rot-weißen Streifen mit darüber gesetzten Blümchen gehalten war.

Aber die Anordnung war gut, und Platz gab es genügend. Ich machte bereits Pläne, an wen ich die einzelnen Zimmer vergeben würde.

Wir spazieren um das Gebäude herum, herrliche Aussicht auf das Meer. Die Narzissen stehen in dichten Büscheln, und ringsum blühen Hortensien.

Ich pflanze Stecklinge, die ich von Long Barn mitgebracht habe, in das winzige Beet vor dem Haus, muß sie einzeln durch die Drahtmaschen stopfen. Ich habe nicht viel Hoffnung, daß sie durchkommen, denn im Buch stand, sie brauchen Schatten, es gab aber keinen geschützten Platz, an dem weder die Schafe, die Kaninchen noch der Wind hinkamen!

Wir gehen durch die Garage, die neben dem Platz für ein Auto noch zwei kleine Räume und eine Abstellkammer beherbergt, dazu eine kleine Hütte, in der der Mann mit seiner Frau und einem elfjährigen Sohn wohnt.

Mme. Carrel nach Tréguier zu den Rechtsanwälten. C. und ich sitzen, nach dem herrlichen Frühstück mit Kaffee in großen Schalen und Rosinenbrot, in Dr. Carrels Studio und schreiben, dann fahren wir in einem Boot nach Illiec, um es von der Seeseite zu betrachten. Das Meer ist recht bewegt, das Wetter klar und schön. Die Kälte, der Wind und das Tuckern des Motors erinnern mich an den Norden.

C. sagt, daß er ein bretonisches Fischerboot kaufen will, um damit zwischen den Felsen hin und her zu segeln.

Pierre und sein Onkel – ein sehr netter, wettergestählter Fischer – fahren uns. Am Horizont erheben sich blau die Sept Îles. (Sie werden wohl anstelle der Camden Hills unser Barometer sein.) Man kann den weißen Leuchtturm auf der Île-aux-Moines und ein rotes Segelboot sehen.

Nach dem Mittagessen kommt der Mann, der die *réparations* übernimmt. Er sieht in seinen blauen Hosen und mit seiner Kappe wie ein Fischer aus, hat ein nettes Gesicht. Er heißt François. Wir gehen nach Illiec hinüber und klettern ins Haus.

Eine Stunde lang wandern wir mit François durch alle Räume, Mme. Carrel gibt Erklärungen ab: »*Tiens, François, voyez donc ici-tout ça...*« etc. etc.

Er soll die Wandverkleidungen abnehmen und da, wo es nötig ist, so wieder verputzen wie in Saint Gildas.

François angelt ein Küchenmesser aus seiner Tasche und bohrt die Wände an: »*Pah! C'est mauvais.*« Wir prüfen überall Verputz, Fußböden, Kamine etc.

Ich gieße die Setzlinge und bitte die zahnlose, rotwangige Frau des Fischers, ihnen weiterhin Wasser zu geben. »*Oui, tous les jours, Madame*«, sagt sie lächelnd. Sie heißt Marie Yvonne, aber man muß es wie ein Wort, nämlich »Maryvonne« aussprechen.

Maryvonnes Mann Louis erhält den Auftrag, den Stechginster vor dem Haus zu lichten.

Während wir noch im Keller arbeiten, kommt Pierre mit

zerzausten Haaren, wir müssen sofort weg. »*La mer!*« – die See. Bald wird der Wasserstand zu flach sein. Ebbe. Wir klettern zum Strand. Wie die Gezeiten hier das Leben bestimmen.

Sonntag, 10. April

Arbeite vormittags. Lese den ganzen ersten Teil des Buches. Wie kann ich je dieses Buch nochmals schreiben, korrigieren und abschicken, Illiec in Ordnung bringen und bis zum 12. Juni aus Long Barn ausziehen! Vermutlich wird's nicht gelingen (von Mutters Besuch will ich gar nicht erst reden).

Nach dem Mittagessen fahren wir im Schiff nach Illiec, haben starken Gegenwind, ziemlichen Wellengang, Gischt spritzt uns ins Gesicht. Dauert etwa fünfzehn Minuten. Heute sieht es wunderschön aus. Das Meer ist tief blaugrün und die Zypressen davor dunkelgrün.

Wir beginnen mit dem Aussortieren der Möbel. Es ist eine wahre Erleichterung, einige dieser schrecklichen Sachen rauszuwerfen.

Mittwoch, 13. April

Arbeite den ganzen Vormittag an verschiedenen Kapiteln. Nachmittags gehen wir zur Ebbezeit nach Illiec. Dauert ungefähr zehn bis zwanzig Minuten. Man kann das ganz einfach bewerkstelligen, aber man bekommt jedesmal, wenn man über die Sandbank geht, ganz schmutzige Füße.

Louis hat fast den ganzen Stechginster über dem Portal gelichtet und den wilden Wein beschnitten. Er hat den Bach gesäubert und um die Quelle herum ein kleines Bett gegraben. Zwei Leitern lehnen an der Hauswand. Er hat seine Arbeit sehr gut gemacht, besonders wenn man bedenkt, daß er keinerlei Werkzeug hatte außer einer stumpfen Sichel, der der Griff fehlte. Wir machen (auf französisch) eine Liste der nötigsten Dinge.

Ich entdecke einen wunderbaren Platz für einen Steingarten, hoch oben in einer Senke auf einem Felsen, zwischen dem Haus und der Garage.

Donnerstag, 14. April

Um 9.30 Uhr eilen wir zum Boot, um rechtzeitig vor der Ebbe nach Port-Blanc zu kommen. Ziemlich windig. Auf dem Dock versucht ein Fischer unter einem riesigen Kessel, Feuer zu machen. Er nimmt immer wieder den Deckel ab, rührt mit dem Ruder darin herum. Im Topf ist dicke rote Farbe, ein Konservierungsmittel für die Netze. Das Feuer brennt nicht richtig, da der Wind bläst. Der Mann zerkleinert Hummerkörbe aus Weidengeflecht, legt sie darunter. Ein kleines, barfüßiges Mädchen hopst herum und schaut zu.

Fahren nach Tréguier und Saint Brieuc, die Felder sind von Ginsterhecken gesäumt, die Dörfer zieren viele Kirchtürme. Sind um 11.30 Uhr in Saint Brieuc (nach anderthalb Stunden), rennen zu einem Antiquitätengeschäft, in dem es sehr anständige Sachen gibt (das meiste ist Directoire oder Empire). Der Besitzer ist bereit, für uns den Laden auch länger als bis 12 Uhr offen zu halten. Dann geht es rasch in ein Eisenwarengeschäft. Mme. Carrel rafft alles zusammen. Man schließt hinter uns die Türen, wir aber warten auf unser Paket, denn Louis braucht etwas Passables, womit er den Ginster schneiden kann. Zurück zum Antiquitätengeschäft.

Dort gibt es einen sehr schönen Schrank, eine alte Eichenkommode, die ganz schön ist, ein kleines Büffett – einen niedrigen Schrank mit Türen, der mir ganz brauchbar vorkommt, auch recht hübsche Stühle.

Wie leicht erliegt man der Versuchung, Sachen zu kaufen, die in etwa passen, nur damit das Haus so rasch wie möglich hübsch aussieht.

Auf dem Rückweg halten wir in Tréguier bei Savina. Er ist ein Künstler, der alte Möbel kopiert.

Als wir nach einem langen Tag nach Port-Blanc zurückkommen, sehen wir alle Netze rostbraun auf dicken Pfählen zum Trocknen aufgehängt. Dem Fischer muß es gelungen sein, seinen Fang zum Kochen zu bringen!

Karfreitag, 15. April

Nach dem Tee kommt Savina nach Saint Gildas. Wir fahren nach Illiec. Meer, Himmel und Felsen sind richtig grau. Lediglich der Hügel auf der mittleren Insel von Saint Gildas ist ein gelbes Ginsterkissen. Heftiger Wellengang, Gischt spritzt einem ins Gesicht.

Savina ist sehr nett, er will versuchen, etwas Schönes zu machen. Zuerst sehen wir die Fensterläden an, bestimmen die Farbe. Savina ist eine große Hilfe. Dann geht's ins Haus, und nach und nach erfragen wir seine Vorschläge für den Turm (den er unterteilen, mit Bücherregalen, einem gewölbten Fenster, einem kleinen Schreibtisch und einer gewölbten Tür versehen will!), holen uns Rat wegen der Holzverkleidungen, der Böden, der Treppen etc. Savina meint, daß alle Holzteile naturfarben gestrichen oder gebeizt werden könnten und dann sehr schön aussehen würden. Er wird die ganzen Arbeiten *comme un architecte* überwachen.

Schließlich fahren wir etwa um 19 Uhr los, allerdings nicht bevor Maryvonne mit einem merkwürdig langen, trockenen Pfannkuchen heraufkommt, den wir in vier Teile zerrupfen und, zwischen den ausrangierten Möbeln stehend, essen.

[Long Barn] Montag, 18. April

Abfahrt von Saint Gildas, kalt, windig und bedeckter Himmel; fahren nach Morlaix.

Fliegen über Illiec und den Mont-Saint-Michel – diesen breiten Landrücken – die Küste entlang nach Saint Inglevert (durch Regen und etwas Schnee!). Über den Kanal nach Lympne. Es ist *sehr* kalt. In England Bewölkung; vereinzelte Schauer, wie üblich.

Um 11.30 Uhr zu Hause – Thor bellt und ein Stoß Post.

Samstag, 23. April

Miss W. stellte frische aufrechte Tulpen in mein Zimmer. Am ersten Abend waren sie unglaublich schön. Starr und kerzengerade, frisch, unnahbar und in jugendlichem Unmut stehen sie da. Sie brechen einem in ihrer spröden Schönheit, die nur von kurzer Dauer ist, wahrlich das Herz, weiß man doch, daß sie bald geziemend die Köpfe hängen lassen werden, sie ihr starres, kompromißloses Staunen verlieren und einen Anblick der Ergebenheit bieten werden.

Ich wollte mich ganz ruhig hinsetzen und sie so lange betrachten, bis ich dem Geheimnis, das ich in ihnen verborgen wähnte, auf die Spur gekommen wäre. Aber das ging nicht. Ich muß arbeiten, muß Kapitel verfassen, sie wieder korrigieren, dafür sorgen, daß die Kinder ihr Essen bekommen, muß Briefe schreiben und ins Bett.

Als ich dann im Bett lag, dachte ich voller Bedauern und Enttäuschung an sie, als sei mir etwas Unschätzbares entgangen.

So ist das anscheinend im Leben. Für Offenbarungen ist weder Zeit noch Raum vorhanden.

*

Longs Barn, Weald, Sevenoaks, Dienstag, 26. April

Meine liebe Mutter,
ich habe sehr an dem Buch gearbeitet. (Ich freue mich, daß Dir der Titel gefällt! Ich fühle mich dadurch bestärkt. Er ist *Listen! the Wind.*) Nach unserer Rückkehr von Illiec erwarteten uns hier Briefe von Harcourt, Brace. Das Kapitel hat ihnen sehr gut gefallen. Ich bekam sowohl von Mr. Harcourt als auch von Mr. Sloane sehr nette Briefe. Das hat mir sehr geholfen. Auch der Titel gefiel und kann verwendet werden. Ebenso der wirklich gelungene Umschlag, den C. dafür entworfen hat. Ich versuche, bis zum 1. Juni lediglich einen ersten Entwurf zu schreiben (was genügend Arbeit macht), und das fertige Manuskript erst zum

1. Juli bzw. August abzuliefern. Kann sein, daß das Buch daher später erscheint. Aber rascher kann ich nicht arbeiten. Es ist gleichzeitig noch so viel anderes zu bewerkstelligen – der Auszug, der Einzug. Ich nehme an, daß wir am 31. Mai hier ausziehen, ich habe vor, mit C. eine Woche eher nach Illiec zu fahren, um Waschbecken, Zinnwannen, chemische Toiletten etc. zu installieren und eine zusätzliche Person zu engagieren, die das Waschwasser heizt und schleppt, die Hausarbeit verrichtet und die tausend Dinge erledigt, die im letzten Moment anfallen.

*

Tagebuch *Samstag, 30. April*

Arbeite vormittags. Am frühen Nachmittag fahren C., Margaret Morgan und ich nach Sissinghurst, um Mrs. Nicolson zu besuchen. Es war ganz besonders reizend. Sie war alleine und man konnte sich gut mit ihr unterhalten. Sie sah in ihren schwarzen Samtkniehosen, dem schwarzen Mantel und dem schwarzen Filzhut sehr gut aus, zwei Schäferhunde zerrten an der Leine. Der Landsitz war wunderbar: wilder Wein und rosa blühende Kletterpflanzen wuchsen an den alten Mauern empor, Wege mit roten Tulpen, unter dem blühenden Apfelbaum ein ganzer Himmelsschlüsselteppich, Primeln etc.

Wie viel erfreulicher als sonst war doch dieses Zusammensein – ein echter Kontakt. Liegt es daran, daß wir Mrs. Nicolson jetzt zwei Jahre kannten und in gewissen Abständen gesehen hatten, liegt es an unserer bevorstehenden Abreise, oder ist es eben doch einfacher, sich mit einem Menschen allein zu unterhalten? (Außer, man kennt alle gleich gut und hat die gleichen Interessen.)

Anschließend nach Hause, eben noch rechtzeitig, um Jon ins Bett zu bringen, ehe C.s Besuch – Oberst Scanlon und die

Wrights[1] eintreffen. (Geht um die Fliegerei.) Das Essen war gut, wenn es auch ein ziemliches Gerenne gab. Als erstes diese Schinkendinger mit Käsesauce, dann Ente mit Apfelsauce, Erbsen, Salat und Mme. Carrels *chocolat crême* – wirklich ganz ordentlich.

Nach dem Essen verschwanden die Herren sehr rasch ins Studio, um Geschäftliches zu besprechen, während Margaret, Mrs. Wright und ich am Kamin saßen und versuchten, ein Gespräch in Gang zu bringen.

Sonntag, 1. Mai

Heute morgen telephonierte Lady Astor mit C. und sagte, sie wolle ihn mit Sir Thomas Inskip, dem Minister für die Koordinierung der Verteidigung, bekannt machen, ob wir zum Mittagessen und Abendessen kommen und über Nacht bleiben wollten. Gerne, aber Margaret Morgan war bei uns; Lady Astor sagte, bringt sie mit, was ich gerne tue, da die Astors ein großes Haus mit genügend Personal haben und nie genau wissen, wie viele Personen sie zum Mittagessen haben. Wir brachten es Margaret bei, die sich freute, aber leicht erschrocken war. Ich kann ihr das nachfühlen. Sie sagte: »Ich habe ein sehr schönes Tweedkostüm in London.« Da sie weiß, daß wir hier ein sehr zurückgezogenes Leben führen, nie jemanden sehen, einladen oder je ausgehen, kam sie mit ihrem alten Tweedkostüm, einem Pullover, einem Tennisdreß und einem Wollkleid zu uns. Dabei wurde sie, was ihr bei all ihren hiesigen Besuchen nie passiert war, nach Sissinghurst mitgenommen, es kamen Leute zum Abendessen und Sonntag stand nun Lady Astor auf dem Programm!

Es gießt in Strömen. Wir kommen kurz vor dem Mittagessen an und fahren in das vollendet gepflegte, prachtvolle Anwesen. Vor der Säulenhalle parken ungefähr acht Wagen. Wir lassen den

[1] Burdette Wright, Vizepräsident und Direktor der Curtiss-Wright Corporation.

kleinen Ford an den Schluß »marschieren«. Gehen hinein. Lord Astor erwartet uns an der Türe. (Ich finde, er ist *der* netteste Mann, dem ich in England begegnet bin, er ist lebhaft, interessiert, sein Aufnahmevermögen ist groß und er ist liebenswürdig. Er geht rasch mit uns eine Hintertreppe zu Lady Astors Zimmer hinauf, ruft »Nancy« und klopft an die Türe. Sie sieht in Zartblau wunderhübsch aus und ist, wie immer, ganz in ihrem Element. So ist bald dafür gesorgt, daß wir uns wohl fühlen. Dann geht's nach unten. Sie fängt an, uns vorzustellen: Sir Thomas Inskip, eine ältliche Dame, ein paar junge Leute, dann gibt sie auf, macht noch eine Handbewegung: »Ihr seid zu viele!« Das stimmte auch, wie üblich waren vor dem Kamin ein paar Dutzend junger Herren aufgereiht, die steif herumstanden, und dazwischen lässig ein ganzer Schwung gut angezogener und wohl »be-hüteter« junger Damen.

Wir gehen zum Essen hinein. Lady Astor führt ein paar Leute zu ihren Plätzen – C. und mich –, die anderen verteilen sich nach Gutdünken. Ich sitze zwischen Lord Astor und Sir Thomas (der die gutaussehende ältere Dame auf seiner anderen Seite hat). Lord Astor ist die Liebenswürdigkeit in Person. Ich fürchte, ich rede zu viel, zum Teil aus Schüchternheit, aber auch, weil er einen durch sein Verständnis und seine Intelligenz dazu verführt. Ich lasse ihn wissen, daß C. und ich seine kürzlich aufgenommene Aktivität für die Wiederbewaffnung und seine neue realistische Friedenspolitik sehr bewundern.

Er sagt, daß die Schwierigkeit darin besteht, das Volk dazu zu bringen, sich hinter Chamberlain zu stellen, der weitgehend unbekannt ist; er spricht auch von einer großen Opposition gegen Chamberlain.

Das Essen war *köstlich*, vor allem die Bratäpfel in Blätterteig. Die Platten werden einem vor der Nase wieder weggeholt, was gar nicht anders geht, da es so viele Leute sind. Der Tisch ist auf die ganze Länge des Zimmers ausgezogen. Wir waren mehr als zwanzig – C. und Lady Astor am anderen

Ende, und etliche zusätzliche Stühle. Ich nehme an, daß sie nie wissen, wie viele sie wohl sind.

Wir gehen in den großen grünen Salon, eine Unmenge weißer und lila Flieder, Buchenzweige etc. Eine Schar junger Mädchen wartet darauf, daß ich zuerst hinausgehe – man denke – *ich!* Es gibt nur drei oder vier ältere Damen, die den Vortritt haben! Ich bin bestürzt.

Lady Violet Astor[1] kommt und unterhält sich mit mir. Sie ist nett – ein ähnlicher Typ wie Mutter. Sie lebt in Hever Castle. Es tut mir leid, daß wir sie nicht früher kennengelernt haben. Wir sprechen von den Younghusbands. Auch sie sieht wunderbar aus, blond und englisch, hat eine sanfte Stimme, ein freundliches Gesicht und trägt Hellblau. Sie wird charmant altern. Für nächsten Sonntag lädt sie uns nach Hever Castle ein.

Lady Astor versucht, Kissen in die Weste irgendeines Peers zu stecken, damit er würdig und stattlich aussieht. Ihn scheint das nicht zu stören.

Alle anderen schauen zu. Die jungen Mädchen unterhalten sich über Gärten. Ich mache mich auf den Weg zu Margaret, um mit ihr über die fremdartigen Lilien zu sprechen (aber sie scheint ganz gut zurechtzukommen, besonders beim Essen).

Lady Astor geht hinaus, um Golf zu spielen. Sie schlägt den jungen Mädchen vor, uns zu einem Spaziergang mitzunehmen. (Die Männer sind ein für allemal verschwunden). Die Mädchen, auch Wissie, ihre Tochter, ziehen los, um Schuhe, Mäntel etc. zu holen, während Margaret und ich mit zwei oder drei Damen zurückbleiben. Eine, die ältere, und eine grauhaarige, intelligente oder Möchtegern-Intelligenz unterhalten sich über Spiritismus. Die ältliche Dame in Schwarz sitzt auf der Bank und wirft dann und wann sehr vernünftige, wie aus Neuengland kommende, beißende Bemerkungen

1 Frau des Honorable John Jacob Astor, jüngster Sohn des 1st Viscount Astor, Präsident der Times Publishing Co. und M. P. Dover Division of Kent.

dazwischen, wodurch die Sache wieder Hand und Fuß bekommt. Sie gefällt mir. Sie ist jemand.

Hinaus zu einem Spaziergang mit Wissie, die die ganze Zeit laut von den Gärten, den Treibhäusern, ihrem Kräutergarten, dem »verwunschenen Garten«, den sie gerne haben möchte, und ihren Backfischproblemen (»stets mit dem zweiten Diener Tennis spielen zu müssen!«) redet. Es ist unglaublich komisch – »die vornehmen Familien Englands«. Meilenweit sehen wir Treibhäuser, Melonen in Netzen, Pfirsiche, die über den Dächern wachsen, Feigen, Orchideen, Trauben, etc. und unendliche, reizvolle Spazierwege. Es gibt Freilandgärten mit Heide, Botticelli-Gärten, französische Gärten, verfallene Gärten, Küchen- und Kräutergärten. Dazu den kleinen verfallenen Friedhof aus dem Ersten Weltkrieg mit flachen Steinen, dem etwas zeitlos Herbstliches anhaftet – Stille, Moos und braune Blätter. Wir sprechen fast ausschließlich über Gärten, ich stelle wegen der Insel Fragen.

Zum Tee ins Haus zurück. (Ich habe beschlossen, daß wir nach dem Tee abfahren *müssen.* Ich habe plötzlich das Gefühl, daß ich keine weitere Mahlzeit durchhalten *kann.* Lord Astor wird vielleicht merken, wie unintelligent ich bin! Margaret scheint mir zuzustimmen und C. offensichtlich auch. Es ist das beste, nie länger zu bleiben, als man gerne gesehen ist.)

Aber der Tee war nett, und ehe er begann, stellte ich fest, daß die großartige ältere Frau Dame Edith Lyttelton[1] ist. Sie setzt sich an einen Tisch und wir unterhalten uns – *Man, the Unknown,* etc. Sie ist die eindrucksvollste Frau, die mir in England begegnet ist.

Sie nennt mir Bücher. Sie hat eine vollkommen natürliche Grandezza, die mir gefällt. Ich kann das nicht beschreiben, denn sie hat nichts *Hoheitsvolles.*

C. kommt herein, und ich versuche, seinen Blick zu erha-

1 Eine Schriftstellerin aus Neuseeland, schrieb Romane und Kurzgeschichten.

schen. Er muß sie kennen lernen. Ich werfe die Leine weit hinaus, versuche ihn zu ködern: »Hier ist eine Bewundererin von Dr. Carrels Buch.« (Na also, jetzt ist die Verbindung hergestellt, beide freuen sich über die Begegnung. Aber wird C. erkennen, was für eine wunderbare Frau sie ist? Wie kann ich ihm das sagen?!)

Der Tee: Lady Astor und C. sprechen über Deutschland, C. gibt eine Beschreibung von Deutschlands Stärke, und alle sind wie vom Donner gerührt.

Lady Astor geht heftig gegen die Franzosen und ihre Aktionen gegen die Deutschen am Ende des Krieges vor: »Ihnen Negertruppen hineinzusetzen und Bordelle zu verlangen!«

Dann nimmt sie uns zum Plaudern mit in ihren Salon.

Jemand kommt hereingestürzt: »Queen Mary ist am Telephon! Rasch – Queen Mary!«

Es stellt sich heraus, daß es sich um das *Schiff*, nicht um die *Königin* handelt, aber auch das ist aufregend genug.

Die Kennedys[1] kommen, Mrs. Kennedy mit vielen großen Töchtern.

Hier ist ständig jemand im Anmarsch. Bestürzung wegen unseres Aufbruchs.

Endlich sind wir weg, nachdem wir uns mit einem göttlichen Federhalter in das Gästebuch eingetragen haben.

Long Barn, Donnerstag, 5. Mai

Vormittags mit C. in die Stadt, um mit Lady Astor und George Bernard Shaw zu Mittag zu essen! Ich sause los, um meine Haare machen zu lassen (dort lese ich von vorne bis hinten die *Times*, um sicherzugehen, daß ich ausreichend informiert bin).

Zu Lady Astor am St. James's Square. Wunderbares altes

[1] Die Familie von Joseph P. Kennedy, der von 1937–40 US-Botschafter in Großbritannien war.

gregorianisches Haus. Bei unserer Ankunft treffen wir Lord Astor, Botschafter Bullitt[1] und Botschafter Kennedy alleine an. Lord Astor nimmt einem sofort jede Befangenheit. Das trifft natürlich auf die beiden Amerikaner genauso zu. (Wie seltsam, wenn man zwei Jahre nicht mehr zu Hause gelebt hat und dann wieder Amerikaner trifft – man ist wunderbar erleichtert, Landsleuten zu begegnen und die *eigene* Sprache zu hören, es ist so, als geriete man im Schwimmbecken an eine warme Stelle.) Wie merkwürdig ist es auch, daß Botschafter einst eher furchtgebietende und verehrungswürdige Herren (mit langen Bärten, stattliche Erscheinungen) waren, jetzt aber sind sie »jung« und wenn auch nicht gerade in »meinem Alter«, so doch in etwa »passend« und unsere Generation.

Lady Astor trat herein und wir wurden durch ihre bezaubernden Räume geführt. Verschiedene Leute kamen – in der Hauptsache Herren. Ich konnte sie nicht alle »unterbringen«. Ein netter Herr aus Wales, den sie T. H. (Thomas Jones[2]) nannten. Er zwinkerte vergnügt. Fragte mich, was ich von England kannte, und ich sagte ihm, daß ich zuerst in Wales gewesen sei, worauf er mir nochmals die Hand gab. Der Herausgeber der *Times* war auch anwesend.

Lauter Leute der Regierung, oder solche, die ihr nahestanden. Man unterhielt sich darüber, wie komisch es sei, daß Winston (Churchill) die Regierung wegen des Irischen Abkommens attackieren wollte – ausgerechnet wegen des einen einzigen Punktes, über den sich alle anderen einig waren. Wie typisch für Winston, sagte man, er muß immer in der Opposition sein!

George Bernard Shaw erschien, aufrecht, weißhaarig, aber recht blaß und alt und nicht annähernd so *ungestüm,* wie ich es mir vorgestellt habe, dazu Mrs. Shaw und eine jüngere Kusine von Lady Astor, deren Namen ich vergessen habe.

[1] William C. Bullitt, 1936–41 US-Botschafter in Frankreich (1933–36 in Rußland).

[2] Dr. Thomas Jones, Vertrauter von Lloyd George, Ramsay MacDonald und Stanley Baldwin, 1938 Mitglied des englischen Kabinetts.

Wir wurden in das Speisezimmer geführt. Lady Astor und George Bernard Shaw saßen an einem Ende der Tafel und Lord Astor am anderen. Ich saß neben G.B.S. und einem Herrn, der spät kam, einem Engländer, der erst von Portugal zurück war – wohl in offizieller Mission, nahm ich an – und der sehr intelligent war.

G.B.S. anzureden, war nicht leicht, einmal, weil er berühmt ist und man das Gefühl hat, man kann nicht einfach losschießen und ihm sagen, wie viele seiner Stücke man gelesen hat, dazu schüchterte mich seine Brillanz ein. Auch war er alt und daran gewöhnt, der Mittelpunkt zu sein. Man muß ihm die Stichworte liefern. Lady Astor machte das sehr gut, klopfte auf den Tisch und sagte anfangs: »Seid mal still, ich möchte wissen, warum G.B.S. Faschist geworden ist. Ist das wahr?« Gelächter. Ich glaube, er meinte vage, es spräche auch einiges für den Faschismus. Sie forderte ihn weiter heraus, Themen waren Rußland, die Demokratie, etc. So ganz ernst war das wohl nicht gemeint, auch die Königin, die von allen verehrt wird, G.B.S. offenbar nicht ausgenommen, kam an die Reihe.

Hohn und Spott erntete auch die »Cliveden Set[1]«-Propaganda gegen die Astors – bei der sie bezichtigt wurden, Faschisten etc. zu sein. Eine Attacke, der Lord Astor mit einem langen Brief in der heutigen *Times* begegnete. (Wie gut, daß ich die Morgenausgabe der unschätzbaren *Times* beim Friseur gelesen hatte!)

Der interessanteste Gesprächspartner war der Mann aus Portugal, auch wenn ich nicht viel sagte, da sich das Gespräch auf Lady Astor und G.B.S. konzentrierte. Auf eine meiner Fragen antwortete er, daß der *Anschluß* für Italien völlig überraschend

[1] Hier wird auf einen Artikel über die Astors und ihre Freunde Bezug genommen, den Claud Cockburn in seinem kleinen Nachrichtenblatt, *The Week,* veröffentlicht hatte. (Er war auch der Londoner Korrespondent der *Prawda.*) Er hatte den Ausdruck »Cliveden Set« geprägt, und bezichtigte diese Gruppe pronazistischer und profaschistischer Intrigen. Nancy Astors Biograph, Christopher Sykes, der ihrer Politik durchaus kritisch gegenüberstand, bezeichnet diese Anschuldigung als reines Machwerk.

kam und es erschreckt hat. Daß sich Mussolini unter anderem für den Seniordiktator hält und ihn die bevormundende Art des parvenühaften deutschen Diktators reichlich verärgere; z. B. das Telegramm »Ich werde Ihnen das nie vergessen«, etc.

Mit Kennedy sprach ich über den Tisch hinweg über die Judenfrage, nachdem Lady Astor erwähnte, daß sie Richter Frankfurters Onkel aus Deutschland herausbekommen wollte[1], und Kennedy von Lotte Lehmann erzählte, die gestern abend auf offener Bühne aus Kummer über ihre Kinder in Österreich zusammengebrochen ist.

Dann hinaus – mit den Damen. Mrs. Shaw ist nett und intelligent. Sie gefiel mir. Ich glaube, sie ist geistreich und vernünftig.

Lady Astor sagt, daß ich einen sehr hübschen Hut aufhabe; ich glaube auch, daß ich hübsch ausgesehen haben muß, C. meinte das ebenfalls und war glücklich und zufrieden.

C. unterhält sich gut mit Kennedy – ich kann ihn dort jetzt nicht wegholen. Lady Astor stopft sich falsche Zähne in den Mund, verändert dadurch ihr Aussehen völlig, ist jetzt eine echte Engländerin – und zwar eher eine ordinäre. C. und ich glauben beide, daß jemand anderer das Zimmer betreten hat. Sie geht zu C., stößt ihn an und fragt ihn, weshalb er nicht so eine Art Mae West geheiratet habe anstelle dieses kleinen Knirpses? Sie ist zum Schreien komisch.

Als wir eben gehen wollen, stellt sich heraus, daß sie uns am 23. zum Essen mit dem König und der Königin zusammen eingeladen hat! Sie sagt, es sei ein Ball – ihr großartig-

[1] Nancy Astor bestürmte den deutschen Botschafter in London am Telephon wegen Richter Felix Frankfurters Onkel, der während des Anschlusses in Wien inhaftiert worden war. Daraufhin wurde der Onkel freigelassen. Lord Astor, »der von den Engländern offensichtlich der einzige war, der Hitler begegnet war, hatte den Mut gehabt, die Mißhandlungen der Juden zu erwähnen«. Zitat aus Elizabeth Langhorne, *Nancy Astor and her Friends.*

stes Fest –, ich müsse ein Diadem tragen *(muß ich?)* und C. müsse vorher noch tanzen lernen, wir hätten ihn alle schon viel zu lange gewähren lassen!

Wir wandern vergnügt in den Londoner Sonnenschein hinaus, die Menschen und Gespräche haben uns angeregt. C. freut sich über Kennedy, mit dem er sich gut unterhalten kann.

Sonntag, 8. Mai

Ein Telegramm von Mutter: Ankunft zur Teezeit! Lese die Sonntagszeitung ganz gründlich, die Auslandsnachrichten, stelle für Mutters Schreibtisch einen kleinen Blumenstrauß zusammen – so wie sie's macht: Vergißmeinnicht, eine rosa Tulpe, Rosmarin, Iberis und rosa Armeria.

C. und ich fahren zum Essen nach Hever Castle. Es ist das bezauberndste Schloß, das ich je gesehen habe, klein, mit Wassergraben, inmitten eines Parkes. Doch damit sind Wärme und überwältigender Charme dieses uralten, herrlichen Besitzes nur unzulänglich umschrieben, sie liegen vielmehr darin, daß er dadurch, daß er bewohnt und wunderbar gehalten ist, Frische und Farbigkeit bekommt. Schöne Blumen blühen um den Wassergraben und außen um den Rasen (ein großes Beet blauer Vergißmeinnicht, die sich im Wasser spiegeln), Blumen an dem Fallgatter und der Zugbrücke, Goldlack und ein purpurfarbener Duftstrauch (Olearia), der an Michaels Gänseblümchen erinnert, Azaleen und Clematis. Dadurch gewann der Ort einen unbeschreiblichen Liebreiz – dieses alte, offensichtlich sehr stark befestigte Schloß wurde durch die Blumen heiter und jung – wie Kriegswaffen, die für eine Parade mit Bändern geschmückt wurden. (Ich denke an sehr *alte* Waffen – aus der Elisabethanischen Zeit – die lediglich als Ausstellungsstücke dienen.)

Lady Astor war nicht da, aber ihr Mann kam uns entgegen, er ist eher schüchtern, sehr vornehm, nicht so gewandt wie sein Bruder, aber sehr nett und intelligent. Er hatte es nicht leicht, da sie zu einer schwerkranken Schwester gerufen worden war und er uns gar nicht kannte. Es waren noch der Sohn des Hauses, seine amerikanische Braut, eine Nichte Lady Astors, ein älterer Herr und ein jüngeres englisches Ehepaar mit Namen Anderson anwesend. Mr. Anderson geriet mit C. in eine Auseinandersetzung über den Zustand des Flugwesens in England und Deutschland (man möchte glauben, daß *jeder andere* das vermieden hätte) und C. kam immer mehr in Fahrt. Düstere Aussichten wurden aufgezeigt. Der Mann meinte, daß ein Krieg mit Deutschland nicht länger als drei Monate dauern würde – dann wäre es am Ende. C. sagte, man käme der Wahrheit näher, wenn man es umgekehrt formulierte – zumindest wäre es zweifelhaft, ob England, so unvorbereitet wie es augenblicklich war, gegen Deutschland gewinnen könnte. Trotzdem nahm er an, daß Deutschland länger als drei Monate brauchen würde, um zu siegen. Diese Behauptung wurde, gelinde gesagt, nicht sehr wohlwollend aufgenommen.

Dann gingen wir in den Garten, die Herren sprachen nicht mehr über Deutschland, man besichtigte das Haus und beruhigte sich.

Herrlicher Garten, alte Bäume, Spazierwege, der »Anne-Boleyn-Spaziergang«. Hierher kam Heinrich VIII., um ihr den Hof zu machen. Einen Hügel hinauf, zwischen Baumalleen, auf rasenbedeckten Stufen. Südliche Gärten, ein See, aber wunderschön, ein alter Buchsbaumgarten mit gestutzen Buchsbaumfiguren.

Nach dem Spaziergang gehen wir.

Zu Hause, ich ordne noch Blumen, Jon schneidet die Tulpen für mich.

Ich bringe den Tee hinter mich, bade und füttere Land, ehe Mutter eintrifft. Jon war im Bad.

Ich höre das Auto und gehe ihnen bis zum Tor entgegen. Die Limousine ist rückwärts in die enge Einfahrt gestoßen, Taschen, Gepäck, auf dem Dach eine riesige Schachtel (in der Jons Flieger und eine Ente für Land sind). Isabel in Hut und Schleier! Der unvermeidliche Mr. Gregory und der Chauffeur kämpfen mit den Taschen. Und Mutter sehr zierlich, müde, eifrig, wieder in Schwarz-Weiß (Halbtrauer).

Jon freut sich sehr, sie zu sehen, Land blickt mit großen Augen von seiner Decke auf, lächelt aber nicht wirklich.

Mittwoch, 11. Mai

Mutter liest das Ende von *Listen! the Wind.* Sie findet es viel besser als *North to the Orient.* Ihre Vorschläge in bezug auf Grammatik und Überschriften sind eine große Hilfe. C. und ich sind über ihren Eifer ganz begeistert. Beim Gutenachtkuß sagt sie zu C.: »Sie ist *deine* Frau – aber sie ist *meine* Tochter!«, das bedeutet viel bei einer so puritanisch geratenen Mutter.

Freitag, 20. Mai

Mutter besucht Jon in der Schule. Aufruhr im Haushalt. Ich sause herum, besorge Autos, treffe Anordnungen für die Mahlzeiten. C. ist durch die Atmosphäre (ich fürchte, es ist eine Morrow-Atmosphäre) und durch das Gefühl, unter Druck zu stehen, irritiert.

Samstag, 21. Mai

Arbeite den ganzen Tag mit C. zusammen an dem Buch. Es ist schwierig, zu arbeiten. Nirgendwo ist Ruhe und wir sind nervös. Selbst ins Büro steckt Hook seinen Kopf durchs Fenster und stellt C. eine Frage wegen des Holzes!

In den Zwischenzeiten wandere ich im Garten herum, mache Listen von den Dingen, die ich nicht vergessen darf, versuche mir vorzustellen, was noch blühen wird vor unserer Abreise – welche Rosen? Die weiße Clematis? Der Rittersporn? Ich bin in bezug auf diesen Garten ganz süchtig, und in meinem Inneren schmerzt es mich so tief, daß ich fort muß. So versuche ich, jeden nur möglichen Augenblick darin zu verweilen.

Sonntag, 22. Mai

Schlagzeilen – die Tschechen und die Deutschen haben ihre

Truppen an der tschechischen Grenze zusammengezogen. Es sieht sehr ernst aus. Frankreich sagt dazu, daß das im Falle eines Angriffs von deutscher Seite Krieg bedeute und es seine Versprechungen gegenüber der Tschechoslowakei bis zum letzten verteidigen wolle. Was wird England unternehmen?

C. und ich arbeiten den ganzen Vormittag. Am Montag wird eine Sekretärin kommen, die das ganze Buch in dieser Woche tippen soll.

Tee in Sissinghurst. Es ist ein heißer windiger Tag, ohne Ruhe. Harold Nicolson, Mrs. Nicolson, Mrs. St. Aubyn und Ben sind da. Wir wandern in Zweiergruppen die Spazierwege hinunter. Meine Partnerin ist natürlich Mrs. St. Aubyn. C. nimmt Harold Nicolson zur Seite und bearbeitet ihn offensichtlich schwer mit unerfreulichen Angaben über die Luftfahrt. Mrs. St. Aubyn sagt immer wieder: »Wie glücklich wären wir an diesem herrlichen Tag, wenn nur...« Mrs. Nicolson sieht bedrückt aus, unterhält sich aber mit Mutter über andere Dinge, und Ben (den es betrifft – dessen Generation in diesem Krieg dranglauben muß) schweigt.

Wir treffen uns alle zum Tee und Harold Nicolson sagt ein paar Worte. Er ist wirklich ziemlich erschlagen. Er meint offenbar, daß die jetzige Regierung im Unrecht und schwach ist, Eden im Recht war, und daß es gut ist, daß die USA idealistisch und voller Hoffnung die Fackel hochhalten. Wenn jeglicher Idealismus in der Welt stürbe, was würde geschehen...

Ich bin traurig. Wie großartig hätte ich noch vor einem Jahr diese Verteidigung des Idealismus gefunden, dabei wirkte er jetzt, angesichts der Tatsachen, fehl am Platz.

Unser Zusammensein war überschattet. Mutter teilt Harold Nicolson mit, wie gerne ich sein Haus habe und wie schwer mir der Abschied fällt. Ich bin froh, daß sie es tut, denn ich hatte keine Gelegenheit dazu, und er ist wirklich lieb.

Montag, 23. Mai

Am Vormittag weg und um 12.30 Uhr in die Stadt zu Lady Astors Ball.

Vor St. James's Square 4 sind eine ganze Menge Menschen, auch Photographen, die uns jedoch nicht entdecken. Aber in der Garderobe bin ich die erste! Niemand da, dem ich etwas abgucken könnte, zupfe an meinen langen weißen Handschuhen. Trägt man das Armband *innen* oder *außen?* Wie weit müssen die Handschuhe hinaufgehen?

Die langen teppichbelegten, von Lakaien gesäumten Treppen hinauf. »Oberst Lindbergh und Mrs. Lindbergh«, sage ich zu dem Diener, der die Namen ausruft, wir treten ein.

Alle stehen steif an den Seiten des Saales herum, wie in der Tanzschule. Ein wunderbarer Raum, an Decke und Wänden goldene Schnörkel, herrliche lange Spiegel und alte Kandelaber. Unmengen von Goldregen quoll aus gewaltigen Töpfen an jedem Ende des Saales. Ich unterhielt mich mit Mrs. Winn[1], einer netten munteren Person, die ich bei Lady Astors Mittagessen getroffen habe, und mit Helen Mildmay. Dann gesellte sich ein älterer Herr dazu, der, wie sich herausstellte, mein Tischherr sein würde, und es kam eine junge Frau, die etwa in meinem Alter war. Sie war mir und Elisabeth in Nassau begegnet. Wie seltsam – ein Appell an die Vergangenheit, an diese kostbare Zeit mit Elisabeth, in der ich so viele Zweifel wegen einer Heirat mit C. hatte. »Waren Sie dort mit ihm verlobt?« fragte sie. Sie war nett, gehörte aber zu den Engländerinnen, mit denen man sich nur schwer unterhalten kann. Ich nehme an, daß das an der Zurückhaltung liegt, und nicht unfreundlich gemeint ist. Ich hatte keine Ahnung, wer sie war. (Später fand ich heraus, daß sie die Vicomtesse Cranborne war.) Dann wurden wir Lord (Vicomte) Cranborne[2] vorgestellt. Man konnte sich gut mit ihm unterhalten. Er war

1 Mrs. Anthony Winn, eine Nichte Lady Astors.

2 Unterstaatssekretär bei Eden.

in Rußland gewesen und hatte, wie ich, den Eindruck gewonnen, daß dort eine tiefe Schwermut herrsche (die man nicht begründen kann).

Dann wurde es still – die Herzogin von Kent. Sie sah in ihrer schwarzen, rundum mit Volants besetzten Winterhalter Spitzenrobe, einem wunderbaren Diadem, langen alten Diamantohrringen und einer Diamantagraffe an ihrem Kleid unglaublich schön aus. Sie war ausgesprochen anmutig, schritt sehr würdig und stilvoll von einem zum anderen, reichte ihre Hand und die Volants gerieten in Bewegung, als sie vorüberschritt. Selbstverständlich machten alle ihren Hofknicks.

Der Herzog von Kent ist klein und hält sich nicht gut. Ich fand, er sieht eher verweichlicht, aber doch interessant aus. (Der König hat prägnantere Züge.)

Dann erschienen langsam und mit stiller Würde der König und die Königin.[1] Sie trat zuerst herein und trug ein weites, rosa spitzenbesetztes Abendkleid mit gebauschtem Rock, der Ausschnitt gab ihre Schultern frei. Ein Diadem, ein Collier. Sie wirkte im besten Sinne viktorianisch: war klein, fast gedrungen, ging, als träge sie eine Turnüre, und sah in ihrer Würde, im Gegensatz zu der fremdländischen erhabenen Eleganz, die die Herzogin von Kent präsentierte, gediegen und englisch aus. Ihr Gesicht war sehr hübsch, erstaunlich jung und dabei altmodisch.

Die Königin rauschte anmutig durch den Saal, um die Herzogin und den Herzog von Kent und etliche andere königliche Hoheiten oder dem Hofe nahestehende Persönlichkeiten zu begrüßen – und (als sei es das natürlichste von der Welt) küßten sich. Beide wurden herumgeführt und wir machten, während wir einzeln vorgestellt wurden, unseren Hofknicks. Sie sieht einen richtig an, wenn sie einem die Hand reicht. Man steht einer Persönlichkeit gegenüber. Wie ist ihr das möglich, da sie so viele derartige Empfänge zu absolvieren hat? An den König erinnere ich mich kaum, da ich so erstaunt über sie war und sie so bewunderte.

[1] König Georg VI. und Königin Elisabeth.

Das Essen begann. Ich saß an Lady Astors Tisch, dem Königspaar gegenüber (auch der Herzog von Kent saß bei uns). Der ältere Herr zu meiner Linken war der Honorable R. H. Brand[1]. Zu meiner Rechten saß der Honorable David Bowes-Lyon (ein Vetter der Königin?). Ich unterhielt mich großartig mit Mr. Brand. Er hat Daddy gekannt (wohl während des Krieges, nehme ich an). Man konnte gut mit ihm reden, er interessierte sich für das Problem der Wehrpflicht in England (er war dafür, und ich ließ ihn wissen, das C. es auch war). Er sprach über das tschechische Problem, über Deutschland, über die Luftstreitkräfte und darüber, daß eine »Okkupation« aus der Luft allein nicht möglich sei. Daddys These über den Krieg: »Beginnt möglicherweise in der Luft, endet aber im Sumpf.« Doch auch Bücher kamen an die Reihe: Whiteheads[2] Zitat über den Fehler, den die katholische Kirche damit gemacht habe, ihren Gott zum Symbol des Konservativismus und nicht zum Symbol des Fortschritts und des Aufstands zu deklarieren. Dann über Liddell Harts[3] Buch. Er bestritt L. H.s These, daß der Mensch ständig an Bedeutung verliere, die Maschine aber immer wichtiger würde. Ich stimmte ihm zu. Weiter zu Carrels Buch. Währenddessen kämpfte ich die ganze Zeit über mit meinen Handschuhen, die ich ausziehen wollte (auch die Armbänder und die Uhr etc.), um essen zu können. Blödsinnige Dinger. Mr. Brand sagte, er habe mein Buch gelesen. Darüber freute ich mich sehr. Er sagte: »Ich lese sehr wenige Bücher, Ihres habe ich mehrmals gelesen.«

Ich hätte immer weiter reden können (das Nette ist, daß einem intelligente Menschen das Gefühl geben, daß man auch gescheit ist), aber ich sah, daß die Dame auf seiner anderen Seite ungeduldig wurde – ich hatte das Gespräch an mich gerissen. Daher

1 Robert Henry Brand, späterer I. Lord Brand, Autor und Autorität in der Finanzwelt, heiratete Lady Astors Schwester Phyllis.

2 Alfred North Whitehead, Mathematiker und Philosoph.

3 Sir Basil Henry Liddell Hart, Schriftsteller und Autorität auf militärischem Gebiet.

wandte ich mich an den Honorable David Bowes-Lyon, der mit der amerikanischen Braut des jungen Lord Astor [von Hever Castle] sprach. Sie sah mit ihrem Diadem bezaubernd aus.

Man erhob sich. Die Königin verließ den Saal (»das habe ich verpaßt!«, sagte hinter mir die amerikanische Braut). Dann gingen wir, die Damen machten vor dem König einen Hofknicks beim Hinausgehen. (»Sie müssen vorgehen!« flüsterte die junge Braut hinter mir).

Etliche Damen gingen in Mrs. Winns Schlafzimmer, um sich zurechtzumachen. Als wir herunterkommen und in der Türe stehen, kommt Lady Astor auf mich zu, um mich zu einer Unterhaltung zur Königin zu holen, die auf einem Sofa sitzt. Ich trete vor sie und mache einen Hofknicks, sie bedeutet mir mit einem Kopfnicken, mich in einen Stuhl zu setzen. »Setzen Sie sich hierher.« Dann sagte sie sehr reizend: »Ich höre, daß Sie am Krönungstag ein Baby zur Welt gebracht haben.« Ich sagte: »Ja, Majestät«, und fügte etwas über meine Verwunderung darüber, daß sie davon wisse, hinzu (ich fürchte, ich habe einen Fehler gemacht – man muß Ihre Königliche Hoheit sagen). Dann sagte sie sehr nett und fast verlegen, ja sogar ein bißchen zögernd: »Ich finde es sehr schön, wenn man bei einem außergewöhnlichen Ereignis daran denken kann, daß auch ein anderer etwas Besonderes erlebt.«

Sie erkundigt sich ziemlich zurückhaltend nach Charles, sucht dabei nach Worten. »Er beschäftigt sich ... mit seinen ... Erfindungen?« Dazu wollte sie wissen, wie sein wissenschaftliches Interesse geweckt wurde. So erzählte ich ein bißchen über C., vergaß dabei meine Schüchternheit und die Anreden »Euer Majestät«, berichtete von seiner Erziehung und davon, daß er keine technischen Schulen hatte besuchen können. Sie sagte lächelnd etwas über seltsame Wege, und daß die Menschen schließlich doch ihrer Berufung folgten.

Ich sah, daß Lady Astor jetzt jemand anderen herführen wollte: »Wenn mein Baby heranwächst, werde ich ihm sagen, daß Sie sich nach ihm erkundigten.« Darauf die Königin ganz lieb, würdevoll und auf eine altmodische Weise gnädig, aber schlicht: »Geben Sie ihm meinen Segen, ja?« Ich machte meinen Hofknicks und verließ sie recht bewegt.

Die Gäste gingen zum Tanz. Ich blieb mit Lord Cranborne zurück, der mich aufforderte, aber gleich hinzufügte, daß er ein schlechter Tänzer sei. Ich gestand ihm, daß ich jahrelang nicht mehr getanzt hatte, und so schlug er vor: »Setzen wir uns hin und unterhalten uns.« Das taten wir, und wir führten ein wunderbares Gespräch. Dann wurde ich seinetwegen ein wenig unruhig und bat C., sich auch zu uns zu setzen, damit Lord Cranborne sich nicht langweilen und jederzeit das Gefühl haben sollte, weggehen zu können. Doch zumeist war das Gespräch so angeregt, daß ich sogar vergaß, mir wegen seiner Langeweile Sorgen zu machen. Er ist brillant, sensitiv und verständnisvoll. Da er sehr liebenswürdig war, fühlte ich mich frei und ungezwungen.

Wir führten eine der anregenden Unterhaltungen, bei denen man, das Verständnis des anderen voraussetzend, immer neue Themen anschneiden und sicher sein kann, daß der Partner mithält.

Lord Cranborne begann mit der Erwähnung meines Buches, das er gelesen hatte – was nett war –, dann sprachen wir über China, Rußland, Deutschland und seine augenblickliche Situation, Amerika und England (als Demokratien), über deren Unterschiede und nationale Eigenheiten. Darüber, daß die Franzosen und Engländer zivilisierter als die so anders gearteten Deutschen seien, die aber dafür eine Führung hätten, die den anderen fehlte. Er sagte etwas Großartiges über die Franzosen: »Ich denke immer, daß die Franzosen sehr klar sehen – aber eben nicht sehr *weit.*« Das ist wirklich ausgezeichnet.

Natürlich kannte er Harold Nicolson und Vita Sackville-West, und wir sprachen über ihre Bücher. Vom spanischen Krieg – von Grausamkeit und Brutalität im Süden wie im

Norden. Von Indien und Rhodos, was uns zur griechischen Kultur führte.

Den Rest des Abends verbrachten C. und ich damit, daß wir herumgingen und immer wieder bei den Menschen, die wir kannten, stehenblieben, um uns mit ihnen zu unterhalten.

Es gibt hier eine Art Menschen, die einen wahrlich aus der Fassung bringen kann – Leute, die man auf einem der letzten Diners oder auch woanders getroffen hat, und die man in Amerika normalerweise einfach im Vorbeigehen grüßen würde, schauen an einem vorbei oder erwidern eisig den hoffnungsvoll auf sie gerichteten Blick.

Zuerst bin ich darüber wie erstarrt gewesen, aber ich glaube, es handelt sich hier wohl eher um einen Kodex als um einen ausgesprochenen Versuch, den anderen zu schneiden. Es bedeutet: »Ja, ich erinnere mich an Sie, aber es kommt mir jetzt nicht eben gelegen, Sie zu erkennen. Ich möchte jetzt nicht gestört werden.«

Zum Teil ist das natürlich reine Hochnäsigkeit, zum Teil aber auch Ungewandtheit und ein Mangel an gesellschaftlicher Fähigkeit, eine Art scheuer Trägheit. Ich fange an, die Engländer kennenzulernen.

Etwa um zwei Uhr brachen der König und die Königin auf. Die Gäste beugten sich über die Geländer, um das majestätische Paar zu beobachten. Ein breites wunderbares königliches Treppenhaus, in das die Damen, in ihren Abendroben nebeneinander aufgereiht, hinabschauten. C. und ich gingen zu Lady Astor, sprachen ein paar Worte mit ihr und bedankten uns. Lady Astor sagte zu C.: »Wo waren Sie, der König wollte sich mit Ihnen unterhalten.«

Dann gingen wir zum »Souper«, das unten stattfand. Das graue junge Mädchen, das ich bei Lady Astor getroffen hatte, winkte uns zu, wir sollten kommen und uns zu ihnen setzen (inzwischen war ich sicher, daß sie uns gar nicht meinte, denn mehrere Leute hatten uns bisher »nicht erkannt«). Ihr Winken aber hatte *tatsächlich* uns gegolten, und so setzten wir uns. Er,

Mr. Ronald Tree[1], war sehr interessant, fand ich. Wir unterhielten uns sofort über Bilder, Brockhurst, Jon etc. und die Ausstellung der Royal Academy. Er erwähnte ein wahrhaft schönes Bild von einem nicht mehr lebenden Künstler – es war das einzige, das auch mir wirklich gefiel – das Mädchen in Weiß von Philpot!

Ein schöner Abschluß dieses Abends – das Gefühl, daß sich jemand etwas aus einem machte. Ich war froh, daß wir sie wieder getroffen haben. Ich mag sie – klein, zart mit ihrem grauen Haar und dem jungen Kindergesicht mit den dunklen Augen.

In der Limousine (die wir für diesen Abend hatten) nach Hause, und der Abend wurde rekapituliert. C. sagt, die Königin sei sehr müde und man sähe ihr die Strapazen dieses Leben an; er habe einfach weiter erzählt, da er annahm, daß das für sie das einfachste war. Er berichtete ihr ein bißchen von seinem Leben kurz nach seiner Ozeanüberquerung: von dem Druck, den Menschen, den offiziellen Veranstaltungen, wie sehr ihm das alles zuwider war. Er fügte aber hinzu, daß wir jetzt so selten auf große Feste gehen, daß wir den heutigen Abend genössen.

»Sie genießen das jetzt?« fragte sie neckend.

»Ja«, sagte er, »wir gehen so selten, daß es eher interessant ist.«

Mittwoch, 25. Mai

Arbeite den ganzen Tag über an dem Buch, prüfe und überprüfe. C. gibt sich eine Riesenmühe bei der Durchsicht meiner (Morrow!) Charaktere.

Vom Buckingham Palace kommt eine Einladung zu einem Ball am 1. Juni! (»Sie genießen das, nicht wahr?«)

Alle Pläne über den Haufen geworfen. Wir gehen natürlich. Das ist die Königin, wie reizend von ihr. Versuche, unseren Auszug aus Long Barn neu zu planen.

[1] Nichte und Neffe von Lady Astor.

Donnerstag, 26. Mai

Gehe nach dem Abendbrot durch den Garten. Mir ist bei dem Gedanken, diesen Garten verlassen zu müssen, so zumute wie jemandem, der von einem geliebten Menschen Abschied nimmt. Die letzten Tage, die letzten Augenblicke nehmen Formen einer wahren Seelenpein an. Noch ist er mein, ich muß mir alles genau einprägen – wie die Hecken verlaufen, wie der wilde Wein wächst. In einer Woche kann ich mich nicht mehr umdrehen und nach den hellblauen Iris sehen, ich werde vergessen haben, wo der holperige Klinkerpfad um das Haus verläuft. Die verschiedenen Grüns des Gartens – die Buchenhecke und der Weißdorn, die Obstbäume, die Graus des Heiligenblumenbusches, die verschiedenen lebhaften Grüns des Kräuterbeetes. In einer Woche werde ich nicht mehr jedesmal, wenn ich vor die Türe trete, ein Büschelchen vom süßduftenden Rosmarin abrupfen und es zerrieben in meinen Händen halten können.

Wie köstlich ist es, die Augen zu schließen, sie wieder zu öffnen, um sich zu blicken, und noch ist alles beim alten.

Freitag, 27. Mai

C. und ich fahren in die Stadt, in der Hauptsache, um einiges für die Einladung in der nächsten Woche zu erledigen – er muß sich Kniehosen anmessen lassen, und ich muß mir ein Diadem besorgen. Beides reichlich widersinnig. Zu Leighton in der Burlington Arcade. Sie hatten ein sehr hübsches, das ein bißchen ausgefallen war, drei Sterne und die gemusterten Zwischenglieder formieren sich zu einem Krönchen. Es war weder zu schwer noch zu glitzernd. Die Sterne kann man abschrauben und als Brosche verwenden. Es wirkt altmodisch und gefällt mir daher besser als die modernen.

Sehr müde erwische ich den Zug nach Hause. Schaue nach Jon, der schon im Bett liegt.

Samstag, 28. Mai

Sehe Papiere und Tagebücher durch.

Nach dem Essen mit C. in die Stadt. Zum Paddington-

Bahnhof und mit dem Zug nach Banbury, wo wir Mr. Brand besuchen wollen. Schönes hügeliges Gelände. Ein herrliches, streng georgianisches altes Haus inmitten alter Bäume, Rasenflächen, Felder. Reizende Leute und auch nicht zu viele: Mr. und Mrs. Barrington Ward von der *Times*, Mr. Thomas Jones (T. J.) kannte Elisabeth. Solche Abende liegen mir sehr. Interessante Gespräche. C., der Mann von der *Times* und Mr. Brand diskutieren über die Außenpolitik, über Deutschland und England.

Mit einem sehr langsamen Zug nach Long Barn zurück.

Doch es hat sich gelohnt. Was für nette Leute. Beste Repräsentanten Englands, gebildet, intelligent, kultiviert, charmant. Wenn sie so geraten sind, gibt es keine Nation, die ihnen gleicht. C. und ich freuen uns über diesen Kontakt, eine Bereicherung. Fast gerate ich in Versuchung, zu sagen, daß man für die Erwartung solcher Begegnungen lebt. Die freudige Erkenntnis, auf Gleichgesinnte gestoßen zu sein, wirkt nach, überstrahlt noch die Heimkehr. Hiermit sollen nicht die einzelnen Personen zu sehr herausgestellt werden, es handelt sich vielmehr um den ganzen Kreis um Lady Astor, um alle, die wir mit ihr oder durch sie kennenlernten: die Dame Edith Lyttelton, die T. J.s, die Cranbornes, die Brands, die Astors.

Ich bin glücklich, daß ich sie vor meiner Abreise von England kennengelernt habe. Durch sie gewann ich von England einen besseren Eindruck.

Dienstag, 31. Mai

Die Männer von Harrod's, beginnen mit dem Packen. Was für ein Tag! Unentwegt werden Bücher, Porzellan, Papiere, die Spielsachen der Kinder etc. in das große Zimmer geschleppt. Muß sortieren, auswählen, entscheiden, Fragen beantworten, Dinge bezeichnen (für die Aufbewahrung, für die Überfahrt). Und wieder einmal wandert mein ganzes Sammelsurium dieser nicht näher zu definierenden Dinge, die eine Häuslichkeit ausmachen, in den indifferenten Rachen eines Lagerhauses. Wie schon so oft – Princeton, Hopewell, Englewood, New York.

Die gleiche häusliche Atmosphäre ist nie wieder herstellbar. Man beginnt von neuem zu sammeln, neue Assoziationen stellen sich ein, es ergibt sich eine neue Kombination – die frühere ist ein für allemal dahin.

Langsam gerät das Haus in eine hektische Unordnung, in eine unbehagliche Auflösung und Aufregung. Hassenswert. Thor schleicht ruhelos und unglücklich herum. Überall im großen Zimmer liegen Zeitungen, Schnipsel, Holzwolle, Schachteln und Hüllen verstreut. Die Packer gehen gerade rechtzeitig, so daß man noch ein wenig aufräumen kann. Ich rücke ein paar Sachen für C.s Gäste, Mr. Martin[1] und seine Mutter, zurecht.

Und morgen ist der Ball!

Mittwoch, 1. Juni

Wache auf, fühle mich mies, benommen, habe Schnupfen. Kann ich gehen? Bleibe den ganzen Vormittag im Bett. Wir packen und nehmen den Zug um 14.13 Uhr. Ich komme zu meiner Verabredung bei Émile zu spät. M. Pierre macht meine Haare und ich sitze stundenlang unter der Haube. Die Erkältung ist wie weggeblasen. Mache mich auf den Weg, um das Diadem zu holen (muß pünktlich dort sein!). Dann in ein Taxi und ins Claridge, wo wir uns umziehen. C. ist bereits dort und gleich geht's mir besser. Meine Haare sehen hübsch aus, der Schnupfen ist weg. (Die Atmosphäre im Claridge ähnelt New York oder einem fröhlichen London.) Wir essen oben – Sherry und Toast. C. und ich sitzen einander gegenüber, er in seinen Kniehosen, ich mit meinem Diadem, wir lachen über uns.

In Elisabeths Mantel (mit ihrer Uhr und ihrer Straßkette, meinen Straßohrringen und dem Straßarmband) nach unten, in einem Wagen in den Buckingham-Palast. »Schau nach, ob jemand hineingeht, wir wollen nicht zu früh kommen.« Eine Menge Autos und Taxis, also fahren wir hinein, C. zeigt unsere Karten vor. Teppichbelegte Stufen hinauf, an Dienern vorbei,

1 Luftfahrtpionier, Präsident von Glenn L. Martin Co. in Baltimore.

die uns weiterhelfen, uns sagen, wohin wir gehen sollen. (Dieser Teil gelang so reibungslos, daß er weit weniger unangenehm war als auf vielen großen Festen. Eine Unzahl von Lakaien reichte einen weiter, so daß man gar nicht fehlgehen konnte.) Viele andere Leute, mit Diademen und Juwelen geschmückt, trafen ebenfalls ein. Ich ging nach rechts in eine Garderobe, in der *wunderbare* alte Familienbilder hingen, und ließ dort meinen Mantel. Draußen traf ich C. wieder. Viele Treppen hinauf – *kein einziges* bekanntes Gesicht. In den oberen Hallen wieder viele Bilder. Eine Menge Menschen. Irgendwo vor uns spielte man »God save the King« (in mir waren es die Worte: »Land where our fathers died.«) Keiner rührte sich, ich nehme an, daß der König und die Königin hereinkamen, aber ich konnte nichts sehen. Wir trafen Lady Linlithgow, die Kennedys, Herschel Johnson und etliche Leute, die wir kannten.

Plötzlich waren wir an der Türe des Ballsaales, der Tanz begann. Ein riesenhafter viktorianischer Saal, luxuriös mit Säulen und Gold ausgestattet, auf der Balustrade am einen Ende spielte das Orchester und gegenüber auf einem Podest saßen der König, die Königin, Queen Mary, etc. Ringsum standen, wie in einer Arena, rotbezogene Bänke, auf denen man Platz nehmen und dem Tanz zusehen konnte. Die Plätze neben der Plattform waren für königliche Hoheiten und Angehörige des diplomatischen Korps reserviert.

Wir gingen ein bißchen herum, wie so manche andere Paare auch, die sich dann zuweilen setzten, um sich zu unterhalten, oder die Bilder an den Wänden betrachteten. (Etliche schöne Rembrandts.) Es war hübsch, in diesen königlichen Hallen in langen Kleidern auf und ab zu gehen, eine übliche Garderobe wäre hier jederzeit fehl am Platz gewesen.

Um nicht als Mauerblümchen zu erscheinen, versuchten wir immer wieder herumzuschlendern. Der Weg in den großen Saal, in dem man zwei lange Büfetts aufgebaut hatte, war beschildert. Die Diener, die einen nach den Wünschen fragten, hatten weißgepuderte Perücken auf! Wir waren wohl in etwa 800–1000

Gäste, aber nie wirkte es irgendwo überfüllt, wir befanden uns lediglich an einem besonders großen Ort, an dem sich gerade die richtige Anzahl von Menschen aufhielt.

Doch wir waren ständig allein. Mir war seltsam zumute, so als betrachtete ich ein Schauspiel, oder als wäre ich ein Geist. In Amerika oder an jedem anderen Ort auf der Welt wäre C. von Leuten umringt gewesen, auch von solchen, die ihn nicht kannten. Bei den Engländern aber gibt es so etwas nicht – außer man ist einander vorgestellt worden, doch selbst dann nicht. In Wahrheit mögen sie, wie Harold Nicolson sagt, keine Fremden. Und wir sind Fremde. Ich entdeckte die Cranbornes, sah aber nicht hinüber.

Als der Abend halb vorüber war, ertönten Trommeln und alle königlichen Hoheiten und Diplomaten schritten zum Souper. Alle erhoben sich, um ihnen nachzusehen. Die Königin sah reizend aus. Sie trug eine weiße Satin- oder Damast-*Robe-de-style,* auf deren Rock girlandenförmig Satinschleifen befestigt waren. Ein breites blaues Band über dem Kleid war wohl der Hosenbandorden? In ihrem dunklen Haar saß ein Diadem, das einer offenen Krone glich.

Die Ausmaße der Räume ließ die einzelnen Personen zwergenhaft zusammenschnurren, das war gut, denn dadurch nahm man nur Farben und Glanz wahr, in die gelegentlich, wie auf einem Gemälde oder einem alten Stich von Vauxhall, eine Gestalt eingestreut war – und das trotz der modernen amerikanischen Kapelle auf der Galerie.

Würde und Anmut herrschten vor, es gab keine Hast, kein Gedränge. Die Herren in ihren Kniehosen wirkten wie aus einer vergangenen Welt, und die großen Roben der Damen verlangten Platz und Gemessenheit; die Diademe sorgten für eine aufrechte Kopfhaltung.

Plötzlich traf uns, irgendwann nach dem Souper, in einer der Hallen (wir waren eben dabei zu gehen – Herschel sagte, daß man das jederzeit könnte), Lady Astor. »Na«, sagte sie augenzwinkernd, »Sie müssen zugeben, daß ich Sie in die Gesellschaft eingeführt habe!« Auf einmal kam durch sie Leben in die ganze Festivität, wie stets, wo immer sie auftaucht, bei Elisabeth war das genauso. »Warten Sie bis nach dem nächsten Tanz. Ich möchte Sie gerne sprechen.« Wir waren wieder lebendig, keine Geister mehr.

Wir setzten uns ganz vergnügt auf die roten Sessel und schauten den Tanzenden zu. Als der Tanz vorüber war, gesellten wir uns zu Lady Astor. Sie unterhielt sich mit C., und beiden machte es Freude. Ich unterhalte mich mit ihrem Sohn und dann tanze ich mit ihm. Die Tanzfläche ist jetzt ganz leer, da viele Leute nach Hause gegangen sind. Ein Walzer. Ich tanze gerne Walzer. Er ist ein sehr guter Tänzer und wir drehen und drehen uns, und ich bin glücklich. Dieses Kleid ist einfach dafür gemacht – für Strauß-Walzer *wie geschaffen.* Ich sehe C. auf den roten Sesseln, er lächelt mir zu, also freut er sich, und ich mache eine gute Figur.

Die Musik, das Parkett, das Kleid – alles zusammen ließ mich in eine Art Rausch geraten. Wie in diesen göttlichen Träumen, in denen man plötzlich bemerkt, daß man so lange in immer größeren Schleifen durch einen riesenhaften Ballsaal wirbelt, bis man den Boden gar nicht mehr berührt, sondern irgendwo unter der Decke schwebt.

Plötzlich dachte ich sehr lebhaft an Daddy, es hätte ihn gefreut, mich hier, in meinem blauen Kleid im Buckingham Palace, tanzen zu sehen. Er war gewiß kein Snob – er hat sich nie darum bemüht, daß Elisabeth oder ich bei Hofe vorgestellt würden. Aber diese Sache hätte ihm Spaß gemacht. Ich sah, wie er mir stolz zuzwinkerte – zugleich stolz auf C.

In den Tanzpausen kehrten wir zu den roten Sitzen zurück, plauderten mit Lady Astor und C. Der andere Sohn gesellte sich zu uns. Wir wurden eine kleine gemütliche Gesellschaft, tauschten Familienwitze etc. aus. Während wir so zusammenstanden, kamen der König und die Königin vorbei, schüttelten uns die Hände und die Damen machten ihren Hofknicks. Ich bedankte mich für die Einladung. Die Königin fragte mich, wie es dem

Krönungsbaby gehe, und wann wir England verlassen würden. Sie erkundigte sich auch, ob wir uns beim Tanzen amüsiert hätten.

Dann begann die Musik, und sie verließen uns, um zusammen zu tanzen. Während eines Tanzes unterhielt ich mich mit dem anderen Sohn Lady Astors über das Schreiben. Er möchte schreiben und fragte *mich* um Rat! Mein Buch hatte er gelesen! Ich war sehr erstaunt darüber, daß sich jemand an mich um Rat wandte. Aber es machte durchaus Vergnügen, sich mit ihm zu unterhalten. Er ist sensitiv, beobachtet gut und hat Verstand. Wir sprachen die gleiche Sprache, sahen die Dinge mit den gleichen Augen. Ich hätte sicherlich mit ihm ein gutes Gespräch führen können, aber wie die Dinge nun einmal lagen, war hier wohl nicht der rechte Ort dafür, so tanzten wir, waren glücklich und unbeschwert. (Mir fiel ein, was Thelma einst über mich gesagt hatte: »Anne, du kapselst dich auf eine merkwürdige Weise völlig ab, doch du kannst dich wie eine Blume entfalten, wenn du in die entsprechende Atmosphäre gerätst und mit Menschen zusammen bist, bei denen du gelöst bist.«) In Wahrheit geht es wohl jedem so.

Doch ich ging am Schluß des Abends wirklich aus mir heraus. Ich war glücklich. Und das Glück gleicht einem Schneeball, es nimmt zu, ist es erst einmal »ins Rollen« geraten. Es kamen noch mehrere Leute zu uns, unter anderem Lord Cranborne und Lady Halifax. Auch sie unterhielten sich mit mir über mein Buch (dabei hatten sie zu denen gehört, von denen ich annahm, daß sie uns »nicht erkannt« hatten!) Sie war sehr nett und gefiel mir.

Dann wurde es Zeit, um nach Hause zu gehen. Der König und die Königin waren weg, und wir gingen nach unten. Wir trafen die Cranbornes wieder und sie luden uns für Juli nach Dorset ein. Doch C. sagte, daß wir vermutlich nach Deutschland fahren würden.

In der Garderobe verabschiedeten sich die Menschen voneinander. Lady Astor küßte mich und verschiedene Leute kamen zu mir. Man leuchtet förmlich, wenn man glücklich ist. Als ich zu

Beginn dieses Abends diesen Raum betrat, war ich niedergeschlagen und schüchtern, niemand beachtete mich. Doch als ich ihn frohgestimmt und quicklebendig verließ, redeten alle mit mir, und andere Gäste wandten sich um, um festzustellen, um wen es sich handelte. Wie seltsam, beide Male war ich die gleiche Person.

Dann waren die Winns weg, wir blieben mit den Cranbornes übrig, und es ergab sich, daß wir sie nach Hause brachten. Dabei erzählte er uns eine schaurige Geschichte von Engländern, die man in Österreich erwischt hat.

Ein Nachtportier ließ uns in die verdunkelte, leere Hotelhalle. Als wir zu Bett gingen, sagt C., er habe mich noch nie so »trunken vor Glück« gesehen. (Doch er versicherte mir, daß andere nicht den Eindruck hatten, daß ich »betrunken« gewesen sei!)

Samstag, 4. Juni

Ich lasse Jon für eine halbe Stunde unten in der Sonne sitzen und essen. Aber er beobachtet die Hunde vom Badezimmerfenster aus und erkältet sich noch mehr. Als er bei Tisch sitzt, ist er richtig schlapp, will nicht essen und schwindet zusehends dahin. Er fühlt sich elend und klagt über Ohrenweh. Ich bringe ihn ins Bett. Seine Temperatur ist hoch und er leidet immer mehr. Ich rufe den Arzt.

Den ganzen Nachmittag über wälzt sich der Arme von einer Seite auf die andere und sagt: »Es tut weh – oh, es tut weh.« Ich sitze an seinem Bett.

Dr. Berkeley kommt um 16.30 Uhr (C. ist auch zurück). Jon hustet sehr stark. Dr. Berkeley meint, es könnte vielleicht Keuchhusten sein! Er verschreibt Ohrentropfen und Medizin, die wir Jon geben. Bis zum Abendbrot ist er viel ruhiger und schläft schließlich ein. Ich bin erleichtert.

Nach dem Essen gehe ich im Garten spazieren. Die Rosen am Haus blühen. Die Drossel singt morgens und abends. Ich werde die Vögel vermissen.

Dienstag, 7. Juni

Verlasse Long Barn mit einem Büschelchen Rosmarin in der Nadel meines Schals. Jons Fieber ist ziemlich weg. Ich bin erleichtert, auch das Weggehen fällt jetzt nicht mehr so schwer.

Abschied von Hammond – ich sage ihm, wie nett er mit Jon gewesen ist. Er bringt mühsam, nach einer kleine Pause, hervor: »Ich würde ihn gerne hierbehalten!« Dann Abschied von Hook, der sich über Beete beugt, da er gerade Zinnien pflanzt. Abschied vom Garten...

Wir fahren in Maryots »Chariot«, haben das ganze Spiegelglas aufgeladen und hinten noch einen Koffer festgezurrt. Wir halten, um Mrs. Wood [der Postmeisterin] Adieu zu sagen: »Wie Sie mir fehlen werden.« Den Hügel hinauf nach Sevenoaks. Am frühen Nachmittag von Reading ab. Fliegen über Long Barn. Wie klein, säuberlich und deutlich lag alles hingebreitet: die Terrassen, der Garten, die Obstbäume. Im ganzen formierte es sich zu einem fast vollkommenen Quadrat, dabei hätte ich es, so klein wie es jetzt aussah, fast mit meiner Hand bedecken können – ein trügerischer, flüchtiger Besitz. Ich hatte bereits Abschied genommen, doch dort lag es und ging in meine Hand.

Long Barn – jetzt nur noch als Teil einer weiten Landschaft, dem England zugehörig, das wir eben überfliegen. Auch in meinem Leben würde es von nun an seinen Platz zugeordnet bekommen, wie ein kleiner grüner Fleck in meine Erinnerungen eingebettet sein.

Lympne und über den Kanal – »das letzte Stück England« – nach Saint Inglevert und Morlaix. Miss H.s purpurfarbener Mantel, Mme. Carrel in Schwarz, die Massons. C. zieht die Maschine kerzengerade über dem Hangar hinauf.

Wir landen – endlich angekommen. Thor und Skean sind bei Miss H. in unserem Wagen. Thor explodiert förmlich vor Aufregung, als er das Flugzeug hört. (Er erinnert sich an Maine und unsere dortigen Ankünfte.) Wir fahren nach Port-Blanc. Sehr trocken. Seit Februar kein Regen – richtige Dürre.

Sonntag, 12. Juni

Stehen um 2.45 Uhr auf, um nach Saint Malo zu fahren und die Kinder zu holen. Eben trifft das Schiff ein. Den Zoll dürfen wir nicht betreten, warten also stundenlang an der Türe. Endlich entdeckte ich sie. Jon, blaß und überwältigt, in einem zu großen Tweedhut und dem dunklen Mantel. Sehr große Augen, die Haare über der Stirne. Land dick, rosig, mit Löckchen und verschwitzt. Ich nehme ihn und setze ihn ins Auto. Er stellt sich ganz schön an.

Etwa um 12.30 Uhr treffen wir in Buguélès, wo die Straße ins Wasser mündet, ein. Mme. Carrel ist mit Pierre und einem Eselskarren dort, denn es ist Ebbe, sie wollen die Kinder nach Saint Gildas mitnehmen.

Miss W., Mme. Garrel und die Kinder fahren los. C., ich und Miss H. alleine in unserem Auto nach Buguélès zurück; über Sand, Schlamm, Steine und Wasser nach Illiec. Nicht ganz einfach, möchte es nicht gerne jeden Tag machen müssen.

Samstag, 18. Juni

Nach dem Mittagessen wandern Mme. Carrel, Miss H., C., Jon, ich und die Hunde bei Ebbe nach Illiec (wo wir Anweisungen für die Aufstellung der Betten geben.) Anschließend nach Buguélès zu Keraudren. Er ist ein wichtiger Mann, hat ein Kaufhaus, ein Telephon, einen Lieferwagen und ein Lastauto, das unser Gepäck von Tréguier nach Buguélès und von dort nach Illiec befördert, dazu ist er noch unser Bäcker. Mme. Keraudren ist Pierres Schwester – eine nette, rosige, herzliche Frau. Mme. Carrel macht uns miteinander bekannt und sorgt dafür, daß wir beim Metzger in Tréguier für die nächste Woche unser Fleisch bestellen.

»P'tit Louis«, der vierzehnjährige Sohn unseres Hausmeisterehepaares, wird jeden Tag in Buguélès alles Nötige bei Karaudren für uns abholen. Die Milch, die wir brauchen, wird er täglich bei Mme. Carrel holen. Ich finde, er hat ganz schön zu tun.

Während wir die Grundnahrungsmittel gleich einkaufen, kommen etliche bretonische Bäuerinnen herein. Sie sind, bis auf ihre weißen Hauben, ganz in Schwarz. Wir geben reihum die Hand. Thor und Skean liegen mitten auf dem Fußboden. Alle sind von den beiden begeistert. Jemand setzt einen winzigen Welpen vor Thor hin. Jon hüpft von einem Fuß auf den anderen. Miss H. und ich probieren Kletterschuhe an. Für C. gibt es keine, die ihm groß genug wären.

Nach einem recht vergnüglichen gemeinsamen Nachmittag begeben wir uns auf den Rückweg. Jon ist sehr müde, ich bin es auch. Ich frage mich, ob der Haushalt in Illiec je funktionieren wird. Noch sieht alles schrecklich kompliziert aus – dazu noch Französisch.

Arbeite jeden Abend am Buch.

Montag, 20. Juni

Einzug in Illiec. Packen bis 10.30 Uhr, dann stapeln wir alles in das Boot. Es ist Flut. Mme. Carrel schickt noch einen zusätzlichen Anhänger für das Motorboot mit. Wunderschöner Tag. Wir klettern über die Steine hinab. Lands Locken wehen im Wind. Jon und die Hunde klettern in den Bug und setzen sich auf das Ankertau. C. macht Aufnahmen. Ab geht's und wir kommen noch vor 11 Uhr an. Wir beginnen mit dem Ausladen. Die Hunde springen an Land, Miss H. trägt das Baby, und wir machen uns auf den Weg zum Haus. Jon trägt sein Fischernetz, das Mme. Carrel ihm geschenkt hat.

Richte mit Miss W. ihr Zimmer und das Kinderzimmer ein. Rücken fast den ganzen Vormittag Möbel. Hole dann die Teller hervor, die am wenigsten scheußlich sind, und wir essen unter dem gewaltigen Kaminsims, an einem kleinen Klapptisch, unser Mittagessen, das ganz ordentlich ist. Mme. Carrel schickte einen großen Korb mit Vorräten.

Dann geht's wieder weiter. Spiegel, Trinkwasserflaschen für die einzelnen Zimmer, Korbtische, Hocker etc. Die Männer übernehmen die größeren Stücke. Im Garten hinterm Haus entdeckte ich einen großen Tisch, der für die Wäsche und zum Bügeln benutzt worden war. Er wird ins Wohnzimmer gestellt, und ich decke Mutters blaues Tischtuch darüber für das Abendbrot. Es fängt an ordentlich auszusehen. Ich freue mich.

Während ich das Baby wasche, ertönt draußen lautes Hundegebell und ein gewaltiger Lärm, dann hört man Stimmen und das Rumpeln eines Wagens. Die Koffer sind in Keraudrens Wagen über den Sand, die Sandbänke und den Hügel heraufgekommen.

In den Zimmern stehen jetzt zwar fast keine Möbel mehr, dafür sind sie voller Koffer. Ein bißchen heimatlich kommt's mir langsam schon vor.

Abends arbeiten wir an dem Buch.

Gehe beim Rauschen der Wellen unter meinem Fenster schlafen, Steine rollen und reiben sich aneinander, wenn die Wellen sie zurückholen.

22. Juni

C. fährt ungefähr um 11 Uhr ab.

Alle, außer den Kindern und mir, sind außer Haus. Herrlicher Tag – bin ungebunden und froh. Singe, während ich das Baby versorge. Auch alle Maler singen – verschiedene Lieder – beim Anklatschen der Farbe. Seit zwei Tagen arbeiten sie nun an dem kleinen Eingang, der zu den Toiletten führt, und an den beiden Toiletten. Es ist unmöglich gewesen, dorthin zu gelangen. Sie hören mit der Arbeit auf und reden mit mir, wenn wir die Zimmer betreten oder verlassen und äußern sich zu dem Baby: *»Il est fort«*, *»Beaucoup plus fort que l'autre«*, etc.

Als ich Land in seinen Wagen lege, sagt einer der Maler, daß er ein Flugzeug hört. Da ist es auch schon, stößt aus den Wolken zu uns herab. Alle schauen, der Krach ist schrecklich, das Baby zittert, die Maler sind sehr beeindruckt. *»Le Colonel, il a son avion à lui?«* Ich winke mit einer Windel. Das Flugzeug umkreist zweimal das Haus und dreht ab. Ich bin ganz hingerissen – ganz so, als wäre das (und sicher war es das auch) ein persönlicher Abschiedsgruß an mich gewesen. Wir waren beim

Abflug von Port-Blanc so mit Plänen beschäftigt gewesen, daß ich kaum aufgeschaut habe, als C. ging.

Anschließend mit Jon hinunter auf die Felsen vom vorderen Strand. Er trägt sein Netz und seinen kleinen Eimer und will Garnelen fangen. Es ist mein Geburtstag und ich lasse am besten alles stehen und liegen und spiele ein bißchen mit Jon. Sich in die Welt eines kleinen Teiches mit Seetang, etlichen Garnelen und Krabben und ein paar blanken Steinen zu versetzen, ist hübsch, erholsam und nimmt einen ganz gefangen.

Nach unserer Rückkehr Tee, dann kommt das Baby dran. Die Post bringt einen dicken Packen aus Amerika. Mr. Harcourt schreibt begeistert über das Manuskript *Listen! the Wind.* Er hat es in einem Zug durchgelesen und war wieder einmal davon überzeugt, daß es sich lohnt, Verleger zu sein. Ein schöner Beruf. Ich bin durchaus befriedigt und erleichtert, aber nicht halb so erregt, wie damals nach dem ersten Lob, das Laura und Georg mir spendeten.

Doch glücklich bin ich schon. Außerdem wird C. sich *sehr* freuen.

Auch ein dicker Brief von Mutter und einer von Con. Ich setze mich mitten in das Durcheinander und vertiefe mich in diese Schreiben. Mir wird warm ums Herz, und ich bin glücklich.

Zur Teezeit wird es nebelig.

23. Juni

Nach dem Tee gehe ich nach Saint Gildas, um mir bei Antoinette wegen des Lohnes für Marie und einiger Küchenangelegenheiten Rat zu holen und um meine Pflanzen zu erhalten. Ich nehme Jon bis zu seiner Insel (dem kleine Nest) mit, worüber er sich freut. Miss W. soll Kerleau benachrichtigen, daß er auf ihn aufpaßt, dann ziehe ich über die Sandbänke und Felsen los. Als ich mit zwei von meinen Pflanzen zurückkomme, sehe ich Kerleau und Jon auf den Sandbänken nach Herzmuscheln graben.

Hinter ihnen taucht plötzlich das Flugzeug auf. Wir laufen

ihm entgegen und winken. Es wendet und geht wieder ganz tief. Ich kann C.s Hand sehen. Jon ist sehr aufgeregt. Beim dritten Mal ist es sehr tief und wirft etwas ab, es ist eine mit einem Gewicht beschwerte Karte. Ich laufe, um sie aufzuheben: eine Mitteilung von C., daß er um 20.15 Uhr zum Abendessen da sein will. Das Flugzeug dreht noch eine Runde und zieht dann in Richtung auf Saint Gildas ab.

Mitten am Nachmittag kommt eine weitere Fuhre mit Möbeln den Hügel herauf: zwei Schränke und der Geschirrschrank. Sie werden in das Wohnzimmer gestellt.

Ich möchte so gerne, daß es schön aussieht, wenn C. kommt. Ich finde ein paar alte Teller aus dem Sommerhaus, die ich in den Geschirrschrank stelle.

Gebe Maryvonne Anweisungen für das Abendessen und bringe Jon ins Bett. Etwa um 20.15 Uhr gehe ich auf den Felsen, um Ausschau zu halten. Man kann meilenweit sehen. Es ist Ebbe, wie werden sie kommen? (C. sagte, *wir* werden zum Abendbrot da sein – offensichtlich doch Mme. Carrel.) Ich kann über die Sandbänke hinweg die Straße nach Buguélès und die Landzunge, die unsere vorgeschobene Insel mit Saint Gildas verbindet, sehen – hinter dem Hafen und dem Dock in Port-Blanc ein weißes Boot – Pierre?

Schließlich sehe ich das Auto aus der Schlucht auftauchen und sich über den Schlamm und den Sand in Bewegung setzen. Ich beobachte es so lange, bis es hinter der Landzunge verschwindet, dann laufe ich hinunter, um Maryvonne und Miss W., die im großen Zimmer gewartet haben, Bescheid zu sagen, daß ich den Wagen gesehen habe.

Endlich kommt C. herauf. Mme. Carrel ist nun doch nicht mitgekommen.

Er geht zu Jon und fragt ihn, ob er das Flugzeug gesehen hat.

»Ja«, sagt Jon, »ich sah dich, und ich fing drei Muscheln und zwei Uferschnecken!«

C. hat in Paris mit Leuten in der US-Botschaft über den Krieg in Spanien gesprochen.

Er findet, daß das Haus sehr viel aufgeräumter und das Wohnzimmer herrlich aussieht.

Sonntag, 26. Juni

Wir fahren morgens mit dem Auto über die Sandbänke, damit Miss W. ein bißchen weg kann, in die Kirche etc. (Wie viel Zeit verwenden wir auf derlei Dinge, damit Miss W. befriedigter ist.)

Wir gehen mit Jon zusammen zu den Binnenseesandbänken und fischen in den kleinen Flüßchen, die von den Gezeiten abhängen, nach Garnelen. Wir finden es wunderschön und fangen genügend für ein Mittagessen.

Nach dem Essen kommt Jon von draußen herein und sagt, daß er friert. Seine Nase ist völlig zu und sein Kopf ist heiß: Lauter Anzeichen für eine schwere Erkältung. Ich stecke ihn ins Bett. Durch die Nase bekommt er keine Luft. Stopfe ihm Wick und Watte in die Nase und bringe ihm eine Wärmflasche. Hänge an den Wänden ringsum seine Bilder auf. Es geht ihm sehr bald besser, und bis zum Abendbrot scheint seine Nase frei und er ganz glücklich zu sein. Aber ich sorge dafür, daß er im Bett bleibt. Ich nehme an, daß er zu naß und zu kalt geworden ist, als er im Fluß herumwatete und sich dabei verkühlt hat.

Miss W. kommt ungefähr zur Teezeit zurück und ist ganz aufgeregt. Sie hat ein richtiges Abenteuer erlebt. Es war Flut, sie konnte also nicht durch das Watt herüberkommen, sondern mußte zu Keraudrens Laden zurück. Dort gab man ihr heißen Kaffee und Kekse und besorgte einen Fischer, der sie übersetzen sollte. Aber es gehörte sich nicht, daß sie allein mit dem Fischer unterwegs war, also begleitete sie der dicke, stämmige, blauschwarzhaarige Keraudren!

Montag, 27. Juni

Sehr starker Wind. Staub wirbelt einem in die Augen, da alles viel zu trocken ist, alle Türen knallen. Es gibt keine Stelle, wo das Baby windgeschützt wäre. Jon läuft in seinem blauen Pullover herum, sein Haarschopf ist ihm aus der Stirne geblasen.

C. und ich machen uns auf den Weg nach Malicorne, um Geschirr zu kaufen. Mme. Carrel hat uns von dem Ort berichtet. C. meint, er sei nur drei Stunden entfernt, aber wir fahren Ewigkeiten. Nach 17 Uhr kommen wir in Malicorne an. C. meint, den Laden sicher zu kennen. Aber der Ort scheint voller Fayenceläden zu sein, dabei ist er sehr klein.

Nachdem wir einige besucht haben, entdecken wir einen, der keine Aufschrift hat und den C. wiederzuerkennen glaubt. In einem großen, dumpfen, scheunenartigen Raum stehen Regale, die gesteckt voll sind mit Sachen, und in dem aufgereihte Tassen an Seilen von der Decke baumeln. Ein alter behäbiger Mann mit weißem Bart und schwarzem Käppchen ist hier zuständig. Wir beginnen herumzuräumen, und bald ist der Boden mit Stapeln von Schalen, Suppennäpfen, Tassen, Tellern und kleinen Schälchen übersät. »Nimm genügend – wir werden hier lange nicht wieder herkommen. Die Dinger sind sehr billig und zerbrechen vermutlich leicht«, beschwört mich C. Wir lassen den Stoß auf dem Boden, damit er von dem Mann und seinem mißmutigen Angestellten ergänzt wird. Wir werden in einer Stunde wiederkommen.

Nachdem wir alles erledigt haben, entschließen wir uns dazu, unterwegs zu übernachten. Aber wo? Ungefähr um 3.30 Uhr halten wir in Saint Brieuc, wo in der Eingangshalle eines ziemlich großen und modernen Hotels ein Licht brennt. Wir klingeln, und es kommt jemand.

Unser Auto stellen wir gegenüber ab. Wir bekommen ein Zimmer mit Bad! Herrlich. Aber wir können zu dieser nächtlichen Stunde weder Seife noch Trinkwasser bekommen.

Dienstag, 28. Juni

Ein ziemliches Gepolter von Fuhrwerken unter unserem Fenster weckt uns. Ich klingele nach Seife (zwei Francs), bade ausgiebig und genüßlich und fühle mich wieder wohl und glücklich. Nach einem guten Frühstück weitere Einkäufe. Im Grand Bazaar bekommen wir die letzten Bettlaken.

Kommen ungefähr um 14 oder 14.30 Uhr in Illiec an. Dr. Carrel und Mme. Carrel sind eben von Saint Gildas herüberspaziert. Der Wind bläst immer noch so stark. Jon kommt mir weinend entgegen, um mir mitzuteilen, daß er ein Fenster zerbrochen hat, als er versuchte, Fliegen zu töten. Dazu ist in seinem Zimmer noch eine Fensterscheibe kaputtgegangen, die der Wind gegen die Wand geschlagen hat.

Dr. Carrel betrachtet das Baby in seinem Wagen. Er sagt, es sollte nicht so viel zwischen seinen Beinen haben und nicht so lange auf dem Rücken liegen. Miss W. sagt nichts, ist aber verärgert. Schließlich gehen wir zum Essen hinein und nehmen Jon mit.

Erklimmen die Felsen und unterhalten uns über die Aussicht. Keine Zeit, um meine Sachen abzulegen, meine Hände zu waschen, oder um nachzusehen, was der Haushalt macht. Endlich gehen sie. Um mit dem Wagen nach Buguélès zurückzufahren, dafür ist es nun zu spät. Die Flut bricht herein.

29. Juni

Miss W. früh weg, um sich mit Miss H. zu treffen. Alle sind mit aufgestanden, um ihr zu helfen. Jeder ist wirklich nett.

Der Wind hat nachgelassen, aber die See schlägt mit ziemlicher Gewalt gegen die Felsen. Jon kommt vor lauter Hinausschauen kaum dazu, sich anzuziehen.

Die Carrels treffen zum Mittagessen ein. Das bretonische Geschirr sieht auf dem Tisch wunderschön aus. Macht die Mahlzeiten farbiger.

C. meint, daß Dr. Carrel an die Decke gehen wird, wenn er sieht, daß Land in seinem Wagen mit einem Gurt festgemacht ist. (Trotzdem er sich damit aufsetzen, sich von einer Seite auf die andere drehen und sich vollständig umwenden kann; er hindert ihn lediglich am Hinausfallen.) Ich mache den Gurt auf und rede mit Miss W. Es gibt eine Szene. Dr. Carrels Kritik ist mehr, als sie ertragen kann. Sie ist unglücklich und gekränkt. Ich fürchte, das wird ein unfrohes Mittagessen. Aber es wird dann nicht so schlimm. Das Fleisch ist gut. Und als Dr. Carrel Jon fragt, ob er jetzt Französisch lernt, antwortet er ganz deutlich und mit jugendlichem Optimismus, *»Oui!«*. Das ist ungefähr das einzige Wort, das er kann. Dr. Carrel freut sich.

Nach dem Essen versorge ich Land. Dr. Carrel möchte ihn ohne jegliche Bekleidung auf dem Teppich sehen. Land ist ganz brav, allerdings zeigt er nicht alle seine Krabbelkünste. Dr. Carrel findet, daß er ein wunderbares Baby ist und einen fabelhaften »Thorax« hat.

Samstag, 2. Juli

Das Haushaltbarometer steht immer noch auf Sturm. Ich versuche mir zu überlegen, wie ich alles verbessern kann. Ob ich Miss H. und Miss W. ein Zimmer im Sommerhaus geben soll, wo sie ihr Grammophon für sich haben können. Dann wären sie abends außer Haus.

Ich engagiere noch eine zusätzliche Putzhilfe. Marie soll mir helfen und später dann Miss W., für die Wäsche etc.

Ich versorge Land am Morgen und versuche, das Haus in Ordnung zu bringen. Land sitzt in einer Fußwanne und hält sich mit den Händen an beiden Seiten fest. Er hört auf zu schreien (er hat in der letzten Zeit sehr viel gebrüllt, vor Wut und auch vor Ungeduld wegen seines Essens, vielleicht auch, weil er Zähne – die Backenzähne – bekommt) und platscht auf das Wasser.

Nach dem Mittagessen geht C. nach Saint Gildas. Ich frage Jon, ob er mit mir nach Port-Blanc gehen und Fischernetze und Körbe (und ein Teeservice) besorgen will. Er antwortet: »Ich glaube, ich möchte Muscheln sammeln.« »Gut«, sage ich, »dann bleibe ich vielleicht und schaue dir auf deiner Insel zu.«

»Und du gehst dann nicht nach Port-Blanc?«

»Also ich würde schon gehen, wenn du mit mir kämst, aber ich glaube, ich möchte alleine nicht gehen.«

»Ich gehe mit – wenn du willst«, sagt Jon großmütig und sehr erwachsen. So machen wir uns denn zusammen auf den Weg, über die Sandbänke.

»Nur du und ich«, sagt Jon, »ganz allein?«

Unterwegs treffen wir François, der mit dem Rad durch den Schlamm fährt. Er hält und gibt mir den Voranschlag für die Mauer (hinter dem Haus), für die Verstrebungen der Höhle unter den beiden Bäumen (vorne), für die *réparations* an dem Haus, etc. – 5500 Francs.

Jon hüpft herum und schaut nach Muscheln. Der Weg zieht sich ganz schön in die Länge; als wir in Buguélès sind, stelle ich fest, daß wir nicht bis Port-Blanc und zurück gelangen und rechtzeitig zum Tee zu Hause sein können. Ich sage es Jon.

»Es macht mir nichts, wenn wir den Tee verpassen«, sagte Jon – wieder ganz großmütig und plötzlich wie sein Vater, er ermutigt mich, das einmal Vorgenommene auch zuendezuführen.

Also schob ich die Garagentüre auf, holte den Wagen heraus, und wir fuhren nach Port-Blanc, kauften zwei Netze, zwei Salz- und Pfefferstreuer (ein komplettes Teeservice gab es nicht), noch einen Fischkorb und etwas Schokolade.

Zurück nach Buguélès, den Wagen abgeschlossen, und wieder den langen Weg über die Sandbänke.

Ich stecke Jon mit einer Wärmflasche ins Bett; ich hoffe, er ist nicht zu müde. Er war mir heute ein richtiger Kamerad.

Maryvonne backt ihren ersten Kuchen. Er ist trocken, ziemlich krümelig und die Butter fehlt. Morgen werde ich es ihr freundlich erklären.

Nach dem Essen wandern C. und ich über die Insel. Es ist kalt, macht uns aber Freude. Wir klettern über Felsen, die ich bisher noch nicht gesehen habe, wie den großen überhängenden und den, der ins Meer hinausreicht. Thor versucht uns zu folgen.

Mittwoch

Nach dem Mittagessen gehen Miss H. und ich los, um einiges, was für Mrs. Lindberghs Zimmer notwendig ist, einzukaufen. (C.A.L.s Mutter wollte zu Besuch kommen.) Decken, Laken, Kissenbezüge, Handtücher, zwei Garnituren Tischtücher mit

Servietten, eine Suppenkelle und einen Schneebesen. Ich frage, ob es nicht zwei gleiche Decken in beliebiger Farbe gäbe.

Ich gehe sehr müde und naß über die Steine zurück. C. sieht mich von weitem und schickt mir Thor entgegen. Ein beglückendes Gefühl des Heimkommens erfüllt mich.

François ist hier! Ich bin gerade rechtzeitig gekommen, um zu übersetzen, sagt C. Aber das Baby brüllt auf dem Boden nach seinem Abendbrot. »Kann es nicht eine Minute warten?« Land wartet, während C. und ich mit François (mit seiner komischen Kappe, die auf einer Seite seines Kopfes sitzt, und dem dünnen Schal, den er krumm und schief um seinen Hals geschlungen hat) über die *reparations* sprechen. François sagt, daß er morgen die detaillierten Angaben bringen will und wir dann mit ihm alles weitere besprechen können.

»Morgen um welche Zeit?« fragt C. und hofft dabei, den unzuverlässigen François festlegen zu können.

François blickt schmachtend auf, möchte C. so gerne eine Freude machen. *»Demain matin – demain matin.«* (Trotzdem taucht er nicht vor dem Nachmittag auf!)

Zu Land, der sich nach Flocken und Pflaumen rasch beruhigt. (Marie enthäutet sie für mich. Sie ist so willig und hilfreich. Sie geht dann zu Jon, um ihm sein Abendbrot zu geben.)

Nach dem Essen mit einer Wärmflasche und Rebecca Wests *The Thinking Reed* ins Bett.

Donnerstag

Der Vormittag verläuft wie gewöhnlich. Ein frischer Wind bläst vor dem Haus, dort, wo ich geglaubt hatte, daß ich an der Stelle einen Garten anlegen könnte – und die ich als die »geschützte Seite des Hauses« bezeichnet habe. Türen knallen den ganzen Tag. Auf der windigen Seite des Hauses kann man sie kaum öffnen.

Unten ist ein Tumult. Mme. Carrels Stimme (ziemlich aufgeregt). Was ist passiert? Ist ein Fischerboot im Sturm gekentert? Ist Dr. Carrel krank – oder was?

Nein – vier Reporter sind in einem Boot in unserer Bucht

aufgetaucht. Keiner in Port-Blanc oder in Buguélès wollte sie hereinlassen. Also haben sie sich ein Boot in Lannion genommen und sind bei diesem Wind von dort herübergekommen! Mme. Carrel rief alle Leute unseres Hauses zusammen, Louis und Kerleau vom Steineklopfen, die Arbeiter mit dem Schubkarren, den Maurer von der Mauer herunter, dazu P'tit Louis und alle Hunde, sie schwang ihren Stock und ging ihnen über das Watt entgegen. Ein herzerwärmender Empfang!

Sie verschwanden in Richtung Saint Gildas (wo ihnen Dr. Carrel wohl erklärt und sie beschworen hat, uns in Ruhe zu lassen). Nach dem Essen erscheint François (mit Kappe und Schal). Wir inspizieren das Haus, planen so einiges für die Küche, ein Regal, einen Speiseschrank, eine neue Tür etc.

Freitag, 8. Juli

Noch immer brausender Wind und ungestüme Regenböen.

Savina trifft vormittags ein, während ich das Baby versorge. Nachdem ich Land in das Ställchen getan habe, besprechen wir Form und Ausmaße des Eßzimmertisches, gehen durch das Haus wegen der Ausstattung der Wandschränke, der Regale und Riegel, der gepolsterten Bänke unter den Fenstern, und wir begutachten die Stellen, wo diese durch Witterungseinflüsse locker wurden.

Nach dem Mittagessen wird es Zeit, sich mit der Fertigstellung von Mrs. Lindberghs Zimmer zu befassen. Yvonne und Marie sind den ganzen Nachmittag damit beschäftigt gewesen, mit Händen und Füßen den Boden zu wachsen.

Abends sieht es endlich ganz schön aus. Die verblichenen blauen Vorhänge sind aufgemacht (von Yvonne sorgfältig in breite Falten gebügelt), ein einzelner hängt am Turmfenster (Badezimmer). Ameys italienisches Tuch liegt auf dem Tisch, oben drauf das Quimper Tintenfaß, ein Glas (oder ein alter Krug) mit Blumen steht auf dem Nachttisch (der ebenfalls mit einem gestickten Tuch bedeckt ist). Die Petroleumlampe hat einen Schirm.

Ich betrachte das Zimmer mit Stolz, doch dann denke ich mir, Mrs. Lindbergh wird es womöglich nicht zu schätzen wissen, denn es ist ein ganz normales Zimmer. Dabei ist hier alles vorhanden, was im übrigen Haus noch fehlt: Vorhänge, ein Teppich, auf dem Bett richtige Wolldecken, ein alter Schrank, eine Waschschüssel mit passendem Krug, eine Lampe mit Schirm.

Dennoch befriedigt mich die Gewißheit, daß wir alle (Marie, Yvonne, Maryvonne, Louis und ich) unser bestes gegeben haben, um es so schön wie möglich zu machen.

C. macht sich abends nach Saint Gildas auf. Ich bin zu müde und gehe ins Bett.

Samstag, 9. Juli

Am Morgen läßt uns das Hundegebell wissen, daß der Wagen – *la charrette* – mit den Kisten von Harrod's kommt. Keraudrens Mann, Louis und Kerleau bringen sie in das Wohnzimmer, und wir packen fieberhaft aus: die ganze Wäsche, Jons Tisch und Stuhl, unsere Bücher, aber keine Gummistiefel.

Ich laufe hinauf und lege eine hübsche handgewebte Bettüberdecke auf Mrs. Lindberghs Bett – eine von den indischen. Am Nachmittag machen sich C. und Jon auf den Weg, um Mrs. Lindbergh abzuholen (Jon freut sich, sowohl auf die Eisenbahn als auch auf seine »Farmor«). Ich bügle, wasche etc. und Miss H. versorgt die ganze Hauswäsche, schlichtet sie in den großen Wäscheschrank. Es sieht schön aus.

Nach dem Tee halten alle Ausschau. Ungefähr um sieben entdecken sie den Wagen. Kerleau ist mit seinem Boot drüben, aber der Wasserstand ist zu niedrig, um mit dem Schiff zurückzukommen. Trotz des Windes gehen sie über das Watt – Mrs. Lindbergh in Straßenschuhen mit hohen Absätzen, ihren Strohhut mit den Blumen hält sie fest. Sie sieht sehr hübsch aus. Jon folgt. Mrs. Lindberghs Taschen sind bereits voller Steine, die Jon ihr zu tragen gegeben hat. Ich lasse Land auf seiner Matte, damit er sie sehen kann. Mrs. Lindbergh findet ihn unglaublich groß.

Jon ißt mit uns Abendbrot. Marie und Yvonne haben auf

wunderbare Weise das große Zimmer von allen Spuren des Auspackens gesäubert. Es ist ganz schön kalt, aber Mrs. Lindbergh geht nach dem Essen auf den Felsen, um die Aussicht anzusehen.

*

Illiec, Penvenan, Côtes-du-Nord, 19. Juli

Liebe Mutter,
kaum zu glauben, daß ich fast einen Monat lang nicht geschrieben habe. Durch die vielen täglichen Pflichten und Anforderungen ist die Zeit nur so verflogen. Jeden Abend falle ich ins Bett und bin sogar zu müde, meine Tagebucheintragungen zu machen; Briefe, meine Papiere und Bücher bleiben sowieso liegen.

Haus und Haushaltsführung mußten zunächst in Gang gebracht werden.

Selbst jetzt noch, nach mehr als einem Monat, steht kein Essen pünktlich auf dem Tisch, und niemand kann sich merken, wann warmes Wasser für das Baby nach oben gebracht werden muß. (Wird alles auf dem Herd erwärmt.)

Mich tangiert das nicht sonderlich, denn ich habe die allgemeine Fröhlichkeit, die im Haushalt herrscht, gerne und gebe einer glücklichen Nonchalance, einer eisernen Ordnung gegenüber, durchaus den Vorzug. Doch anfänglich war es schwierig, da Miss W.s Nerven zu sehr strapaziert wurden.

Nach acht Tagen ging sie für drei Wochen in Urlaub, überließ mir das Haus, in dem die Zimmerleute noch am Werke waren (sowie die Maurer, die mit allen möglichen Aufgaben außer Haus betraut waren), und dazu noch die Kinder.

Trotzdem war die Erleichterung groß. Lieber würde ich die ganze Arbeit, die Kinder, Windeln, Wollsachen, das Abwaschen und die Fußböden selber machen, als sie hier mit ihrer Nörgelei um mich zu haben. Tatsächlich kommt es mir so vor, als habe ich *damals,* als ich stets darauf bedacht sein mußte, sie bei Laune zu halten, mehr zu tun gehabt als *jetzt,* da ich ihre ganze Arbeit (und meine zusätzlich) erledige.

Doch so arg, wie es klingt, ist es nicht. Ich habe inzwischen eine gewisse Routine entwickelt, habe Zeit, zum Schwimmen zu gehen, Spaziergänge zu machen, nachmittags rasch Besorgungen zu erledigen und die Abende frei zu haben.

Mrs. Lindbergh ist auch hier und beschäftigt sich viel mit Jon. Sie vergöttert Land, allerdings findet sie, daß er *nie* weinen darf, und wenn er weint, muß er auf der Stelle abgelenkt werden. Offensichtlich ist C. groß geworden, ohne eine einzige Träne zu vergießen! Ich fürchte, daß das weder für uns noch für unsere Kinder zutrifft.

Man hat nie Zeit, sich im Leben auf seinen Lorbeeren auszuruhen, oder? Morgen kommen, wie ich annehme, die Korrekturfahnen meines Manuskripts, das bedeutet, daß meine freie Zeit für eine ganze Weile dahinsein wird.

Jon sieht viel besser aus als bei seiner Ankunft und ist hier sehr glücklich, sucht Herzmuscheln, Miesmuscheln und Schnecken am Strand, scheucht die Hühner aus der Küche und arbeitet in den Wäldchen, wo wir die abgestorbenen Bäume herausgehauen haben. Ausdruck höchsten Glücks: »Kommen wir nächstes Jahr hierher zurück?« sagte er. Am ersten Tag konnte er seine Säge nicht finden. Darüber war er wirklich voll Kummer. Schließlich tauchte sie in der Küche auf. Maryvonne benutzte sie fröhlich und unbefangen, um die Fleischknochen zu zersägen. Seither hat Jon mit den Männern zusammen gearbeitet und den ganzen Tag über kleine Äste abgesägt und kleine Bäume geschleppt.

»Err arbeiten wie altes Man«, sagt Kerleau, der Strandwächter, der ihn amüsiert beobachtet. (Er war Matrose und spricht ein merkwürdiges gebrochenes Englisch.)

Es ist 11.15 Uhr. Ich kann nicht mehr viel schreiben, dabei ist noch so vieles gar nicht zur Sprache gekommen.

Ich habe das Gefühl, ich bin Dir hier näher als in Long Barn, auch wenn mich die Schilderung von Leadbetter Island mit Heimweh erfüllt.

Telegramme sind kein Problem, sie kommen mit der gewöhnlichen Post auf dem Rücken der Postbotin. Sie watet bei Ebbe herüber und trägt in der einen Hand ihre Schuhe.

Miss W. kommt in einer Woche zurück. Dann hoffe ich auf einen kurzen Einkaufsbummel in Paris, ein abendliches heißes Bad, Friseur und vielleicht auch ein paar Menschen.

Dieser Brief schildert nicht im entferntesten, wie vergnüglich es ist, aus diesem Besitz etwas zu machen und wie prächtig die einzelnen Menschen sind: die Maler, die bei der Arbeit singen, der taube Bootsbauer, die Postbotin, die Wäscherin (sie ist es nicht gewöhnt, irgend etwas zu bügeln und wäscht alles im Waschtrog der Gemeinde in Buguélès). Dazu der köstliche Kaufhausleiter, Keraudren (er ist Bäcker, Garagist, Transportunternehmer, Cafébesitzer und übernimmt alle telephonischen Vermittlungen für uns).

Die Wellen unter meinem Fenster werfen kleine Steine an den Strand und holen sie mit einem sanften, kratzenden Geräusch wieder zurück. Ich muß ins Bett.

*

Tagebuch *20. Juli*

Die Korrekturfahnen kommen. C. und ich fangen nachmittags an, daran zu arbeiten. Marie klopft an die Türe und sagt, »*Madame, votre belle-soeur est là.*« Ich eile hinunter und finde Margot[1] unten an der Eingangstüre – barfuß und bis über die Knöchel mit schwarzem Schlamm bespritzt. Sie ist zu Fuß von Buguélès herübergekommen. Sorge dafür, daß sie ein Fußbad bekommt, dann plaudern wir.

Wir überreden sie, über Nacht zu bleiben.

1 Margot und Dwight wohnten mit ihrer Freundin, der Übersetzerin Elizabeth Hapgood, in einem Hotel in Saint Efflam.

Dienstag, 26. Juli

Der Tag fängt nicht gut an, beim Frühstück ist keine Milch mehr da. Ich gehe hinaus, um noch welche zu holen und stelle fest, daß jeder Tropfen verbraucht ist; selbst die Ziegenmilch. »Sie haben sie bereits getrunken, Madame«, sagt Maryvonne. Dwight hat weder welche für seinen Kaffee noch für seine Cornflakes. Maryvonne bemerkt naiv: »Vielleicht sollten wir zusätzlich Milch bestellen, wenn Madame Gäste hat.« Natürlich, aber hätte sie nicht dafür sorgen können!

Trotz alledem ist es ein herrlicher Tag. Ich überlasse Charles Miss Nute, und gehe, um mich mit Margot auf einen Felsen in der Sonne zu setzen. Wonnevoll – keine Arbeit heute morgen, da Miss W. das Baby versorgt. (Doch ich vermisse Land sehr.)

Wir schwimmen. Jon schwimmt begeistert mit seinem Ring weit hinaus.

Das Mittagessen ist so wie immer. Yvonne ist krank. Maryvonne und Marie sind verzweifelt. Ich sage ihnen, daß sie alles stehen und liegen lassen und die Mahlzeiten so einfach wie möglich machen sollen.

Margot und ich rudern zu Jons Insel und haben es dort einige Minuten ganz ruhig und friedlich.

Mrs. Lindbergh ist den ganzen Tag über nicht zu sehen gewesen.

Den Tee gibt es zu spät, das Abendbrot auch. Alles ist verspätet.

Freitag, 29. Juli

Wunderbarer Tag. Vormittags an meinem Schreibtisch. Die Maurer versuchen, die Felsen vor dem Haus zu sprengen. Zweimal falscher Alarm, dann geht's los. (Nach den beiden Alarmen warten sie ein Weilchen, gehen dann zurück und schlagen ein tieferes Loch, gießen zwischendurch Wasser hinein, damit der Zündstoff beim Bohren nicht explodiert!)

Wir verspeisen unsere Seeschnecken (gebraten) zum Mittagessen – sehr gut. Miss W. will keine.

Wir ziehen wieder los, um Seeschnecken zu sammeln, wandern dafür meilenweit über kahle, zur Ebbezeit herausragende Felsen, C. taucht nach den Schnecken und bringt sie in einer Hand haltend, mit dem Messer zwischen den Zähnen – wie ein Pirat!

Jon und ich werden in einer Rinne, in der die Schnecken in den Ritzen sitzen, äußerst fündig. Wir stoßen auf ganze Kolonien. Jon ist sehr aufgeregt.

Wir sammeln viele Schnecken. C. hat neunundzwanzig, doch Kerleau und Louis jeder etwa sechzig.

Samstag, 30. Juli

Marie kommt tränenüberströmt zu mir. Yvonne ist sehr krank. Sie hat hohes Fieber. Sie haben nach ihrer Schwester geschickt. Kann sie mit ihr nach dem Abendessen gehen? Françoise heult in der Küche.

Nach dem Essen fahren C., Miss Nute, die zwei Mädchen und ich im Ruderboot ab. Niemand scheint zu wissen, was mit Yvonne los ist. C. sagt, daß auch Mme. Carrel ernstlich erkrankt ist.

Noch viel Zeit, bis der Zug abgeht. Wir kaufen eine Zeitung. Eine Pan-American-Maschine wird über dem Pazifik vermißt. Ich bin tief deprimiert.

Wir fahren bedrückt nach Hause, gehen sehr nachdenklich schlafen. Yvonne – wird sie durchkommen? Mme. Carrel – wie schlecht mag es ihr gehen? Die PanAm-Maschine – Dr. Meier und Ted Wyman waren an Bord.

Donnerstag, 4. August

Louis hat schweren Husten. Es regnet. Maryvonne war die ganze Nacht auf und schwimmt in Tränen. Ich gebe ihr etliche Wicks und ihm Wärmflaschen, die ihm guttun.

Miss W. ist ärgerlich, wenn ich vorschlage, daß man Land zum Krabbeln die Windeln abnehmen soll.

Schließlich gehe ich zu ihr und bespreche mit ihr, daß sie Ende des Sommers gehen soll. Sie ist hier von Tag zu Tag unglücklicher geworden, und es ist ganz unmöglich, mit ihr irgend etwas zu besprechen. Ich erkläre ihr, daß wir vorhatten, sie lediglich während unseres Aufenthalts in England bei uns zu haben, und daß wir vermutlich nicht dorthin zurückgehen werden, und es besser ist, zum Ende des Sommers zu wechseln. Ich sage ihr, wie großartig sie gewesen ist, wie dankbar ich ihr für das bin, was sie für die Kinder getan hat, und wie leid mir der Wechsel tut, daß aber unser Leben sehr schwierig und unruhig werden würde, sie aber eine Aufgabe mit einer durchaus gerechtfertigten Verantwortung übernehmen solle etc.

Sie vergießt Tränen, ich weine auch fast, sie tut mir wirklich leid, dabei weiß ich, daß sie jetzt bessergestellt ist als zu der Zeit, als sie bei uns angefangen hat. Es ist ein elendes Hundeleben, anderer Leute Kinder zu beaufsichtigen und sie genau zu dem Zeitpunkt verlassen zu müssen, wenn man sich zu ihnen hingezogen fühlt.

C. bekam Post aus England: wird er am 10. nach Rußland fliegen? Die dortige Luftfahrt begutachten etc?[1]

Freitag, 5. August

Ich entschließe mich, mit C. zu fahren. Wie ungern lasse ich die Kinder, besonders Jon, jetzt alleine. Mich lockt Rußland auch nicht sonderlich, doch habe ich das Gefühl, daß ich mitmuß. Es gehört in die europäische Landschaft. C. muß darüber Bescheid wissen, und ich muß ihn begleiten, damit wir darüber diskutieren können.

Richte vormittags unsere Sachen her.

[1] C.A.L. erhielt von Oberst Lee, dem Luftfahrtattaché in London, ein Telegramm, in dem Lee vorschlug, daß C.A.L. nach Rußland fliegen und die dortige Luftfahrtsituation erforschen solle. Diese Aufgabe gehörte zu einer größeren Studie, in der Vergleiche über die Stärke der wichtigsten europäischen Länder und ihrer Luftstreitkräfte für die US-Geheimdienste aufgezeichnet werden sollten.

Samstag, 6. August

Nach dem Abendessen auf den Felsen, in mir sträubt sich alles gegen diese Reise, nie gekannte Ängste erfüllen mich – weibliche Ängste. Soll ich fahren und Jon hierlassen? Was kann passieren?

Ich blicke C. nach, bis er nur noch ein weißer Fleck ist auf dem Weg, der über Sandbänke, Inseln und Steinblöcke zu den Carrels führt.

Weshalb fahre ich? Weshalb hefte ich meinen Blick so lange auf den weißen Fleck, bis er verschwunden ist? Die beiden Fragen scheinen miteinander in Beziehung zu stehen.

Ich muß fahren, ich muß an C.s Leben teilhaben. Ich muß trotz meiner Angst mitfahren. »Man hat sich dieser Welt zu stellen, sagte Hari, dann braucht man sie nicht zu fürchten.«[1]

Seinen Kindern zuliebe muß man vielleicht manches unternehmen, was ihnen beweist, daß man ohne Furcht ist, selbst wenn es einen das Leben kosten sollte. Möglicherweise ist ihnen das eine wichtigere Lehre, als zu Hause zu bleiben und den Versuch zu unternehmen, sie zu beschützen.

Ich lasse meinen Blick über die Inseln schweifen und versuche, mir klarzumachen, daß wir alle, auch die im Pazifik vermißte Maschine, in »Gottes Hand« sind. Das zu akzeptieren, fällt schwer; lernen jedoch muß man es früher oder später.

*

Illiec, Penvenan, Côtes-du-Nord, 6. August

Meine liebe Mutter,
wieder ist viel Zeit verstrichen, ohne daß Du einen Brief erhalten hast, dabei beschäftigt mich vieles, worüber ich Dir schreiben wollte: die steten Probleme und Freuden unseres Inseldaseins – doch nun fahren wir morgen für zwei Wochen nach Rußland. C. muß dort die Luftfahrt inspizieren. Ich möchte einesteils ganz

[1] Ein Zitat aus *The Root and the Flower* von L. H. Myers.

und gar nicht mit. Mir mißfällt der Propagandarummel dieser Reise, der wegen der russischen »Luftfahrtwoche« unweigerlich dazugehören wird. Auch mag ich dieses Pseudoleben, das ich dort als Tourist zu führen habe, während C. Fabriken besichtigen muß, gar nicht. Und schließlich reiße ich mich jetzt höchst ungern von der Insel los und dem Haus, das eben halbwegs bewohnbar wird, von Land, der augenblicklich bezaubernd ist, und von Jon, der mich braucht. Dabei weiß ich, daß ich fahren soll, um mich aus diesem intensiven Hausfrauendasein zu befreien, daß ich bisher geführt habe.

Unsere russischen Zollpapiere sind noch nicht fertig, aber wir fliegen (wenn es das Wetter erlaubt) zu einem Ort in der Nähe von Lille, um bei Détroyat[1], einem französischen Flieger, zu übernachten. Am nächsten Tag werden wir dann wieder in London sein.

Nachdem wir dann von Rußland zurück sind, werden Aubrey und Con hoffentlich eine Zeitlang zu uns kommen. Und Du, liebste Mutter, weshalb könntest Du nicht herkommen? Wir werden wohl fast den ganzen September auf der Insel sein. Im Oktober muß C. vermutlich wieder für etwa zwei Wochen nach Deutschland, und ich gehe wohl mit. Im Spätherbst erwarten uns dann neue Probleme:

Wohin im Winter? Eine neue Kinderschwester!

Europa ist in einem solchen Übergangsstadium, fast ist es arrogant, Pläne zu schmieden. Auf der anderen Seite ist das mit ein Grund, weshalb ich mir wünsche, daß Du Illiec in diesem Sommer siehst.

*

[1] Michel Détroyat, französischer Testpilot und Kunstflieger.

Etwa um 9.30 Uhr Abmarsch, Kerleau, P'tit Louis und C. tragen das Gepäck, Mrs. Lindbergh und Miss H. gehen über die Sandbänke, wir über das Watt. Ich schaue zurück und sehe Thor würdevoll neben Lands Ställchen sitzen, den Kopf aber hat er sehnsüchtig zu uns gewandt.

Ein langer, heißer Weg. Jon kommt mit bis zu dem Herzstein, den ich kürzlich gefunden und in das Watt gesetzt habe. Er freut sich darüber, nimmt ihn auf und wandert wieder heimwärts.

Bis wir zum Auto kommen, tropfen wir, doch auf der Fahrt nach Morlaix wird uns kühler. Am Flugplatz ist es wieder sehr warm. Kurz vor 14 Uhr starten wir. Niedrige Wolkendecke, Hitze, vorbei an Mont-Saint-Michel und an Le Havre. C. merkt, daß es brenzlig riecht, er wendet, Öl spritzt auf die Windschutzscheibe. Er landet in Le Havre, um nach der Ursache zu sehen. Sonntägliche Versammlung von Angehörigen des Fliegerklubs. Man schart sich um uns, ich versuche zu dolmetschen. Ein dicker pompöser Sachverständiger behauptet, unsere Maschine sei zu heiß. C. entgegnet, die Temperatur sei ganz normal. Der Mechaniker besteht darauf, sie sei sehr hoch. Ich fürchte, wir werden hier nie wieder wegkommen.

C. geht wieder in die Maschine und versucht zu starten. Findet keinen ernsten Schaden. Wir erklären mit Hilfe eines Mannes, der sehr gut englisch spricht, daß wir nach Saint Inglevert und Reading weiterfliegen werden, da nichts Ernsthaftes zu finden ist, dort aber dann die Maschine in die Fabrik geben wollen.

Heben endlich ab. Sehr bald wird es diesig, wolkig und neblig. Ich habe kein Orientierungsvermögen mehr, kann den Kompaß nicht sehen. Ich erstarre bei der Erinnerung an frühere Gefahren im Nebel. Das geschieht ganz instinktiv. Ich weiß, daß C. vorsichtig ist und wir in weit übleren Nebeln gesteckt haben, aber in mir gefriert trotzdem alles. Es wird spät.

Endlich dreht C. sich um und sagt, daß wir nicht nach London können, die ganze Küste entlang ist Nebel. Werden nach Paris fliegen und dort das morgige Wetter ausfindig machen.

Wetter bessert sich, bleibt aber stürmisch, wir sehen Rauch und Dunst der Stadt, der Eiffelturm ragt aus dem Abendnebel. Gewitter. Landen ungefähr um 19 Uhr in Le Bourget – wie C. sagt, fast in der gleichen Richtung, in der C. damals auf seinem Flug gelandet ist. Es ist sehr heiß und schwül. Nehmen ein Taxi und fahren durch verlassene, nasse Straßen nach Paris. Sonntag und August – jeder ist fortgefahren wegen der Hitze. Allmählich kommen wir aus der ärmlichen Gegend in die elegantere Gegend, die noch menschenleerer ist. Am Crillon halten wir und steigen aus.

Ich versuche, in Le Bourget die Wettervorhersage zu bekommen. Klingt nicht besonders gut; der Mann ist schwer zu verstehen.

Dann ein Bad und in frischen Kleidern über die noch feuchten, aber jetzt erleuchteten Straßen von Paris, in ein Restaurant. Etliche Amerikaner und viele Franzosen erkennen uns, aber man kümmert sich nicht weiter um uns. Wunderbar. Ich bin glücklich, fühle mich nach der Spannung des Fliegens frei und freue mich, daß wir ohne Schwierigkeiten ausgehen und etwas essen können. Köstliches Steak, Himbeeren mit Sahne, ein kühler leichter Weißwein.

Durch eine unbeleuchtete und verlassene Rue Saint-Honoré nach Hause. Die Place de la Concorde sieht allerdings im Flutlicht unnatürlich hell aus. Die alten Gebäude, die man in Nacht, Schatten und gedämpftem Licht belassen sollte, wirken theatralisch und wie graue, beleuchtete Kulissen.

Wie C. sagt: »Weshalb soll die Nacht nicht zu ihrem Recht kommen?«

Morgen, wenn möglich, nach London.

Montag, 8. August

Heiß. Frühstücken unten. Vom Crillon nach Le Bourget. Flugzeug aufgetankt. Gehe zum Météo Bureau: Wetter nicht sehr gut. C. will so weit wie möglich fliegen und heruntergehen, wenn es schlecht wird. Zurück in den Kampf!

Wurde doch nicht so schlimm. Wir gelangten genau dann nach Saint Inglevert, als die Wolken sich aufgelöst hatten. Unterhalte mich mit einem kleinen Mädchen, das ein zweijähriges Kind auf dem Arm hatte. Nebel über dem Kanal, so tief, daß er eben die Schiffe bedeckt, an einer Stelle steigt aus dem Nebel ein schwärzliches Rauchgekräusel auf. Ehe wir zur Küste kommen, klart es auf. Wolken und Hitzedunst.

Wie gerne fliege ich über ein glattes, perlenschimmerndes Meer. Ich werde beim Anblick seiner Ausmaße, seiner Glätte und Zartheit ganz aufgeregt. Beim Flug über das Meer gerate ich fast immer in Ekstase, ob es sich nun um eine Küstenlinie, um Maine, Illiec oder den Long Island Sund handelt, vor denen es seidig ausgebreitet liegt.

Ankunft in Lille, Détroyats Privatflugplatz ist auf dem Land, in der Nähe einer Baumgruppe. Landen fast genau um 17 Uhr. Détroyat, ein Mechaniker und sein Butler sind da. Seine Frau, die wir zuletzt vor vier Jahren in Amerika getroffen haben, ist sehr elegant in Blau gekleidet, ihre lackierten Zehennägel schauen aus ihren Sandalen hervor, ihr leicht gewelltes Haar trägt sie hoch aufgetürmt, und von einem blauen Band gehalten, griechische Mode, wie sie die phantastischen Modelle im *Vogue* zeigen.

Ich wurde einer Freundin vorgestellt, auch sie sehr elegant und mit Hochfrisur. Beide makellos, beide leuchtend geschminkt. Mme. Détroyats Mutter war auch da, ihr gehört der Besitz. Sie sieht jung aus und trägt ihr Haar wie gewöhnliche Sterbliche.

»Je suis ravie de vous voir ici«, etc. etc.

Ein herrlicher Ort, parkähnlich, inmitten von Bäumen, ein runder Teich mit Schwänen und Enten, Gärten. Ein einstöckiges Haus im englischen Landhausstil, ganz mit Wein bewachsen, Geißblatt, Rosen.

Man zeigt uns unser Zimmer, wir ziehen uns rasch zum Tee um. Ein köstlicher Tee, Konversation. C.s Gespräche mit Détroyat drehen sich um die Luftwaffe. Ich erzähle den Damen halb in Englisch, halb in Französisch von der Insel.

Ein anderer Freund, der ganz intelligent wirkt, spricht sehr gut Englisch. »Albert«, der Mann der jungen Dame, überfliegt uns auf dem Rückweg vom Polospiel in Le Touquet.

Über ihr ernstes und reizendes Gesicht huscht ein Ausdruck von freudigem Stolz, während er über uns hinwegbraust. Das gefällt mir – ich weiß, wie ihr zumute ist.

Nach dem Schwimmen begegne ich Albert. Er küßt einem galant die Hand, wirkt aber nicht annähernd so französisch, wie man nach dieser Beschreibung vielleicht annehmen möchte. Sein Gesicht ist von Fältchen durchzogen, pfiffig, intelligent, er muß Humor besitzen. Er gefällt mir auf Anhieb.

Abendessen im Bungalow. Albert äußert sich gescheit zu Frankreichs momentanem Status quo, den er kritisch sieht. Er befürchtet eher einen Bürgerkrieg als einen Krieg und ist der Meinung, daß man den französischen Arbeitern suggeriert hat, daß die Existenzberechtigung des Wohlstandes allein darin bestünde, sich seiner zu bemächtigen. Das eben würden sie glauben, ohne sich über dessen Preis im klaren zu sein. Er spricht französisch und das Dolmetschen geht schleppend. C. und ich interessieren seine Ausführungen, über die sich die anderen wegen deren Ernsthaftigkeit eher amüsieren. »O Albert!« beschwichtigen sie seine düsteren Auspizien, *»tu parles toujours comme ça«*, und hindern ihn daran, fortzufahren, was mich sehr enttäuscht, denn nun fällt das Gespräch auseinander – was schade ist, denn er ist von den Anwesenden der Interessanteste. Seine Frau ist reizend, ebenfalls intelligent, aber sie ist jung.

Ich mag auch die Mutter. Sie hat gesunden Menschenverstand und ich kann mich mit ihr über herkömmliche Lebensfragen unterhalten, was mir bei den jungen Mädchen mißlingt. Woran liegt das? Vielleicht sind sie aufgrund ihrer phantastischen Frisuren, ihrer Schminke, ihrer Pariser Garderobe nicht dafür zuständig?

Während des Krieges war die Mutter von den Deutschen aus La Vallée vertrieben worden. Sie flohen meilenweit zu Fuß sowie mit Pferd und Wagen. Sie war schwanger. Die Deutschen zerstörten das alte Schloß, ließen aber die Bäume stehen, um die Ställe, die sie für ihre Pferde gebaut hatten, zu tarnen.

Herrliches Bett, aber die Mücken sind entsetzlich. C. schlägt vor: »Winde das Laken um deinen Kopf – während du atmest, bläst du sie fort«!

Mittwoch, 10. August

C. steht zum Frühstück auf. Ich bekomme ein köstliches französisches Frühstück auf mein Zimmer. Pfirsiche, Marmelade, Toast und Kaffee.

Es regnet, tiefliegende Wolken. Wir Frauen fahren im Auto nach Lorette, wo sich auf einem Hügel ein riesenhafter Kriegsfriedhof mit einem Denkmal befindet. Eine trübselige Landschaft: häßliche Backsteinstädte, ohne Gärten, ohne Bäume, ganz eben. Natürlich sind die Bäume dem Krieg zum Opfer gefallen. Nichts wächst auf den von tiefen Kratern zerfurchten Hügeln. Englische, französische und deutsche Friedhöfe sind über das ganze Land verteilt. Lorette ist äußerst trostlos und häßlich. An dem großen Stein, auf dem steht: »Zum Andenken an die vielen tausend unbekannten Soldaten, die für Frankreich fielen«, haben die Angehörigen Gedenktafeln oder auch Bilder ihrer Väter, Männer und Söhne, die seit dem und dem Tag vermißt sind, als Zeichen der Erinnerung angebracht.

Beim Mittagessen sitze ich neben Albert und versuche, mit ihm wieder über Frankreich zu sprechen. Aber die anderen am Tisch werden mit hineingezogen und machen sich wieder über ihn lustig, so daß er sich damit verteidigt: »*Sie* hat davon angefangen.«

Nach dem Mittagessen fliegen wir ab. Plötzlich spuckt die Maschine Öl über die Windschutzscheibe, das in langsamen

Bächen wieder herabrinnt. Dadurch sieht die Scheibe wie ein getöntes Glasfenster aus, das einem allerdings die Sicht nimmt. C. wischt das Öl ab, zwei Taschentücher sind voll. Er wirft sie weg. Noch immer sprudelt es in der Mitte der Windschutzscheibe, fließt zurück ins Cockpit. Ich gebe C. drei Papiertaschentücher. Eine Zeitlang nützen sie etwas, aber es sprudelt weiter, man sieht nichts.

Ich ziehe C.s Südwester, meinen Helm und meine Brille an. C. braucht noch Tücher, um seine Schutzbrille, die jetzt voller Öl ist, abzuwischen. Abnehmen kann er sie nicht, er würde ganz blind. Er muß schauen, daß er landet. Wir haben keine Tücher mehr, daher reiße ich meine seidenen Hosen herunter und gebe sie ihm (opfere alles!). Ich habe immer noch einen Unterrock, den ich ihm geben kann. Doch die Hosen reichen. Er säubert die Schutzbrille, wischt noch einmal über die Windschutzscheibe, und wir landen in Saint Inglevert.

Alle kommen heraus, um uns mit Lappen und Benzin zu helfen. Sie säubern die Maschine, und C. läßt sie laufen. Das Öl kommt aus der Propellerachse. Wir informieren uns über das Wetter in Croyden. Es hat sich gebessert. C. beschließt, daß das Leck nicht gefährlich ist, wir starten mit einer Menge Lappen versehen nach Reading. Wir müssen die Windschutzscheibe ständig abwischen, aber wenigstens schwappt das Öl dadurch nicht zurück.

Landen in Lympne, dann, bei zunehmend schlechter werdendem Wetter, nach Reading. C. rast über Reading hinweg, ich kontrolliere die Zeit und werde ständig nervöser. Das Wetter wird schlechter, die Wolkendecke senkt sich immer mehr, es fängt an dunkel zu werden. Es ist fast sieben.

Ich stelle fest, daß C. die richtige Peilung sucht, wendet, kreist und Ausschau hält. Ich bin schon ganz unglücklich, berühre seine Schulter, da ruft er zurück: »Es ist Reading.« Ich lasse mich erleichtert zurückfallen. Er weiß, wo wir sind. Er findet das Flugfeld bald, und wir landen.

Sehr dankbar, daß wir unten sind.

Zug nach London und ins Brown's Hotel, wo uns der Manager sagt: »Ihre Freunde haben nach Ihnen gefragt.«

»Was für Freunde?«

»Mr. und Mrs. Morgan.« Con und Aubrey!

Sie sind auf der gleichen Etage. Was für eine Überraschung, die Freude, sie zu sehen, ist groß. Con sieht in ihrem schwarzen Kleid, mit den am Kopf anliegenden Locken, reizend aus.

Wir essen unten zusammen – spät und köstlich, genießen den Luxus einer zwanglosen Unterhaltung, machen dann einen kurzen Spaziergang durch Londons Straßen. Con und ich gehen voraus, C. und Aubrey folgen. Con und ich wären fast mitgenommen worden und wagen es nicht mehr, an den Straßenecken stehen zu bleiben, aus Angst, für solche Mädchen gehalten zu werden, die stets an den Straßenecken in London herumstehen.

Wir kichern viel und fühlen uns großartig. Morgen wird nicht geflogen, und es gibt in allernächster Zukunft nichts, worüber man sich Sorgen machen müßte.

11. August, tagsüber in London

Die russische Genehmigung ist noch nicht da. Der Defekt an der Maschine scheint nicht schwerwiegend zu sein.

C. meint, daß er morgen nicht abfliegen kann. Con und Aubrey haben vor, morgen zurückzukommen und mit uns zu Abend zu essen.

Esse alleine im Hotel zu Mittag. (Der »Negus« – Haile Selassie[1] – mit Bart und in einem weiten schwarzen Cape sitzt umdüstert in einer Ecke.)

In ganz Deutschland hat man neue Sperrzonen errichtet und die Reservisten zu »Manövern« einberufen. Das englische Auswärtige Amt ist äußerst irritiert. Der Premierminister ist wegen

[1] Kaiser von Äthiopien (1930–36), der von den Italienern bei deren Eroberung und Besetzung des Landes vertrieben wurde, 1936–41 in England lebte, 1941 wieder seinen Thron bestieg, 1974 abgesetzt wurde und 1975 starb.

der »Behandlung seines Nasenkatarrhs« in London. Es geht das Gerücht, daß es am 15. August losgehen soll.

Montag, 15. August

Genehmigungen sind da.

In der russischen Botschaft löchert Mr. Maisky[1], ein fähiger interessierter Mann, C. wegen der italienischen, der japanischen und der deutschen Luftfahrt. Er hat mehrere Theorien parat, weshalb die japanische Luftfahrt so mangelhaft ist. Er behauptet, daß die Japaner deshalb schlechte Augen haben, weil die Babys immer auf dem Rücken festgebunden werden und sie daher zur Sonne aufschauen müßten. Außerdem müßten die Schulbuben so viele Schriftzeichen lernen!

C.s Bericht über die deutsche Luftflotte erfreut offensichtlich niemanden. Man fragt: »Wie ist das mit den Piloten, Oberst?« C. versucht taktvoll zu sein und sagt, wenn er Zahlen nennt: »Abgesehen von Rußland, wo ich die Verhältnisse nicht kenne...«

Drei Männer sind anwesend. Einer davon, Mr. Kahn, ist klug, lebhaft, gehört aber wohl, wie ich annehmen möchte, zu dem unausgeglichenen und phantasiebegabten Typus. Dann gibt es den Botschafter, Mr. Maisky, der tüchtig und intelligent ist, und der, würde ich sagen, die Ruhe bewahrt; könnte jeder Regierungsform angehören. Der dritte ist gutmütig, liebenswürdig, nicht sehr aufgeweckt – gehört zu der Sorte, die es überall gibt.

Wir unterhalten uns über die großartigen Flüge, die gerade stattgefunden haben, und bei denen die Russen die Polen geschlagen haben. Man erzählt uns von einem Rekordflug über Rußland, den »drei Pilotinnen (!) der Luftwaffe« getätigt haben. Offenbar gibt es dort Frauenbatallione, und sie sind darauf sehr stolz.

[1] Von 1932–43 Botschafter der UdSSR in Großbritannien.

Fliegen zirka um 9 Uhr ab.

Der Kanal ist stürmisch, die Sicht ganz gut. Über der französischen Küste Wolken und Dunst. Gewitter über Belgien, Dunst über Holland, über Deutschland Besserung, aber gelegentlich Stürme.

Landen in Hannover. Vom Mechaniker erfahren wir, daß Udet, Hannah Reitsch[1] und noch mehrere andere Flieger auf der *Bremen* in die Vereinigten Staaten fahren. (Also kein Krieg?)

Beim Überfliegen von Deutschland folgen wir der Autobahn.

C. muß sich bei der Wahl seiner Route sehr in acht nehmen, um kein verbotenes, befestigtes Gelände zu überfliegen.

Polen ist ganz eben: kleine Höfe, Seen, Flüsse. Wetter jetzt klar und schön. Landen in Warschau. Reporter und niemand, der englisch spricht, doch, einer von ihnen! Polen scheint für Rußland nicht gar soviel übrig zu haben. Der Reporter, der hier dolmetscht, sagt, keines der Länder habe eine Verbindung zu Rußland, außer der Tschechoslowakei, die aber stehe Moskau sehr nahe.

In der Botschaft treffen wir den US-Botschafter [Anthony] Drexel Biddle und seine Frau. Von ihm erfahren wir, daß fast kein Verkehr zwischen Polen und Rußland existiert, und daß wir seit langem das erste Flugzeug sind, das auf direktem Wege von Land zu Land darf. Er erzählt auch, daß die Straßen bis fast an die jeweiligen Grenzen ganz ordentlich seien, dann aber würden sie so schlecht, daß kaum ein Panzer darüber fahren könnte.

Im Hotel werden wir in ein erlesenes Zimmer geführt, in dem alle Möbel mit Schonbezügen bedeckt sind. Es sieht ganz freundlich aus, bis das Stubenmädchen sie entfernt und darunter der rote Satin zum Vorschein kommt. Wir essen oben Abendbrot. Hören nachts auf den stillen Straßen kleine Karren und das Trotten der Pferdehufe.

[1] Deutsche Pilotin.

Der Hotelier erklärt uns, wie arm Polen ist. Es war zu lange unter russischer Herrschaft und braucht seine Zeit für den Wiederaufbau. Schlimm, daß Pilsudski[1] so früh gestorben ist. Polen braucht einen starken Mann, der es zusammenhält. Warschau scheint eine vollkommen moderne Stadt zu sein, bis auf wenige altmodische Reminiszenzen: Blumenkörbe an den Laternenpfählen und Blumenkästen an den öffentlichen Gebäuden.

Lange Warterei am Flughafen. Es sieht so aus, als habe die Polnische Botschaft in London gemeint, daß wir keine Erlaubnis brauchen, um Polen zu verlassen, hier aber sagen die Beamten, daß wir sie haben müssen. Doch endlich kommen wir weg.

Schönes Wetter, wolkenloser Himmel, sehr warm. Wir überfliegen flaches Land mit kleinen Flüssen, etlichen Seen und Sümpfen. In den kleinen Dörfern haben die meisten Häuser Grasdächer, es gibt ganz wenige, die mit Ziegeln gedeckt sind. Fliegen über die Grenze, folgen den Eisenbahnschienen. Sieht so aus, als gingen die Straßen einfach weiter. Auf der russischen Seite weit mehr Aktivität und Leben. Große Stadt, bessere Straßen, eine Eisenbahn, ein militärisches Lager, Dörfer etc. (Je weiter man kommt, desto lockerer werden diese Gruppierungen.) Die Dörfer ähneln den polnischen, nur liegen die Heuschober alle zusammen unter einem großen Schutzdach und sind nicht verstreut.

Wir fliegen über Minsk.[2] Viele große Anlagen in der Nähe der Städte und einige große Bauten. Weshalb? Wie unnötig weit draußen auf dem Land! Will man die USA kopieren? C. meint, daß das Flugfeld nicht gerade zu einer Landung einlädt und für unseren Start mit dem vielen Benzin besser sein könnte. Wir fliegen weiter nach Mogilew. Ein großes Feld mit kleinen Luft-

1 Polnischer General und Staatsmann, 1867–1935

2 Die Route nach Moskau war von der Botschaft der UdSSR in London ausgearbeitet worden, die beiden Flugplätze Minsk und Mogilew, auf denen das Landen erlaubt war, waren mit angegeben.

waffenmaschinen, Tiefdeckern mit einholbarem Fahrwerk. Wir landen, Offiziere kommen in khakifarbenen, gegürteten Blusen und Käppis mit Hammer und Sichel. Etwa eine Stunde lang redeten wir mit ihnen, beziehungsweise versuchten wir es. C. zeigt seinen kurzen Brief von Mr. Maisky, sie stehen da, reden, gestikulieren. Währenddessen starten und landen die Flugzeuge, so wie es ihnen signalisiert wird, wir erleben zwei Wolkenbrüche.

Ein junger Mann spricht etwas Englisch. Er macht uns begreiflich, daß der Kommandeur uns zum Essen dabehalten möchte. Wir erklären ihm, daß wir nicht viel Zeit haben.

Wir werden in ein klappriges Fahrzeug gesetzt, waschen am Eingang zu einer großen Halle unsere Hände. An allen Wänden Bilder von Stalin, lange Tische, Offiziere, ein paar Mädchen (die gut aussehen und besser angezogen sind als vor fünf Jahren, bedruckte Kleider, Socken, weiße Sommerschuhe, kurze Locken).

Sie betrachten uns alle neugierig. Fragen (ungläubige):

»Ist ... es ... *Ihr* ... Flugzeug?« Und zu meiner Uhr: »Sehr ... gute ... Uhr ... Gold ... goldene Uhr!«

»Nein ... *gut* ja, aber nicht aus Gold«, wir protestieren. Die Mädchen betrachten mich, wie mir scheint, mit Neid (vielleicht wegen des Fliegens, oder auch wegen meiner Kleidung, mit der ich in London kaum bestanden hätte), sie fahren sich instinktiv mit der Hand in die Haare, um sie zurechtzumachen – keine Rede, daß meine auch nur annähernd gut gelegen hätten, sie waren durch den Helm ganz wirr und stumpf. Eine Frau mit einem Stirnband setzt uns Essen vor: Tomaten mit geschlagener saurer Sahne und Dosenfisch in Essig. Dann eine Schüssel voll heißer Milchreissuppe, Fleisch mit Zwiebeln und Tomatensauce! Offenbar ein richtiges Abendessen. Unsere Uhren stehen noch auf 15 Uhr.

Schließlich fragen wir: »Wann dunkel in Moskau?«

»Neun«, sagen sie.

»Wir müssen *schnell* weg.«

»Schnell, ja, Sie werden heute abend in Moskau sein.« (Ich fange an, das zu bezweifeln. Wir waren hier drei Stunden.)

Wir gehen hinaus ohne Wetterbericht, auf den noch gewartet wird, und fliegen ab.

In der Luft. Die Sonne geht hinter einer rosa umränderten Wolke unter, und das Land ist grau. C. glaubt immer noch, daß wir vor Anbruch der Dunkelheit ankommen werden. Ich weiß nicht wie.

Landen um 17.34 in Moskau. Die Lichter auf dem Flugfeld sind an, die Stadt ist dunstig und dunkel, Lichter am Fluß, und immer noch genügend Licht, um zu landen. Eine kleine Gruppe von Menschen erwartet uns, Alexander Kirk[1], tadellos und aufrecht, in Grau, Oberst Faymonville[2], heiter und freundlich, ein Beamter in weißer Uniform, Oberst Slepnew, Chefinspektor ziviler Flughäfen, zwei junge und hübsche Frauen, die gut angezogen waren, die eine in einem braunen Kostüm, die andere im bedruckten Kleid mit Lippenstift und roten Fingernägeln. Sie hielten riesige Blumensträuße, um sie uns zu überreichen. Die übliche Verlegenheit beim Empfang von Blumen bei hellem Licht und vor den Kameras, und das bekannte Unbehagen beim Beantworten von Fragen, während die Reporter herumlungern, um Einzelheiten aufzuschnappen.

Alexander Kirk fährt mich zur Botschaft. Die Straßen sind viel besser als vor fünf Jahren, breite Boulevards, Straßenbeleuchtung, mehr Autos, elektrische Straßenbahnen, Busse etc.

Alexander Kirk sympathisiert offensichtlich keineswegs mit der UdSSR. – »Ich habe dafür überhaupt nichts übrig« – und er äußert sich ganz frei. Sein Chauffeur ist Italiener, wie er sagt, und das Auto wird täglich nach Mikrophonen abgesucht. Jedenfalls behauptet er, daß er sich nichts daraus macht, soweit es ihn angeht. Man weiß hier, wie er denkt, und wenn jemand lauschen

[1] Stellvertretender US-Botschafter in der UdSSR.

[2] Oberstleutnant Philip R. Faymonville, Militärattaché an der Moskauer Botschaft.

will, schaufelt er sich sein eigenes Grab. Er sagt, daß dieses System in der UdSSR nicht von Dauer sein kann. Es ist auf der Absage an zwei fundamentale menschliche Instinkte aufgebaut – nämlich den für den Kult, wie in Kirche und Religion, und den für das persönliche Eigentum. Außerdem ist der Kommunismus von allen Systemen das intellektuellste, theoretischste, daher benötige er als gefühlsmäßiges Ausdrucksmittel gerade die Religion. Er berichtet weiter, daß hier dreißig Millionen Menschen umgebracht oder beseitigt wurden.

Die Botschaft ist ein kolossaler Palast mit gewaltigen Kandelabern und imitierten Marmorsäulen. Er gehörte vor der Revolution einem Privatmann, einem Fabrikanten, der in der Empfangshalle von seinem unehelichen Sohn erschossen wurde. Dann gehörte er dem Staat und wurde von Präsident Kalinin[1] für diplomatische Begegnungen verwendet. Dann wurde er an Bullitt vermietet.

Spätes Abendessen mit Alexander Kirk und Oberst Faymonville. Mit ihm unterhält sich C. über das Flugwesen, ich spreche mit Alexander Kirk über die allgemeine Weltlage. Er ist ein echter Sonderling, aber genial. Schneidet ein paar Themen an, die auch C. interessiert hätten. Er glaubt nicht, daß die USA gegen die augenblicklichen europäischen Schwierigkeiten immun seien und meint, es handele sich nur um eine Frage der Zeit. Sollte es wieder einen Krieg geben, würde er einen sozialen Umschwung zur Folge haben, der genau wie in Rußland nicht ohne Blutvergießen, Aufruhr und Schrecken möglich wäre.

18. August, »Ruhetag«

Hinaus zum Flugfeld, wo Vorführungen der Zivilluftfahrt dargeboten werden. Vertreter aus ganz Rußland sind unter den Zuschauern.

C. und ich unternehmen eine Fahrt alleine, um unsere Beob-

[1] Michael Iwanowitsch Kalinin, von 1938–46 nominelles Staatsoberhaupt der UdSSR, Vorsitzender des Präsidiums des Obersten Sowjet.

achtungen zu machen. Seit dem letzten Male hat sich viel geändert. Es gibt neue Gebäude, breite Straßen, Untergrundbahnen, Geschäfte (in denen Lebensmittel, Bekleidung, Tennisschläger, Gitarren, ja sogar Spielsachen angeboten werden; die Qualität scheint nicht besonders gut zu sein, aber die Dinge sind doch immerhin vorhanden). Plakate werben für Kinos, Schokolade und Zigaretten. Die Menschen sind viel besser angezogen. Das Straßenbild ist farbig, man sieht bunte Baumwollkleider, Männer in europäischen Hemden und Hosen. Die Frauen tragen zumeist keine Hüte, auch keine Strümpfe, aber Baumwollsokken und Sommerschuhe. Die Straßen sind viel sauberer, es herrscht eine gewisse Ordnung, Ampeln sind installiert.

Doch betrachtet man sich die Gesichter der Menschen, sehen sie nicht gerade sehr wohlgenährt aus, sondern bleich und unglücklich, als hätten sie einen harten Kampf hinter sich, was natürlich auch zutrifft. Es hat den Anschein, als sei der materielle Fortschritt dem physischen und geistigen vorausgeeilt (doch das gilt in gewisser Weise für alle Großstädte. Man sieht auch in Paris, London oder New York keine ausgesprochen gesunden Menschen in großer Zahl auf den Straßen).

Die Gesichter sind hier weder besonders intelligent noch wirklich wohlgeformt. (Liegt das daran, daß mir der slawische Typus fremd ist?) Außerdem sehen alle gleich aus. Man sieht nicht (wie in Paris, London oder New York) wenigstens ein paar außergewöhnliche Erscheinungen. Hier ist der Rahm abgeschöpft worden (zumindest gewinnt man dieses Eindruck). Am besten sehen noch die Leute in Uniform aus – die Soldaten, Polizisten oder Beamten. Es gibt sehr wenige alte Menschen, sie sind gebeugt und wirken verquält. Die Kinder schauen kränklich aus, schlecht ernährt und nicht glücklich. (Oder liegt auch das daran, daß sie Slawen sind, und ich sie nicht zu durchschauen vermag?) Auf den großen Lastwagen, die offensichtlich Gesellschaften auf Stadtrundfahrten durch Moskau befördern, entdeckt man ein paar fröhliche und besser aussehende Gesichter.

An den Straßenecken stehen die Menschen vor kleinen Ständen für Obst und Gemüse Schlange. Die Nebenstraßen sind noch gepflastert und ziemlich schmutzig, aber besser als früher. In vielen Straßen sind die Häuser abgerissen. Hier errichtet man eine Reihe neuer Gebäude, nachdem man die alten, die zuvor hier standen, in die Luft gesprengt hat. Sieht aus wie im Krieg.

Eine Menge neuer Konstruktionen, aber nichts, was einen umwerfen würde oder was besonders schön wäre – kein Beitrag zur modernen Architektur, aber brauchbare Kopien; ein paar anständige moderne Untergrundstationen.

Viele schwangere Frauen auf den Straßen. Zwei Bettler. Sehr wenig Kinder – ich nehme an, sie sind in Kindergärten untergebracht.

Mittagessen zusammen mit Alexander Kirk in der Botschaft. Oberst Faymonville nimmt uns anschließend mit ins Hotel Métropole, wo wir unsere Gastgeber kennen lernen. Er ist ein eifriger, gutmütiger Mann – einer der Leute, so will mir scheinen, die unablässig für die Unterdrückten eintreten, so jedenfalls deute ich seine Haltung in bezug auf Rußland.

Er freut sich, daß wir einen Fortschritt sehen, und spricht mit einem Unterton leiser Verbitterung über die Kritiker, die nicht begriffen haben, in was für einem schrecklichen Zustand Rußland nach dem Krieg *war*, und was für einen Aufschwung es nach Revolution und Hungersnot genommen hat. Das mag alles stimmen (und wird es wohl auch); man muß diese Leistung anerkennen und sich dennoch von dem System distanzieren.

Im Métropole treffen wir Oberst Slepnew in weißer Uniform mit goldenen Litzen. Er sieht genau wie ein deutscher Offizier der gleichen Kategorie aus – freundlich, blühend und dick, hat ein liebenswürdiges Gesicht, scheint tüchtig und augeglichen. Kein ausgesprochener Intellektueller – ein guter Vollstrecker, ein guter Offizier. Die beiden Mädchen, die uns am Flugplatz begrüßten, sind auch wieder da. Die Hübsche ist ganz gut angezogen, trägt ein bedrucktes Kleid, einen Strohhut mit Blumen, hat eine Glasperlenkette umgeschlungen und einen Türkisring an ihrem Finger. (Ich nehme an, daß sie die Frau eines dieser

Herren ist, weiß aber nicht, von wem.) Die Dicke, eine Dolmetscherin, ist auch ordentlich gekleidet, trägt ein lavendelfarbenes Baumwollkleid, keinen Hut und keine Strümpfe, aber Socken und Schuhe. Dann ist da noch eine stämmige junge Frau mit einem Gesicht, dem Rasse, Sensitivität und Intelligenz fehlen, sie sieht snobistisch und brutal aus (ein *Nouveau-riche*-Typ). Sie schüttelt einem kurz die Hand und betrachtet mit unverhohlenem Neid (und unterdrücktem Ärger) die gute Kleidung, Perlen, Strümpfe und Manieren der wirklich reizenden jungen Frau, die eine gute Figur macht. (Es stellt sich heraus, daß sie die Geliebte Slepnews ist.)

Ich beschreibe diese Frau, weil ich glaube, daß sie in ihrer Art besonders charakteristisch, zugleich aber auch gefährlich ist. Sie hat etwas, was man mir gegenüber einmal als das Gefährlichste auf der Welt bezeichnet: blinde Stupidität (wie in Panik geratene Kühe auf der Flucht). Außerdem werden durch sie all diese vorwitzigen und kritischen (in diesem Falle außerordentlich klugen) Argumente glaubhaft, die Leute wie Alexander Kirk über das heute Rußland vorbringen: »Dort findet man die Crème der entrahmten Milch.«

Passiert so etwas in einem Regime, in dem das Motto gilt: »Die Letzten werden die Ersten und die Ersten werden die Letzten sein«, und in dem man obendrein noch die Schicht, die tüchtige Menschen hervorbringt, ausrottet, sobald sie sich aus dem Mittelmaß hervorgehoben und sich zu einer gewissen geistigen Freiheit ausfgeschwungen hat?

Was wird aus einem Volk, in dem lediglich die Unfreien, die Gewöhnlichen, die Mittelmäßigen sicher sind? Oder stimmt das etwa nicht und galt dies vielmehr für die Zeit vor der Revolution?

Im Métropole begegne ich einer der drei Pilotinnen, die zur Luftwaffe gehören. (Es gibt noch viel mehr, aber diese drei sind besonders tüchtig.) Ich frage nach den »militärischen« Fliegerinnen. Offensichtlich gibt es keine Staffeln weiblicher Flieger, aber die Frauen, die wollen, können sich zur Luftwaffe melden und werden dort wie die Männer behandelt, werden befördert etc.

Sie ist Ausbilderin auf einem Militärflughafen. Sieht ausgesprochen reizend, offen, intelligent und gesund aus. Hat eines der besten Gesichter, die ich je gesehen habe. Sie drückt uns herzlich die Hand.

Diese Frauen sind alle drei verheiratet und haben Kinder!

Wir fahren zu den Flugfeldern hinaus. Als wir in die Nähe kommen (und auch schon lange vorher), sind die Straßen von wandernden Leuten gesäumt, die alle dorthin wollen. Die Straßenbahnen sind gestopft voll, und Trauben hängen an ihnen.

Autos gibt es nicht viele, daher kommen wir rasch hinaus. Die Straßen sind durch Polizeiposten in zwei Hälften geteilt. Wir passieren eine Unterführung unter einem neuen Kanal (weshalb hat man hier einen Tunnel und keine Brücke gebaut?). Überall hängen auf roten Drappierungen große Plakate: die Bilder Lenins und Stalins, Seite an Seite.

Wir sitzen nicht auf der Terrasse mit den Diplomaten, sondern bei den Vertretern der kommunistischen Republiken ganz Rußlands.

Doch verzögert sich die Ausgabe der Eintrittskarten, und wir sitzen herum. Alexander Kirk sagt: »Wieder einmal bin ich nicht geladen«, und mokiert sich darüber. Er begrüßt unsere Gruppe, die ihn kühl empfängt. Ich nehme an, daß sie wissen, daß er sehr »anti« ist.

Auf der Dachterrasse sind ungeheuer viele Menschen ganz verschiedener Herkunft: Mongolen, Kaukasier, Orientalen, Inder etc. Ein paar Angehörige der Luftfahrt. Sie haben im großen und ganzen sehr gute Gesichter, die polnischen Flieger sehen nett aus.

Wir treffen Botschafter Trojanowski und seine Frau (er hatte mein Buch gelesen). Trojanowski hat ein rundes, trügerisch argloses Kindergesicht, das Humor, Talent und so etwas wie trotzigen Mut zeigt. Sie sieht sensibel und sympathisch aus. Mme. Litwinow ist eine selbständige Engländerin mit einem netten dunkelhaarigen Sohn, Mischa, und Mme. Kollontai ist diese verhüllte, zartstimmige, bleichrosa, irgendwie unordentliche, aber charmante Dame, die wir, wie mir einfiel, vor fünf Jahren in Stockholm trafen.

Alle essen Pfirsiche, spucken die Kerne aus oder trinken Fruchtsäfte. Ein Radioansager plärrt uns in die Ohren.

Die Vorführung dauert lange, sie bietet dem Auge wenig, außer am Schluß das Fallschirmspringen (»wie Seeannemonen«, sagt Alexander Kirk), den Gleitflug in Formationen und etliche schnelle Jagdflugzeuge mit ihren Kunstflügen. Es gibt auch ein paar Nummern der sogenannten »Studentenflieger«, die in Formation aufsteigen. Diese jungen Burschen (und Mädchen) üben tagsüber ihren Beruf aus und studieren abends oder an »freien Tagen« Flugtheorie. Ich finde das recht eindrucksvoll. Mischa Litwinow ist Lehrer. Er wirkt sehr jung, ist voller Enthusiasmus und ausgesprochen nett – ein wenig schüchtern, sehr eifrig und sieht klug aus. Sollte es eine Klasse junger Leute geben, die ihm gleichen, könnte man stolz auf sie sein. Aber er ist der erste seiner Art. (In Deutschland sieht man sie überall.)

Es macht mir Freude, mit Mme. Litwinow zu plaudern, wir unterhalten uns über Bücher. Von den Amerikanern mag sie nur Henry James. Darauf erwidere ich: »Aber man muß ein sehr ruhiges und friedliches Leben führen, um ihn lesen zu können.«

»Überhaupt nicht«, sagt sie, »*ich* lese ihn!«

Ich unterhalte mich auch ein wenig mit Mme. Kollontai und sage ihr, wie viel sich in Rußland (Moskau) gebessert hat. Sie bejaht das, freut sich und erklärt noch einmal, wie viel nach dem Krieg, der Revolution zu tun war. »Doch jetzt hat jeder genug zu essen, Kleider und einen Platz, wo er schlafen kann.« Sie erwähnt auch, daß man C. Dinge zeigen wolle, die bisher niemand sehen durfte. Er dürfe alles sehen.

Ein Scheinkampf wird in der Luft vorgeführt. Ein fingierter Hangar wird mit Bomben belegt und in die Luft gesprengt, Bomber überfallen das Flugfeld, Jagdflieger machen einen Angriff. »Schrecklich!« sagte Mme. Litwinow. »Ich hasse den Krieg, Sie nicht?«

Alles, was mir dazu einfällt, während ich sie vor dem Himmel beobachte, an dem sich die Wolken hoch auftürmen, der jetzt dröhnt, weißblau ist und vor dessen gigantischem Zelt sich die winzigen Pünktchen ein Handgemenge liefern, ist eine Zeile von Hopkins: »Mit sanftem, makellosen Himmel...«

Zurück in die Botschaft zum Tee. Auch die Russen kommen – sie fühlen sich unfrei, sind schüchtern. Die zwei Mädchen sitzen steif auf den Brokatstühlen. »Dies ist ein wunderschönes Haus. Früher war es ein Privatbesitz.« Ich versuche, mich mit ihnen zu unterhalten, und reiche ihnen Crackers. Alexander Kirk mit seinen äußerst glatten diplomatischen Manieren erleichtert ihnen die Sache nicht, obgleich er es versucht.

Ich entdecke eine großartige Person, eine Mrs. Chipman, halb Griechin, halb Französin vom Aussehen, wunderbar angezogen – ich habe das Gefühl, als eine Art Herausforderung gegen das hiesige Mittelmaß – und dann einen Dr. Nelson und seine Frau (nette vernünftige Amerikaner). Er meint, daß die Leute auf der Straße recht gut aussehen in Anbetracht dessen, was sie essen.

Abendessen allein mit Alexander Kirk. Als ich im Gespräch Mme. Kollontai als »sehr charmant« bezeichne, sagt Alexander Kirk: »Ihr Charme ist längst Geschichte.« C. unterhält sich viel mit ihm. Wir sind uns einig, daß Alexander Kirk, der bis zu einem gewissen Grad eine Treibhauspflanze ist (er ist äußerst penibel im weitesten Sinn, aber auch ganz wörtlich genommen, huldigt der »Eleganz« und ist sensibel und wählerisch wie eine Frau), durch seine Wohlhabenheit einerseits den Realitäten des Lebens nie begegnet ist, auf der anderen Seite aber auch dadurch, daß er so gutsituiert ist, enorm gewonnen hat, was nur bei sehr wenigen wohlhabenden Menschen zutrifft. Er hat sich tatsächlich Gedanken gemacht, wahrhaftig gelebt, Charakterstärke und eine selbstständige und integre Auffassung entwickelt.

Seine Absonderung von der übrigen Welt hat ihm Einblicke gewährt, ganz wie einem Mystiker. Denn seltsamerweise hat er sich eine geistige Disziplin auferlegt, wie sie bei einem Menschen, der alles besessen hat, in höchstem Maße selten ist. Sich mit ihm zu unterhalten ist eine Wonne. Wie erfrischend sind originelle Menschen.

Nach dem Essen kommt Oberst Faymonville, um uns ins Métropole zu der üblichen Gruppe zurückzuholen.

»Ist das Oberst Slepnews Frau?« erkundigt sich Alexander Kirk mit einem gewissen Zartgefühl nach dem hübschen jungen Mädchen.

»Sozusagen«, nickt Oberst Faymonville milde gestimmt. Ich frage nach der dicken hübschen Dolmetscherin: Ist sie mit einem der Herren verheiratet?

»Diese Dinge sind nicht immer ganz eindeutig, aber in diesem Fall, glaube ich, ist sie nur seine Sekretärin«, sagt Oberst Faymonville.

Im Regen fahren wir zum Park der Kultur und der Erholung in ein Freilichttheater. Es hört auf zu regnen, und wir sehen ein Ballett, *Der kaukasische Gefangene*, das einfach hinreißend ist. Die Grazie, Schönheit, Ordnung, Präzision und Perfektion, die man im Moskauer Alltagsleben nicht sieht. Was für eine Erleichterung. Hier gab es wenigstens etwas, das kein Mittelmaß war. Hier existierte etwas, das »Spitzenklasse« war.

Ich dachte ständig: Wie können Menschen diese Perfektion, diese Schönheit sehen und sich mit dem Schmutz und der Häßlichkeit des Lebens in ihrer Umgebung abfinden? (Natürlich bleibt ihnen nichts anderes übrig – denn sie haben keine Wahl.) Vielleicht erfüllt es die einstige Funktion der Religion – ist Entrinnen, Traum, ein anderes Leben. Aber wie können die gleichen Menschen, die so etwas in sich aufnehmen, ebensogut die Propaganda, die Härte solcher Filme wie *Panzerkreuzer Potemkin* und *Die letzte Nacht* ertragen?

In jedem Fall ist es sehr eindrucksvoll, daß sich solche Menschenmengen zusammendrängeln, um das hier, die beste Musik und den besten Tanz, sehen zu können. In Amerika oder England würden sich nicht so viele zusammenfinden, um sich ein Ballett anzusehen. Für die *Follies* oder *Show Boat* würden sie aber sofort herbeiströmen. Würden die Leute hier auch lieber etwas Billigeres, Mittelmäßigeres zu ihrer Unterhaltung sehen, wenn sie es angeboten bekämen – oder müssen sie das nehmen, was sie kriegen? Oder ist ihr angeborener Kunstsinn besser als der der Amerikaner? Ich habe den Verdacht, daß letzteres zutrifft, aber ersteres zum Teil auch; das Unterhaltungsprogamm läßt nicht so viele Möglichkeiten offen.

Nach der Vorstellung gehen wir hinter die Bühne zu den Darstellern und Darstellerinnen. Sie haben intelligentere Gesichter als fast alle anderen, denen wir hier begegnet sind, mit Ausnahme der Leute, die zur Luftfahrt gehören, und dieser einen Pilotin.

Samstag, 20. August

C. geht mit Oberst Faymonville auf seine Tour durch Fabriken, zu Flughäfen, Laboratorien und Schulen etc. Ich ziehe mit Mrs. Chipman (sehr elegant in einem kastanienbraunen und blauen Kostüm) und einem Mr. Bender (einem russischen Kontaktmann der Botschaft) los. Als er einmal das Auto verläßt, frage ich, wer Mr. Bender ist.

»Ich glaube, wir werden ein bißchen vorsichtig sein müssen, denn er ist zweifellos einer dieser Herren.« Sie spricht mit starkem französischen Akzent.

Also bin ich vorsichtig. Wir besichtigen Ikonen – herrliche bunte Glasfensterfarben; eine Madonna mit einer Geste unendlichen Mitleids und Verstehens, aber voller Würde und Zurückhaltung. Wir sehen auch moderne Gemälde: eines von Lenin, das ganz gut ist, auch etliche Leninbüsten.

Dann zum Bojar-Haus, einem Handelshaus aus dem siebzehnten Jahrhundert, einstiger Wohnsitz der Romanows. Im Innern herrliche Möbel.

Mr. Bender sagt: »Sie wollen sicher nicht nach oben gehen – dort sind nur Bilder von Lenin und Propagandamaterial« (dabei lächelt er).

Dann zu einem Nonnenkloster, das von einer Mauer umgeben ist – die Kirche mit den typischen blasenförmigen Zwiebeltürmen hat einen prachtvoll vergoldeten Altar, der hinten voller Ikonen hing. Beim Herumgehen bemerken wir das Grabmal eines Adeligen. Der Name darauf ist derselbe wie der des ehemaligen Kultusministers im Unterrichtsministerium (der jetzt im Exil ist oder im Gefängnis sitzt).

Mrs. Chipman fragt, ob es sich um einen Verwandten handele.

Mr. Bender lacht, verneint und fährt in durchaus amerikanischer Weise fort, daß es ein Jammer sei mit dem früheren Minister. Mrs. Ch. äußerst sich nicht dazu, und ich lasse es ebenfalls sein. Nachher sagt sie zu mir: »So etwas nennen wir im Französischen *une pêche.*«

Mittagessen in der Botschaft mit Alexander Kirk, Major Haine [dem stellvertretenden Militärattaché] und Mrs. Chipman. Die Konversation dreht sich in der Hauptsache um die G.P.U.-Männer, die den Diplomaten überallhin folgen.

Bullitt gab vor seiner Abreise allen, die auf dem Bahnhof erschienen waren, die Hand zum Abschied, trat also auch auf die ihm wohlbekannten Gesichter der G.P.U.-Leute, die außen standen, zu. Sie aber sagten rasch und naiv: »O nein, wir kommen mit Ihnen.«

Alexander Kirk erzählt, daß er, als er wußte, daß man ihm folgte, glaubte, er müsse sich bei seiner Eskorte bedanken, ihr etwas zu trinken anbieten, oder, wie es die übliche Höflichkeit gebietet, Zigaretten offerieren – die Russen gerieten außer Fassung. »Ich *bitte* Sie, tun Sie das nicht...«

Dann Major Haines Geschichte von seiner Reise in den Kaukasus. Er sagte, er habe die G.P.U.-Männer immer dazu veranlaßt, in einem eigenen Taxi zu fahren, wenn sie darauf bestanden, ihm zu folgen. Das einzige, was sie beunruhigte, war, daß sie fürchteten, er könnte sich umdrehen und versuchen, sie rasch zu photographieren!

Ich schreibe den ganzen Nachmittag. C. kommt nach einem gelungenen Tag zurück. Er hat alles, was er sehen wollte, zu sehen bekommen. Er beschritt Wege, auf die sich kein Engel gewagt hätte – denn er sagte – beim Mittagessen, als weißes Brot herumgereicht wurde –, daß er vor fünf Jahren gutes schwarzes Brot bekommen habe, und daß weißes Brot eine Rückkehr zum Kapitalismus sei! Er bekam schwarzes Brot!

Um 18 Uhr zum Cocktail zu Oberst Faymonville. Dort waren mehr Russen versammelt, als ich seit meinem letzten Besuch zusammen gesehen habe. Dabei sind sie eher schüchtern und unbeholfen. Etliche gute Gesichter; der General von Pericop, »Held der Sowjetunion«, mit langem Bart; ein sowjetischer Polarflieger, der erste Mann, der mit seiner Maschine auf dem Nordpol landete; unsere Abordnung der Zivilluftfahrt und der Leiter der Zivilluftfahrt; Botschafter Trojanowski, etc. Einige Amerikaner und *alle* Reporter.

Ich unterhalte mich mit Botschafter Trojanowski über Will Rogers, das Ballett, über die Engländer und über die englische und amerikanische Presse.

Oberflächliche Konversation mit Amerikanern.

C. unterhält sich mit den Russen, es bedeutet ihm eine Menge.

Ich mache, ohne es zu merken, während der Unterhaltung einen argen Schnitzer. Ich betrachte ein Tablett mit köstlichen Horsd'oeuvres und sage (um ein Kompliment zu machen): »Schauen Sie doch, Sie sagen, es sei schwierig, Sachen zu bekommen, und hier steht so köstliches Essen ...«

»O nein«, sagt Oberst Faymonville rasch. »Von mir haben Sie diese Geschichte niemals gehört«, womit er jovial versuchte, die Sache abzuwenden.

»Nein«, sagte ich, »Sie sagten das nie, aber Sie sagten, man muß eine Woche im voraus planen.«

Ich habe ihm vor der russischen Dolmetscherin eine Niederlage beigebracht und ihn in eine ungute Situation hineinmanövriert. O Schreck, wie empfindlich sind die Menschen hier.

Nach Hause, zum Umziehen für das Diner mit dem britischen Botschafter und Lady Chilson, Angehörigen der italienischen und französischen Botschaften und den Chipmans. Sie sind, so glaube ich, alle »Antis«. Lady Chilson ist bezaubernd –

einfach bezaubernd. Ein Bild von einer Engländerin, aber mit Esprit, voller Ideen und warmherzig. Sie hat sich hier sehr zurückgehalten, ist dabei aber stets vollkommen aufrichtig und echt geblieben.

Sie hat angefangen, sich für Ballett und Theater zu interessieren, und ist in beidem inzwischen geradezu eine Expertin (aber keine arrogante oder pedantische). Ein Mensch, der, wo immer er ist, dem Leben das Beste abgewinnt, dabei aber nie den augenblicklichen Zeiteinflüssen oder Umwelteinflüssen völlig erliegt. Sie ist immer kühl, in sich ruhend, das Leben meisternd, aber auch voller Anteilnahme und Verständnis.

Donnerstag, 25. August

Schreibe den ganzen Vormittag, während ich auf Miss »Schopowa« warte, die um 11 Uhr kommen und mich zur Besichtigung einer Kinderkrippe abholen sollte, die ich gerne sehen möchte. Ich versuche das, seit ich hier bin (Alexander Kirk sagt, daß sie eine für mich bauen!). Sie trifft um 13.20 Uhr ein (in der Zwischenzeit habe ich herumtelephoniert, um herauszubekommen, was los war). Sie sagt: »Mrs. Lindbergh, ich bin da, um Sie zur Besichtigung einer Kinderkrippe mitzunehmen.« Ich erkläre ihr, daß ich angenommen hatte, sie käme um 11, daß ich zum Mittagessen in der Botschaft bleiben müsse, aber bereit sei, die Verabredung für den Nachmittag zu verschieben, wenn ich dann eine Kinderkrippe sehen könnte.

Sie berichtet, daß sie gerade C.s Programm absolviert hätten. Er hatte sich einen Tag oder Vormittag erbeten, um an seinem Flugzeug arbeiten zu können. Man hatte ihm den ganzen Vormittag zugesagt. Doch dann mußte er die Kriegsschule besichtigen, was nur bis 10 Uhr dauern sollte. Fertig waren sie dort jedoch erst um 11.30 Uhr, und dann gab es eine dieser enormen russischen Mahlzeiten. Die übrige Zeit (jedenfalls die von Miss Schopowa) verging damit (wie mir später Oberst Faymonville berichtete), für mich eine Kinderkrippe ausfindig zu machen. Man rief vier oder fünf an, aber die Kinder waren alle auf dem

Land! Auch das Institut für Mutter und Kind war wegen Reparaturen geschlossen. Endlich machte man eine Krippe ausfindig.

Nach dem Essen gehe ich mit der Schopowa und einem Offizier in die Fabrik Nummer 22, der eine Kinderkrippe angeschlossen ist. Wir werden ins Büro geführt und sprechen mit der Leiterin, einer nett aussehenden Frau. Das Gebäude sieht halbwegs sauber und modern aus. Wir ziehen weiße Kittel an, um die Kinder mit unseren Straßenkleidern nicht zu infizieren. Im ersten Saal: winzige Babys in Kinderbettchen. Betten und Bettzeug sind ordentlich und sauber. Die Kinder haben fast nichts an, nur Leinenhöschen, die von den Schwestern augenblicklich gewechselt werden, wenn sie naß oder schmutzig sind. Die meisten Kinder schlafen. Sie sind blaß, sehen nicht besonders gut ernährt aus und sind von Fliegen bedeckt. Auf jedem Kind saßen drei bis vier – auf den Lippen, den Augen, dem Körper. Die Vorsichtsmaßregel mit den weißen Kitteln schien ein bißchen übertrieben.

Ich versuche herauszufinden, was die Kinder essen, ab wann sie Fleisch, Gemüse etc. bekommen, erhalte aber keine verbindliche Antwort. Man sagt mir, ich könne die Broschüren des Institutes für Mutter und Kind lesen. Es war klar, daß sie die Verantwortung, Informationen zu liefern, nicht übernehmen wollten.

»Und mehr ist hier nicht zu sehen«, sagte die Dolmetscherin.

Das war alles etwas verwirrend und reichlich unergiebig, dennoch bezweifle ich nicht, daß diese Kinder in einem weit besseren Zustand waren, als andere in ihrer Lage vor der Revolution.

Um 20.30 Uhr gehen wir zu einem Empfang, den die VOKS (Vereinigung für kulturelle Beziehungen) und die Zivilluftfahrt für uns geben. Dafür mache ich Toilette und ziehe meinen langen Seidenrock an. Das ist genau richtig, denn wir stellen fest, daß es sich um eine größere Einladung handelt. Viele Autos vor der Türe, Menschen strömen hinein – und das Merkwürdigste von allem, in einem kommunistischen Land: an der Türe stehen etliche arme Leute, um dem Einzug der »Großen« zuzusehen.

Das Haus ist weitläufig und geräumig. Es ist das Klubhaus der VOKS, für Empfänge eingerichtet – im Prunk des alten Regimes. Kandelaber, Säulen, Brokatsofas, etc. Mr. und Mrs. Smirnow kommen auf uns zu; sie in einem sehr eleganten schwarzen Abendkleid, er nach allen Seiten lächelnd und Herzlichkeit verströmend. Wir kommen in den Garten hinaus. Dort sind bereits viele Leute, und es treffen immer noch mehr ein. Wir schütteln Hände. Ich entdecke Mazuruks kleine Frau, die sich zu mir gesellt. Ich frage sie, wie es ihr nach dem gestrigen Tag geht, und sie berichtet, daß sie den ganzen Tag im Bett verbracht hat! Die Garderobe ist vielseitig. Die Ballerina, mit ihren lachenden schrägen Augen, trägt ein schwarzes Abendkleid mit einer roten Taftjacke. Mme. Tolstoi, die Frau eines Schriftstellers, der der Neffe des großen Tolstois ist, trägt ein Kleid aus Paris und lange grüne Handschuhe und wirkt sehr blasiert. Alle Flieger in Uniform und die amerikanische Presse. Auch Angehörige der Botschaft: Charles Bohlen, die Chipmans, Major Haine, Dr. Nelson etc.

Wir gehen in dem Garten hin und her, der staubig, aber kühl ist, die Beleuchtung auf den Blättern läßt ihn äußerst theatralisch erscheinen.

Hier, in dieser Atmosphäre des Halbdunkels, den sich bewegenden Gestalten und seltsam angestrahlten Bäumen, spürte ich zum erstenmal ganz stark, was über Moskau schwebt. Zwei Männer stehen in geringer Entfernung zusammen, beobachten uns mit halbgeschlossenen Augen und erklären einander (das war ganz augenfällig, obgleich sie russisch sprachen), »der Soundso unterhält sich viel mit dem Soundso«. Überall kleine Gruppen, die beobachten, aufpassen, klatschen. Schließlich wurde es mir wegen Mrs. Mazuruk, Professor Schmidt und Major Haine unbehaglich und ich bekam Angst, da sie sich so freundlich mit mir unterhielten. Von den Amerikanern ist Major

Haine der offenste und ehrlichste, doch man kann unschwer feststellen, daß seine Kontakte mit den Russen mit Mißtrauen registriert werden.

Da musiziert wird, gehen wir hinein. Ein junger Mann spielt sehr ausdrucksvoll auf einem klapprigen Klavier, Photographen, Blitzlichtaufnahmen. Eine Frau singt ein rührendes Volkslied. Essen am Büfett, üppige Horsd'oeuvres, warme Speisen, Wein (alles sehr gut). Eine ganze Menge Herren unterhalten sich mit Mme. Tolstoi, die mit einem Glas Wein in ihren grünen Handschuhen in einer Ecke lehnt.

Ja, dies kam wohl nach allem, was ich in der UdSSR auf dem gesellschaftlichen Gebiet gesehen habe, der Eleganz am nächsten.

Die Tanzmusik beginnt. Oberst Slepnew bittet um einen Tanz, die anderen machen es ebenso. Ich habe Angst davor anzufangen, aber nach manchen galanten Gesten von Oberst Slepnew (er ist sehr lustig und bedeutet mir, daß er sich diesen Tanz nehmen und ihn in die Tasche neben seinem Herzen plazieren will etc.), tanze ich zuerst mit ihm und dann mit dem Leiter der Kunstflieger »Die roten Fünf«. Die Russen sind offenbar erfreut darüber, daß ich tanze, und schauen mit kindlichem Vergnügen zu.

Ich bin schrecklich müde, bei den Amerikanern gebe ich mich schlichtweg geschlagen und schweige. Denn das, was mir wirklich durch den Kopf geht – das Merkwürdige dieser ungewohnten Eleganz, dieses Fest, darüber kann ich nicht reden. Übrigens muß man sich entweder mit Russen oder Amerikanern unterhalten. Es ist sehr schwierig, beides zu verbinden. Ich merke, daß ich, wenn ich meine Kraft darauf verwende, mit den Russen oberflächliche Konversation zu machen, mir keine Kraft mehr für eine Konversation mit den Amerikanern bleibt. Ernsthafte Gespräche *könnte* ich wohl führen, aber man weiß, daß daß nicht geht. Man wird ständig beobachtet.

Die bezaubernde Mrs. Chipman und Alexander Kirk unterhalten sich vergnügt in einer Ecke.

Doch mir ist meine Maske abhanden gekommen. Endlich kommt C. (der sich mit den Fliegern Papanin, Kakkinaki, Mazuruk etc. unterhalten hat) und sagt, daß wir gehen müssen. Wir verabschieden uns (um 0.30 Uhr). Alexander Kirk gibt dem Mann an der Türe ein Trinkgeld (in der UdSSR!), und wir treten in die kühle Nacht hinaus, passieren wieder neugierige Gesichter, die unsere Kleider, Schuhe und Autos anstarren und darauf warten, daß die Prominenten auf ihrem Weg nach Hause hier herauskommen.

Freitag, 26. August (im Flugzeug)

Frühstück in der Botschaft. Alexander Kirk kommt, um sich zu verabschieden. Ich glaube, er bedauert unsere Abreise. Er hat mir eine winzige, alte russische Dose mit Pfefferminzplätzchen geschenkt. Wie ähnlich ihm das sieht. Ich glaube wirklich, daß er ein ganz besonderer Mensch ist, und er tut mir leid. Ich wollte, er könnte Rußland verlassen, es bekommt ihm nicht.

Mit Oberst Faymonville fahren wir zum Flughafen. Er ist von unserem Besuch sehr angetan. Sagt, wir sähen die Dinge so wie er (wie scheinheilig komme ich mir dabei vor). Es stimmt, daß ich die Russen mag, besonders die, die wir getroffen haben – diese netten, aufrichtigen, gesunden Flieger. Zu ihnen fühle ich mich spontan hingezogen und kann auch mit ihnen vergnügt sein. Aber trotzdem glaube ich, daß wir »die Dinge nicht so sehen wir er«. Oder aber, er sie nicht so sieht wie wir. Man kann ihn auch nicht bekehren. Er ist beleidigt, wenn man sagt, daß irgend etwas nicht in Ordnung ist. Als ich ihm erzählte, daß ich die Kinderkrippe nicht tadellos, viele Dinge aber doch sehr gut fand, war er gekränkt, und ich mußte eine halbe Stunde auf ihn einreden, bis ich ihn wieder beruhigt hatte. Natürlich ist ihm die geistige Verfassung der Leute wichtig – er blickt auf die Ideale, die Zielsetzungen und ihren Enthusiasmus, nicht aber auf die materiellen Resultate.

Aber die Russen haben für sich eigene materielle Normen aufgestellt, und deshalb muß man in etwa nach diesen urteilen.

Fahren zum Flugfeld: Mrs. Chipman, Alexander Kirk, Major Haine, Dr. Nelson und die Flieger (aber Slepnew ist nicht dabei – wo ist er?). Keine Presse – dadurch werde ich nicht in die peinliche Verlegenheit gebracht wie bei den sonst üblichen Abreisen und Verabschiedungen. Es wird viel gelächelt, Bilder werden gemacht, Hände geschüttelt, unverbindliche Reden gewechselt.

Um 11.15 Uhr haben wir abgehoben. Das staubige Flugfeld, die Hitze- und Dunstglocke über Moskau. Die Biegung des Flusses. Ich habe es genossen, aber ich bin erleichtert, daß wir weg sind. Schreibe den ganzen Vormittag in mein Tagebuch. Recht stürmisch und starker Gegenwind. Aus der Luft besehen ist Rußland eindrucksvoll – so weit man sehen kann flache Landstriche, weite Felder, Kolchosen. Häuser mit kleinen grünen Gärtchen säumen eine Straße.

Landen nach fast fünf Stunden im heißen und staubigen Charkow. Die lächelnde dicke Schopowa erwartet uns bereits in einem roten Kleid. (Die Russen sandten uns ein Flugzeug mit Mechaniker und Dolmetscher voraus.) Tanken auf und starten wieder. Es ist so heiß, daß die graue Schmiere an den schrägen Lukenrinnen schmilzt und auf unsere Sachen tropft. Zum hundertsten Male stelle ich fest, daß es ganz unmöglich ist, in einem Flugzeug etwas anderes als einen Overall anzuziehen.

Nach einer dreiviertel Stunde starten wir nach Rostow. Oben ist es kühler. Wir fliegen über ein Bergbaugebiet. Es sieht so aus, als sei es ganz gut verwaltet: neugebaute Siedlungen, viele Bäume, Parks, Gärten, viele Kolchosen, Städte. Fabriken an Flüssen, überall neue Bauten.

Sehen im Abenddunst ein Eckchen des Asowschen Meeres und kurz darauf Rostow. Landen um sieben. Oberst Slepnew und natürlich auch die Schopowa und eine hübsch angezogene Frau mit einem Blumenstrauß erwarten uns.

Slepnew empfängt uns mit offenen Armen und eilt herbei, um mir die Hand zu küssen. (Diese galante Geste als Überbleibsel einer vergangenen Zeit kommt einem besonders unpassend vor, wenn man in Hosen, mit schmierigen Händen, aus einem Flugzeug steigt.)

Es gibt hier keinen Hangar, aber C. fragt nach einem Strick, um den Steuerknüppel festzuzurren. Man sagt uns, daß man alles erledigen würde. Der Strick kommt nicht. »Lediglich gewöhnlichen Strick – nur ein bißchen stärker als diesen hier.«

»Ja, ja – *da, da, da* – ja, ja.« Aber es kommt nichts.

»Wird es lange dauern, bis man den Strick geholt hat?« fragt C.

»Oh, Sie brauchen ihn?« Männer setzen sich in Bewegung. Schließlich zeigt C. ihnen, wie der Knüppel festgemacht werden muß. Er benützt dafür ein Stück Draht und erklärt ihnen, daß sie mit einem Strick genauso verfahren sollen.

Dann gehen wir mit Slepnew, der heute morgen sehr früh hierher geflogen war, der Schopowa und der Frau mit den Blumen fort. Ihre Augen blitzen und sie hat ein sympathisches Gesicht. Man erzählt uns, daß sie sechs Jahre lang unter Tschapajew[1] ein Maschinengewehr bedient hat. Sie war sehr jung und eine Bauerntochter. Nach dem Krieg ging sie zur Schule und zur Universität, ist jetzt verheiratet und hat ein siebenjähriges Kind. Sie ist Leiterin des Intouristbüros in Rostow.

Sie sieht nicht wie eine MG-Schützin aus, ist recht hübsch, etwa vierzig Jahre alt und scheint klug zu sein. Sie trägt ein hübsches Seidenkleid und einen Strohhut. Die Schopowa erzählt uns, daß sie in ganz Rußland bekannt ist.

Mit von der Partie ist auch der Bürgermeister von Rostow. Er war früher Drechsler.

Wir fahren unter staubbedeckten Bäumen über staubige, holperige Straßen, an herumlaufendem Vieh und barfüßigen Menschen vorbei, in die Stadt. Eine recht große, moderne Stadt; auf den Straßen tummeln sich die Menschen. Sie sehen gesünder und glücklicher aus als in Moskau, sind recht ordentlich angezo-

1 Russischer Kriegsheld; während des Bürgerkrieges (1918) Führer der Roten Armee.

gen, tragen keine Hüte und keine Strümpfe, aber baumwollene oder seidene Kleider, Socken und Schuhe. Es ist jetzt kühler.

Wir halten vor dem Bolschaia-Hotel und werden in unsere Zimmer geführt: zwei kleine, säuberlich eingerichtete Räume mit einer Marmorbüste, einer vergoldeten Empire-Uhr, Goldbrokatstühlen und Sofas. Alle Gegenstände sind mit metallenen Etiketten und mit Nummern versehen, selbst die Vorhänge. Ein orientalischer Spiegel hängt an der Wand. Ich taste ihn nach Mikrophonen ab, finde aber keine.

Wir waschen uns in einem ziemlich schmutzigen Badezimmer mit einer winzigen Seife, die nach Bonbons riecht.

Dann zum Abendessen hinunter. Ein langer Tisch ist gedeckt, es sind verschiedene Leute da. Die Heldin Tschapajews, der Bürgermeister, Slepnew, die Schopowa, der Pilot und der Mechaniker, ein Mann mit einem guten, wenn auch gröblichen Gesicht, das über einem Auge von einer Narbe gezeichnet ist. Er ist der hiesige Delegierte des Obersten Sowjet. Er betreibt eine Pferde- und Schweinezucht. Seine Frau, eine einfache Bäuerin mit einer weißen gestickten Kappe, sitzt neben ihm, dann sind noch ein bis zwei andere Leute da, die ich nicht ermitteln kann.

Eine enorme Mahlzeit wird aufgetischt: Kaviar, geräucherter Lachs, Salate, Fisch, Huhn, Eis – und die üblichen Getränke.

Es ist sehr heiß. Es werden eine ganze Menge Toasts ausgebracht. Die junge Landfrau erhascht meinen Blick und verliert ihre Scheu. Sie kichert verlegen in ihre vorgehaltene Hand, als die Schopowa erzählt, daß ihr Mann ins Präsidium nach Moskau fliegen, sie aber nicht mit wollte. Vor einem Jahr ist sie zum erstenmal in einem Zug gefahren. Es stellt sich heraus, daß der Delegierte und C. das gleiche Geburtsjahr haben – 1902. »Ah, das ist wahrlich ein Grund, um einen zu trinken!« sagt Slepnew. Hier scheint's viel vergnügter zuzugehen als in Moskau.

Um 22 Uhr ist das Essen beendet. Wir gehen in unsere Zimmer hinauf und blicken von unserem Balkon auf die Straße hinab. Dort wimmelt es von Menschen. Das Schlurfen der

Schritte, das Stimmengewirr, die Hitze, der Lärm, alles erinnert mich an Indien.

Sonntag, 28. August

Landen ungefähr um 14 Uhr in Kiew. Klettern in ein Auto und fahren in die Stadt. Schöne Umgebung, Kiefern und Flüsse. Ich kann das Gleißen auf den Zwiebeltürmen des Doms in der Ferne erkennen. Kiew liegt auf einer steilen Anhöhe, die sich direkt vom breiten Dnjepr erhebt. Ein altes Kloster, jetzt ein Atheismusmuseum, das wir heute nachmittag besichtigen werden. Wir erklimmen die steile gepflasterte Straße. Bäume, Schatten, Menschen in echten Bauernröcken und bestickten Blusen. Durch die Stadt (breite Straßen, neue Gebäude, Bäume, Parks) bergauf und bergab zum Hotel. Ziehe mir rasch ein Baumwollkleid an. (Richtiges heißes Wasser in der Wanne und zwei luxuriöse Zimmer, in denen lauter Beutestücke aus dem vergangenen Regime stehen.)

Auf zur Stadtbesichtigung in einem offenen Wagen, der, von zwei weiteren Autos gefolgt, durch die Straßen braust. Dauernd wird die Hupe betätigt, während es bergauf und bergab geht. Eine hochbusige Frau, die Schopowa und ich sitzen hinten, C. sitzt auf dem kleinen Klappsitz und Slepnew vorne. Unsere neue Führerin weist uns auf alle neuen Gebäude hin, ihr Akzent ist unglaublich und ihre Reden sind propagandistisch gefärbt. Sie hat sie auswendig gelernt und versteht ihre Worte zum Teil selbst nicht.

Wir werden auf eine Plattform geführt, von der aus wir tief unter uns den Fluß und die Strände und das grüne Tal, das zu ihnen hinführt, überblicken können. Es ist wunderschön. Unsere Führerin bedeutet dem Proletariat mit einem Wink, daß es die Plattform zu verlassen habe, reckt sich mit ihrem unwahrscheinlichen Busen und erklärt uns mit lauter, nasaler Stimme die Geschichte Kiews, die sie mit theatralischer Geste und den Worten: »Und nun auf ewig und ewig ein Teil der Sowjetunion« beendet. C. bringt sie mit seiner Frage, wie lange es zur Sowjetunion gehört – seit achtzehn Jahren? – durcheinander. (Sie hatte als Jahr der Befreiung 1920 angegeben.) Aber da sie offensichtlich nicht subtrahieren konnte, begann sie die ganze Geschichte noch einmal von vorne.

Wir gehen durch die alte Kathedrale der heiligen Sophie, die von Jaroslaw dem Weisen oder Guten erbaut worden war. »Vor der Revolution wurde uns gesagt, daß sie von Jaroslaw dem Weisen erbaut wurde, aber wir wissen, daß sie von den Arbeitern erbaut wurde.«

Dort gab es ein Mosaik des Letzten Abendmahles, das so schön, so harmonisch, von solcher Anmut, Verhaltenheit und Würde war, daß sein Anblick eine wahre Wohltat bedeutete. Man konnte sich hineinversenken und somit dieser minderen, bombastischen Person, die keinen Sinn für Ehrfurcht, Schönheit oder Zurückhaltung besaß, entrinnen.

Inzwischen wanderten nur noch C. und ich herum. Slepnew, die zwei anderen Intourist-Mädchen, der Bürgermeister und der Rest der Kavalkade waren längst in kleinen Grüppchen lachend und scherzend zurückgeblieben.

Auf der Rückfahrt wieder die Autokolonne mit tönenden Hupen. Wir kommen an einem Mann vorbei, der von einem Lastwagen umgefahren worden ist. Wir sind es nicht gewesen, hätten es aber bei der Art, wie sie hier durch die Straßen brausen, leicht sein können. Sein starrer gekrümmter Körper – namenlos, stumm, in dunkler Arbeiterkluft auf der Straße – war für die Leiden, die einem in Rußland die meiste Zeit über gegenwärtig sind, symptomatisch. Ich werde lange an ihn denken. C. meinte, daß er nicht getötet wurde. Ein Rotkreuzauto kam und holte ihn ab.

Wir gehen einen Hügel hinauf und in ein Restaurant. Es werden Getränke, Kaviar, Salat und ein typisch georgisches Fleischgericht bestellt. Eine Kapelle gibt es und Tische mit einigermaßen ordentlich angezogenen Leuten. Ich tanze mit Oberst Slepnew und einem anderen Offizier. Oberst Slepnew tanzt gut, aber es ist ein bißchen peinlich, denn wir sind das einzige Paar und alle schauen uns zu. Als wir aufbrechen, ist es nach zwölf, und wir rasen in diesen Autos durch die Straßen.

Dienstag, 30. August, Kiew–Odessa, »Ruhetag«

8.30 Uhr Frühstück im Hotel. Lange Fahrt zum Flugplatz hinaus, in den üblichen drei Autos voller Leute. Abschied auf dem Flugplatz (der groß und vernünftig eingeteilt ist und der ein neues, gutaussehendes Flughafengebäude hat). Unsere Führerin sagt zu C.: »Ich vergieße nur deshalb keine Tränen, weil Sie versprechen, nach Kiew zurückzukommen.« Ich erzähle ihr, daß Kiew sehr interessant und eine reizvolle Stadt ist, und daß ich gewiß jedem, der Rußland besuchen wolle, sagen würde, er solle hierher kommen und es sich ansehen. Da schwoll ihr der Kamm vor lauter Selbstbestätigung und sie rennt weg, schnappt sich zwei Offiziere und erzählt ihnen, was ich gesagt habe.

Mit dem ihr eigenen Takt besteht sie geradezu darauf, daß ich in das neue Flughafengebäude gehe, um den Waschraum zu benützen. Als ich mich zu weigern versuche, sagt sie: »Aber Sie haben einen langen Flug vor sich – Sie werden die Toilette benützen müssen!«

Oberst Slepnew gibt ihr zum Abschied einen Kuß, wohl hauptsächlich deshalb, nehme ich an, damit er auch das andere dunkeläugige Intourist-Mädchen küssen kann.

Endlich sind wir weg. Auf dem Weg nach Odessa schreibe ich in mein Tagebuch. Landen etwa um 13 Uhr. Blumen, Offiziere, Intourist-Mädchen, Handküsse. Es ist heiß und schwül. Fahren in die Stadt. Sie ist sehr reizlos, halbwegs modern, ohne alte Plätze, ohne Charme, weder sauber noch ordentlich. Das Hotel zum Meer schön gelegen. Eine parkartige Promenade davor, Sicht auf den Hafen.

Ein Telegramm von Faymonville. Wir müssen warten, bis man uns die Route durch Rumänien angibt! Können wir nun morgen nicht weg? Können wir nach Kiew zurück und über Polen fliegen? Wir telegraphieren. Oberst Slepnew macht sich an die Arbeit; studiert Karten und Flugrouten und verschickt Telegramme. So gefällt er mir. Er ist ein fähiger Mann.

Wir legen uns ein bißchen hin, da der Bürgermeister, der Leiter der VOKS und andere uns heute abend ein Abschiedsessen geben wollen. Wir haben unter der Bedingung zugesagt, daß es nicht spät werden darf, da wir morgen fliegen und früh aufstehen müssen.

Mittwoch, 31. August

Wache vom üblichen Lärm der Fabriken und der Leute auf den Straßen etc. auf. C. murmelt verschlafen: »Noch nie habe ich erlebt, daß Menschen mit soviel Freude einen solchen Spektakel machen wie hier.« Im Halbschlaf glaubte ich, daß zwei Fabriken versuchten, sich als Hähne zu betätigen.

Aufgrund der Vorbestellung ist das Frühstück um zehn. Die Intourist-Mädchen sind auf, Oberst Slepnew aber nicht. Schließlich erscheint er, sieht *schrecklich* aus, ist aber einigermaßen fröhlich. Telegramm von Faymonville. Man hat uns die angeforderte Route nach Rumänien freigegeben und wir können fliegen. Beim Frühstück sind wir nur etwa zehn. Der Stellvertreter des Bürgermeisters und der Leiter der VOKS schenken mir ein besticktes Bauerngewand. Der Bürgermeister schickt einen Journalisten als Boten, um uns zu fragen, wie uns Odessa gefallen habe!

Mit der Kavalkade zum Flugfeld hinaus. Oberst Slepnew teilt uns mit, daß uns ein Jagdflugzeug bis über die Grenze begleiten wird, wir also nicht beunruhigt sein sollten.

Abschied auf dem Flugfeld. Der Mann von VOKS hat einen Rosenstrauß gebracht. Oberst Slepnew zieht eine Rose heraus, überreicht sie mir, und gibt mir damit zu verstehen, daß ich nicht den ganzen Strauß mitnehmen muß, was dem VOKS-Mann mißfällt.

Starten ungefähr um 13 Uhr, überfliegen einen See und die Grenze – kein Jagdflieger! Unser Abschied von Rußland – wie typisch! Über den bewaldeten Bergen wird es kalt, Wolken ziehen auf. Als wir jenseits der Berge herunterkommen, befinden wir uns über einem anderen Land – es ist grün, hügelig, es gibt kleine Felder, Dörfer, Wälder, Flüsse; sehr hübsch, friedlich, ein freundlicher Empfang.

Ungefähr um 16 Uhr fliegen wir über Cluj (Rumänien); ein grüner Flugplatz, in einer Ecke des Feldes stehen verstreut leuchtendbunte, kleine Spielzeugflieger – ein Luftstützpunkt. Wir landen in einiger Entfernung, doch sehr bald versammeln sich eine lärmende Menschenmenge und aufdringliche Photographen um uns. Wir gehen in ein Büro. Die Leute belagern die Fenster. Die Offiziere sprechen gut Französisch, aber mit den Leuten werden sie nicht fertig. C. ist drauf und dran, wieder abzufliegen. Schließlich nimmt uns ein Offizier in seinem Auto mit hinüber zum Luftwaffenflugplatz.

Hier ist es ruhig. Das Büro ist tadellos sauber und, nach Rußland, geradezu luxuriös. Die Offiziere sind sehr adrett und galant. In einer Ecke steht ein junger Mann mit einem Tablett mit Limonadengläsern. C. tankt auf. Die Offiziere machen Aufnahmen; alle jungen Offiziere, die mit mir im Büro waren, rennen hinaus, um mit aufs Bild zu kommen. Autogramme. Wo werden wir übernachten? Der höchste Offizier meint, daß es am besten sei, nicht in ein Hotel, sondern in ein Privatquartier – zum Beispiel zu einem Arzt – zu gehen.

Wir fahren in die Stadt. Heuwagen, Bauern in Tracht, die glücklich und unbeschwert aussehen. Die Straßen der Stadt sind sauber. Die Geschäfte sind voller Waren, es herrscht Betrieb. Die Menschen auf den Straßen sind gut angezogen, laufen aber nicht in solchen Horden wie in Rußland herum. Mir ist hier sehr viel leichter ums Herz. Es ist schwer, festzustellen, worin die Unterschiede liegen. Sicher nicht nur an den von mir hier aufgeführten Einzelheiten, die untergründige Atmosphäre ist eine andere. Ich möchte fast sagen, es ist der »Ton«, das »Befinden«, die »Unbeschwertheit«. Und dennoch trifft keine dieser Bezeichnungen es ganz. Vielmehr scheint dieser Ort in ein dem Russischen völlig fremdes Element getaucht, man atmet hier freier.

Wir treffen den Doktor und seine Frau, die Französisch sprechen. (Die Rumänen sehen ganz romanisch aus und sind Italienern ähnlich.) Wir bekommen einen köstlichen Tee und das erste klare Wasser, das keine Kohlensäure enthält. Wir fahren durch die verschlafene, aber reizvolle kleine Stadt. Der Arzt hat in Rumänien die erste Sportanlage für junge Leute angelegt, in Erinnerung an seinen verstorbenen Sohn. Seine Frau erzählt mir von ihm. Beide sind nette kultivierte Menschen, er ist sensibel und liebenswürdig.

1. September, Cluj–Krakau–Olmütz

Frühstück in einem kleinen Zimmer, zusammen mit unseren Gastgebern. Packen. Die Offiziere sind eingetroffen, um uns zum Flugfeld mit hinauszunehmen. Dort noch mehr Offiziere, wieder werden Aufnahmen gemacht, es gibt Stickereien, Blumen und man überreicht uns ein Buch. Endlich fliegen wir ab. Der erste Teil unseres Fluges ist ganz schön, vereinzelte Wolken streichen an uns vorbei, kippen über die Berggipfel, auf denen sich ein wechselvolles Spiel von Kiefernwäldern, Bauernhöfen, Wolkenschatten und Sonne präsentiert. Aber wir umfliegen die Berge, da die Wolken zu tief hängen. Folgen einer Eisenbahnstrecke und kommen in flacheres Land; vermehrter Dunst. C. will landen, um einen Wetterbericht zu bekommen. Landen und rollen bis zum Hangar. »Mein Gott, wir sind in Polen!« Warten auf den Wetterbericht für Prag und machen uns durch Regenstürme wieder auf den Weg.

Es folgt einer dieser langen und schrecklichen Nachmittage, an denen wir durch Schlechtwettergebiete fliegen, an Bahnstrekken entlang, bergauf und bergab, in Nebel und Stürmen durch Engpässe unterhalb der Wolken. Es wird schlechter statt besser, und ein rasender Wind beutelt uns über den Pässen. Mir ist sehr kalt, ich bin naß und zittere. C. versucht, sich zu flachem Land durchzukämpfen. Schließlich kehren wir durch die Pässe zurück nach Olmütz. Landen auf einem Luftwaffenflugplatz, völlig durchnäßt. Ins Hotel, Autogramme, Abendessen mit Offizieren, dem Bürgermeister, der Presse. Die tschechische Situation hat sich in den letzten vierundzwanzig Stunden gebessert.[1] Sie sind ein sehr mutiges Volk.

[Prag], 2. September

Ungemütliche Nacht unter diesen Oberbetten. Als wir aufwachen, sehen wir, daß sich eine respektable Menschenmenge vor unserem Fenster auf der Straße versammelt hat; sehen Schwierigkeiten voraus. Wir hoffen, daß das Wetter gut genug ist, um nach Prag weiterzufliegen. Ein Offizier bringt uns den Wetterbericht, es ist viel besser. Sechs Freunde begleiten ihn, die Autogramme möchten. Ab geht's durch eine grölende Menschenmenge – Blumen, Aufnahmen, etc. »Nuur, weill maan Sie liept.«

Es ist sehr kalt – Herbst. Wir starten mit drei Jagdfliegern, die uns bis zu dem Punkt begleiten, an dem wir gestern kehrtmachten. Wir überfliegen den Paß. Die Hügel, mit ihren Ausschau haltenden Landhäuschen, zu denen ich gestern im Vorbeikommen meine Gebete gesandt habe, liegen jetzt tief unter uns in Sonnenschein und blauem Himmel. Einfacher Flug nach Prag; Türme, Brücken, der Fluß. Landen auf dem Flughafen. Die Menge bricht sich Bahn und stürmt auf uns zu – Photographen, etc. C. rollt weiter hinaus. Die Menschen sind zügellos. Das ist schlimm. Endlich werden sie zurückgehalten, ein Auto kommt zu uns hinaus. Major [Lowell M.] Riley, der US-Militärattaché. Man stellt uns Offiziere vor, wir bekommen Blumen, steigen in ein Auto, fahren zur Gesandtschaft. Mr. und Mrs. Wilbur Carr[2] wohnen in einem alten Palast auf einem

1 Die Krise zwischen Deutschland und der Tschechoslowakei steuerte wegen der Abtretung der Gebiete mit deutschsprechender Bevölkerung (das Sudetenland) ihrem Höhepunkt zu.

2 Wilbur John Carr, 1924–37 stellvertretender US-Staatssekretär, 1938 an der US-Gesandtschaft in Prag.

Hügel. Friedliches Mittagessen. Nachmittags gehen wir die Kathedrale besichtigen. C. geht mit Riley in eine Fabrik.

Prag, Samstag, 3. September

C. besichtigt mit Riley Fabriken und wird Präsident Benesch vorgestellt. Ich gehe in eine Barockkirche und in eine Klosterbibliothek mit Barockdecke. Mittagessen in Major Rileys Wohnung mit Ray Cox (vom Konsularischen Korps) und Mr. und Mrs. Carr. Sie unterhalten sich über die Tschechoslowakei, die Spannungen und die Wahrscheinlichkeit eines Krieges. Das Ausmaß der deutschen Propaganda gegen die Tschechen ist gewaltig. Carr berichtet mir, daß die Tschechen und Böhmen eins seien; die Slowaken sich als Partner der Tschechen betrachten, obgleich sie anders sind. Sudetendeutsche leben an der Grenze. Polen siedeln um Techen und Magyaren an der ungarischen Grenze. Die Tschechen haben zweifellos ein gutes Heer, sind gut gerüstet und im Besitz von Maschinengewehren.

8. September, Prag–Stuttgart–Paris

Fliegen morgens von Prag ab. Gutes Wetter bis Stuttgart, Wolken und wärmer. Einige nette junge Offiziere in Stuttgart. Weiter nach Paris, Le Bourget (überqueren den Rhein und die Maginotlinie). Zum Crillon nehmen wir ein Taxi.

9. September, Paris–Chantilly

Ich gehe in der Frühe die Rue Saint-Honoré entlang. Die Geschäfte sehen herrlich aus. Gehe in drei Warenhäuser – weniger schön. Mittagessen mit Détroyat und einem seiner Freunde im Crillon. Ihre Haltung gegenüber der tschechischen Krise: »Weshalb lassen sie nicht die drei Millionen Deutsche zu Deutschland?« Wir beschließen, einmal zu übernachten und Botschafter Bullitt und den französischen Luftfahrtminister zu besuchen. Wir fahren nach Chantilly hinaus. Abendessen mit Bullitt, Guy La Chambre, dem Luftfahrtminister, Oberst Fuller[1] und seinem Sekretär. Sehr interessant. Die Franzosen sehen einen tschechischen Massenselbstmord voraus – einen sehr tapferen, aber dennoch einen Selbstmord[2]. Weshalb ist das unausweichlich?

10. September

Botschafter Bullitt, C. und ich gehen im Park von Chantilly spazieren. Einem dieser außerordentlich schönen, aber ganz und gar formellen französischen Gärten. Diskutieren augenblickliche Ereignisse. Bullitt ist typisch amerikanisch, rasch von Begriff, verständnisvoll, großzügig, wenn nicht (sogar?) durch und durch genau und sorgfältig. Ich könnte mir vorstellen, daß er *womöglich* aufgrund gefühlsmäßiger Erwägungen zu voreiligen Entschlüssen verleitet würde. Vielleicht aber auch nicht. Amerikaner können trotz eines lockeren unbekümmerten Habitus durchaus präzise und genau sein.

In bezug auf den Krieg ist er weniger pessimistisch als die meisten Menschen. Er meint, daß, wenn wir durch den Herbst (jeder Tag, mit dem wir dem schlechten Flugwetter näherkommen, bringt uns Hoffnung) kommen, es eine gute Chance für den europäischen Frieden geben könnte; auch glaubt er, daß alle denkenden Menschen in Frankreich und England nicht wirklich etwas dagegen haben, daß die Sudetendeutschen sich mit Deutschland vereinigen, solange sie es taktvoll gestalten und Frankreich nicht das Gefühl hat, daß seine Ehre auf dem Spiel

1 Oberst Horace F. Fuller, US-Luftfahrtattaché in Paris.

2 Aus Botschafter Bullitts Brief vom 13. Juni 1938 an Franklin D. Roosevelt: »[General] Réquin, der das Oberkommando über die französischen Truppen übernehmen würde, betrachtet dieses Projekt, einen Frontalangriff auf die Siegfried-Linie führen zu müssen, mit absolutem Horror... Er sagte, daß der Kampf in diesem Abschnitt der Schlacht an der Somme gleichkäme, nur in einem weit größeren Ausmaß. Es würde sich hier um einen Frontalangriff auf völlig ausgebaute Stellungen handeln... Die Zahl der Gefallenen auf der Seite der Angreifer, das bedeutet in diesem Falle der Franzosen, würde drei- bis viermal so hoch sein, wie auf der Seite der Deutschen. ›Das bedeutet‹, sagte er, ›den Tod einer ganzen Rasse.‹« (*For the President*, Seite 267–68.)

steht. Eine Neuregelung in der Tschechoslowakei müßte durchführbar sein, wenn sich die Deutschen nur damit zufriedengeben wollten, wenn sie sich langsam vollzöge. Sollte es zu einem Krieg kommen, sieht er für die Folgen für Europa sehr schwarz. Sobald der erste Soldat seinen Fuß über eine Grenze gesetzt hat, ist unsere ganze Zivilisation ausgelöscht.

Nach dem Essen fliegen wir nach Le Bourget. Rückenwind. Nach Mont-Saint-Michel. Sturzflug durch die Wolken. Über den Inseln brausender Wind und Schaumkronen auf dem Wasser.

Landen in Morlaix. Con und Aubrey in ihrem Auto. Sie sind auf dem Weg nach England, nachdem sie hier eine Woche lang auf uns gewartet hatten. Ich bin sehr enttäuscht. Wir fahren zusammen nach Tréguier, reden wie die Wilden, Hauptthema ist der drohende Krieg. C.s Beitrag sind fürchterliche Erklärungen über die mangelhaften Vorbereitungen Frankreichs und Englands im Gegensatz zu Deutschland. Die Möglichkeiten, den Krieg zu verhindern. Gibt es überhaupt eine Hoffnung – in diesem Jahr? Ist es zu spät für einen Krieg? Unser Gespräch ähnelt der Diskussion über eine leichte Besserung oder etwaige Rückfälle bei einer lebensgefährlichen Krankheit. Man hat das Gefühl eines drohenden Unheils.

Wir lassen Con und Aubrey umdüstert in Tréguier und fahren nach Buguélès. Es ist Flut. Sehr windig. Louis und P'tit Louis sind da. Wir beladen das Boot. Die Maschine springt nicht an. Die Wolken senken sich. Das Boot ist klein und es spritzt sehr. Miss W. erwartet uns an der Furt in flatterndem Regenmantel – und Thor schwimmt hinaus – er ist sehr dünn. C. geht nach Saint Gildas hinüber. Ich gehe nach oben, um Jon zu begrüßen. Es ist fast dunkel. Er sitzt in seinem Bett und lächelt. Er zeigt mir seine Taschenlampe, sein Boot und seinen Pfadfinderkasten.

Dann kommt Land an die Reihe, groß, mit offenen Augen, gelocktem Haar. Er blickt er mich erschreckt aus seinem Kinderbettchen an und weint, bis ich »Pattycake« singe.

Abendbrot bei Kerzenschein. Es ist dunkel. Die Carrels

kommen, als wir halbfertig sind. Wir sprechen über den Krieg. »Es steht so schlecht, wie wir annahmen.«

Illiec, Sonntag, 11. September

Versuche auszupacken, mache meinen Rundgang durchs Haus, spreche mit Miss W. und Maryvonne, räume vormittags auf. Land ist in guter Verfassung. Jon sieht besser aus, hat aber Läuse gehabt(!), vermutlich von den Mädchen erwischt. Armer Jon.

Wir gehen zusammen hinunter, damit ich zuschauen kann, wie er Napfschnecken von den Felsen stemmt.

14. September

Morgennebel. Gehe wegen der Mauer und des Schornsteins zu François. Er sieht ein bißchen spitz aus in seinem fransigen Schal und seiner Kappe. Er fragt, ob es Krieg geben wird. Die Hälfte seiner Leute ist fort beim Militärdienst.

Mittags Telegramm von Aubrey, sehr finster: »Lage spitzt sich zu ... müssen mit dem Schlimmsten rechnen.«

Wir schwimmen. Es ist warm und sonnig. Jon paddelt ein bißchen alleine. Die Postfrau kommt. Die Nachrichten im *L'Ouest-Éclair* sind schlecht. Nach Hitlers Rede große Verwirrung im Sudetenland. Standrecht wurde erlassen. Die Sudetendeutschen stellen ein sechsstündiges Ultimatum. Die Polizei muß abgezogen werden, sonst können sie die Verantwortung für die Vorgänge nicht übernehmen. Die Tschechen sind mit dem Ultimatum nicht einverstanden.

Um sieben fahren C. und ich im Boot nach Buguélès, um die englischen Nachrichten im Autoradio zu hören. Keine Besserung. Henlein[1] teilte jemandem bei der englischen Gesandtschaft mit, daß alle Verhandlungen abgebrochen seien, bis die tschechische Polizei abberufen wäre. Außerdem würden die Sudetendeutschen aufgrund der tschechischen Vorkommnisse während der letzten Tage (noch zusätzlich zu den bisherigen Forderun-

[1] Konrad Henlein, Führer der Sudetendeutschen.

gen) absolute Selbstbestimmung als Voraussetzung für jegliche Verhandlung verlangen.

Alle Minister sagen ominös: »Noch besteht Hoffnung«, »Hoffnungslos ist gar nichts«, wie Ärzte an einem Sterbebett.

15. September

Wälze morgens Bücher, um eine Möglichkeit zu finden, wie ich Jon das Lesen beibringe, oder soll ich ihm bei schlechtem Wetter ein Buch geben oder ihn etwas zeichnen lassen?

Tee. Die Nachrichten in den Zeitungen sind ermutigend. Chamberlain fliegt zu Hitler[1], um mit ihm zu verhandeln. Ich finde das mutig von Chamberlain und man kann wieder hoffen.

Montag, 19. September

C. hat von Botschafter Kennedy ein Telegramm erhalten mit der Bitte, nach London zu kommen und ihm diese Woche Bericht zu erstatten. Selbstverständlich wird er hinfliegen. Soll ich mit oder nicht? In diesem Fall würde ich gerne, und Kennedy hat uns beide aufgefordert. Jon wieder alleine lassen? Aber es wären nur wenige Tage.

C. bespricht die Pläne mit den Carrels und teilt ihnen mit, daß er daran denkt, den Winter über nach Berlin zu gehen.[2]

Dienstag, 20. September, Illiec–London

Jon kommt herein, um sich bei uns anzuziehen. Ich teile ihm mit, daß sein Vater nach London muß. »Und du auch?« »Ja, ich glaube, ich muß mit.« Sein Gesicht wurde lang. Als ich das sah, wäre ich am liebsten dageblieben. »Aber nicht lange, Jon – nur für ein bis zwei Tage. Wir werden Ende der Woche zurück sein.«

[1] Hier wird auf die erste der Reisen, die Premierminister Neville Chamberlain nach Deutschland unternahm, um die tschechische Krise zu lösen und den Krieg zu vermeiden, Bezug genommen.

[2] C.A.L. zog in Erwägung, einen Winter nach Berlin zu gehen, um seine Untersuchungen über die Stärke der deutschen Luftstreitmacht für den US-Geheimdienst weiter zu verfolgen.

»Wann wird das sein?« erkundigt er sich genau.

Er bleibt den ganzen Vormittag über, während ich packe, in meiner Nähe, stört mich schrecklich, ist aber sehr lieb, verstreut Muscheln auf dem ganzen Boden.

Fliegen ungefähr um 14.30 Uhr ab.

Landen in Saint Inglevert.

Kaufen dort eine Zeitung. Offenbar haben Chamberlain und die Franzosen der Tschechoslowakei einen Friedensplan vorgelegt, der auf Hitlers Forderungen basiert. Werden die Tschechen akzeptieren?

Mittwoch, 21. September

Morgens zum Haaremachen. Zum Essen in die US-Botschaft. »Nur« Mr. und Mrs. Kennedy und ihre große nette Familie da!

Nach dem Mittagessen sprechen C. und Botschafter Kennedy miteinander, Mrs. Kennedy und ich hören zu. Es ist tief deprimierend. Botschafter Kennedy liefert das diplomatische Gegenstück zu dem Bild, das C. in technischer Hinsicht von der augenblicklichen Situation Europas aufzeigt. Hitler ist (wenn das Bild, das sich die beiden von ihm machen, stimmt) durchaus darauf vorbereitet, einen europäischen Krieg zu beginnen, sobald seinen Wünschen nicht weiterhin stattgegeben wird. England und Frankreich sind, im Vergleich zu Deutschland, auf einen Krieg in gar keiner Weise vorbereitet. Chamberlain, der den Krieg abwenden will, wird vermutlich die Gefolgschaft seines Landes verlieren, wenn er Hitler weiterhin nachgibt. Womöglich hat Hitler vor, die Tschechoslowakei völlig zu zerstückeln, was England und Frankreich sich nicht bieten lassen werden.

Jedenfalls begehen die Franzosen offenen Auges Selbstmord. Aber die Engländer, die von »dem großen Verrat«, vom »zu Kreuze kriechen« und dem »ehrlosen Frieden« sprechen, haben immer noch die Vorstellung, daß sie im Besitz eines kräftigen Stockes sind, mit dem sie die »faschistischen Angreifer« bearbeiten können.

Chamberlain fliegt morgen zu Hitler zurück. Wenn die

Tschechen dem Plan zustimmen (was sie wohl tun werden, da Frankreich und England sie unter Druck setzen), werden Ungarn und Polen auf der Stelle dazu ermutigt, für ihre Minoritäten die gleiche Forderung zu stellen. Damit wäre die Tschechoslowakei zerstückelt. Und das würde Krieg bedeuten.

C. und Botschafter Kennedy diskutieren über eine Kriegsführung aus der Luft und wie lange es wohl dauern würde, bis eine Stadt wie London oder Paris (Deutschland ist absolut dazu fähig, so etwas zu tun) dem »Erdboden gleich« gemacht wäre. Nach dem ersten wirklichen Luftangriff auf die eine oder die andere Stadt wird Amerika, so glaube ich, ebenfalls in den Krieg hineingezogen werden.

Das alles hängt davon ab, welche Gleichung ein einziger Mann – nämlich Hitler – aufstellt. Ist er schlau? Hat er die Fähigkeit, vorauszublicken? Oder ist er ein blinder Fanatiker?

Wenn er doch nur erkennen würde, daß der Kriegseintritt genau das heraufbeschwört, wozu er sich ausersehen glaubt, es zu verhindern – nämlich den weltweiten Kommunismus.

Freitag, 23. September

In der heutigen Morgenpresse scheint es zu einer Art bänglichem »Stillstand« gekommen zu sein. Chamberlain ist in Godesberg. Es sind beunruhigende Gerüchte im Umlauf. Marschieren die deutschen Truppen ins Sudetenland ein? Wenn ja – und wenn ihnen Widerstand begegnet –, was wird dann passieren? Dieses Gerücht, dieser Zwang muß auf Wahrheit beruhen, denn Chamberlain appelliert an alle, Ruhe zu bewahren: keine unüberlegten Handlungen etc.

*

Brown's Hotel, London, Sonntag, 25. September

Liebe Mutter,

Charles und ich warten hier in London von einem Tag auf den anderen – so wie auch Ihr –, ob es nun Krieg geben wird oder nicht. Wir sind aufgrund eines Telegramms von Botschafter Kennedy hierhergekommen.

Als wir kamen, waren wir noch ziemlich guter Stimmung. Chamberlain war – ganz unenglisch – zu Hitler geflogen. Ein englisch-französischer Friedensplan war den Tschechen vorgelegt worden, den sie zu akzeptieren gedachten. Wenigstens eine kurze Ruhepause.

Doch seither hat sich alles mit schrecklicher Geschwindigkeit entwickelt und ist zu horrenden Formen aufgelaufen. Wir warten und warten, lesen jede kleinste Mitteilung der Tagesberichte, lauschen selbst den Unterhaltungen etc. Man hält sich an Äußerlichkeiten wie: »Chamberlain lächelte freundlich«, »Die deutsche Presse hat ihre Propaganda leicht gemäßigt« – so wie wenn man von jemandem hört: »Er hat eine etwas bessere Nacht verbracht.«

Das ist zum Teil deshalb so, weil das Wesentliche verborgen bleibt. Keine Bedingung, keine Drohung oder auch Gegenmaßnahme ist an die Öffentlichkeit gedrungen. Also muß man raten.

Die Konfusion ist deshalb so groß, weil die englische, die amerikanische und die französische Presse aufgebracht und ungenau ist und Schlüsse zieht, während die deutsche und italienische Presse unter Kontrolle steht und voreingenommen ist.

Im ganzen erfährt man aus der letzteren mehr, denn sie gibt wenigstens genau die Absichten einer Seite wieder.

Das Schlimmste während der ganzen Zeit (in der die Engländer verhandelten) war die abscheuliche Propaganda gegen die Tschechen in den deutschen Zeitungen. Da Goebbels zu dieser Zeit stets mit Hitler zusammen war, kann von Zufall keine Rede sein. Gestern abend sah es so aus, als habe man die Propaganda etwas zurückgeschraubt, die Deutschen sähen einer friedlichen Lösung entgegen. Der Tschechoslowakei sind »die endgültigen Friedensbedingungen« überreicht worden, und man hat ihnen sechs Tage gelassen, um sich zu fügen (das konnte man einer Rede Mussolinis entnehmen). Aber das sind zumindest sechs

Tage. Und Zeit spielt eine große Rolle. Die Deutschen marschieren (wie sie sagen) bis jetzt noch nicht und haben beteuert (das ist offenbar aus deutschen Zeitungen), daß sie es diese Woche auch nicht tun werden.

C. ist im ganzen voller Hoffnung gewesen (wenn das auch sehr nachgelassen hat), denn er nahm an, daß Hitler klug genug war, um zu erkennen, daß ein europäischer Krieg alle, auch jeden Sieger, auspumpen würde. Außerdem, weil Deutschland den Trumpf besitzt und diese Karte bis zur letzten Minute in Händen behalten kann. Niemand wird, wenn Deutschland es nicht tut, einen Krieg beginnen. Somit kann es warten, bis ihm ein hoher Preis dafür bezahlt wird. Und auch das muß immer noch nicht heißen, daß es begierig ist, einen Weltkrieg zu entfachen.

Ich will hier nicht Recht oder Unrecht zur Diskussion stellen. Ich habe nur die verzweifelte Vorstellung, daß, außer der Krieg wird jetzt abgewendet, niemand mehr übrigbleiben wird, der die Bedeutung der Worte »Recht« oder »Unrecht« noch kennt. Es wird wohl keine nationale Angelegenheit mehr sein, die mit Nationalstolz oder Gesetzen geregelt werden kann. Es handelt sich um den Untergang unserer ganzen Zivilisation.

Ich bin mit der These »Wir müssen die Diktatoren jetzt oder nie aufhalten« ganz und gar nicht einverstanden. Leider ist es höchst zweifelhaft, ob man sie jetzt überhaupt aufhalten könnte. England und Frankreich sind so erbärmlich schwach, und selbst mit Amerika im Bunde würde es einen langen Kampf geben. Faktisch glaube ich, der einzige Weg, ihnen ein Ende zu bereiten, ist der, sie gegen Rußland antreten zu lassen. So wie es in einem ausgezeichneten Artikel, den ich neulich las, stand, ist es lediglich eine neue und erweiterte Form des Spiels, das England so lange schon auf schmalerem Sektor gespielt hat – das politische Gleichgewicht. Jetzt sollte England es auf dieser breiteren Basis gegen die faschistischen Länder exemplifizieren.

C. und ich fahren morgen über Nacht nach Cliveden. Danach geht's wahrscheinlich nach Paris. Wir können hier nichts mehr tun. In Paris wird C. weiterhin in Verbindung bleiben, und dort sind wir den Kindern näher. Illiec ist im Augenblick, glaube ich, einigermaßen sicher. Es ist abgelegen, und was die Ernährungsfrage angeht, so kann man dort immer Milch, Eier und möglicherweise Fisch an Ort und Stelle bekommen.

Wenn kein Krieg kommt, werden C. und ich vom 12. bis zum 25. Oktober zur Luftfahrtstagung nach Berlin reisen. (Wie oft bin ich in diesem Jahr von Jon weggewesen!) Ich glaube, ich muß mitfahren, denn sollte es keinen Krieg geben, werden wir wohl den Winter in Berlin oder in dessen Nähe verbringen. So könnte ich mich, während C. Fabriken und Flugfelder besichtigt, schon nach Häusern, einer Kinderschwester etc. umsehen.

Ich habe den ganzen Nachmittag damit zugebracht, Dir zu schreiben. Heute ist einer dieser schrecklichen Sonntage in London. Es hat die ganze Zeit genieselt. Wie ich es hasse, an einem Sonntag in London zu bleiben, das am Samstagnachmittag wie ein Sarg verschlossen wird. Die Restaurants, die Läden, die Zeitungskioske und die Straßen sind leer. Heute ist außer dem großen Zentrum am Piccadilly, wo es die Gasmasken gibt, alles zu, im Parterre in einem der gewaltigen Automobilausstellungsräume sitzen freiwillige Helfer und zeigen den Leuten, wie man Gasmasken anlegt und trägt. Alle Kinder unter fünf werden aus London evakuiert.

Ich frage mich, was hier in England geschehen wird, wenn alles im Parlament zur Sprache kommt. Das englische Volk ist vollkommen unwissend in bezug auf das, was bisher passiert ist – und leider auch in gar keiner Weise darüber unterrichtet, wie unvorbereitet es auf einen Krieg ist. Vielleicht wird als Reaktion darauf eine Gefühlswelle ausgelöst, aber was dann? Ein Regierungswechsel? Eden oder Churchill? Oder die Labour Party? Eine Forderung nach einer unnachgiebigen Haltung und Krieg? Vielleicht kann man sie jetzt gar nicht informieren, denn das Täuschungsmanöver (das man nach außen getrieben hat) würde damit auffliegen. Dabei finde ich, daß man ihnen die Fakten präsentieren sollte, ehe sie sich blindlings ins Unglück stürzen.

Damit würde wenigstens Chamberlain einigermaßen gerechtfertigt.

*

Tagebuch *Montag, 26. September*

Besuchen abends Lady Astor in Cliveden. C. und Lady Astor führen ein Antikriegsgespräch: Für die demokratischen Länder wäre ein Krieg jetzt hoffnungslos, keiner würde gewinnen, selbst Hitler nicht; die Welt würde dem Kommunismus preisgegeben.

Lady Astor erklärt, sie sei bereit, ihr Leben für die Freiheit hinzugeben, aber der Kampf gehe nicht um die Freiheit.

Lord Astor und Thomas Jones kommen herein. Sie sind ganz starr vor Ernst und Erregung. Sie berichten, daß Chamberlain einen Botschafter mit zwei Mitteilungen zu Hitler geschickt hat. Die erste ist eine letzte dringende Mahnung, nach den Paris-Londoner Bedingungen weiter zu verhandeln. Die zweite besagt (sollte er sich weigern, auf die erste einzugehen), daß England in den Krieg eintreten würde, sollte er zu den Verhandlungen nicht bereit sein, sondern in die Tschechoslowakei einmarschieren. Beide Mitteilungen sollten Hitler vor seiner Rede vorgelegt werden. Es ist so, als habe die Kriegserklärung bereits stattgefunden. Wir sind entsetzt. Lady Astor schimpft über diesen Wahnsinn. Thomas Jones sagt grimmig: »Es gibt manche Dinge, die sind kostbarer als das Leben.«

Lord Astors Argument ist, daß man Deutschland jetzt bremsen müßte, ehe es noch stärker wird (nachdem es sich an den kleinen mitteleuropäischen Ländern bereichert hat), oder sich womöglich mit Rußland verbündet (was er in Zukunft durchaus für möglich hält).

Er führt weitere praktische Argumente an, ob sie nun stimmen oder nicht. Diese gleiche Krise wird sich innerhalb der nächsten drei Wochen oder Monate auf dem kolonialen Sektor, in der Ukraine oder im Elsaß wiederholen. England wird früher oder später zum Kampf gezwungen werden, wenn es aber weiterhin abwartet und nachgibt, werden ihm für den Tag des Kampfes keine Freunde mehr bleiben. Dann würden alle kleineren europäischen Staaten und auch Rußland von dieser Politik des Nachgebens Hitler gegenüber derart desillusioniert sein, England im Stich lassen und dann ginge es ihm schlechter als jetzt.

C. sagt zu Tom Jones: »Wie ist Ihr Schlachtplan? Was würden Sie zuerst unternehmen?« (Wenn Sie kämpfen würden.) Er sagt schlicht: »Das haben unsere militärischen Führer zu entscheiden.« Mit anderen Worten: »Mein Gebiet ist das nicht« – als könnte man sich davon distanzieren.

Wir hören uns Hitlers Rede an – inzwischen sind wir eine kleine Versammlung geworden. Zwei Deutsche, junge Männer, die England besuchen, sind hier. Dazu die Winns, noch eine andere Kusine Lady Astors, und etliche von Thomas Jones' Geschwistern und Freunden. Das Radio wird angemacht. Man hört den Pöbel in Deutschland grölen. Es ist schrecklich.

Lord Astor und Thomas Jones sitzen auf dem Boden, zu Füßen des Radios, C. ist in ihrer Nähe, sie hören angestrengt zu. Sie sind ganz auf das vorbereitet, was einer Kriegserklärung Hitlers gleichkäme.

Dann spricht Goebbels. Beifall und Zurufe unterbrechen seine hohe theatralische Stimme. Die jungen Deutschen sind mit Block und Bleistift über das Radio gebeugt und übersetzen (während die Menge brüllt): »Goebbels sagt, ›Führer befiehl, wir folgen dir‹«, etc.

Dann kommt Hitler. Seine Stimme klingt ganz gemessen und ruhig. Er spricht langsam, aber ausdrucksvoll. Seine Stimme ist tiefer, und viel kräftiger und nicht so aufgeregt, wie die von Goebbels. Die deutschen Jungen schreiben mit, was er sagt. Lady Astor, die Damen und einige der Männer gehen zum Abendessen. Ein Gespräch ist nicht möglich. Wir sind offenbar über die Grenze, bis zu der man darüber diskutieren kann, was hätte getan werden sollen, was passieren wird, wenn ... hinausgelangt. Man kann nur noch auf jede kleinste Nachricht warten – und zuhören, wenn jemand etwas Neues berichtet.

Die Männer kommen herein. Es ist keine Kriegserklärung gemacht worden. Die Gesichter von Lord Astor und den anderen sind leicht entspannt. Man berichtet uns Teile aus der Rede. Hitler schilderte die ganze Vorkriegsgeschichte, seine Bemühungen um Frieden und um die Klärung der europäischen Situation. Wie er dazu gezwungen wurde, Gewalt anzuwenden, diplomatische Gepflogenheiten aufzugeben, ein starkes Heer aufzubauen, eine Luftwaffe etc., mit der sich keine andere messen kann, mit der Deutschland gegen die ganze Welt antreten könne. Er sagt, daß er noch immer für den Frieden ist, das sein Friedensplan, seine Angebote die gleichen wie die englisch-französischen seien – mit Ausnahme des Vollzugs, den er nun auch nicht mehr länger hinauszögern wolle. Benesch könne sich nun nicht mehr drücken. Samstag würden sie das Sudetenland besetzen. Er sagt melodramatisch, es gibt nur einen Mann, der seine Schwierigkeiten begreift, und das ist Benito Mussolini.

Anscheinend will er (obgleich in diesem Punkt einige Unklarheit herrscht) für den Rest der Tschechoslowakei garantieren, wenn keine Minoritäten zurückbleiben. Jedenfalls sagt er, daß dies der letzte territoriale Anspruch ist, den er in Europa erheben wird. Während der ganzen Rede schimpft er über Benesch und schiebt Schuld und Verantwortung für eine etwaige Entscheidung, für einen Weltkrieg also, allein auf ihn ab. Von Chamberlain und seinen Bemühungen um den Frieden jedoch spricht er voller Dankbarkeit.

Im ganzen sind die Menschen erleichtert. Keine Kriegserklärung. Keine Hetze. Freundliche Worte für die Engländer. Garantien, keine weiteren territorialen Forderungen, der Wunsch nach Frieden.

Die Leute am Tisch klammern sich an Strohhalme. Es ist interessant, wie groß die Konfusion über das, was auf der einen oder anderen Seite tatsächlich an Erklärungen oder Versprechungen abgegeben wurde, selbst bei gutinformierten Leuten ist.

Tom Jones sagt: »Er sprach von Garantien. Er hat das bisher nie getan, oder? Er erwähnte, daß die Briten der Kommission angehören, die den Volksentscheid überprüft. Das ist ein Fortschritt.«

Dann gehen wir hinaus, um uns die englischen Nachrichten anzuhören. Keine Garantien werden erwähnt. Die Menschen sind verwirrt. Jemand rennt hinaus, um zu telephonieren, um alles nachzuprüfen. Wir hören uns Harold Nicolson an in: »This Week in Current Affairs«. Er spricht immer noch in diesem freundlichen, leicht humorigen, fast weichen Tonfall, wie um zu dokumentieren, daß es ihm hier nicht um sein Hauptanliegen geht, dennoch spürt man seine Erregung. Er erwähnt Chamberlain, der dafür plädiert: »Schießt diesen Vogel (die Tschechoslowakei) nicht ab« und »Es wird nicht lange dauern, und wir bringen ihn euch in einem Käfig.« Dann spricht er von den Deutschen, die mit dem gefangenen Vogel nicht zufriedensein würden – sondern einen toten verlangten.

Die Menschen formieren sich zu kleinen Grüppchen, um sich zu unterhalten. Es ist interessant, wie sie sich zusammensetzen. Die Älteren halten an dem früheren, eher romantischen Idealismus fest, ohne sich über die Folgen ganz klar zu sein. Sie betrachten das Ganze als ritterliches Vorbild, als glänzendes, nach allen sportlichen Regeln verlaufendes Spiel, das aber nur für eine kleine Welt gelten kann, die nicht mehr existiert. »Es gibt Dinge, die wertvoller sind als das Leben.« Ja, aber welche? Die Motive sind nicht so eindeutig wie in früheren Kriegen. Heute wird wegen einer Verflechtung von Ereignissen, einer Reihe von Schnitzern, die gemacht wurden, gekämpft, zu denen man anscheinend stehen muß, ob man nun recht hat oder nicht.

Es geht hier nicht wirklich um die Rettung der Tschechoslowakei. Hier handelt es sich 1. um die Erfüllung einer allgemeinen Pflicht, 2. um die Angst vor Deutschland und seinen möglichen Vorhaben in nächster Zukunft, 3. um den Fall der

Unterdrückung einer kleineren Nation durch eine größere, und 4. haben sich die Menschen durch die schmähliche deutsche Propaganda, die während aller Verhandlungen betrieben wurde, und durch die unsittliche Art, wie sie ihre Zwecke erreichten, für den Krieg aufputschen lassen.

Die ältere Generation reagiert gefühlsmäßig, und die Reaktion heißt Krieg.

Die jüngere Generation fühlt sich nicht bemüßigt, jetzt einen entscheidenden Fehler zu machen, um damit die bisher begangenen Fehler auszumerzen. Sie sieht das ganz nüchtern und erkennt auch, daß man völlig unvorbereitet ist, es im Falle eines Krieges vermutlich zu einer Niederlage – einem Massensterben – kommen muß (was der älteren Generation nicht wirklich klar ist). Ihrer Meinung nach brächte dieses Opfer der Welt keinen Gewinn, aber es wäre viel erreicht, wenn man den Konflikt nicht jetzt austragen würde. »Zeit gewinnen und auf Teufel komm raus aufrüsten, um nicht wieder überrumpelt zu werden«, ist ihre praktische und nüchterne Devise.

Lady Astor steht auf der Seite der Jungen. Die Argumente, die sie vorbringt, sind nicht so praktisch, aber ihr Instinkt leitet sie richtig. Schade, daß sie sich deshalb verteidigen muß, denn sie macht es heftig und verliert dadurch an Boden.

»Kämpfen – wofür – für die Tschechoslowakei? Für Benesch? Wegen des Versprechens eines Franzosen?« spottet sie. Dann wirft man ihr Deutschland und »diesen Fetzen Papier« und den letzten Weltkrieg vor.

Sie aber meint instinktiv, daß es jetzt keinen Sinn hat, Krieg zu führen. Ihr Sohn Bill überzeugt mehr, ist praktischer, aber keiner hat ihr Temperament, niemand ist so spontan und so geistvoll wie sie.

Trotzdem gehen alle erleichtert zu Bett – mir ist nicht recht klar, wieso. Nichts hat sich entscheidend gebessert. Doch wir waren vor dem Abendessen alle so erledigt, weil wir tatsächlich eine Kriegserklärung erwarteten.

Dienstag, 27. September

Thomas Jones und Lord Astor haben vor, C. mit Führern der Opposition zusammenzubringen. Sie ziehen los.

Den ganzen Tag über Gerüchte und nichts, was einen aufatmen ließe. C. kommt zurück. War mit Lloyd George zusammen. Ehe wir zu Bett gehen, hören wir am Radio, daß Deutschland die Mobilmachung ausgerufen hat. Tief deprimiert, wie hoffnungslos. Ist Hitler *verrückt*? Wenn er den Kampf *will*, kann man gar nichts machen. Ich fürchte, der Krieg ist unvermeidbar, ich kann nicht schlafen. Muß nach Illiec zurück. Was kann C. machen?

Die ganze Nacht über denke ich an den Krieg, auf was Europa sich da einläßt, an Florry, Lady Astor und ihre Söhne, an viele Hunderte, die ihnen ähnlich, die ausgelöscht werden, an England, das untergehen wird, an Luftangriffe, Gas und jahrelanges Elend.

Samstag, 1. Oktober

Ich fahre am frühen Morgen ab. Botschafter Bullitt bringt mich an den Bahnhof. Während er mich dort alleine zurückläßt, habe ich wieder das gleiche Gefühl, wie ich es vor vielen Jahren als »Fuchs« im ersten Semester in Northampton hatte. Komme ich überhaupt bis Lannion? Wie und wo muß ich umsteigen? Der eine sagt, ich müsse ab Saint Brieuc mit dem Schienenbus weiter, der andere sagt, ich müsse in Rennes umsteigen. Das wird wohl richtig sein.

Miss H. holt mich ab. Wir fahren zusammen nach Buguélès, wo Louis auf uns wartet, zusammen gehen wir über die Furt. Thor kommt mir entgegen. Es ist ganz dunkel. In Illiec brennt ein Licht, der Wind bläst. Ich gehe in Jons Zimmer hinauf. Er dreht sich im Dunkeln zu mir und sagt: »Die kleine Axt war kaputt, aber sie ist schon wieder repariert« und »Wir sehen uns morgen früh.«

Erstes Exemplar von *Listen! the Wind.*

Dienstag, 4. Oktober

Sehr stürmisch. Das Meer ist sehr bewegt und drohend durch die Brandung; auf den Felsen weiße Gischt. Doch ist es heller – Regenschauer und Sonnenschein wechseln sich ab. Ich kümmere mich um Land, während Miss W. und Miss H. Einkäufe machen. Nachdem ich Land um 11.30 Uhr hingelegt habe, ziehen Jon und ich unsere wärmsten Sachen an und gehen zu den entferntesten Felsen hinaus, um die schäumende Gischt zu beobachten. Wellen klatschen vor unsere Füße, weißer Schaum sprüht über unsere Köpfe. Sicher wird auch Treibholz angeschwemmt.

Jeder läuft inzwischen in Holzpantinen herum – selbst die beiden Mädchen. Sie tragen im Haus warme Pantoffeln, aber wenn sie draußen hin und her laufen, schlüpfen sie in Pantinen. So bleiben sie warm und trocken.

Keine Nachricht von C.

Donnerstag, 6. Oktober

C. kommt etwa um 10 Uhr an. Gestern kam er bis Le Havre und mußte nach Paris zurückkehren. Sehr schlechtes Wetter.

Samstag, 8. Oktober

Nachmittags packen. Ich will am Sonntag mit dem Tagzug reisen, C. fährt heute abend.[1] Es ist mir ganz schrecklich, daß ich wieder weg muß. Es belastet mich den ganzen Tag so, daß mich gar nichts freut, nicht einmal das Zusammensein mit Jon auf dem Riff. (»*Ich* möchte Würmer ausbuddeln, aber *du* willst ja nicht!«)

Ich versorge Land wie üblich im Halbdunkeln. Wiege ihn auf meinem Schoß, ehe ich ihn niederlege. Wasche Jon, mir ist dabei schwer ums Herz. Er beobachtet den Leuchtturm, ehe er ins Bett geht.

Während des Essens entschließe ich mich, heute abend mit C.

[1] C.A.L. war von der Lilienthal-Gesellschaft, dem deutschen Luftfahrtministerium und von US-Botschafter Hugh Wilson eingeladen worden, noch einmal nach Deutschland zu kommen. Botschafter Wilson hoffte, daß dieser Besuch dazu beitragen würde, persönliche Kontakte zu Göring herzustellen.

zu fahren. Mir ist viel zu elend zumute, als daß ich zu Hause noch ein Auge zutun könnte.

Jon ist wach, als ich in sein Zimmer gehe, also sage ich ihm, daß ich fahre. »Jetzt gleich?« fragt er bestürzt. »Weshalb?« (Ich hatte nicht angenommen, daß es ihm etwas ausmachen würde – früher war das eigentlich nicht so.) »Ja, nach dem Abendessen, Jon. Morgen früh hätte ich sowieso weggemußt.« »Wann sehe ich dich wieder?« (eher kläglich). »In zwei Wochen, Jon.« Er dreht sich weg. »Das ist lang« (dabei zittern plötzlich seine Lippen). »O nein, Jon, das dauert nicht so lang. Ich schreibe dir zwischendurch einen Brief und werde dir Schokolade mitbringen«, sagte ich rasch. (Das half!)

Ich fühle mich scheußlich. Schnüre das Bündel, ziehe mich um. C. ist begeistert, daß ich mitfahre. Freut sich wie ein kleiner Junge.

Wir kommen nach Plouaret und stellen fest, daß der Billettschalter geschlossen ist, der Zug nach Paris aber jede Minute eintrifft – eine Stunde eher, als wir angenommen hatten! Steigen rasch ein – ohne Billetts. Richten uns häuslich ein für die Nacht in unserem Abteil und schließen die Türe ab. Ich starre die ganze Zeit die Nachtbeleuchtung an der Decke an. Jetzt bin ich weg, so geht's mir besser, aber mir bleibt schmerzlich bewußt, daß mich jede Bewegung des Zuges weiter von zuhause entfernt. (Wie schön war es doch vor einer Woche! Mir wurde zusehends wohler und meine Kräfte nahmen zu, je näher ich nach Hause kam. Jetzt ist es genau umgekehrt.)

Paris, Sonntag, 9. Oktober

Ankunft Paris 7.15 Uhr, die Nacht war gar nicht mal so schlecht. Ins Crillon. Frühstück. C. und ich gehen durch die Tuilerien, die Seine hinauf, am linken Ufer an den Bouquinisten vorbei nach Nôtre-Dame, wo wir ein paar Minuten verbringen. Mittagessen mit Jean Monnet in seiner kleinen Wohnung. Er ist ein besonderer Mensch – ausgeglichen, lebensklug. Seine wunderbare französische Agilität lassen jedes Gespräch mit ihm zum

Vergnügen werden. Er meint, es sei weidlich übertrieben, daß Kinder ihre Mütter ständig um sich haben müßten. Ja, bestätige ich, vernachlässigte Kinder geraten stets besonders gut. Vernachlässigte Ehemänner aber *nicht!* sagt Jean.

Montag, 10. Oktober

Wache durch das gleichmäßige Geräusch der Regentropfen früh auf. Schlafe wieder ein, hoffe, ich habe mich verhört. Aber um 7.30 Uhr ist es draußen scheußlich – Nieselregen, der den ganzen Tag über anhält.

Vertelephonierte fast den ganzen Morgen, versuchte Le Bourget und verschiedene Büros zu erreichen, um den Wetterbericht zu bekommen und für C. zu übersetzen. *»Nuages bas« ... »Hauteur« ... »Plafond« ... »Est-ce-que ça amélior a demain?« »Quelles sont les prévisions pour demain«*, etc.

Wir können weder nach Hannover noch nach Köln, also entschließen wir uns, in Rotterdam zu landen. Wolkenlos. Das letzte Mal waren wir mit der Sirius dort (auf dem Wasser) gelandet, nachdem wir auf dem Weg nach Genf stundenlang in schlechtem Wetter unterwegs gewesen waren. Ich erinnere mich, daß ich mich im Flughafencafé mit einem netten Mann unterhielt, der, wie Charles und ich, auch gemeinsam mit seiner Frau flog. Seine Worte waren wohltuend, und ich schöpfte nach einem scheußlichen Tag wieder Mut. Inzwischen ist er tödlich verunglückt.

Mit dem KLM-Bus nach Rotterdam. C. telephoniert mit Truman Smith. In Rußland große Aufregung. Irgendeine Zeitung druckte etwas (?), das C. über Rußland gesagt hat. Laut Report sind die Russen sehr verärgert.

Dienstag, 11. Oktober. Gutes Wetter!

Fliegen ungefähr um 10.30 Uhr ab, haben Rückenwind, schöner Wolkenhimmel. Über Deutschland dunstig. Nach C.s Angaben sollten wir genau um 14 Uhr ankommen, also drosseln wir die Geschwindigkeit, pendeln über etlichen Kanälen hin und her, ehe wir nach Berlin hineinfliegen. Es ist sehr kalt. Ich wollte, ich hätte eine Ahnung davon gehabt, daß wir nicht vor 14 Uhr ankommen, dann hätte ich etwas zum Mittagessen eingepackt.

Oberst Vanaman, Mrs. Vanaman und die Smith' sind da, um uns abzuholen. Sie sehen beide schmal und müde aus. Fahren rasch weg, lassen alle Offiziere, die Presse etc. hinter uns. Das Straßenbild vermittelt den Eindruck von Wohlstand, viele Autos, reich bestückte Läden.

Zum Tee zu Botschafter Hugh Wilson. Er ist ein netter, ruhiger, besonnener Mann. Sie ist eine auffallende Erscheinung, hat Charme, weiße Haare und ein junges Gesicht.

Abendessen bei den Smith', lediglich Damen. (C. ist zu einem Herrenessen.) Mme. Liotta, die Frau des italienischen Luftfahrtattachés, ist reizend, empfindsam, wirkt irgendwie ungebrochen und aufgeschlossen. Eine so zarte und feminine Person, die aber offenbar das Leben richtig anpackt. Ich hätte mich gerne mit ihr alleine unterhalten.

Mme. Milch und ihre Tochter, die Geopolitik studiert.

Mittwoch, 12. Oktober

Die heutigen Zeitungen bringen eine ganze Spalte über die Moskauer Affäre. Offenbar stand in einem Londoner Blatt, daß C. nach seiner Rückkehr aus Rußland Benesch, Chamberlain und Lady Astor auf einer Abendeinladung berichtet habe, daß die russische Luftstreitmacht »nicht existent« sei. (Was er selbstverständlich nie behauptet hat. – In Wirklichkeit sagte er genau das Gegenteil, nämlich, daß sie über genügend Flugzeuge verfüge, und man in jedem Kriegsfall unter allen Umständen mit ihr rechnen müsse.) Er soll auch erklärt haben, daß die deutsche Luftstreitmacht die stärkste der Welt sei und Frankreich, England und Rußland schlagen könnte (ersteres stimmt, letzteres ist verdreht worden); dann wird noch gesagt, daß man C. in Rußland einen Posten angeboten habe, was absurd ist, und daß er in ein Netz politischer Intrigen geraten sei.

Die Russen haben die Geschichte voll und ganz übernommen,

sie überall publiziert und an C. einen vernichtenden offenen Brief gerichtet, der kindisch, boshaft und unsinnig ist. »Ein ehemaliger Flieger und politischer Spekulant, der seit seinem ersten Flug nichts getan hat, was nicht jeder gewöhnliche Arbeiter oder Bauer in Rußland auch könnte!« Daß er eine politische Geisel der Faschisten in England sei und dergleichen Unsinn mehr.

Ich bin bestürzt über den aggressiven Ton und über die Tatsache, daß all diese netten, jovialen, aufrichtigen Flieger nichts Eiligeres zu tun haben, als ihren Namen unter eine solche Beschimpfung zu setzen, aber es kann natürlich sein, daß Gerüchte zu ihnen gedrungen sind, die besagen, daß C. mit den Faschisten sympathisiere (vor zehn Tagen war er angeblich in einer Mission für alle »Demokratien« der Welt unterwegs!), wodurch sie in Verdacht gerieten und ihn nun natürlich energisch verleugnen müssen, um ihren Kopf zu retten.

Aber es geht mir gegen den Strich, daß C. nicht richtig zitiert und so gebrandmarkt wird, und ich habe etwas gegen den blinden törichten Haß, die Angst und die Eifersucht, die daraus sprechen. Sie gehören zu den größten Gefahren auf dieser Welt.

Dazu bange ich um Faymonville. Das bedeutet sein Ende und auch das seiner Arbeit.

Am Abend ziehen wir uns so festlich wie möglich an und gehen in den palastartigen Fliegerklub – wo ein großes Diner für alle Teilnehmer der Konferenz stattfindet. Eine schöne weitläufige Halle mit Marmor, Holz, Gold und modernen Tapeten. Viele Menschen. An unserem Tisch Mme. Liotta und ihr Mann, die von Gronaus, der Sohn Admiral Horthys, ein junger von Falkenhayn (Sohn des bekannten deutschen Generals des Ersten Weltkriegs), und später noch General Milch mit Frau und Tochter. Ich unterhalte mich gerne mit Herrn von Falkenhayn, der eine rasche Beobachtungs- und Auffassungsgabe besitzt (dazu ist er fröhlich und umgänglich, was mir ganz undeutsch vorkommt). Wir unterhalten uns über die gefährlichen Faktoren der augenblicklichen Situation und die durch Presse, Gerüchte und Lügen leicht aufzuheizenden Emotionen. Ich erkundigte mich, wie das zu ändern sei. Er meinte, man würde es ändern. Er meinte, die Reaktionen würden sich von selber einstellen. – Ich tanzte mit ihm, mit Herrn von Gronau und mit dem Ungarn. Es war eher vergnüglich, aber ich dachte mit einem gewissen Galgenhumor daran, daß ich das letzte Mal mit Slepnew getanzt hatte! General Milch kam herein.

Wir unterhielten uns kurz darüber, wo C. und ich jetzt wohnten und wo wir den Winter verbringen würden. »Sie sollten nach Berlin kommen«, sagte er ernst und geradeheraus. »Es wäre schön«, antwortete ich. »Mein Mann interessiert sich hier für vieles.« Er meinte, daß man uns hier mit Sympathie und Verständnis entgegenkommen würde.

Doch, sagte er (lächelnd), die Amerikaner fänden vielleicht keinen so großen Gefallen daran, wenn ihr Nationalheld in Deutschland leben würde. Wir sprechen auch über die vorangegangene Krise. Er sagte mit brutaler Offenheit und Schlichtheit, daß die Engländer und Franzosen über nichts, aber auch gar nichts verfügten, womit sie einen Luftkampf führen könnten, darüber aber auch in gar keiner Weise unterrichtet seien!

Dann fügte er hinzu, indem er mich dabei ernsthaft mit diesen blauen Augen musterte: »Ich glaube, Sie und Ihr Mann, sie mögen die Deutschen.«

Wir gingen ziemlich früh nach Hause.

Freitag, 14. Oktober

Mr. Merkel gibt ein Mittagessen im Horcher. Viele Fachleute sind anwesend. Hanna Reitsch – eine kleine, schmächtige Person, die den neuen Hubschrauber fliegt. Sie ist quicklebendig und findet großen Anklang. Dann ist da Tommy Tomlinson[1] mit seiner Frau (schlichte, aber nette Amerikaner, die von Deutsch-

[1] Daniel W. »Tommy« Tomlinson, Marineoffizier, Test- und Kunstflieger; später als Vizepräsident bei Trans World Airlines für das Ingenieurwesen verantwortlich.

land begeistert sind), Dr. Focke[1], Gray[2] von der englischen Zeitschrift *Aviation*, etc. Mit Mr. Merkel unterhalte ich mich immer gerne, auch wenn das bei einem Essen oder auf einer Gesellschaft nicht ganz leicht ist, da er so langsam und bedacht spricht. Er vertraut darauf, daß uns zwei Faktoren vor dem Krieg bewahren werden: 1. die Luftfahrt (beziehungsweise der Terror der Luftwaffe) und 2. der Rundfunk (Nachrichtenvermittlung in fremden Sprachen – so daß der jeweilige Standpunkt anderen Ländern nahegebracht werden kann). (Das setzt voraus, daß man gewissenhafte und gut unterrichtete Kommentatoren einsetzt.)

Sonntag, 16. Oktober

Fahren nach Sanssouci hinaus. Spazieren durch einen herrlichen, verwilderten Park mit großen Buchen, die ihre Äste mit den gelben Blättern über das Wasser breiten, auf dem Boden feuchtes, moderiges Laub. Nach Berlin zurück zum häuslichen Tee.

Zwischendurch denke ich fortwährend: Wohin werden wir in diesem Winter gehen: Nach London – Paris – Berlin? London ist für mich am einfachsten, wegen der Kinder, Kinderschwestern, Ärzte, Freunde. Doch C. wird mir dort nervös, und es ist ja auch reichlich trübsinnig.

In Paris gibt es unter Umständen Schwierigkeiten. Wie mag es dort mit der Sicherheit bestellt sein? Vorteile wären die Sprache und die Nähe von Illiec.

Berlin würde C. am meisten reizen. Nachteile: Sprache, Eingewöhnung, die Abhängigkeit von anderen.

Abendessen in der britischen Botschaft mit Sir Neville Henderson[3]. Er führt mit C. ein Gespräch über die Stärke der

1 Heinrich Focke, Luftschiffahrtsingenieur, der bei der Entwicklung der Hubschrauber tätig war.

2 C. G. Gray, englischer Schriftsteller und Herausgeber von Luftfahrtspublikationen.

3 Von 1937–39 englischer Botschafter in Deutschland, Autor von *Failure of a Mission.*

deutschen Luftstreitmacht[1] und erklärt C., daß ihm niemand Glauben schenkte, als er darüber Bericht erstattete, und bat ihn, die Engländer zu informieren.

Montag, 17. Oktober

C. den ganzen Tag über unterwegs.

Nachmittags machen Truman und ich mit dem Hund einen Spaziergang. Er schneidet unser Problem an, wohin in diesem Winter? Ich glaube, daß er meint, es wäre im großen und ganzen für C. besser, nicht hierherzukommen. Er meint wohl, daß das deutsch-amerikanische Abkommen und die entsprechenden Unterhandlungen sowieso seit einem Jahr in Verzug geraten sind, Amerika über Deutschland ganz schlecht informiert ist und seinen Standpunkt nicht begreift. Die Bemühungen, wie sie der intelligente, ausgeglichene jetzige Botschafter Wilson[2] anstellt, um Amerikas Verständnis zu erlangen, könnten eine Menge Unannehmlichkeiten nach sich ziehen, die er C. ersparen möchte, auch deshalb, damit ihm später aus dieser schwierigen Zeit nichts anhaftet. Auf der anderen Seite spürt er, daß C. gerne käme, und meint, man könnte das durchaus ermöglichen. Vielleicht sei C. sogar in gewisser Weise für ein politisches Leben geschaffen. Ich möchte das in Frage stellen. Er hat eine solche Abneigung dagegen. Aber vielleicht kann man sich dem heutzutage nicht entziehen.

Oberst Faymonville hat C. wieder ein Telegramm geschickt, in dem er ihn auffordert (aufgrund des Artikels in einem Londoner Blatt) den »unabsehbaren Schaden, den er hier angerichtet hat« auszumerzen, indem er ihm oder einer Moskauer Zeitung

1 Lediglich Winston Churchill hat die Engländer vor der deutschen Wiederaufrüstung gewarnt, doch seine Kassandrarufe wurden überhört.

2 Die amerikanische Regierung hatte sich bemüht, eine bessere amerikanisch-deutsche Verständigung herbeizuführen, um auf diese Weise, unter Umständen, einen europäischen Krieg zu vermeiden. Hinweis auf die Korrespondenz zwischen Franklin D. Roosevelt und William C. Bullitt, *For the President*, S. 242, Dezember 1937.

ein volles Dementi übersendet. Mir tut Oberst Faymonville schrecklich leid. Es sieht so aus, als seien seine Stellung und sein Einfluß dort nicht mehr existent.

Aber C. kann nicht damit anfangen, jedes dümmliche Gerücht zu dementieren, das sich irgendein Skandalramscher zusammenklamüsert hat, um es zu drucken. Außerdem würde die Moskauer Presse ein Dementi von ihm nur wieder zu einer dieser Behauptungen verdrehen, wie sie sie zur Zeit seines dortigen Aufenthaltes druckten: »Größter Flieger der Welt« etc.

Es können nicht alle nach ihrer Pfeife tanzen.

Dienstag, 18. Oktober

C. den ganzen Tag unterwegs. Kay nimmt mich zu einer Schulbesichtigung mit (ich denke dabei an Jon). Wir fahren mit dem Omnibus und mit der Straßenbahn. Die Schule ist draußen in Grunewald, hat einen schönen großen Garten mit Bäumen, eine Wiese, auf die Kastanien herabfallen. Schwarzgewandete Nonnen hasten über die Korridore. (Die Schule wird von französischen Klosterfrauen geleitet.) Hier sind alle Nationalitäten vertreten, zumeist Kinder von Diplomaten. Eine ruhige Atmosphäre, ein vernünftiger Stundenplan. Lesen und Schreiben auf französisch, Mathematik und ein bißchen Deutsch. Die Schwestern sprechen Englisch.

Lese und schreibe nach dem Mittagessen. Am späten Nachmittag ein Regenspaziergang mit C. Wir machen wieder Winterpläne. Stets die gleichen Probleme. Ich glaube, wir werden hierher kommen.

Abendessen bei Mrs. Vanaman – lauter Damen (während C. in der US-Botschaft bei einem Essen für General Göring war). C. kam von diesem Abendessen spät zurück und brachte einen deutschen Orden mit, den General Göring ihm ganz überraschend verliehen hat.[1] Henry Ford ist der einzige andere Ameri-

[1] Botschafter Wilson hatte in der amerikanischen Botschaft ein Herrenessen für General Göring gegeben. Die Gäste waren völlig überrascht, als Göring

kaner, der ihn auch noch bekommen soll. Die Urkunde ist von Hitler unterzeichnet.

Samstag, 22. Oktober

Zum Wannsee, um Häuser anzusehen. Das Haus von François Poncet, wohin man uns schickte, war unbeheizbar! Wir wenden uns an einen Agenten in Wannsee. Er nimmt uns in eine italienische Sommerresidenz mit – ein Riesenhaus, aber eiskalt. Dann in ein englisches Sommerhaus – modern, aber zu klein.

Dienstag, 25. Oktober

Telegramme von Mutter und Aubrey, die für eine Woche kommen und wissen wollen, wo wir uns wohl aufhalten.

Wir wissen es einfach überhaupt nicht. Überlegen es uns den ganzen Tag. Sollen wir in Illiec bleiben oder die Besuche verschieben?

Wollen eine Nacht darüber schlafen, mit der Tendenz in Illiec zu bleiben und sie kommen zu lassen.

Mittwoch, 26. Oktober

Mutter hat ein Bündel Besprechungen geschickt – die ersten über das Buch! Sie sind sehr gut. C. hat sie heute immer wieder gelesen – strahlend. Auch ich bin stolz, und mir ist leicht ums Herz. Aber die Besprechungen haben etwas Unwirkliches, als seien sie über das Buch eines anderen geschrieben worden und handelten nicht von diesen Seiten blauer enggeschriebener Notizen, an denen ich so lange gearbeitet, und die ich Nacht für Nacht mit C. korrigiert habe. In mir regt sich die Vorstellung:

Lindbergh eine zivile Auszeichnung überreichte. In Oberst Smith' Geheimdienstbericht heißt es: »Wenn die anwesenden Männer die Verleihung kommentarlos hinnahmen, so kann man das von den Frauen nicht behaupten. Als Lindbergh und der Militärattaché nach Hause kamen … holte der Oberst wortlos das Etui mit dem Orden aus seiner Tasche und überreichte es seiner Frau. Sie warf nur einen flüchtigen Blick darauf und sagte, ›Der Albatros‹. Die Frau des Militärattachés reagierte genauso.«

Wie wenig kennt man uns tatsächlich! (Dabei freue ich mich, daß unbewußt so viel von C. – »meinem Mann« dahineingeraten ist.) Keiner weiß, wie sehr das C.s Buch ist, wieviel Arbeit er dabei geleistet hat. Nicht, daß ich es nicht ganz geschrieben, um jedes Fitzelchen gekämpft hätte, aber es hat dennoch viel von ihm, ist ein Produkt unserer Ehe, nicht im wörtlichen Sinn, aber in der Substanz und dem Geist, in dem es geschrieben wurde. C.s kindliche Freude und sein Stolz über den Erfolg sind über alle Maßen rührend. Eine wahre Belohnung.

Mutters Brief ist großartig, ausgesprochen stolz und glücklich. Er sieht ihr so ähnlich.

Donnerstag, 27. Oktober

Schicke Mutter und Aubrey ein Telegramm: »Kommt, wenn Ihr könnt. Sind etwa bis zum 17. in Illiec.«

Kay Smith und ich fahren zu einem Haus auf dem Land in der Nähe eines Sees. Es sieht nicht schlecht aus, hat eine schöne Aussicht. Schlafzimmer modern und komfortabel. Doch unten war es kalt und kahl. Ein großes ovales Eßzimmer mit Marmorfußboden, fast nur Fenster ringsum, mit kleinen Sommermöbeln eingerichtet, eine scheußliche Veranda mit orangerotem Licht und Strohstühlen, eine dunkle Bude mit einem elektrischen Kamin und schweren Möbeln.

Trotz des herrlichen Gartens und der Bequemlichkeiten im ersten Stock deprimierte mich dieses Haus. Am Eingang des kleinen Dorfes stand ein großes Schild *Juden sind hier unerwünscht.*

In einer deutschen Zeitung ist ein Bericht, daß die sowjetrussische Regierung C. verboten hat, nochmals russischen Boden zu betreten!

Samstag, 29. Oktober

Wir entschließen uns, heute mit dem Nachtzug nach Paris zu fahren.

Die Smith' bringen uns an den Zug. Ich mag Kay gerne. Sie war bei diesem Aufenthalt ein wahrer Fels in der Brandung. Sie meistert ihr Leben mit viel Mut und Verstand und ordnet sich ihrem Mann ganz selbstlos unter.

Sonntag, 30. Oktober. Nebelig und feucht

Köstliches Mittagessen in Fontainebleau mit Mr. und Mrs. Jay[1]. Spaziergang in den Wäldern. Interessantes Gespräch mit Mr. Jay über die Lebensbedingungen in Frankreich und Europa. Er erklärt uns, daß »die kleinen Leute« in Frankreich schlecht behandelt worden sind und man für sie bessere Bedingungen schaffen mußte. Doch die Reformen wurden zu rasch durchgeführt, die Akzente falsch gesetzt. Statt ihnen klarzumachen, daß man dem Staat Treue schuldet und Leistungen zu erbringen hat, lautete die Parole »Nehmt – es ist euer Recht«.

Das Hauptproblem in der Welt ist seiner Meinung nach ein wirtschaftliches, nämlich die Arbeitsbeschaffung. Rußland hat den Versuch unternommen, es zu lösen, aber ohne Erfolg. Frankreich nahm das Problem in Angriff. Auch Roosevelt hat es erkannt, aber eher politisch ausgewertet, ohne den Versuch zu machen, es zu lösen. In Deutschland hat man dem Arbeiter klargemacht, daß es sich um seinen Staat handelt, dem er Loyalität und Dienste schuldig ist. Die Gegenleistung ist Sicherheit und eine bessere Zukunft.

Montag, 31. Oktober, Sprühregen

Den ganzen Tag auf Einkaufsbummel.

Komme unterwegs bei Brentano vorbei, halte im Fenster Ausschau nach *Listen! the Wind:* nicht da. Bin enttäuscht. Betrete den Laden, um *With Malice Toward Some* zu erstehen. Ausverkauft. Entdecke die englische Ausgabe meines Buches. Während ich es betrachte, fragt eine Dame danach,

[1] Dean Jay, Leiter von Morgan & Cie, Paris.

ein Verkäufer nimmt es mir vor der Nase weg und reicht es ihr. Sehr komisches Gefühl.

Dienstag, 1. November, Paris–Illiec

Langer Reisetag nach Plouaret. Es ist regnerisch und kalt, aber herrlich, daß wir auf dem Weg nach Hause sind. C. und ich sind ganz vergnügt, als wir an die wilde graue Côte-du-Nord gelangen. Ankunft Plouaret mit einer halben Stunde Verspätung. Miss H. erwartet uns mit neuem Hut und neuer Pariser Frisur. Auf der Heimfahrt im Ford (bei dem unterwegs wieder eine Bremse kaputtgeht!) erfahren wir alle Neuigkeiten.

Jon ist im Eßzimmer bei seinem Abendbrot. Er ist verlegen und freut sich. Ich lege ihn ins Bett. Er sagte: »Du hast die Überraschung verpaßt. Sie werden fast nie so groß.« (Es handelte sich um einen großen Giftpilz.) Er berichtete mir auch, daß er einen Fisch gefangen hatte. »Manchmal fängt man sie mit den Händen.«

Ein Stapel Post – Glückwünsche, Buchbesprechungen und Briefe von zu Hause. Eine Menge verschiedenartiger Gefühle überwältigen mich schier. Briefe von zu Hause über den Krieg; Con erwartet ein Baby, Stimmen über das Buch. Aber am meisten berührte mich Emilys[1] Tod. Mein ganzes Leben hat sie mich begleitet: Sie umarmte mich im Garten, wenn ich nach einer Tanzerei unglücklich war, und sagte: »Wir mögen dich jedenfalls am liebsten!« Emily mit dem kleinen Charles, und als Jon auf die Welt kam – und jeder von dem neuen Baby redete – brabbelte sie bezaubernd und enttäuscht wie ein kleines Kind: »Wenn *er* doch nur seinen kleinen Bruder sehen könnte.« Ohne sie nach Englewood zurückzukehren, wird mir schwer werden. *Sie* allein war die gleiche geblieben. Sie umarmte mich noch. Sie war immer noch so schlicht und verbrabbelt, mit ihrem gebrochenen Englisch.

[1] Das finnische Mädchen, das viele Jahre im Haushalt der Morrows gewesen war.

Ich gehe ins Bett und bin vor Freude, Angst und Kummer verwirrt. Und kann nicht schlafen.

Mittwoch, 2. November

Jon lungert in der Küche herum und wartet darauf, daß ich mit ihm einen Spaziergang mache. Es ist ein schöner Tag – windig, aber klar und sonnig, wenn die Wolken abgezogen sind. Wir spazieren auf der Insel herum, laufen die Wege hinab. Es geht mir viel besser. C. und Kerleau unterhalten sich über Bäume. Kerleau hat einen Mann gesprochen, der welche hat; sie sind nicht teuer und jetzt ist Pflanzzeit (kleine, rasch wachsende Cypressen).

C. und ich unterhalten uns über die nahe Zukunft, während Jon hinterhertrödelt; wie lange kann er hier bleiben? Wie lang wird Miss W. hier sein? Könnten wir nach Paris oder nach London ziehen? Ich mit Jon? Wir alle? Aber Mutter und Aubrey?

Donnerstag, 3. November

François ist erschienen. C. und Miss H. ziehen ihn zur Rechenschaft. Alles, was er gemacht hat, ist schiefgegangen. Die Fensterläden gehen weiter kaputt, die Schlösser und die Türgriffe halten nicht, der Verputz ist rissig und kommt herunter, und er vergaß, daß wir ihm einen ansehnlichen Scheck übergeben hatten und verlangte ihn noch einmal! Dazu kommt, daß seine Leute nicht arbeiten. Sie liegen den ganzen Tag herum und trinken in der Küche Apfelwein. Er hat einen neuen Zimmermann mitgebracht, einen mausgrauen kleinen Mann, der die schlecht erledigte Arbeit seines Vorgängers noch einmal überholen soll.

Abends ziemlich kalt. C. und ich sitzen im großen Zimmer, ich kauere neben dem Kohlenrost. Aber der Wind bläst durch die Ritzen des vorderen Fensters. Ich bin gespannt, ob Mutter erfrieren wird.

Samstag, 5. November

Köstlicher, milder und sonniger Tag. Vormittags unterrichte ich Jon und richte die Zimmer. In Mutters Zimmer schlage ich Nägel in die Wände und hänge den St. Francis über den Schreibtisch und den Druck mit dem kleinen Jungen, der einen Schmetterling fängt, über den Stuhl. Ich nehme den großen grauen Spiegel ab und hänge einen Druck mit Frühlingsblumen auf. Der Effekt ist großartig. Bilder können sehr verändern.

Jon und ich laufen auf der Insel herum, um für Mutter Blumen zu pflücken.

Nach dem Essen sollen alle in der Küche auf Lichter von der Küste aufpassen (ich schrieb Mutter, an den Strand zu fahren und mit den Wagenlichtern Signale zu geben). Aber erwartet habe ich sie nicht. Nach dem Essen saß ich neben dem Kamin und schaute alle paar Minuten auf den Strand hinaus. Um 22.20 Uhr, ehe ich ins Bett gehen wollte, schaute ich ein letztes Mal lange hinaus. In dem Moment tauchte Licht über dem Hügel auf – ein Auto. Ich beobachte, wie es die Straße von Buguélès herunter fährt bis an das Wasser! Die Lichter gehen an und aus. Ich pfeife Charles und schiebe die Lampen vor dem Fenster als Zeichen hin und her. (In Buguélès ist zu dieser nächtlichen Stunde niemand mehr auf. Sie müssen es sein.)

Donnerstag, 10. November

Ich zeige Mutter die Insel, wir gehen auf den großen Felsen hinauf. Sie findet es sehr schön. Die blauen Sept Îles gefallen ihr, die ich aus irgendeinem Grund in meinen Briefen nie erwähnt habe. Nachmittags nehmen wir Land in seinem Kinderwagen mit hinaus, setzen uns unter die Kiefern und tauschen Notizen aus, lesen gegenseitig Briefe.

Die Mahlzeiten sind ganz ordentlich gewesen. Aubrey hat Spaß an dem Wein. Es gibt bei jedem Essen eine andere Flasche.

Samstag, 12. November. Land 18 Monate

Das Wetter ist immer noch wunderbar mild.

Nach dem Mittagessen fahren Mutter, Aubrey und ich nach Tréguier. Wir gehen in den Dom und laufen in dem Kloster herum. Betrachten auch das wunderbare Kriegerdenkmal auf dem Platz und die wüste Statue von Renan. Mutter und Aubrey gehen weiter in ein Antiquitätengeschäft, während ich mit meinem Korb losziehe, um Orangen, Käse, Tomaten und Erdnüsse zu kaufen. Wir haben keine Zitronen mehr im Haus. Maryvonne kann einfach nicht dafür sorgen, daß die simpelsten Sachen vorrätig sind.

Spät fahren wir wieder zurück. Für Mutter war es ein langer Tag, aber sie war ganz glücklich.

Zeitungsberichte über die Ausschreitungen der Deutschen gegen die Juden deprimieren uns tief.[1] Es müssen offenbar schreckliche Ausschreitungen stattgefunden haben, Läden wurden demoliert, Juden hinausgeworfen und in ganz Deutschland verfolgt, angeblich als »spontaner« Racheakt wegen des Mordes an vom Rath, der in Paris von einem schwachsinnigen polnischen Juden umgebracht wurde.

Man ist drauf und dran, sich an den Gedanken zu gewöhnen, daß man mit diesen Menschen zusammenarbeiten, sie verstehen kann, und dann unternehmen sie etwas derart Stupides, Brutales und Undiszipliniertes. Ich bin außer mir.

Wie sollen wir jemals in diesem Land leben *können?*

Montag, 14. November

C. und ich konstatieren, daß wir in bezug auf unseren Entschluß, wo wir den Winter verbringen wollen, auf der Stelle treten.[2]

1 Die Geschichte hat bestätigt, daß dieses fünfzehnstündige, im ganzen Reich am 9. November stattgehabte Judenpogrom von Himmlers eigener Polizei, die man dafür als Rowdys maskiert hatte, geplant und organisiert worden war. Der Mord an E. vom Rath, den ein vor Kummer irrsinnig gewordener Jude verübt hatte, diente lediglich als Vorwand.

2 Die Lindberghs beschließen bald darauf, daß sie für den Winter nicht nach Berlin gehen können und ziehen Paris, Rom und Brüssel in Erwägung.

Brief von Kay Smith. Sie war am Tag des Judenpogroms in Wien. Auch sie ist zutiefst erschüttert.

Mittwoch, 16. November

Mutters Zimmer wird immer mehr ihr eigenes Reich: Bücher auf dem Kaminsims; das Leporello mit unseren Photos; nach Größe aufgereihte Napfschnecken, ein kleiner Krug mit weißblühendem Unkraut (mehr findet man hier auf Illiec nicht). Ihr Schreibtisch mit Großmamas Bild, ein weiterer winziger Blumenstrauß, Briefe und kleine lederne Notizbücher, die von farbigen Gummibändern zusammengehalten werden, Blöcke, Umschläge, Bleistifte und Federn – alles in tadelloser Ordnung, aber in Gebrauch.

Unterrichte Jon vormittags. Eine Seite in seinem Buch macht er vorzüglich. Da es heute vormittag regnet, stört es ihn auch nicht, daß er Unterricht hat, wie er sagt.

Ich gehe in die Küche hinaus, finde Maryvonne in keiner guten Verfassung. (Vermutlich hat Louis letzte Nacht getobt und sie nicht schlafen lassen.) Sie hat ganz offensichtlich geweint. Ich schwanke, ob ich einfach darüber hinwegsehen oder offen mit ihr reden soll. Entscheide mich für letzteres – bin dann sehr froh darüber. Ihr Gesicht entspannt sich, sie schwimmt in Tränen. Sie bekundet ihre Loyalität zu Louis, erklärt aber, daß er einen schwachen Magen hat und ihn ein geringes Quantum Alkohol *énervé* macht. Sie schlägt vor, daß ich den Apfelmost kontingentieren soll (eine gute Idee). Ich erkläre ihr, daß ich sie sehr gerne bei uns behielte, sie treu gewesen ist, gut gearbeitet hat, wir sie alle gerne mögen. Sie trocknet ihre Augen am Geschirrtuch ab, das über dem Herd hängt, und sagt tapfer: »Ich möchte *niemals* von Ihnen fortgehen, Madame – *niemals.*«

Sie sagt, daß auch Louis es nicht so gemeint habe.

Die Post bringt drei Telegramme für C. aus Amerika. Man hat offenbar einen Zeitungsbericht auf der ersten Seite über unseren Winteraufenthalt in Deutschland gedruckt. Zwei Zeitungen wollen dazu unsere Bestätigung.

Ich wollte, das wäre nicht gerade jetzt veröffentlicht worden.

Das wird einen Sturm der Kritik auslösen. Was wird C. jetzt machen?[1] [Botschafter] Wilson ist aus Protest gegen die Pogrome von den USA abberufen worden. Genau der richtige Moment, um in der Presse unseren prospektiven Aufenthalt in Deutschland hochzuspielen! Oder haben die Deutschen diesen Ballon als Gegenpropaganda hochgehen lassen? Ich finde es hassenswert, wenn sie C. *benutzen.*

Ich wollte, ich könnte ihn sprechen.

18. November

(Paris) Hotel Ritz – kälter, aber klar

Mutter und ich früh nach Paris, wo uns Félix [der Kurier von Morgan & Cie] mit einer großen Limousine erwartet (der Luxus vergangener Ritz-Tage, für mich, nach meinem Vagabundenleben, äußerst seltsam), ins Ritz – Verbeugungen und Kratzfüße. Heißes Bad, Frühstück. C. stößt zu uns. Ich rufe Mme. Détroyat an. Nehme mir vor, mich für morgen mit der Freundin der Schweizer Kinderschwester zu verabreden. C. hat für mich einen Termin bei Despiau (verrückte Idee).[2] Wir gehen zu ihm. Er ist ein netter kleiner Mann, sensibel, neurotisch, aber ganz schlicht und zurückhaltend. Er gefällt mir. Wunderbare Plastiken.

Zurück ins Ritz. Einkäufe mit Mutter. Babysachen für Con und Margot, Spielzeug, Wiegen etc. Mittagessen im Ritz, in dem sich ungezählte gut angezogene Amerikaner tummeln. Ich fühle mich schäbig und abgeschlagen, alter Mantel, schlechter Haarschnitt, das Kostüm ist zu lang.

19. November

C. und ich bringen Mutter zum Zug zur *Normandie.* Menschen-

[1] Am 11. November rief C.A.L. den Militärattaché in Berlin von Paris aus an, um ihm mitzuteilen, daß er in Berlin kein Haus übernehmen und nicht in ein Land ziehen würde, in dem solche Exzesse verübt würden.

[2] C.A.L. hatte dem Bildhauer Charles Despiau den Auftrag erteilt, eine Büste von A.M.L. zu modellieren.

massen. Marlene Dietrich und Photographen – sehr unerfreulich.

Montag

Die Schweizer Kinderschwester erschien am frühen Montagvormittag. Vielleicht war ich deshalb von ihr recht entzückt, weil ich mir eine eher gräßliche Vorstellung gemacht hatte. Sie ist klein und dunkel (sieht italienisch aus), hat ordentlich frisiertes Haar, eine sanfte Stimme und ein reizendes Lächeln. Sie scheint einen gewissen Sinn für Humor zu besitzen. Ich informierte sie über unser Leben in Illiec, beschrieb ihr auch die Schattenseiten und sagte ihr, daß wir hoffen, daß es ihr nichts ausmachen würde, alleine bei uns zu sein, das sei unser Wunsch. Sie nahm das alles sehr nett auf, und ich glaube, sie ist eine erfreuliche Gestalt. Hoffentlich ist sie auch so qualifiziert, wie man sie in den Briefen beschreibt.

Außerdem habe ich – o Wonne – durch eine Agentur eine kleine reizende Wohnung im ersten Stock direkt am Bois gefunden, die wir für einen Monat mieten können, während wir weiter unsere Pläne schmieden. Sie ist sonnig und ruhig, hübsch möbliert, modern, bequem und, was die Zimmer betrifft, wie für uns geschaffen. Es gibt sogar ein Kinderbett und einen Kinderstuhl für Land, ein angrenzendes Zimmer für die Kinderschwester, ein Büro für C. Und um in den Park zu kommen, muß man lediglich die Straße überqueren.

Ich bin richtig froh, denn ein Monat in einem Appartementhotel stand mir ziemlich sicher bevor.

Samstag fahren wir nach Illiec, um zu packen, so daß wir zum 1. Dezember hier einziehen können.

22. November

Ins Tour d'Argent zum Abendessen; sehr teuer, aber gut. Doch leider ein ziemlich verdorbener Abend, da hinter uns ein ganzer Tisch mit Amerikanern war, die sich laut über uns unterhielten, C.s Verhalten gegenüber der Presse und ihr Verhalten zu ihm, der Fall als solcher wurde diskutiert etc. (Sie sagten: »Dwight Morrow – der war ein großer Mann.«) In mir zog sich alles zusammen, und ich fragte mich, weshalb müssen wir herhalten wie schmutzige abgegriffene Zeitungen, deren sich jeder, den die Lust anwandelt, bedienen kann?

Weshalb können wir uns nicht in uns selbst verkriechen und unser eigenes, unauffälliges, kleines Leben führen wir jeder dieser Leute? Selbst die, die sich hier so laut und schallend unsere Namen zurufen, sind frei wie die Vögel in der Luft. Für uns aber ist das unerreichbar oder zumindest doch nur vorübergehend möglich, wie zum Beispiel in England.

Mittwoch, 23. November

Um 10 Uhr in Despiaus Atelier. Wir verfahren uns und kommen zu spät. Er begrüßt uns sehr höflich, leicht altväterlich, wie ein Bäuerlein an der Türe. Er sieht eher wie eine Vogelscheuche aus, so hager, in sackartigen Gewändern und einem verbeulten Filzhut über seinem blassen, feinen und kläglichen Gesicht (um seine schlechten Augen zu schützen, wie er uns sagt). Zaghaft wie ein Kind, aber eine gehörige Portion Intensität und humorvoller Beobachtungsgabe. (Sein Gesicht ist von einem ungepflegten, ergrauenden Stoppelbart und weiß werdendem schütteren Haar eingerahmt.) Scheu, um Vergebung heischend und schwächlich, bietet er jedoch in dem Augenblick, in dem er sich an die Arbeit macht, ein völlig anderes Bild. Er konzentriert sich, arbeitet rasch, und seine kleinen zarten Hände gehen kraftvoll und geschickt mit dem grauen Tonklumpen um, von dem er Teile auf einen Stab klatscht.

Er setzt mich auf einen Stuhl und arbeitet auf einer hohen Plattform, daneben, in der Höhe meines Kopfes, zwei zusätzliche Klumpen grauen Tons und ein senkrechter Stock, der in dem flachen Ton steckt. Er fängt an, den Kopf auf dem Stock zu modellieren. Er sagt, das ist der schwerste Teil; es gibt keine Grenzen. Alles ist noch im dunkeln. Heute wird erst einmal Kontakt aufgenommen.

Donnerstag, 24. November

Fahre alleine zu Despiau. Er ist heute sehr *épuisé* und *affaibli;* hat nicht geschlafen. Doch nachdem er mit der Arbeit begonnen hat, fühlt er sich besser, sie beruhigt ihn. Er erzählt, daß er gestern fast verunglückt wäre – er lief vor einen Lastwagen, aber jemand zog ihn zurück. Ich kann mir das gut vorstellen!

Der Kopf gewinnt Ähnlichkeit. Er scheint zufrieden zu sein, meint, es wäre eine *beau masque,* besonders die Stirn.

Hôtel Crillon, Samstag, 26. November, wieder gießt es

Despiau ist heute morgen sehr erschöpft. Er las gestern abend die Zeitungen. (Es droht Generalstreik als Protest gegen Reynaulds neue Finanzmaßnahmen und gegen Daladiers Regierung.) Darüber wurde er so zornig, daß er nicht schlafen konnte. Er erklärte mir, daß er an die Prinzipien der Streiks glaube (sie zu den Rechten der Gewerkschaft gehören), für politische Zwecke seien sie jedoch völlig ungeeignet. Er ließ sich über die *meneurs* [Agitatoren] aus. »Sie haben den französischen Arbeitern das Faulenzen beigebracht, eine Eigenschaft, die bis dato den Franzosen unbekannt war und ihrer Natur widersprach.« Er erzählte viel von dem französischen *paysan* und lobte seine Qualitäten. Ich stellte nicht zu viele Fragen, da ihn das Sprechen aufregte und ablenkte.

Im Musée Rodin soll er an einer Jahressitzung teilnehmen, geht aber nicht gerne hin. Dabei wird sie ihm guttun, ihn anregen, aufmöbeln, sein tägliches Einerlei unterbrechen. Heute nacht kann er dann bestimmt schlafen.

Heute sah er viel ordentlicher aus, obgleich sein schwerer Tweedanzug, der ungefähr zwei Nummern zu groß war, buchstäblich an ihm hing.

Nachdem er ein bißchen gearbeitet hatte, beruhigte er sich etwas. Sein Gesicht verriet Freude, als er an meiner Stirnpartie modellierte, ein kleines Stückchen Ton auf den Mund drückte und die Backen mit dem geschwungenen Schabmesser bearbeitete. Seine Freude hat nichts mit mir zu tun, es sind die Linien oder Rundungen, die ihn anregen.

Illiec, Sonntag, 27. November

Den Tag über im Zug aus Paris. Die Landschaft durch das Fenster zu betrachten, ist schön. Lese die Zeitungen. Mittwoch steht der Generalstreik bevor. Miss H. erwartete uns am Zug. Das Wetter in Illiec war entsetzlich. Wir überqueren die Furt bei Wind und Kälte. Das Haus sieht sehr trostlos aus.

Jon sitzt mit glänzenden Augen in seinem Bett. »Ich habe eine *Überraschung* für dich.« Ein Zahn ist vorne locker – der zweite kommt nach. Außerdem hat Jon in den Bäumen mit Farnkraut, Wellblech und Holzlatten ein Haus gebaut. Er hat dort einen Topf mit »Baby«-Kiefern und steigt jeden Tag hinauf, um ihnen Wasser zu geben!

Wir lesen die Post von Zuhause. Ein Brief an C., in dem steht, daß man in Amerika verbittert ist wegen seiner Absicht, in Deutschland zu leben, beunruhigt mich tief. Es ist schlimm, daß man C. so unfair beurteilt. Ich möchte nicht, daß man uns mit diesen deutschen Methoden und der letzten Säuberungsaktion in Verbindung bringt. Ich habe das dumpfe Gefühl, ja eine gewisse Vorahnung, daß dies nur der Anfang einer langen Zeit des Kampfes und Hasses, der Eifersucht und der falschen Zuordnung ist. Eine Kampfperiode, in der sich weder ein Mittelweg einschlagen noch ein Ausweg finden läßt, sondern man gezwungen sein wird, Partei für etwas zu ergreifen, an das man nicht glaubt. Es wird keine gemäßigte Gesellschaft, keinen gemäßigten Staat mehr geben, in denen man seine Kinder in dem Glauben an das, was man selber respektiert, aufziehen kann.

Wenn ich in bezug auf diesen Winter an unsere Zukunftspläne für die Kinder denke, frage ich mich, was das Richtige ist. Paris und der Generalstreik; Berlin kommt nicht mehr in Frage; Italien? Jon sollte in eine normale Schule gehen, Kinder um sich haben und Frieden. Wo kann er das?

Hier muß eine Menge getan werden. Miss W. grämt sich, weil sie geht, und die Spannung im Haushalt wird nicht nachlassen, ehe sie fort ist – trotzdem wird sie mir fehlen. Die Packerei, die Versorgung der Kinder ohne ihre Hilfe ist viel Arbeit.

Ich wollte, wir hätten schon eine sichere Bleibe für diesen Winter.

Montag, 28. November

Ich unterrichte Jon. Er kommt ganz gut voran und liest bereits etliche Seiten in seinem Einführungsbuch. Land läuft schon fast, er zieht sich vor einer Wand hoch und geht an ihr entlang.

Jons Zahn wird gezogen. C. lockert ihn mit einer gewaltigen Drahtzange. Das sieht schlimm aus, aber C. war vorsichtig und Jon sagte, daß es gar nicht weh getan habe.

Ich stelle Jons übrige Wochenstunden zusammen, da Miss W. heute abend geht. Es war sehr schwierig, mit ihr zu reden. Sie behauptete, sie habe eine Stelle angenommen und könne deshalb ihre Pläne nicht mehr ändern – keine Stelle bei Kindern, sondern bei einer Freundin, was, wie sie pathetisch sagte, »eine Hilfe bedeute«, doch dann brach sie zusammen.

Nachmittags zu Mme. Carrel. Sie meint, es sehe schlecht aus. Dr. Carrel hat ihr wegen uns und unserer »Deutschlandpläne« sowie über die höchst unerfreuliche Presse, die wir zur Zeit in Amerika haben, telegraphiert.

Dienstag, 29. November

Ein langer Tag mit den Kindern zusammen. Alles geht gut, aber keine Zeit zum Packen. Savina und Nola kommen Nachmittags (Nola wie Mrs. Tittlemouse in einem winzigen Pelzmantel). Das ist schön, denn ich wollte Savina wegen des Hauses vor meiner Abfahrt noch sprechen.

Der Tag ist so wunderschön – ich muß zum Felsen hinauf, die kristallene Klarheit, die Kälte und Sonne genießen. Auf den Sept Îles ist die Gischt zu sehen. Ein Maine-Tag. Unruhe und Hetze sind vergessen, ich bin einfach glücklich. Kaum Wind, aber ein ständiges Tosen der Brandung. Und die fernen Inseln so blau wie die Camden Hills!

Ich fühle mich frei und glücklich, vielleicht deshalb, weil jetzt niemand mehr im Haus ist, der die Insel nicht mag.

Freitag, 2. Dezember

Kalt und stürmisch. Packe und versorge den ganzen Tag die Kinder. Nachts Koffer gepackt und runter mit ihnen auf den Vorplatz. Jetzt liegen nur noch die letzten Kleinigkeiten herum und das Haus muß versorgt werden. Habe einen müden Rücken.

Packen ist in der Hauptsache Planung – hat man erst mal alles im Kopf, ist die Ausführung nicht weiter schwierig.

Samstag, 3. Dezember

Nach dem Abendessen kommt der Wagen, um uns zu holen. Ich wecke Land, ziehe ihn an, verstaue die letzten Sachen. Er ist verwirrt, aber lieb. Abschied von Maryvonne, Louis und Kerleau, von P'tit Louis und den Mädchen, der arme Thor bleibt hinter der Türe. Jon sitzt in seinem Stadtmantel mit großem Hut neben mir. Land hängt in seinem flauschigen Eskimoanzug an mir. Wir fahren los, schwanken über Steine und Buckel. Ausnahmsweise eine ruhige Nacht – ein Himmel voller Schäfchenwolken, erleuchtet vom sanften Licht des Halbmondes, der auf die Sandbänke herabscheint. Das Holpern und Knarren des Wagens, Land jetzt ganz glücklich und in Sicherheit, den Kopf an meine Brust gelehnt. Gelegentlich summt er im Rhythmus der Bewegung. Alle Felsen sind im Halbdunkel erkennbar, das Wasser schimmert: einer unserer seltsamen Abgänge, unser Abschied von der Insel.

Keraudren erwartet uns in seinem Geschäft (Hufeklappern auf der stillen Straße von Buguélès). Wir steigen in Keraudrens *camionnette* und rumpeln nach Plouaret, Jon stellt schlaftrunken mit übergroßen Augen viele Fragen.

In Plouaret warten wir lange im Auto. Dann mit allen Taschen rasch in den Zug. In unsere Abteile. Land ist ganz vergnügt und sogar trocken! Ich verstaue ihn in der unteren Koje und klettere in die darüberliegende. (Jon teilt ein Abteil mit Miss H.)

Schlafe nicht eben viel, ruhe mich aber aus und bin zufrieden. Wir sind ohne große Hetze, ohne jede Panik weggekommen. Daß mir das gelungen ist, ermutigt mich in gewisser Weise!

Sonntag, 4. Dezember

Habe Land neu gewickelt, angezogen und alles gepackt, als wir in Paris einfahren.

Die Wohnung sieht sauber und hell aus. Die Schweizer Kinderschwester ist da, aber Land will nicht zu ihr. Gebe ihm Orangensaft und Zwieback. Jon, Miss H. und ich genießen ein köstliches Frühstück mit Brioches, Kaffee etc. Ich habe das Gefühl, daß Germaine, Alfred und das Ambiente nach meiner Zeit auf Illiec, ja selbst im Vergleich zu Long Barn, für mich zu nobel sind. Ich komme mir wie ein Forschungsreisender vor, der von Tahiti zurück ist.

Land ist ganz brav, solange ich ihn versorge, er will aber nicht alleine zu der Schwester, jedenfalls nicht, solange ich dabei bin. Am schlimmsten ist es abends, wenn ich ihn ganz bewußt alleine lasse und er vor lauter Wut, weil alles so ungewohnt ist, brüllt.

Ich gehe mit Jon in den Bois. Jon ist nicht sehr angetan davon. Er trägt nicht gerne einen Stadtmantel und einen Hut. »Ein Park ist eigentlich nicht sehr lustig, oder?« Er ist bestürzt über die eingezäunten, unbetretbaren Sektionen. Er sagt: »In diesem Park sind zu viele Leute.« Doch wir dringen in einen etwas weniger gepflegten Teil vor, in dem er etliche abgestorbene Bäume findet – wenngleich auch keinerlei Hoffnung besteht, daß wir sie mit nach Hause nehmen können. Er kommt einigermaßen getröstet zurück und meint, daß der Park der schönste Ort in Paris sei.

Germaine kocht einfach, aber gut. Miss H. und ich verrücken Möbel und achten darauf, daß uns der *distingué* Alfred nicht dabei erwischt.

Montag, 5. Dezember

C. kommt zum Frühstück. Nach dem Frühstück rufe ich das Amt an, weil ich ein neues Mädchen brauche. Dann bringe ich Jon, das Baby und die Kinderschwester mit dem Kinderwagen auf den Weg in den Park.

Mittwoch, 7. Dezember

Kalt, rauh und feucht. Die Köchin kommt herein, während ich dabei bin, in die Schule und zu Despiau zu stürzen. Germaine ist entsetzt, daß ich keine Zeit mehr habe, um Anordnungen zu geben. Die Schule ist schön und still; ein junges Mädchen gibt Unterricht; sie handhabt die Sache mit Ruhe und Intelligenz, die Kinder sind noch nicht so weit wie Jon, aber natürlich wird auf französisch unterrichtet.

Zu Despiau. Er ist ziemlich ratlos und unglücklich und seine Augen schmerzen. Aber er versichert mir, daß es ihm besser gehen wird, nachdem er ein wenig gearbeitet hat. Ich genieße die Ruhe, setze mich hin und denke an Elisabeth.

Nach Despiau in ein Pelzgeschäft, wo ich einen Mantel anprobiere, er ist hübsch und herrlich warm.

Das Crillon und die Place de la Concorde »starren« vor Wachen für Ribbentrop.[1]

Um 14.30 Uhr mit Jon zu Dr. Lestoquoy – einem lebhaften, gründlichen, aufmerksamen Arzt. Jon hat (nach englischen Maßstäben) die Größe eines Achtjährigen und das Gewicht eines Sechseinhalbjährigen. Er wird gründlich untersucht.

Dann zu Fouchet, wo es eine Tafel Schokolade gab und im Taxi in die Schule. (Ich wollte, daß Jon sie anschauen konnte, ehe er sie besucht.)

[1] Joachim von Ribbentrop, deutscher Diplomat; 1936–38 deutscher Botschafter in Großbritannien, von 1938–45 Außenminister der nationalsozialistischen Regierung.

Samstag, 10. Dezember

Post von Zuhause. Wieder ist ein Brief von Dr. Carrel darunter, der sich sehr über die gegen C. gerichtete Kampagne in den USA aufregt. Er schickt einen Artikel aus *The New Yorker* mit, um die Haltung zu demonstrieren. Es wird behauptet, daß wir in Deutschland in dem Haus eines vertriebenen Juden leben werden.[1]

Die Presse hat diese Situation selbstverständlich so gut (oder eigentlich so schlecht) wie möglich ausgeschlachtet. Ich finde es ekelhaft, daß man C. so unfair brandmarkt und daß sich gegen ihn so viel Haß aufstaut wegen einer Sache, die nicht stimmt. Er ist kein Antisemit und ist nie einer gewesen. Ihn läßt die ganze Geschichte erstaunlich kalt. Der Zorn berührt ihn genauso wenig wie einstiges Lob der Presse.

Ich habe das Gefühl, nur wenn er sich selbst untreu geworden wäre, würde es ihn beschäftigen.

Als Frau stört mich die Ungerechtigkeit.

Sonntag, 11. Dezember

Soeur Lisi kommt in ihrer schwarzen Robe, aber lächelnd. Wir marschieren alle zusammen in den Park. Land in seinem blauen Skianzug im Wagen, Soeur Lisi in ihrer schwarzen Tracht, Jon mit seinem neuen roten Roller, C. und ich dahinter. Sobald Soeur Lisi im Park ankommt, trifft sie auch schon eine andere Schwester im langen Gewand!

Sie ziehen zusammen los, C. und ich machen einen Spaziergang. Ein köstlicher Tag ist heute, sonnig und mild. Wir gehen durch den feuchten Wald und schauen Leuten beim Reiten zu. Es ist schön, hinauszukommen. Was für ein Unterschied zu einem Londoner Sonntag.

1 Als Antwort auf Dr. Carrels Brief erklärte C.A.L., daß sein Entschluß, in Paris eine Wohnung zu mieten, nicht aufgrund der Reaktion der Presse gefällt wurde, sondern einfach deshalb, »weil er keine Schritte unternehmen wollte, die den Anschein erwecken könnten, daß er die deutsche Aktion gegen die Juden unterstütze«.

Dienstag, 13. Dezember

Am Vormittag gerieten wir alle leicht aus dem Gleichgewicht, da die Zeitungen Schlagzeilen über unseren Aufenthalt in Paris brachten und wir daraufhin das Gefühl hatten, daß unser Privatleben in Frage gestellt sei. Doch war unsere Adresse nicht angegeben und alle Artikel betonten, daß man uns in Ruhe lassen wird. Es waren auch keine Reporter im Haus, und es traten keine Schwierigkeiten auf (in Amerika wären das die unausbleiblichen Folgen gewesen).

Freitag, den 16.

C. fährt früh nach Berlin.[1]

Samstag, 17. Dezember. Sehr kalt und klar

Morgens zu Despiau. Er arbeitet gut und freut sich über die Büste (auch wenn er wieder erzählt, daß er innerhalb von zwei Monaten acht Kilo verloren hat und erschöpft ist).

Montag, 19. Dezember. Bitterkalt

Den ganzen Tag über deprimiert wegen der Gerüchte und des Geredes über C.s Situation in Amerika: die öffentliche Meinung ist gegen ihn.

Ein Brief von Mary Scandrett und Mr. Morgan. Ickes[2] zieht in einer Rede (vor einer zionistischen Versammlung) gegen C. zu Felde, weil er einen deutschen Orden angenommen hat. Jeder, der so etwas täte, habe sein Recht darauf, ein Amerikaner zu sein, verwirkt, etc. Ickes erwähnt aber die Tatsache nicht, daß man C. den Orden in *seiner* (der US-)Botschaft auf einem Diner, das *sein* Botschafter [Wilson] für Göring gegeben hat, überreichte. Er läßt auch außer acht, daß der Orden ohne jede Vorwarnung und in der gleichen Woche noch an zwei weitere

[1] C.A.L. fuhr in geheimer Mission für die französische Regierung, die ihn um Vermittlung beim Kauf dringend benötigter Maschinen für französische Flugzeuge gebeten hatte.

[2] Harold L. Ickes, von 1933–46 Staatssekretär im Innenministerium.

Personen – einen Engländer und einen Franzosen – verliehen wurde. (*Ihre* Länder scheinen *sie* nicht verstoßen zu haben.)

Mittwoch, den 21. Es liegt Schnee

Jon ziemlich erledigt. Ich messe Fieber: über 38 Grad. Ich versuche den Arzt anzurufen; nicht vor 13.30 Uhr da. Gehe zu Despiau, lasse Jon bei Soeur Lisi und Miss H.

Paris ist unter einer weichen frischen Schneedecke prächtig. Ich laufe herum nach einem Taxi. Der Fluß ist grau, die Straßen sind weiß, die Bäume schwarz – es sieht wie eine Radierung von Whistler aus. Doch alle kleinen verwinkelten Straßen sehen wie Utrillos aus.

Despiau wie immer erschöpft. Arbeitet (wie er meint) nicht gut.

Eile danach zu Jon zurück. Es scheint ihm ein wenig besser zu gehen – die Temperatur ist leicht gesunken, er hustet weniger. Um 13.30 Uhr rufe ich den Arzt an.

Ich gehe in den Park hinaus. Kinder laufen Ski, der See ist weiß und flach, gefrorene Wasserfälle und ein weißer Schwan, der vor dem makellosen Schnee grau wirkt, verharrt in der Mitte des Sees. Es gibt auch einen schwarzen Schwan, der heute von bestürzender Schönheit ist, im Gegensatz zu den schmutzig-weiß-grauen, die sonst vor einer grünen oder braunen Welt so wunderhübsch wirken. Heute ist der Schwarze König.

Eine Nonne in schwarzweißen Röcken läuft in schwarzen Sandalen über den weißen Schnee!

Jon schläft den ganzen Nachmittag. Der Arzt kommt um fünf. Jon hat leichte Bronchitis. Alles, was wir bisher für ihn getan haben, war ausgezeichnet. Ich bin erleichtert.

Halte nach C. Ausschau. Forsche in den Zeitungen nach den Wetterberichten und beobachte im Park über meinem Kopf ein Flugzeug.

Donnerstag, 22. Dezember

Jon schläft noch, als ich zu Despiau gehe. Er erzählt mir mit einer gewissen düsteren Befriedigung, daß der Arzt ihn gestern untersucht und gesagt hat, daß er sofort weg muß. Es scheint ihm heute tatsächlich besser zu gehen, er arbeitet viel und gut – korrigiert eine Menge. Er ist damit zufrieden.

Jon geht es viel besser – die Temperatur ist ein wenig gefallen, er hustet weniger; fabriziert Papierketten für das ganze Zimmer.

C. ist zurück! Mit dem Zug. Wir gehen mit den Jays und den Harlan Millers[1] zum Essen ins Escargot Restaurant. Köstliches Essen und Rotwein. Schnee auf den Straßen und in der Luft – herrlich draußen, weihnachtlich. Ich bin sehr glücklich, erleichtert, daß es Jon besser geht und C. wieder zu Hause ist.

Sonntag – Weihnachstag, 25. Dezember

Jon öffnet seinen Strumpf, im Bett sitzend, während des Frühstücks. Dann nehme ich Lands kleinen blauen Socken, der von einer Spieldose ganz ausgebeult ist, zu ihm hinein. Er sitzt auf meinem Knie und lächelt erstaunt und voll Freude, als ich den Hebel drehe. Wenn ich aufhöre, gibt er sie mir, damit ich weitermache. Dann gibt C. ihm einen Satz Bauklötze – ein wunderbares Spielzeug.

C. und ich gehen hinaus, um einen Spaziergang zu machen und um über den Winter zu sprechen; entschließen uns, hierzubleiben.

[1] Harlan Miller, Schriftsteller, Kolumnist und Flieger, war unter Harrick an der US-Botschaft, als C.A.L. 1927 in Paris landete.

Donnerstag, 5. Januar. Sonnenschein, morgens

Hole Jon und wir wandern die Avenue Victor Hugo hinunter. In einer Drogerie bekommt Jon einen Ballon. Er trägt ihn vorsichtig nach Hause und zieht dabei an der Schnur über seinem Kopf.

Nach dem Essen gehen Jon, C. und ich auf den Eiffelturm. Jon geht zur äußersten Ecke der Plattform, um den Zügen zuzusehen, die über die Brücke fahren, die vom Sonnenuntergang beleuchtete Seine tief unter uns.

Sechzehn Züge!

Tee zu Hause mit Land. Land ist quengelig, aber hat keinen Schnupfen mehr. Ich denke, es sind seine Zähne. Bin total erledigt, nachdem ich Land ins Bett brachte und er dabei ständig gebrüllt hat.

Jon legt sich vergnügt schlafen. »Was für ein Tag!« sage ich. »Ja«, lächelt Jon. »Sechzehn Züge und ein Luftballon!«

Freitag, 6. Januar

Heute morgen um 9.30 Uhr zu Despiau. Er sieht besser aus, sagt aber, daß er *»un voyage assez pénible«* hinter sich gebracht habe. Aber jedenfalls hat er wieder Appetit und hat sich vorgenommen, mit dem Rauchen aufzuhören. Ich mache die Bekanntschaft seiner Frau (wußte nicht, daß er eine hat!). Sie hat Adleraugen und sieht ziemlich verbraucht aus. Jetzt mache ich mir seinetwegen weniger Sorgen. Ich dachte immer, daß er niemanden hat, der ihn versorgt. Aber wie kann man mit so einem Mann verheiratet sein!

Die Arbeit geht ihm heute gar nicht von der Hand, er ist *désolé*; er sagt, es handle sich nur um eine winzige Korrektur, findet aber nicht heraus, wie er sie ausführen muß. C. und ich meinen, daß mein Gesicht zu spitz geworden ist (was wir ihm aber natürlich nicht sagen).

Er hat die Stelle des Kinns, die mein Gesicht ein wenig breiter erscheinen läßt, nicht genügend betont. Auch mit der Nase stimmt etwas nicht. Ich glaube, sie ist nicht genügend *retroussé*.

Er erklärt, daß er kein Photo will, sondern sie in seinem Gedächtnis behalten wird.

Wir gehen ziemlich enttäuscht weg.

Wir nehmen uns zur Rue des Saints-Pères ein Taxi, gehen sie und die Rue Bonaparte einmal auf und ab und betrachten die Schaufenster (Antiquitäten und Bilder). Gehen in die Galerie Zak und sehen uns eine Ausstellung moderner Bilder an. Ein wunderschöner Vlaminck, eine Schneelandschaft mit tiefhängenden purpurfarbenen und blauen Wolken: 17000 Francs (etwa $ 200). Eine Landschaft mit Olivenhain von Strawinsky (dem Sohn des Komponisten), 1200 Francs, und ein Aquarell, eine Landschaft von Dagoussia, das uns sehr gefiel. Wir erkundigten uns nach dem Preis, der war 250 Francs, da der Künstler sehr arm und krank ist und dringend Geld braucht. Wir kaufen es und die Galeristin sagt uns, daß ihn das sehr freuen und sie ihm das Geld sofort übergeben würde.

Oben hängen noch etliche Utrillos und ein großer Vlaminck.

Wir nehmen unser Bild mit, freuen uns sehr und wandern die Rue Bonaparte zur Seine hinunter und an den dortigen Läden entlang. Dann gehen wir nach Hause, es hat uns schon lange nichts mehr so viel Spaß gemacht. Wir haben Paris entdeckt und zwar ganz alleine und für uns, was uns nirgendwo sonst auf der Welt möglich gewesen wäre. In London gibt es so ein Viertel nicht, und in New York wären wir keine Privatpersonen gewesen.

Wir freuen uns sehr über das Bild, das wir auf einen leeren Platz auf C.s Schreibtisch stellen. Die Wirkung von Licht und Schatten, das Grün der Bäume und ihre Lebendigkeit sind schön.

Samstag, 7. Januar

In den Zeitungen wird veröffentlicht, daß C. Berichte über das deutsche Flugwesen an die US-Regierung geschickt und dringend für eine starke Wiederaufrüstung plädiert hat. Einige Privatbriefe sind irgendwo aufgetaucht und sehr entstellt worden.

Zu Hause gelangt einfach *alles* an die Presse.

Jetzt haben sie C. auf beiden Seiten im gleichen Lager: mal als Pro-Nazi, mal als Anti-Nazi!

Zum Abendessen mit den Harlan Millers. Ein reizendes niedriges Haus in einer stillen Straße, wunderhübsch ausgestattet und voller moderner Bilder. Sie sind Sammler.

Wir unterhalten uns endlos über ihre vielen Vlamincks, einen Utrillo, Jean Dufy, Othon Friesz, ein Aquarell von Renoir und eine Zeichnung von Degas. Ein entzückendes kleines (Grau in Grau) Aquarell von Boudin erkor ich gewissermaßen zu meinem Liebling.

Wir unterhalten uns auch über Politik. Wir kommen zu dem Schluß, daß Eugenik, Geburtenkontrolle etc. das einzige ist, was unsere Zivilisation retten kann – aber niemand hat einen Vorschlag, wie das bewerkstelligt werden kann.

Miss H. schickt ein Telegramm: kommt heute abend nicht, da ihr Bruder krank und sie *der Kinder wegen in Quarantäne* ist.

Sonntag, 8. Januar

Die Rublees zum Tee. Er ist ein äußerst angenehmer Mann. Seine Aufgabe ist hoffnungslos.[1] Die Situation der Juden muß schrecklich sein. Mr. Rublee wird zur gleichen Zeit wie C. in Berlin sein und C. will ihn Truman vorstellen. Vielleicht kann C. irgendwie helfen.

Dienstag, 10. Januar

Nachmittags gehen wir mit Jon in den Botanischen und Zoologi-

[1] George Rublee war auf seinem Weg nach Berlin, um mit Vertretern der deutschen Regierung zu verhandeln und eine Mäßigung der Deutschen im Verhalten gegen die jüdische Bevölkerung zu erwirken.

schen Garten. Jon ist von den Löwen sehr beeindruckt und die Robben, die kleinen Affen und die bunten Vögel fesseln ihn sehr. Doch die Krönung des Ganzen war, daß wir in einem kleinen Zug aus dem Park heraus und bis zur Porte Maillot fuhren. Jon war so beeindruckt, daß er nicht einmal lächelte. Er saß mucksmäuschenstill vor Aufregung neben mir auf dem vorderen Platz und betrachtete alles, als wir durch den Park fuhren und der Mann mit der Glocke klingelte.

Als das Abendessen vorüber ist, liest C. Jon *Aladin* vor; er bringt ihn dazu, seine Lampe zu putzen (eine elektrische) dann kommt er als Geist hinter der Badezimmertüre hervor und fragt: »Was ist dein Begehr?«

Jon: »Bring mir meine Mutter!«

Was C. augenblicklich tat, indem er mich von meinem Schreibtisch wegholte und mich zum großen Vergnügen von Jon ihm zu Füßen setzte.

Samstag, 14. Januar

Ich zu Despiau. C. trifft mich dort. Er hat die Vorstellung, daß die Büste total verändert und sehr gut ist – wie merkwürdig, Despiau hat in der letzten Zeit wenig daran gearbeitet. Er ist sehr zufrieden, wird sie Montag gießen.

C. und ich gehen ins Musée Cluny – muffig und mittelalterlich. Hat großen Charme. Wunderbare Gobelins an den Wänden. Man findet Zugang zum Mittelalter – dem damaligen Leben, den Gewändern, Blumen, den Liebhabereien und selbst den Gesten.

Herrliche Holzplastiken, eine heilige Barbara und eine Verkündigung.

Ich lese Elisabeths Briefe und versuche einen Weg zu finden, wie ich über sie schreiben kann. Es sind vergnügte, wunderschöne, warmherzige und lebendige Briefe, ich aber bleibe, nachdem ich sie gelesen habe, ohne Hoffnung in der Kälte zurück. Wie weit sind wir voneinander entfernt, wie hoffnungslos ist der Versuch, Elisabeth wieder zu gewinnen, wie sehr fehlt sie mir. Ihr Verlust ließ eine große wunde Stelle, eine Starre in mir zurück.

Das ist die persönliche Seite, aber abgesehen davon habe ich das seltsame Gefühl, daß ich auf die Jugend zurückblicke wie auf ein anderes, goldenes Zeitalter. Denn trotz persönlicher Sorgen und Kümmernisse war die Welt damals nicht so beladen, nicht so alt, verbraucht und müde wie jetzt, nicht so überschattet von dieser schrecklichen Kriegsdrohung, von Haß und *Verzweiflung.*

Liegt das nur daran, daß ich älter bin oder weil ich in Europa lebe und (in den Briefen) auf Amerika blicke, oder ist die Welt in der Talsohle, wie es jetzt den Anschein hat?

Ich fühle mich heute abend als Individuum und für alle kummerbeladen. Ich frage mich, ob die Menschen am Ende des römischen Imperiums ähnliche Gefühle hatten, als sie nicht wußten, was ihnen bevorstand, aber den Sturm ertwarteten.

Mittwoch, 18. Januar

Nach dem Mittagessen mache ich mich auf den Weg, um ein schwarzes Kleid zu suchen – ein sehr hübsches von Robert Piguet war in *Vogue* abgebildet. Nachdem ich dreimal an der Türe vorbeigegangen bin, gehe ich schließlich hinein und frage danach. Marmorstufen hinauf und in einen Raum, der in kirschfarbenem und blauem Satin gehalten ist, die blauen Hyazinthen passen genau in ihrer Schattierung – sehr elegant.

Ich versuche nicht zu zeigen, wie verängstigt ich bin.

Verschiedene Damen, bis an die Zähne herausgeputzt, marschieren auf. Mannequins erscheinen und defilieren vorbei. Die lässige Atmosphäre eines Heiligtums (ein Heiligtum der Garderobe), eine Welt, in der einzig und allein Kleider eine Rolle spielen. Alle Priesterinnen, die diesem Kult huldigen, schweben durch die Gemächer.

Ich teile ihnen mit, daß ich am Freitag kommen und das Kleid anprobieren will (wenn ich den Mut habe zurückzukommen!).

Gehe hinaus und ins Aux Trois Quartiers in die Wäscheabteilung, um Geschirrtücher – *torchons de cuisine* (was für ein Abstieg!) – zu besorgen und nach Pullovern für Jon zu schauen.

Zum Tee nach Hause.

C. kommt unerwartet (von Berlin) zurück, beladen mit seinem Mantel und braunen Bündeln – dem Fliegerzubehör –, wirkt ganz durchgepustet, köstliche Überraschung. Das Haus wird lebendig; es ist wieder voller Geschäftigkeit und Erregung und erfüllt seinen Zweck. Offensichtlich ein erfolgreicher, wenn auch nur kurzer Besuch. Unter anderem machte C. Mr. Rublee mit Merkel bekannt, der ihm gefiel (selbstverständlich), und sprach mit verschiedenen anderen Leuten (Udet und Milch) über Mr. Rublee. Ich hoffe, daß es etwas nützt. Mr. Rublee hat eine schwierige Aufgabe. Ich bin glücklich und stolz auf C.

Freitag, 20. Januar

Bespreche mit Soeur Lisi, ob ich ihr die Kinder überlassen kann. Rufe Despiau an. Lasse meine Haare machen und probiere bei Caroline einen schwarzen Tuchmantel mit Samtkragen und Manschetten für Winter und Frühjahr an, der sehr günstig ist – $ 31.

Niemand in Paris trägt jemals Gummistiefel (im Schnee tragen sie hohe Stiefel). Alle blicken erstaunt auf meine. Dabei sind die Straßen und Wege *ständig* naß. Es regnet viel, und die Straßen werden nie richtig trocken, da es, selbst wenn es nicht regnet, zu feucht ist.

Haben sie immer nasse Füße?

Nichts ruiniert die Schuhe oder gar die eigene Stimmung so wie ständig nasse Füße.

Nach dem Essen ziehe ich mein Pariser Kostüm an, das über den Hüften zu eng, aber das *einzig* Elegante ist, was ich habe, schlüpfe in eine blaue Bluse, setze meinen Hut mit der blauen Feder auf und mache mich auf den Weg zu Piguet. Eine Zeitlang sitze ich allein in dem Raum mit den kirschfarbenen Satinsofas, den geschneckelten Stühlen (deren Beine lindgrün gestrichen sind) und den weißen Wänden und Amoretten an Türen und

Fenstern. Dann kommt eine reiche Dame – fett, gepudert, verschleiert – mit ihrer verzogenen Tochter in einem Breitschwanzkostüm, mit aufgetürmtem goldblondem Haar unter ihrem bebänderten Hut, herein.

Man bringt ihnen eine Skizze, die M. Piguet gerade für ein Kleid für die Tochter gezeichnet hat. Sie betrachtet es kritisch und beklagt sich dann, daß es *ordinaire* und nicht distinguiert genug sei. Dann zeigt sie ihrer Mutter das Wollkleid für den täglichen Gebrauch, das ich neulich sah (und das, glaube ich, ungefähr 2700 Francs kostet), ein schlichtes kleines Kleid, und sie einigen sich, daß es vielleicht ganz passend für sie sei, allerdings lediglich als einfaches kleines Tageskleid und nicht für etwas Größeres verwendbar!

Dann kommt mein Kleid herein. Nach der Art, wie es von allen wiedererkannt wird, nehme ich an, daß es einen *succès fou* hinter sich hat, was bedeutet, daß es entweder alle haben oder wenigstens eine Kopie davon besitzen.

Trotzdem probiere ich es an und bestelle es. Nach dem Blick zu urteilen, den mir die gepuderte Mama zuwirft, kann ich nicht ganz schlecht aussehen, nur mein Schirm paßt nicht. Niemand, der in ihre Gesellschaftsschicht gehört, trägt jemals einen Schirm, denn natürlich laufen sie nie durch den Regen. Wenn es regnet, fahren sie in großen Limousinen zu Hotels oder großartigen Geschäften, und der Chauffeur oder der Doorman hat einen Schirm, um sie von dem Wagen zur Türe zu geleiten!

Doch als ich die teppichbelegten, von Spiegeln umsäumten Treppen hinuntergehe, erhasche ich einen flüchtigen Blick von mir. Es hat alles keinen Sinn; selbst, wenn ich mir auch noch so große Mühe gegeben habe, sehe ich immer wie ein kleines Mädchen aus – manchmal wie ein nettes kleines Mädchen –, aber elegant sein, das werde ich *nie!*

Nach Hause, um mit Land und Jon Tee zu trinken, Land sitzt auf seinem Schaukelpferd, Jon auf dem Stuhl neben mir. Land sagt zu C. *au' voir* wann immer er ins Zimmer kommt. Ob das damit zusammenhängt, daß er sich *wünscht*, daß er geht, oder weil er ständig auf dem Sprung ist, weiß ich nicht.

Telegramm von Mutter. Margot hat einen strammen Jungen[1] – beiden geht es gut! Es bewegt mich. Ich bete, daß alles gutgeht. Die liebe Margot und Mutter. Mutter muß erleichtert und glücklich sein.

Ich denke an Elisabeth und wollte, ich könnte diese Freude mit ihr teilen – wie glücklich wäre sie gewesen. Ich bin voller Staunen über das Wunder dieses neuen Lebens. Ob dieser kleine Junge etwas von Elisabeth hat?

Schreibe Mutter und packe. C. liest Jon vor. Hinaus, um nach dem Abendessen Briefe aufzugeben.

Früh ins Bett. Westlich von Irland ist, wie üblich, »eine Tiefdruckzone«. Werden wir morgen fliegen können?[2]

Sonntag, 22. Januar

Leichte Wetterbesserung. Ich rufe den Meteorologen an. *»C'est faisable«* zwischen *»deux rubans de pluie«*, wenn wir sofort starten und vor 13 Uhr in London sind.

Entschließen uns, zu fliegen. Packen, ziehen uns an, sind innerhalb von zwanzig Minuten unterwegs.

Fahren nach Villacoublay hinaus – Stille. Um 10 Uhr beziehungsweise kurz danach weg. Fliegen über Versailles, tiefe Wolkendecke, aber kein Nebel bis hin zur Küste. Nebel auf den Hügeln. C. umfliegt sie. Um 12.15 Uhr sind wir in Saint Inglevert. Schwärme von Möwen. »Wir werden sie hüten!« ruft C. zu mir zurück, als wir über ihnen abheben.

Ab über den Kanal. Es ist wunderschön, grau und bewölkt, hinter uns reicht ein grauer Landstrich weit ins Meer hinaus (Kap Griz Nez?). Eine dunkle Sturmbank auf dem Meer. Darüber hängen graue Wolken. In einem solchen Augenblick fühlt man

1 Stephen Morrow, Sohn von Margot und Dwight Morrow.

2 Die Lindberghs wollten nach England fliegen, um dort mit dem Stab der US-Botschaft Gespräche zu führen und um die Lizenz für ihr Flugzeug verlängern zu lassen.

sich der Schönheit und dem Lauf der Natur ganz eng verbunden. Heute besaß ich beinahe ein Malerauge. Ich sah mit meinen *Händen.* Ich *spürte* förmlich die grauen Wolken, die in wirbelnden Kreisen am Himmel übereinander hertaumelten und unter sich den korrespondierenden Schatten auf das graue Meer warfen. Die Farbe des Schattens war dunkler als der Saum der Wolke – eine Flut bewegter Blaus und Graus (Vlaminck-Blaus). Ihr Rhythmus, ihr Dahintreiben waren berauschend. Und wir hatten Teil daran.

Ich nehme an, daß C. in einem Sturm und bei (richtigem) Nebel solche Gefühle bewegen. Mir kommen sie abhanden, wenn ich Angst habe. Aber heute spürte ich sie in etwa.

Es ist merkwürdig, daß die Fliegerei, die jüngste und modernste Tätigkeit, einen in engen Kontakt mit den Elementen zurückführt. Eingelullt in...

Auch als wir zum Anflug auf England ansetzten, hatte ich das Gefühl, daß ich es klarer vor mir sah. Das Wetter war sehr englisch – wie an einem jener Tage, an denen man sich wie in einer Glasflasche gefangen vorkommt. Die Farbe, auch die der Kalkfelsen, vom Regen verdunkelt, die geschwungene Küstenlinie und noch viel ausgeprägter die Konturen der schmutzigen schwarzen Tanker – weit unter uns. *Das ist* England, diese dickbäuchigen kleinen Tanker, die ausschwärmen und wieder zurückschießen.

Ich hatte früher darüber gelesen, aber es zu erkennen, war plötzlich ganz anders, so, wie wenn man einen dieser abstrakten Begriffe wie *Wirtschaft* und *Handel* sieht. Man gewinnt diesen Eindruck in einem der großen Häfen wie Liverpool nicht, da man sich mittendrin befindet und lediglich um sich blicken kann. Aber hoch oben in der Luft war es so, als sähe man eine Karte, auf der die Handelsrouten eingezeichnet sind – eine lebendig gewordene Karte mit den grauweißen Klippen von England, den grauen Stränden, der bewegten grauen See und jenen winzigen schwarzen Frachtern weit unter uns, die langsam und mühsam ausliefen und zurückkehrten.

Je weiter wir fliegen, desto schlechter wird das Wetter, undurchdringlich und dunkel. Jedesmal dauert der Flug länger, als ich annehme, und immer meine ich, daß wir uns verflogen haben. Landen im Regen in Reading. Niemand da. Rollen auf die Position. Diese schmutzigbraunen Backsteinhäuser der Vororte, die eisernen Zäune, die Bovril-Schilder, die Busse und diese umdüsterten, umdüstert dreinblickenden Leute in Regenmänteln.

Zug nach London. Klapperige alte Taxis am Bahnhof – alles wie immer. Macht das auf einen den *Eindruck* der Stabilität in England? In einer Welt, in der sich alles verändert, geben einem die materiellen Dinge, die gleich bleiben, eine *Illusion* von Sicherheit.

Als wir am Hyde Park vorbeikommen, bin ich wieder betroffen darüber, was für Gefühle ich auch für die Engländer hegen mag, wie sehr ich doch ihr Land liebe. Die Bäume sind so wunderbar – die Bäume und die Landschaften sind in England das einzige, was einen voll und ganz in Entzücken versetzt.

Fange an, Leute anzurufen. Alle sind weg. Hier sitzen C. und ich wieder alleine und gelangweilt in London, an einem nassen Sonntag.

Montag, 23. Januar

C. zu Oberst Lee.

Ein scheußlicher Artikel in einer kleinen amerikanischen Zeitschrift über C. Alles auf Lügen aufgebaut, von einem Reporter verfaßt (einem von denen, die behaupten, daß die Presse Lindbergh »gemacht« habe). Der Artikel ist hinterlistig und bissig, berichtet von »hochverräterischem« Verhalten und einem Vertrauensbruch gegenüber Amerika etc.

Werden wir je zurückkehren können?

Doch wohin können wir sonst?

(C. ist in Reading in der Maschine.)

Mittwoch, 25. Januar

Ein Tag ohne Licht, große nasse Schneeflocken fallen schwer herab und schmelzen, sobald sie die schwarzen Straßen berühren. In den Athenaeum Club – Tee mit Thomas Jones und den Madariagas.[1] Madariaga ist brillant, aber völlig unpraktisch. Er schlägt vor, daß sich Frankreich und England verbünden und Afrika auf den Präsentierteller legen sollten, um eine gerechte und faire Aufteilung der Kolonien vorzunehmen, und dann einen neuen Völkerbund zu gründen. (Vorschläge dazu, wie Afrika darauf reagieren würde, »legte man es auf den Präsentierteller«, oder Deutschland, wenn man einen neuen Völkerbund gründete, wurden nicht vorgebracht.)

Er glaubt mit allen Mitteln an den Völkerbund.

C. und ich gehen zum Essen in ein chinesisches Restaurant (nachdem wir gehört hatten, daß der Fährzug nach Paris besetzt war) und schauen uns dann *The Good Earth* an. Sehr gut gemacht. Luise Rainer ist eine große Schauspielerin.

Donnerstag, 26. Januar

Packe und dann geht's zur Victoria Station. *The Golden Arrow* ist sehr besetzt, lauter gutangezogene Leute, die nach Paris oder auf den Kontinent fahren. Ein Photograph macht von uns ein Bild durchs Fenster. Wir hätten lieber den Nachtzug nehmen sollen. Sind etwa um 18 Uhr wieder auf den nebeligen Straßen von Paris. Schön, wieder da zu sein; habe heimatliche Gefühle.

Jon hat Misteln von herabgefallenen Ästen der Bäume im Park gesammelt und sie im ganzen Haus in Vasen verteilt. Viel Post – hauptsächlich »Verehrer« des Buches; ein weiterer schlimmer Artikel über C. Sie behaupten, daß er den Glauben seines Vaters verrät.

C. erklärt mir, daß sein Vater gegen einen Krieg (im Ersten Weltkrieg) mit Deutschland opponiert hat, dafür heftig kriti-

1 Salvador de Madariaga, Gelehrter, Schriftsteller, Diplomat. 1931–36 spanischer Delegierter beim Völkerbund.

siert worden und Verräter genannt worden war. Jetzt passiert das gleiche aufgrund eines merkwürdigen Geschicks wieder.

Ein langer Brief an C. von Oberst Henry [Breckinridge][1] bekümmert uns am allermeisten. Er widerlegt C. in jedem Punkt, schreibt, er finde, daß die Presse in den USA die beste und objektivste auf der Welt (und unzensiert) sei, daß sie generell alles fehlerlos wiedergäbe, zumindest vermittele sie im allgemeinen diesen Eindruck, daß sie sorgfältig sei – daß der Eindruck, den man aus den Zeitungen und aus C.s Briefen zu diesem Thema gewänne, in etwa der gleiche sei. Er hätte nichts vorbringen können, was geeigneter gewesen wäre, um C. zu verletzen.

Land schwankt während unseres Frühstücks ins Eßzimmer herein. Er sagt zaghaft *»Bon jour«*. Seine Haare sind wuschelig, golden und unordentlich. Stämmige Beine schauen unter seinem Kittel, der ihm zu klein wird, hervor.

Freitag, 27. Januar

Barcelona ist gefallen …

C. und ich hinaus zu einem Spaziergang. Besprechen die Lage in Amerika und fragen uns, wo wir wohnen sollen.

Sonntag, 29. Januar

Die *Times* berichtet, daß Franco sich beim Einmarsch in Barcelona großmütig gezeigt hat, alles verlief ordentlich und mit Zurückhaltung, es gab keine Gewalttätigkeiten.

Die *Herald Tribune* schreibt, daß die Flüchtlinge, wenn sie nördlich von Barcelona erwischt werden, bombardiert werden und keine Möglichkeit haben, zurückzuweichen oder nach Frankreich zu gelangen.

Es kommt eben ganz darauf an, welche Zeitung man liest.

[1] Rechtsanwalt, 1913–16 Minister im Verteidigungsministerium, viele Jahre lang C.A.L.s Rechtsberater und Freund.

Montag, 30. Januar

C. und ich machen im Park einen Spaziergang, wir unterhalten uns über die allgemeine Lage. Er meint, daß wir durch unseren Aufenthalt in Europa eine Menge dazugelernt haben. Ich gebe zu bedenken, daß wir uns möglicherweise für immer von der einen wie der anderen Welt ausgeschlossen haben. Wir wurden belehrt, daß wir eine Jugend besitzen, für die es in Europa keinen Platz gibt, und wir haben ein Wissen erlangt, das in Amerika nicht gefragt ist.

Nachmittags gehe ich mit Jon, um einen Ballon (Belohnung für den zweiten herausgefallenen Zahn!) zu erwerben, und einzukaufen. Jon genießt das. Wir nehmen einen Bus zum Étoile. In dem Augenblick, in dem wir bei der Station der Muette um die Ecke biegen, steht Jon auf und ruft: »Dort ist der Ballonverkäufer!« Dort stand er unter der wogenden Wolke seiner buntfarbigen Ballons, beinahe auf unserer Türschwelle. Ich konnte nicht wieder aus dem Bus aussteigen, nachdem wir eben erst unsere Billetts zum Étoile gekauft hatten, also schwebten wir an ihm vorbei, und ich sagte Jon, daß wir zurückkommen würden.

Wir kauften für Jon ein Paar Schuhe für 97 Francs. »Sie kosten viel mehr als ein Ballon«, sagte Jon.

Dann wanderten wir wieder nach Hause, erstanden für Jon aufgereihte Perlen und für uns ein paar Lebensmittel. Genau vor dem Lebensmittelgeschäft trafen wir den Ballonmann, der auf dem Heimweg war. Große Freude!

Wir kamen triumphierend nach Hause.

Lese abends Fisher [H.A.L. Fishers *History of Europe*].

31. Januar

Zu Despiau. Er hat das wiedergefunden, was ihm abhanden gekommen war – den Rhythmus der Wange! »*Un rien! Quelque chose d'imperceptible!*« Es muß fein sein, man darf die Stelle nicht überbetonen, darf nur eine Andeutung machen. »*Il ne faut pas insister.*«

Haare gemacht für die Anprobe! Anprobe bei Piguet. Alle

Käufer sind da, um sich die Kollektion anzusehen. Ich gehe voller Schrecken hinein, aber es sind keine Reporter da.

Zu den De Kays[1] zum Abendessen. Die Shoemakers (US-Marineattaché) waren da. Sie ist sehr nett, hat sich dem hiesigen Leben angepaßt, ist aber sehr amerikanisch geblieben. Sie kannte Elisabeth vom Smith College, sagte, sie hatte eine wunderbare pädagogische Art (was mir seltsam vorkam, denn das war mir neu). Dann fügte sie hinzu: »Sie sah so zauberhaft aus. Ich erinnere mich daran, daß sie immer blasse Blaus trug, blaue Pullover und Röcke und einen kleinen blauen Filzhut, den sie über ihr blondes Haar zog.«

Das war so lebendig. Diese Erinnerung, die sie sich in ihrem Gedächtnis bewahrt hatte, war für mich wie ein Juwel – ein Juwel aus der Vergangenheit, verschlossen und bewahrt.

Dienstag, 7. Februar

Zu Despiau. C. trifft mich dort und sagt, daß er die Büste ganz wunderschön findet. Despiau hat jetzt tagelang an dem Mund gearbeitet. *»C'est un rien – c'est un soupçon.«* Er sagt, daß seine Büsten wegen ihrer Mundpartien bekannt seien. Er sagt: *»Ça commence a être vivant-intérieurement.«*

Als wir nach Hause kommen, finden wir eine Mitteilung von MacArthur[2] mit der Liste der Gäste, die heute abend bei dem

[1] Charles G. de Kay, Marineoffizier und Neffe von C.A.L.s Vetter, Admiral Emory S. Land.

[2] Douglas MacArthur, Sektretär der US-Botschaft, Sohn des Generals MacArthur des Zweiten Weltkriegs.

Die Liste:

Diner zu Ehren von Mr. und Mrs. Anthony J. Drexel Biddle jr. (amerikanischer Botschafter in Polen)
Mr. und Mrs. Biddle
Herzog und Herzogin von Windsor
Der Minister für Luftfahrt und Mme. Guy La Chambre
Mme. Bonnet
Mrs. Kennedy
Herzog und Herzogin La Rochefoucauld
Marquise de Polinac

Essen in der amerikanischen Botschaft anwesend sein werden. Sie ist gewaltig, lauter »hohe Tiere«. Ich bin entsetzt. Wird das kleine schwarze Kleid genug sein? *Wie* kann ich es herausputzen?

Nach dem Mittagessen renne ich los zu Trois Quartiers und sehe mir dort kleine Pelzcapes an. Sie sehen sehr billig aus. Dann zu meinem kleinen Kürschner, bei dem ich eines bestelle (kaufe ein *gutes,* wenn du eines kaufst, sagte C.) und für den Abend eines ausleihe. Dann besorge ich noch schwarzes Samtband, das ich mir um den Hals binden will – Alte-Damen-Mode, aber jetzt sehr *en vogue* – und zurück zu Nino wegen der Frisur.

Spät nach Hause zum Tee. Jon hat Butter auf den Stuhl geschmiert. Ich bringe Land ins Bett und lese Jon vor. Dann ziehe ich mich für das Diner an. Meine Haare sehen hübsch aus, die schwarze Schleife um meinen Hals ist durch einen Rosenclip sehr reizend. Aber das Kleid ist sehr schlicht. Doch das Cape ist gekommen und schmückt es ungemein.

Wir machen uns auf den Weg, kommen mit den ersten an, was ganz hilfreich ist. Eine ältere Dame zieht in der Damengarderobe Handschuhe an, aber als sie mich ohne sieht, zieht sie sie wieder aus!

Eine kleine Anzahl von Botschaftsangehörigen ist anwesend. Wie gut kenne ich diese Atmosphäre – wie in Mexiko, ehe die

M. und Mme. Pierre Comert
Senator Henry-Haye
Oberst und Mrs. Lindbergh
M. Gaston Palewski (Chef du Cabinet von M. Paul Reynaud)
M. und Mme. Paul Morand
Mme. André Maurois
Mr. und Mrs. MacArthur
Hauptmann Sterling
Mrs. Carmel Snow
M. Yvon Delbos
Mr. Joseph P. Kennedy jr.
Mr. Carmel Offie
William C. Bullitt
(Abendessen am 7. Februar 1939)

Gäste ankamen: lediglich die Botschafts-»Familie«. Die MacArthurs, Hauptmann Sterling, Mr. Offie und verschiedene andere. Die Biddles; er ist sehr schmuck, sie leicht krumm, beide sind leutselig und amerikanisch.

Bei den Damen und den jungen Sekretärinnen unterhält man sich darüber, »ob man, oder ob man nicht?« (vor der Herzogin von Windsor einen Hofknicks macht). »Letztes Jahr war *ihm* das sehr wichtig, aber dieses Jahr ist es dem Herzog egal« etc. Ich sagte, da mir die Sache keinerlei technische Schwierigkeiten bereitet, würde ich es wohl tun. Als ich das eben gesagt hatte, kamen sie herein. Sie in einer purpurfarbenen Taft-*Robe de style*, ihre Haare noch immer in der Mitte gescheitelt und zu beiden Seiten säuberlich aufgerollt. Sie sah ein wenig wie Mary, Königin von Schottland aus. Auch wenn sie nicht schön ist, ist sie doch mühelos die Dame in dem Saal, die am besten aussieht, sehr formell, durch die Würde unbeugsam (was muß sie alles durchgemacht haben!). Er war offensichtlich froh, C. zu sehen und blieb stehen, um sich mit ihm zu unterhalten; auch sie gesellte sich zu C.

Mme. André Maurois in einem schwarzen Samtkleid à la Königin Mary von Schottland wanderte ein bißchen verloren herum, als würde sie nach jemandem Ausschau halten – nicht geschäftig und auch nicht so, als hätte sie die Hoffnung, ihn wirklich zu entdecken, sondern ganz einfach wehmütig, wie ein Geist. Als ich sie das letzte Mal sah, trippelte sie voller Schrecken über die Grabhügel bei Mrs. Hibbens Beerdigung, um für den Leichenzug Platz zu machen!

Plötzlich mußten wir zum Essen hineingehen, ich war am Arm des jungen MacArthur. Eine lange Tafel mit einem Porträt Washingtons in einem roten Mantel in voller Größe (sehr gerötet, schmallippig und wie ein englischer Junker) an der Wand am Ende des Raumes.

Die Herren zu meinen Seiten sind MacArthur und ein M. Palewski (»Chef du Cabinet von M. Paul Reynaud«). Er war reizend, man konnte sich gut mit ihm unterhalten und er schien sehr intelligent und interessant zu sein. C. ist meilenweit weg, kümmert sich höflich um jemanden, und der Herzog von Windsor gegenüber sieht ein wenig ärmlich und gelangweilt aus.

Wir sprachen über Frankreich und seine Kraft der Regeneration. Ich sagte ihm, wie sehr uns die Kraft und *Gesundheit* in Frankreich beeindruckten, und er freute sich. Meine Eindrücke an Sonntagen im Park, die Gesundheit und das Glück der Menschen und das Familienleben. Wir verglichen England und Frankreich und ihre sich wieder erneuernden Kräfte und fragten, woher sie rühren mögen. Er meint, es liege an der Rassenmischung; ich schreibe es der engen Beziehung zum Landleben zu.

Ich unterhalte mich auch mit MacArthur, einem netten, aufrichtigen, freundlichen, intelligenten Amerikaner. Wenn man mit ihm spricht, denkt man mit Freuden an die Amerikaner.

Dann erheben wir uns, und die Prozession bewegt sich vom Tisch fort, Arm in Arm, wie wir gekommen sind, aber vergnügt, nicht wie auf einer englischen Veranstaltung (liegt das an Bullitt oder an den Franzosen?). Es gibt so manche Neckerei wegen der Reihenfolge: *»Après vous, M. le Ministre«*, *»Après vous, Mme. l'Ambassadrice«*. Man verbeugt sich viel, Gelächter ertönt.

Wir befinden uns in einem kleineren Zimmer. Um mich scheinen sich lauter Damen versammelt zu haben. Leute sagen mir, daß sie mein Buch mögen (es sind eine ganze Menge und zwar sowohl Franzosen wie auch Amerikaner, was ich nett finde und was mich überrascht, da ich hier sehr wenig über das Buch höre). Verschiedene Leute treten zu uns, möchten vorgestellt werden: M. und Mme. Paul Morand[1], ebenso ein M. Comert[2] (auf ihn hat mich vor dem Diner ein vornehmer Amerikaner hingewiesen: »Er ist Propagandaminister – er ist ein *Roter!*« Er unterhält sich mit mir über Daddy, M. Monnet und die Anfänge des Völkerbundes. Er kannte die ganze Gruppe – auch Harold

1 Paul Morand, französischer Diplomat und Schriftsteller.

2 Pierre Comert, im französischen Außenministerium tätig, im Ersten Weltkrieg Freund und Mitarbeiter D.W.M.s.

Nicolson. Er redete ganz viel über *Life*[1], von dem er sehr begeistert war.

Während ich mich mit ihm (dem netten Mann mit dem freundlichen Gesicht und den lebhaften Augen) über alte Zeiten unterhalte, frage ich mich traurig, ob mein Vater heute auch als »Roter« klassifiziert würde. Was für seltsame Wege sind hier doch beschritten worden. Charles gilt als »Faschist« und Daddy als »Roter«! Er ist lediglich einer aus der Idealistengruppe von 1918, einer derer, die den Völkerbund förderten, etc. – wie Monnet, Harold Nicolson, Attolico, Rublee, Madariaga. Aber Daddy und Mr. Rublee waren *Praktiker.* Ich kann mich daran erinnern, wie mir mein Vater die Argumente auseinandergesetzt hat, weshalb Amerika dem Völkerbund *nicht* beigetreten ist! Er befürwortete die Idee – als solche, glaube ich –, sah aber die Schwierigkeiten, die eine praktische *sofortige* Verwirklichung mit sich bringen würde. Wieder einer der Fälle: »Jeder wahre Fortschritt vollzieht sich sehr, sehr langsam.«

Comert unterhält sich mit mir über die lebendige Darstellung von Daddy beim Frühstück in Harold Nicolsons Buch. (Das amüsiert mich riesig, da ich das geschrieben und Harold Nicolson gegeben hatte!)

Ich wandere ein wenig herum, und wir formieren uns zu einer neuen Gruppe: MacArthur (der sich sehr nett um mich kümmert) und eine nette Amerikanerin mit einem offenen Gesicht, die ich sofort als Lehrerin erkenne (angenehm, ernsthaft, idealistisch und empfindsam – und, wie sich herausstellt, obstinat). Ich merke plötzlich zu meinem Schrecken, daß wir in eine politische Auseinandersetzung geraten. Sie gehört zu den Frauen, die von »*jenen zwei Männern* – und dem, was sie der Welt angetan haben«, reden. Dabei schüttelt sie zornig ihren Kopf.

Ich argumentiere ziemlich erregt, daß, wenn ich auch den unbeschränkten *Machtgebrauch* von ganzem Herzen verab-

[1] Nicolsons Biographie über D.W. M.

scheute, und das, was geschah mißbilligte, ich doch glaube, daß England, Frankreich und die USA Deutschland dazu *gezwungen* hatten, Gewalt anzuwenden (ein Argument C.s), und daß Deutschland mit seiner Friedenspolitik in der Zeit seiner Völkerbundzugehörigkeit, seinen Stresemanntagen, nichts erreicht hatte und deshalb diesen Weg einschlagen mußte.

»Oh, sie haben doch vom Völkerbund gar keinen Gebrauch gemacht«, sagte sie ganz aufgebracht. »Und was ist mit 1914 – was für eine Entschuldigung gibt es für *jenen* Krieg, das möchte ich gerne wissen!«

Ich konnte das nicht beantworten, da meine Geschichtskenntnisse nicht ausreichten, um Professor Fay[1] in bezug auf die Kriegsschuld zu zitieren.

Sie sprach dann vom Versailler Vertrag, den sie zwar nicht verteidigte, von dem sie aber behauptete, daß er ein Wunder sei im Vergleich zu dem Friedensvertrag, den Deutschland gemacht hätte, oder Clemenceau ihm auferlegen wollte.

Ich wandte ein, daß, wenn entweder Clemenceaus Friede oder der englische Friede – egal welcher – ohne Abstriche genehmigt worden wäre, wir nicht da stünden, wo wir jetzt stehen (wieder C.s Folgerung).

Gegen Ende meiner Beweisführung sagte ich dann: »Also dann hätten sie am Rhein haltmachen müssen. Jetzt wird es die Leben von Tausenden von Franzosen, Engländern und vielleicht Amerikanern kosten, und das ertrage ich nicht.«

»O nein«, sagte sie, bereit, alles zu vergeben und zu vergessen, »ich glaube nicht, daß es einen Krieg geben wird.«

»Ich hoffe nicht«, antwortete ich, froh darüber, daß wir in einem Punkt übereinstimmten.

Als wir so weit gekommen waren, gab es eine leichte Bewegung im Zimmer. Mrs. MacArthur kam herüber zu mir, wo ihr Mann stand (und lenkte das Gespräch sehr diplomatisch in sanftere Bahnen und goß damit Öl in die Wogen). Sie hatte sich

1 Sidney B. Fay, *Origins of the World War.*

eben neben mich gesetzt, als der Herzog von Windsor von der Couch gegenüber aufstand, zu uns herüberkam und in dieser leichten, höflichen, seiner Privilegien gewissen Art sagte: »Würden Sie mir bitte Ihren Stuhl überlassen, damit ich mich mit Mrs. Lindbergh ein wenig unterhalten kann?«

Ich finde, daß es einen jedes Mal in Erstaunen versetzt, wenn man diese königlichen Formen beobachtet – die Leichtigkeit sieht, mit der sie eine Situation höflich meistern, die man jedem anderen als Ungezogenheit ausgelegt hätte.

Es sah so aus, als würden alle anderen sich in diesem Moment in Rauch auflösen, und ich fürchtete schon, daß die Unterhaltung vor lauter Schüchternheit versiegen würde, als er höflich sagte: »Sie leben jetzt hier in Frankreich, nicht wahr?«

»Ja, wir sind jetzt hier in Paris. Es sieht auch nicht so aus, als könnten wir bald nach Hause. Dort wäre die Situation für uns keineswegs besser, denn es ist eine regelrechte Kampagne gegen meinen Mann im Gang.«

Er erzählte mir daraufhin von seinen Erfahrungen in Deutschland, und daß die amerikanische Presse das ebenfalls gegen ihn ausgeschlachtet hatte, lediglich weil er dort gewesen war.

Ich sagte dem Herzog, daß wir seine Reise mit Interesse verfolgt hätten. Wir waren uns einig, daß, wenn man auch nicht mit allem, was dort vor sich ging, einverstanden sein könnte, man einfach wissen müsse, ob das, was passierte, dem Krieg oder dem Frieden dienen würde.

Er brachte, wie ich fand, mit einem gewissen Pathos vor: »Man sagt mir, ich solle meine Memoiren schreiben, solle über die Orte berichten, an denen ich mich aufgehalten habe. Aber ich *kann* das doch nicht, alles ist so rasch überholt, außer ich begebe mich jetzt an Ort und Stelle, aber sobald ich das in die Tat umsetze, wissen Sie ja, was passiert...«

Ich erklärte ihm auch, daß wir vorgehabt hatten, in Deutschland zu leben, daß uns das nach den Pogromen aber nicht mehr möglich sei.

Ich wollte, er könnte mit C. sprechen. Er sagte, daß er das

auch gerne täte und wir ihn und die Herzogin in ihrem neuen Haus besuchen sollten, obgleich es noch nicht ganz fertig sei. Und als ich ihm bestätigte, daß auch wir das gerne täten, aber wüßten, wie besetzt ihre Tage seien, meinte er, unser Leben wäre nicht gar so verschieden von dem ihrigen. Er erbat sich unsere Adresse und Telephonnummer.

Dann standen wir auf, die Herzogin kam lächelnd auf uns zu und er sagte ihr: »Ich habe eben verabredet, daß wir einmal zusammenkommen müssen.«

Sie begann ein Gespräch mit mir. Redete zuerst von meinem Buch. Sie sagte mir, daß sie mich beneide und auch gerne die Möglichkeit hätte, über das, was sie immer wieder durchmachte, zu schreiben.

Wir unterhielten uns über die Presse, die einen dazu zwingt, sein Leben zu ändern, was ihr schwerfiel, da sie das in gar keiner Weise gewohnt sei, während der Herzog, der in seine Situation hineingeboren wurde, ganz natürlich darauf reagieren könnte.

Wir unterhielten uns noch eine Weile zu viert, hatten das Gefühl, daß wir die gleiche Sprache redeten. Sie haben durch das, was sie durchmachen mußten, sehr gewonnen.

Als sie gegangen waren, schien sich die Veranstaltung zu verlaufen. Die Leute verabschiedeten sich.

M. Comert sagte, er wolle mir seine Visitenkarte geben, und ich solle ihn anrufen, wir wollten dann auch nicht über Politik reden. Er wollte uns einige Schönheiten von Paris zeigen, »denn ich schätzte Ihren Vater«.

Ich war ihm dankbar, nicht nur dafür, daß er Daddy gerne gehabt hat, sondern dafür, daß er die Politik vom Tisch gewischt hat und einen als Mensch, ja als Freund betrachtet.

Mir war plötzlich klar, wie selten es heutzutage geworden ist, daß man nicht abgestempelt wird. Wir haben uns von der Zeit und der Welt meines Vaters weit entfernt, in der man verschiedener Meinung sein konnte, aber nicht dafür gebrandmarkt, gehaßt oder gar gemieden wurde.

In dieser Welt der Toleranz – nein, nicht Toleranz, sondern

menschlicher Liebenswürdigkeit, die über die Toleranz hinausreicht –, hatte man leichter geatmet.

Die Lehrerin stieß zu uns vor. »Sie haben das, was Sie sagen wollten, nämlich, daß es keinen Krieg geben wird, nicht zu Ende geführt«, sagte ich, wobei ich versuchte, sie freundlich zu stimmen. »O nein, es wird keinen Krieg geben«, sagte sie großzügig, als sie meine Hand schüttelte und vorübereilte. »Fragen Sie meinen Mann.«

Ich drehte mich um. O je ... ihr Mann war M. Comert! Oh, *weshalb* habe ich mit ihr ein Streitgespräch geführt, *warum* nur?

Der Bürgermeister von Versailles lädt uns ein, nach Versailles zu kommen. Mme. Guy La Chambre fegt in ihrem grauen Taft vorbei.

C. unterhielt sich mit Bullitt, also konnte ich nicht gehen. Als sie zurückkamen, bat Mme. Bonnet C., mich ihr vorzustellen.

Sie ist jung, hübsch und ohne alle Prätentionen. M. Bonnet kam, er ist grauhaarig, mit Adlernase, aber freundlich und sieht klug aus.

Bullitt nimmt mich am Arm und setzt mich auf das Sofa neben Bonnet, sie unterhalten sich auf französisch. Bonnet kam von einer Sitzung, wo er eine Rede zu halten hatte, aber er hat den ganzen Tag Reden gehalten, über Spanien etc. Er ist müde, aber erleichtert. Alles ist gut gelaufen. Sie reden rasch – über Frankreich und Spanien. Ich habe den Eindruck, daß sie sich sehr gut kennen.

Bullitt spricht wunderbar und fließend Französisch, er fühlt sich bei ihnen wohl.

Mme. Bonnet unterbricht das Gespräch wie ein Kind, das Aufmerksamkeit heischt: »*Warum* hast du mir nicht *gesagt*, daß du eine Rede halten würdest?«

Sie sind gerade aus Spanien zurück.

Er sagt, in Spanien ist nun alles vorbei: die Regierung ist in Perpignan. Er berichtet Bullitt von den Bedingungen, die vor der Übergabe gestellt werden – Amnestie für die Gefangenen, alle Ausländer müssen das Land verlassen, freie Wahlen sollen abgehalten werden. Bullitt meint, daß die letzten beiden Bedingungen nicht erfüllt würden. M. Bonnet sagt, daß die Republikaner moralisch besiegt sind – es gibt dort Flugzeuge, die wie eingemottet in ihren Lattenverschlägen herumliegen.

»Stell dir vor«, sagte Mme. Bonnet erneut, das impulsive Kind, »sie haben nicht einmal die Flugzeuge ausgepackt, die wir ihnen geschickt haben!... Ah«, sie hält sich die Hand über den Mund, »die *wir* ihnen geschickt haben« – voller Schreck, wie ein ungezogenes Kind.

»Die Flugzeuge, die *über Frankreich* von unbekannter Adresse abgegangen sind«, sagt Bullitt leicht humorig. Und Bonnet murmelt etwas darüber, daß sie mit Fallschirmen vom Himmel gefallen seien.

Nach einer Weile unterbricht sie ihren Mann wieder: »Darf ich ihm die Wahrheit über Spanien erzählen? Wir sind gerade dort gewesen – wir haben ... gesehen (zu Bullitt). Darf ich? Darf ich?«

»Nein«, sagt Bullitt und schaut sie ernst an.

»Dann gehen wir eben zusammen in eine Ecke.«

Sie machen sich davon. Jetzt ist für mich wohl der Augenblick gekommen, mit M. Bonnet ein vernünftiges Wort zu reden, was ich versuche.

Mme. Maurois kommt mit C. Sie hat ihn bereits festgenagelt, er aber hat geantwortet, daß *ich* alle Verabredungen treffe! Ich glaube, wir werden hingehen – was ich eigentlich auch ganz gerne möchte.

Wir gehen bald darauf, verabschieden uns von den Biddles und dem Botschaftsstab – dem gleichen Grüppchen, das da war, als wir kamen.

Dann nach Hause und ins Bett.

Mittwoch, 8. Februar

Wir gehen zu den Millers zum Essen.

Père Chardin ist anwesend: ein älterer Jesuitenpater, der sich für »den Peking-Menschen« interessiert. Er hat einen wunderbaren Kopf, ist intelligent und verständnisvoll. Sein intellektueller Eifer ist mit menschlicher Freundlichkeit gepaart.[1]

Père Chardin erzählt von China, Japan und seiner Arbeit. Wo sind die Anfänge des Menschen zu finden? Vermutlich nicht in Zentralasien, wie man annimmt, denn man findet dort sehr wenige Überbleibsel von entwickelten Affenskeletten (ich gebrauche nicht die exakte Terminologie), während viele in bestimmten Teilen Indiens und Afrikas gefunden wurden. Er berichtet von den Schwierigkeiten, die Vergangenheit nach den Spuren etwaiger *Anfänge* zu durchforschen. Er gibt ein Beispiel: Angenommen, man zeichnet eine Gerade auf ein Papier und läßt sie dann durch einen Radiergummi wieder verschwinden; vielleicht ist es möglich, die Linie später an manchen Stellen wieder zu erkennen, aber den Ausgangspunkt und den Endpunkt zu bestimmen, ist äußerst schwierig. Die Zeit, sagt er, übernimmt fast genau die Funktion des Radiergummis.

Er erklärt, daß es besser ist, den Anfang der Zivilisation als »Front« zu bezeichnen und nicht als »Punkt«.

Er sprach auch davon, was für Erkenntnisse einem Schädel und Skelette vermitteln. »Aber man wird nie wissen, was für einen Teint dieser Mensch gehabt hat, welche Farben seine Augen hatten und was er dachte.«

Freitag, 10. Februar

Nachmittags gehen C. und ich in eine Galerie, um uns Arbeiten von Eugene Berman anzusehen (wegen Mutters Porträt). Es ist die gleiche Galerie, in der auch das Blumenstilleben von Vlaminck hängt. Es gibt auch noch schöne Derains. Wir schauen uns einen Berman an, er ist leicht surrealistisch, aber gut gemalt. Wir fragten nach dem Preis des Vlaminck: 5500 Francs. Er gefiel C. besser.

Es ist auch noch eine dieser stürmischen blauen Landschaften

1 Pierre Teilhard de Chardin, bekannter französischer Jesuitenpater, Paläontologe und Forschungsreisender.

da. Die Blumen haben dieselben Formen, wirken aber unpersönlicher. Sie gefallen mir besser – herrliche Rot- und Blautöne in farblicher Nebeneinanderstellung. So weit kann ich den Modernen folgen. Ich sehe mich nach Geschenken für Cons und Dwights Hochzeitstag um.

Auf unserem Rückweg sagt mir C., daß ich, wenn ich wirklich glaubte, Con hätte das Bild gerne, es kaufen sollte. Erst sollte ich jedoch Mrs. Miller anrufen und herausfinden, ob man den ersten Preisvorschlag in einer Kunstgalerie akzeptieren müsse. Ihre Auskunft lautet, nein, die Franzosen täten das nie. Ich rufe also an und bekomme einen Preisnachlaß. Noch nie habe ich so etwas gemacht und ich kann mich auch über den Erfolg nicht richtig freuen. Aber vermutlich muß man sich nach den Sitten des Landes richten.

Mittwoch, 15. Februar

Meine Tagebücher sind von zu Hause gekommen. Ich vertiefe mich in das, was ich über meine erste Begegnung mit C. geschrieben habe. Wie aufregend ist mein erster Eindruck von ihm, und was für eine Revolution hat er in meinem Leben bewirkt. Mir scheint jetzt, wenn ich zurückblicke, daß ich ihn auf den ersten Blick, trotz meines Schreckens, völlig intuitiv ganz klar erkannt habe, wenn ich auch meinem Urteil nicht ganz traute.

Dazu zeigen mir diese Tagebücher deutlich die Veränderung in meinem Leben. Ich habe in meiner Bewunderung für C. mein ganzes bisheriges Dasein zur Seite geräumt, als habe es keinerlei Geltung mehr, habe gekämpft, um ganz in seiner Welt aufzugehen, denn die bedeutete ja das eigentliche Leben. Ich wurde da hineingetaucht – in ein aktives Leben – liebte, lebte, bekam Kinder, machte diese gewaltigen Reisen und litt.

Jetzt gewinnt alles wieder seine eigene Gestalt, das vorangegangene Dasein, in dem ich geschrieben und meditiert habe, und das gemeinsame Leben mit C., in dem er mich viel gelehrt hat.

Kein Kampf zwischen den beiden findet mehr statt. Ich bin nicht mehr gespalten, wie ich es jahrelang war.

Nein, es hat eine Fusion stattgefunden – jedenfalls glaube ich das. Unser beider Leben sind jetzt eines.

Ich bin C. jetzt näher, als ich je zu hoffen gewagt habe, als ich mich in ihn verliebte. Mir kommt es immer noch wie ein Wunder vor, daß ich ihn überhaupt geheiratet habe. Auch er hat sich natürlich verändert. Alles, was ich früher sah, ist noch vorhanden, aber es ist gewachsen und nimmt ständig zu.

Mein Sinn ist derart von der Vergangenheit erfüllt, daß es mir schwerfällt, in die Gegenwart zurückzufinden. Als lebte ich noch in der Vergangenheit, wäre noch immer das passionierte Mädchen, das im College seine Zukunft träumt.

Jon ist ein Traum (ich könnte ihn durchaus geträumt haben), aber Land, das kleine rundliche gesunde Tierchen – wer hätte sich je vorstellen können, daß ich so ein Baby haben würde! Er ist wie das »horsely horse« von Chaucer, über den ich gearbeitet habe. Er ist ganz einfach der Inbegriff eines Babys.

C. und ich machen einen Spaziergang, ich in Wolken. Ich spreche mit ihm über die Tagebücher und über mein Leben, und darüber, wie merkwürdig ich darauf vorbereitet wurde – die Qualen, die ich wegen Frances Smith[1] gelitten habe, sie waren wie ein böses Omen. Ich kann mich so gut an diesen schrecklichen Winter erinnern, ich war ein junges Mädchen, war entsetzt und wandte mich verzweifelt an Mrs. Neilson, »aber ich kann mir nicht vorstellen, wie ich so etwas ertragen könnte, würde es mich selber treffen«. Sie aber, die kluge Mrs. Neilson, die ihren einzigen Sohn verloren hatte, sagte: »Es ist irgendwie leichter zu ertragen, wenn es der eigene Kummer ist.« Und das stimmt auch. Ob einem das Leben

[1] Eine Studentin des Smith College, die eine Freundin A.M.L.s war, verschwand während der gemeinsamen Schulzeit und wurde erst nach vielen Monaten tot geborgen.

irgendwie dabei hilft... Aber der Kummer anderer Menschen, den man nicht lindern kann, ist am schwersten zu ertragen.

Tee mit den Kindern. Land ist unglaublich komisch mit Jons Ballons, die er immer erwischt.

»Nein, nein, Land, das sind meine!« beteuert Jon leidenschaftlich und stürzt hinter seinem kleinen Bruder her. Land blickt mit unschuldigem Augenaufschlag zu ihm auf (»Habe ich etwas falsch gemacht?«) oder stakst einfach davon, klammert sich aber entschlossen an seine Beute. Wenn Jon ihm etwas wegnimmt, scheint er nie zu schreien. Offenbar weiß er, daß es nicht seine Ballons sind, versucht aber trotzdem so viele zu ergattern, wie er kann! Er macht C. großen Spaß.

Dienstag, 21. Februar

Morgens zu Despiau. C. geht mit, schreibt in einer Ecke des Ateliers Briefe. Despiau arbeitet *wieder* an der Mundpartie. C. findet die Büste wunderschön. Dann gehen wir uns Bilder ansehen, suchen Geschenke für Con und Aubrey sowie für Margot und Dwight. In der Elysée-Galerie schauen wir uns Vlamincks an, eine große Landschaft, ein kleines Schneebild, eine Straßenszene und einen Landsitz. Der gefällt mir sehr, er hat einen Turm, rote Dächer und Heuschober. Aber C. sagt: »Es hat nie einen Heuschober gegeben, der so aussieht!«

Ich finde das Bild schön, denn ich werde dadurch an die Luftansichten erinnert: an die Intensität, den Glanz, der über allem liegt, was Menschen berühren, an kleine Partikelchen in der Landschaft, wie ein Turm, ein Heuschober, kleine menschliche Figuren, ein rotes Dach, die alle, vom Menschen geprägt, vor Leben *sprühen.*

C. meint, daß es mir gefällt, weil ich nie Landarbeit verrichtet habe, und daß der Schober – ein orangeroter Klecks inmitten der Leinwand – nun mal *kein* Heuschober sein könnte. Es könnte eine Klippe sein, auf der sich ein Bagger betätigt hatte! Wie dem auch sei, wir einigen uns auf zwei Bilder: eines ist eine typische Vlamincksche Schneelandschaft, das andere eine Straßenszene mit einem herrlichen Himmel. Aubrey und Con sollen das Schneebild bekommen, wir lassen es uns in die Wohnung schicken.

Nach dem Mittagessen gehen wir alle in den Park, wo Jon seinen kleinen Freund trifft und ich Land in seinem Kittelchen und Gummistiefeln herumspringen lasse.

Als ich nach Hause und in mein Zimmer komme, falle ich fast um. C. hat das Blumenbild von Vlaminck gekauft und es auf den Toilettentisch gestellt! (Ich hatte gesagt, daß ich sie am schönsten von allen finde.) Das Bild ist noch schöner und noch farbiger, als ich es in Erinnerung hatte. Diese weißen Blumenblätter, die hie und da blau, purpurrot oder rot getönt sind, scheinen zu glühen oder im Sturm vor einen tiefblauen Hintergrund geweht worden zu sein – ein Bild, vor dem man den Atem anhält. C. ist sehr glücklich. »Du sagtest, es sei das schönste – das genügte mir!« Wir rufen Jon herein. Er sagt, ihm gefällt dies Bild am besten.

Auch das Schneebild wird geliefert. Ich zögere, es anzusehen, vielleicht kann es neben den weißen Blüten nicht bestehen. Doch es kann. Wir betrachten alle Bilder gleichzeitig. C. meint, wir sollten sie behalten. Sie passen gut zusammen. Aber ich finde, wir sollten nur die weißen Blumen behalten und die anderen lieber verschenken.

Abendbrot alleine mit den weißen Blumen über dem Kaminsims.

Mittwoch, 22. Februar

Packe und erledige den ganzen Vormittag lauter verschiedene Dinge. Wollen die Astors in London besuchen.

Donnerstag, 23. Februar

Kommen bei den Astors um 9.30 Uhr an.

Die Anzahl von Hüten, Mänteln, Stöcken, Schirmen, die auf dem Tisch in der Eingangshalle verstreut herumliegen, versetzen einem stets einen leichten Schlag, sobald man hereinkommt: Himmel, wie viele Menschen schon hier sind!

Man hatte uns offenbar um diese Zeit nicht erwartet und meinen Brief nicht bekommen. Lord Astor eilt die Treppe herab – er ist ein großartiger Mensch. Mit ihm zusammen zum Frühstück hinauf. Es ist noch ein deutscher Gast da (alte Schule – kein Pro-Nazi), der aber trotzdem die Haltung der Nazis gegen Niemöller[1] und die Religion verteidigt. Lady Astor gerät mit ihm in eine hitzige Debatte.

Ich gehe vormittags mit Lady Astor und ihrer Nichte, die ein Ballkleid kauft, fort. Wissie begleitet uns, im Nerz, mit schwarzen Bändern im offenen Haar und in unbekümmerter Jungmädchenart: Mir gehört die Welt! Sie gefällt mir. Es ist sicher nicht leicht, die Tochter einer so bekannten und unvergleichlichen Mutter zu sein. Trotz ihres eleganten, selbstsicheren Auftretens hat Wissie immer noch etwas Weiches, Kindliches, das aus ihren großen, scheuen, braunen Augen spricht, die so schön sind wie die eines ungezähmten Tieres.

Freitag, 24. Februar

Frühstück in meinem Zimmer. Lady Astor kommt anschließend herein, ist lieb und vergnügt, und läuft dann fort, um ihren Zug zu erwischen, sagt uns, daß wir *bitte* die ganze Woche über bleiben sollten.

Nach dem Mittagessen packen wir und werden im Rolls-Royce durch die unglaublich trostlosen, beziehungsweise scheußlichen und miesen Londoner Vorstädte, an billigen Läden und armseligen Häusern vorbei, nach Cliveden hinaus gefahren, das so wunderschön, ruhig, perfekt und für sich liegt (wie englisch sind diese Kontraste). Überall blühen unter den Bäumen Schneeglöckchen. Auf einer Mauer eine blühende Quitte und in den Wäldern flatternde Tauben.

[1] Martin Niemöller, deutscher protestantischer Geistlicher; wurde nach 1933 ein Führer der Opposition in der bekennenden Kirche; 1937 wurde er in ein Konzentrationslager gesperrt.

Weiße Heide, und bei jedem eingesunkenen Stein des Friedhofs aus dem Ersten Weltkrieg ein Priemelstöckchen.

Das Haus ist menschenleer, herrliche Forsythien, Unmengen von Frühlingsblumen, brennende Kamine und ein Teetisch im Wohnzimmer. Nach dem Tee machen wir einen Spaziergang.

Samstag, 25. Februar

Langsam treffen die Gäste zum Mittagessen ein: Mr. Brand, Thomas Jones, Geoffrey Dawson (von der *Times*), Mrs. Dawson, eine besonders nette Frau, Lord Lothian[1]. Aber die gehören alle noch »zur Familie«, jedenfalls gefühlsmäßig. Alle sind ganz ungezwungen. Alle kennen sich. Die Witze sind bekannt, die Gespräche verlaufen weitgehend unpolitisch, sind voller witziger Einfälle und Anspielungen, von denen ich die meisten nicht verstehe. Nach dem Essen verteilt sich alles, die einen gehen schlafen, Golf spielen oder sich das »Fohlen ansehen« etc. Ich gehe hinauf, um einen Essay von Virginia Woolf und Gedichte eines jungen Mädchens zu lesen, die mir Mr. Brand gab.

Polizisten nehmen wegen des Premierministers ihren Rundgang auf.

C. und ich machen einen Regenspaziergang vor dem Tee (für den drei riesenhafte Tische mit allem Zubehör gedeckt sind). Aber es nehmen nicht viele Leute daran teil. Wir versammeln uns um den Mitteltisch. Die ersten Leute kommen. »Lionel« – Mr. Curtis[2] – sehr englisch, geheimnisumwittert, in den Wolken – ganz ein Professor, dazu seine graue englische Frau.

Mr. Kennedy tritt ein. Die Männer gehen in das kleine Zimmer. Lady Astor ruft uns, denn es wird ein Brief des jungen Joseph Kennedy[3] aus Spanien vorgelesen – sehr lebendig und

[1] Philip Henry Kerr, 11. Marquis von Lothian, 1919 bei der Pariser Friedenskonferenz tätig. Wurde 1939 britischer Botschafter in den USA.

[2] Professor in Oxford und englischer Schriftsteller.

[3] Joseph Kennedy jr., ältester Sohn von Botschafter Kennedy, der im Zweiten Weltkrieg, im Juli 1944, als Marinepilot bei der Ausführung eines gefährlichen Auftrags fiel.

sachlich. Ich bin erstaunt, daß ein junger Mensch in dieser bewegten Zeit so objektiv berichtet, so genau registriert.

Lady Astor kommt herein: »Erhebt euch, eure besseren Hälften erscheinen!« Mr. Chamberlain – aufrechter, jünger, frischer als auf seinen Photographien. Er bringt eine junge hübsche Nichte mit, die Mrs. Chamberlains Platz einnimmt, da sie krank ist. Er reicht allen reihum ernsthaft und ohne viel Aufhebens nacheinander die Hand. Ich bin erstaunt, wie englisch er aussieht – reserviert, schlicht, offen.

Draußen treffe ich eine Gruppe zumeist junger Leute. Die schüchterne Nichte sitzt alleine da. Ich spreche sie an, verhelfe ihr zu ihrem Zimmer, da sie nicht wußte, wo es ist.

Hinauf, fix umgezogen und auf C.s Drängen *schnell* wieder hinuntergesaust. Natürlich sind wir die Ersten! Stehe mit Thomas Jones am Kamin. Gäste kommen herein. Aber es ist nicht so arg – die Unterhaltung fällt mir leicht. Doch Mr. Chamberlains schüchterne Nichte steht inmitten einer Gruppe, schier erstarrt vor lauter Hemmungen, dabei sieht sie entzückend aus, aber ich bin zu weit weg, um ihr helfen zu können. Sie leidet Qualen, weiß wohl nicht, wie reizend sie ist.

Wir gehen zum Essen hinein; eine sehr lange Tafel. Ich sitze oben, in der Nähe von Lady Astor (die in blauem Tüll mit ihrem Glitzerschmuck wunderhübsch aussah) und zwischen Kennedy und dem Herzog von Devonshire, einem nervösen, vertrockneten Männlein, der mein Kleid und meine Ohrringe auf höchst ungemütliche Weise fixiert. Ich sage, daß ich den Eindruck habe, daß sich die »Lage« durchaus gebessert habe. Er bejaht das und bemerkt, daß die Diktatoren durch die englische Wiederaufrüstung und die amerikanische Agitation verschreckt worden sind. (Eine typisch englische Ansicht.)

Lord Lothian sitzt gegenüber, beobachtet alles, lächelt vergnügt in sich hinein (allwissend, unbekümmert und über den Dingen stehend; fabelhaft, wenn man so sein kann).

Mr. Chamberlain ist neben Lady Astor. Kennedy kann es kaum erwarten, bis er mit beiden reden kann, richtet nur gelegentlich das Wort an mich, aber ich bin von dem, was er mir sagt, sehr angetan. Er erzählt mir, daß sie sich in ihrem Bostoner Leben *gegen* gesellschaftliche Verpflichtungen und *für* ihre Kinder entschieden hätten. Als sie dann den Posten in London angenommen hatten, wurden sie kritisiert, daß sie nicht imstande seien, eine ordentliche Abendeinladung zu geben.

Kennedy und Lady Astor unterhalten sich höchst amüsant über die Königin. »Ich habe heute mit ihrer Freundin gesprochen. Ich habe versucht, sie zu bewegen, hierherzukommen.« (Kennedy verehrt die Königin offenbar, wie jedermann, der sie kennenlernt.)

»Weshalb tun Sie nicht *wirklich* etwas für mich? Sie sind keine wahre Freundin!«

»Also, ist das keine Tat? Ich habe mit ihr gesprochen, ihr erzählt, daß Sie kommen, und versuchte sie ebenfalls hierher zu bitten.«

Scherze gingen hin und her, bis Kennedy der Sache ein Ende machte und sagte: »Was Ihr Land jetzt noch braucht, ist eine Romanze zwischen der Königin und dem amerikanischen Botschafter. Dann säßen Sie schön in der Klemme!«

Kennedy, eifrig, ernsthaft und offen, preschte vielleicht manchmal etwas zu weit vor. Nicht annähernd so feinfühlig oder klug wie Bullitt, dabei jedoch ehrlich und liebenswert. Er verehrt den Premierminister und ist sehr stolz auf seine Beziehung zu ihm: »Auf diese Weise wurden wir so gute Freunde, verstehen Sie.«

Nach dem Essen wandeln die Damen in den langen grünen Salon voller Blumen. Ich unterhalte mich mit der Frau des Professors über Amerika. Dann bringt Lady Astor den Premierminister herein: »Sie kennen Mrs. Lindbergh. Sie ist viel netter als ihr Mann« (schreckliche Art der Vorstellung!). Ich war sehr verlegen, sagte etwas, das er nicht verstand, doch er begann dann ein Gespräch über das Fliegen: und ob es mir Freude mache? Worauf ich antwortete, daß es mir wegen seines Nutzens wichtig sei. Er meinte, daß ihm bei den paar Malen, als er geflogen war, ähnliche Gedanken gekommen sind. Er lachte, dann redeten wir über die Welt aus der Vogelperspektive, so wie sie sich einem im Flugzeug bietet.

Was für ein netter, offener, schlichter Mann – seine Rede ist direkt, knapp, humorvoll, ohne Zwischentöne und Spitzfindigkeiten.

Lady Astor kam und bat Kennedy, nochmals Joes Brief vorzulesen. Alle sitzen schweigend. Als Kennedy fertig ist, nimmt er seine Brille ab und sieht plötzlich zufrieden und schüchtern wie ein kleiner Junge aus.

Der Premierminister wendet sich an mich, da ich ihm am nächsten sitze, und sagt: »Das muß bald ein Ende haben«, oder etwas ähnlich Belangloses und fährt dann (auf Joes Brief, der von dem Bombardement auf Madrid berichtet, Bezug nehmend) fort, daß das von Franco vermutlich ein gelungener Schachzug gewesen sei und er durch die tägliche Bombardierung die Moral der Menschen unterminiert habe.

Ich gab ihm zu verstehen, daß es mir sehr schwerfalle, den Krieg von dieser technischen Seite aus zu betrachten. »Meinem Mann ist das möglich, mir aber nicht.« Darauf entgegnete er sehr rasch (falls ich ihn und seine tiefempfundene, menschenfreundliche Überzeugung mißverstanden haben könnte): »Aber ich glaube, daß Franco zweifellos die menschlichste Methode gewählt hat, nämlich die bestmögliche, um Menschenleben zu retten.« Dem stimmte ich zu.

Ich weiß nicht mehr, wie sich die Gruppen dann auflösten, aber sie taten es schließlich doch. Eine großartige Gestalt – groß und dunkel, in einer weißen Taft-*Robe de style,* mit dunkler Stimme und einem reizvollen, fast altmodischen Gesicht – kam und sprach mich auf mein Buch an. Ich hatte das Gefühl, daß ich mit ihr engeren Kontakt hätte bekommen können, wenn es nur nicht schon so spät gewesen, und ich nicht bereits so müde gewesen wäre. Und – wenn sie nicht dazu die Herzogin von Devonshire gewesen wäre. C. hatte bereits seinen verschlossenen Gesichtsausdruck, der besagt »Um-diese-Zeit-sollten-alle-vernünftigen-Menschen-längst-im-Bett-sein«.

Als wir dann tatsächlich ins Bett gingen, standen immer noch kleine Gruppen herum und unterhielten sich.

Sonntag

C. und ich stehen früh auf, im Haus ist es still, überall schöne Blumen. Wir stehlen uns auf die Terrasse hinaus und gehen in herrlicher Sonne auf und ab. Dabei ist es eher kühl. Ein Polizist erscheint an einer Ecke der Terrasse und mustert uns.

Dann betreten wir das Eßzimmer: nur Lord Astor, Sir Terence O'Connor[1] und ein Generalstaatsanwalt sind anwesend. Ich setze mich in die Mitte des Tisches, um neben Lord Astor die Plätze für die »hohen Tiere« frei zu lassen. Langsam begreife ich das System des Herumwanderns (das mir sehr gefällt), bei dem man zu seinem Essen kommt.

C. und ich schreiben und lehnen dann dankend ab, als Sir Terence O'Connor uns mitnehmen will, um uns die Umgebung zu zeigen, sondern ziehen alleine los. Ein herrlicher Tag – dicke Wolken, ein dramatischer dunkelrotblauer Himmel. C. und ich wandern über diese langen verlassenen Reitwege durch raschelnde Buchenblätter, haben unsere Füße im Herbst und unsere Köpfe im März.

Zum Mittagessen sind anscheinend noch mehr Leute da, die lange Tafel ist verlängert worden. Zu meiner Rechten sitzt Lord Lothian, zu meiner Linken ein äußerst schüchterner junger Mann. Es macht mir Freude, mich mit Lord Lothian über Amerika zu unterhalten, das er weit besser als die meisten Engländer versteht und anscheinend auch wirklich mag.

Beim Abendessen sitze ich neben Sir Edward Grigg, dem späteren Lord Altrincham, und Mr. Geoffrey Dawson von der *Times,* mit dem ich mich nicht unterhalten kann – also lasse ich es auch; komme mir stets sehr unwissend und schlecht informiert

[1] Irischer Schriftsteller und Journalist.

vor. Er ist barsch, hat einen stechenden Blick und einen trockenen Humor. »Wieso wissen Sie, daß sie sie eingestellt haben?« (Die deutsche Propaganda gegen Rußland.)

Er erklärt mir einen Plan, nach dem man die Jugend in England in eine Art Arbeitslager stecken und gesundheitlich und moralisch trainieren könnte. Ich halte das für eine ausgezeichnete Idee. Ich entgegne ihm, daß ich es unerträglich finde, daß die totalitären Staaten so etwas durchführen können, es bei uns aber an unserem System scheitert. Er meint, wir könnten und müssen es eben auch durchsetzen. (Was ganz richtig ist. Die Engländer begreifen langsam, daß sie sich manchen deutschen Methoden anpassen, beziehungsweise einige davon aufgreifen müssen, um überhaupt zu überleben.)

Montag morgen, 27. Februar

Wir kommen zur gleichen Zeit wie gestern zum Frühstück herunter und alle sind schon weg.

Packen (wir lassen unsere Koffer hier die ganze Zeit verschlossen und versuchen damit vergeblich, eine Legion von Dienern und Zimmermädchen davon abzuhalten, unsere Sachen zu packen und auszupacken und in verborgenen Schubladen im ganzen Zimmer zu verstauen). Fahren ungefähr um 10 Uhr in Lord Lothians Wagen (er steht lächelnd in der Türe) mit Mr. Curtis ab. Er doziert fast auf dem ganzen Weg in die Stadt unbeschwert und äußerst interessant über Verleumdungen. Ihm bereitet es keinerlei Schwierigkeiten, die Verleumdungen bei Tacitus und die über den »Cliveden Set« in einem Atemzug zu erwähnen und als gleiches Phänomen hinzustellen. Ich glaube nicht, daß er *in dieser Welt* lebt. Er wandelt auf den Pfaden der Gelehrsamkeit.

Zum Mittagessen zu Bill Astor. Ein perfektes Haus, herrliche Bilder, wunderbares Porzellan, köstliches Essen. Alles ganz selbstverständlich und ohne Aufhebens. Vorhanden ist eben, was man bei einem aufstrebenden jungen Mann erwartet: Geschmack, Anstand und ein Hang zum bequemen Leben – das alles als Selbstverständlichkeiten. Er selber hat keine Allüren, ist auch nicht eitel, er ist nett, spontan, interessant, jung und lebhaft. Doch der *Rahmen* amüsiert mich.

C. in die US-Botschaft.

Dienstag, 28. Februar

Lord Lothian, C. und ich alleine beim Abendessen. Er spricht von der neuen Rolle Amerikas in der Weltpolitik und meint, daß es für die von England so lange gewährten »Seerechte« jetzt auch einiges auf sich nehmen muß.

Mittwoch, 1. März

Hinunter zum Frühstück. »Das *ist* aber eine schöne Überraschung!« sagt Lord Astor mit seinem charmanten und liebenswürdigen Lächeln. (Da habe ich doch schon wieder etwas falsch gemacht! Ich weiß *nie*, was man in einem englischen Haushalt von einem erwartet. Offenbar frühstücken die Männer an einem Wochentag alleine unten und die Frauen im Bett.)

Ein junger Deutscher, Adam von Trott[1] kommt dazu. Er erzählt von China, wo er gerade gewesen ist und von Deutschland, wohin er zurückkehrt. Er ist ein feinfühliger, ausgeglichener, mutiger junger Mensch. Von Deutschland spricht er mit einer gewissen leidenschaftlichen Hingabe, aber nicht vorbehaltlos und auch ohne diesen falschen Stolz, der die erfüllt, die unsicher sind. Er ist so ernsthaft und sympathisch, und man freut sich über seinen gesunden Menschenverstand.

Donnerstag, 2. März

Bewölkt, ein trüber Tag. Stehe auf, ziehe meine Wollunterwäsche und meine Fliegermontur an. Sie sieht schäbig aus, hängt an mir herunter – und doch gewinne ich durch sie Vertrauen.

[1] Adam von Trott zu Stolz. Nazigegner – Cecil-Rhodes-Stipendiat. Arbeitete im deutschen Auswärtigen Amt. Wurde 1944 nach dem Scheitern der Verschwörung gegen Hitler hingerichtet.

Frühstück unten. Abschied von Lord Astor. Er hat ein so liebenswürdiges Lächeln, daß ich immer in Versuchung bin, ihn deshalb ständig anzusehen. Dabei ist mir genau bewußt, daß man das nicht kann. Wenn man sich überlegt, wie viele Menschen er anlächeln muß! Aus seinem Gesicht spricht so viel Güte, daß ich mir gar nicht vorstellen kann, wie man von ihm behaupten kann, er sei der faule, grausame, reiche Faschist (Cliveden Set etc.).

Lady Astor kommt herauf und beginnt meine Kleider zu packen, die ihr sehr gefallen, was mich freut.

Um 10.15 Uhr fahren wir zum Bahnhof. C. hat eine Erkältung und Kopfschmerzen. Das Wetter ist freundlich.

Lese im Zug nach Reading die *Times*. C. lehnt sich zurück, tut nichts, ruht sich aus. Herrlich, träge und ganz entspannt zu sein. Bei den Astors ist zu viel los.

Reading ist voller Flugzeuge. Wir heben ungefähr um 12.30 Uhr ab. Über den Kanal. Kann beinahe zusehen, wie das Tief über England heraufzieht. Aber in Frankreich ist es wolkenlos, und als wir uns Villacoublay nähern, ist es sonnig und strahlend, wie ein Sommertag, die Luft schwirrt von Bremsen – Flugzeugen, Kleinluftschiffen etc.

Auf dem Flugplatz treffen wir Détroyat und einen seiner Freunde. Sie fahren uns nach Paris. Land und Jon sind noch nicht aus dem Park zurück, in dem es noch sonnig und hell ist und von Kindern und Kinderwagen wimmelt.

Als es klingelt, laufe ich zur Türe. Da ist Land, sein Hinterteil im blauen Mantel in der Luft, mit seinem Kopf und seinen Händen auf der Matte, nach vorne gepurzelt. »Hallo«, sage ich. »Hallo«, kräht er fröhlich zurück und hat dabei seinen Kopf noch auf der Matte. Jon sieht viel besser aus, hat aber Husten.

C. fühlt sich sehr schlecht, hat brüllende Kopfschmerzen und geht ins Bett. Er hat Fieber. Natürlich hat er Grippe, er hätte nicht fliegen sollen. Hole Wärmflaschen, Tabletten etc.

Jon hustet schrecklich. Stehe nachts auf, um ihm heiße

Milch mit Honig zu geben und um für C. Suppe heiß zu machen. Er hat eine schlechte Nacht.

Montag, 6. März

C. hat noch immer Fieber; bleibt den ganzen Tag über im Bett. Er hat nichts gegessen – will keine Bouillon mit Gemüse und niemanden um sich haben.

Ich gehe zwischen 12 und 13 Uhr mit Jon weg. Auf dem Rückweg kaufe ich eine Dose Fleischsuppe für C. und eile in einen Blumenladen, um für Mrs. Millers Geburtstagseinladung heute abend ein paar weiße Veilchen zu besorgen.

Mrs. Millers Wagen wartet unten auf mich. Es regnet stark. Die Veilchen sind tropfnaß, denn ich habe sie ins Wasser getan. C. sagte, sie sähen wie altes verknittertes Seidenpapier aus!

Bei Mrs. Miller sind Jo [Davidson], Gertrude Stein und Alice B. Toklas. Jo kommt mir galant entgegen und ich fühle mich geborgen. Mrs. Miller steckt sich meine weißen Veilchen an, die ihre schwarze Samtschärpe ganz volltropfen. Jo hat ihr ein Aquarell mitgebracht. Ich entdecke auch ein neues Blumenstillleben von Vlaminck.

Ich werde Gertrude Stein vorgestellt. Sie ist untersetzt, stämmig, in mittleren Jahren, hat kurz geschnittenes graues Haar wie ein Mann; ein vierschrötiges Gesicht, ein gutes Kinn, eine Adlernase und neugierige, harte kleine Augen, die dicht beieinanderstehen. Sie trägt eine Art braunes Drillichkostüm, dessen Rock sehr lang ist, mit einer weißen Uniformbluse (die aussieht, als habe sie sie in einem Anfall von Unabhängigkeitswahn selbst fabriziert), die am Hals von einer wunderbaren alten hinundherschwingenden Straßbrosche (nein – wahrscheinlich Brillantenbrosche) zusammengehalten wird und dazu alte, mit Brillanten besetzte Manschettenknöpfe. Abgesehen von diesem Schmuck sieht das Kostüm aus wie ein Gewand für eine »Mädchen in Uniform«-Oberin. Aber ihr Gesicht ist voll – schlicht und sehr amerikanisch.

Alice B. Toklas (ich habe nie wirklich an sie geglaubt, doch da stand sie leibhaftig!) war viel konventioneller angezogen, in schwarzem Taft, mit einer modernen Chanelkette (aus rosa Blüten) auf ihrem hochgeschlossenen Kleid. Es wirkte sehr altmodisch und sie auch. Sie hatte sehr dunkle Haare, die als Pony in ihre Stirne gekämmt waren, dunkle sympathische und intelligente Augen, eine geschwungene Nase und alles in allem ein gütiges, intelligentes, freundliches Gesicht.

Jo hänselte Gertrude Stein (die eine laute, ziemlich barsche männliche Stimme hat) wegen des Erwerbs eines Hundes – eines neuen Hundes, nachdem der alte gestorben war. (Sie kaufte einen, der dem alten so ähnlich wie möglich war, tat es sofort und gab ihm auch den gleichen Namen.)

»Oh, wie *konnten* Sie nur!« sagte Jo.

»Aber es ist das einzige, was man tun kann!« parierte sie. *»Le Roi est mort – vive le Roi!«*

Die Lin Yutangs kommen, er schaut sich enttäuscht nach C. um. Ich erkläre ihm, daß er erkältet ist.

Wir gehen zum Essen, ich sitze zwischen Gertrude Stein und Lin Yutang.

Es ist nicht schwer, sich mit Gertrude Stein zu unterhalten, da sie nichts von einem erwartet. Sie *liefert ihren Beitrag* – und das macht sie sehr gut. Ich merkte, daß ich von ihrer Ausführung über die Amerikaner (in diesem Fall war es Louis Bromfield), die nach Hause zurückkehren und Amerika für sich »entdecken«, ganz fasziniert war. »Mir scheint, daß daran etwas Unanständiges ist, so als ob man feststellt, daß man seinen Vater, seine Mutter, oder seinen Ehemann liebt.«

Ich sage, es ist, als ob man Angst davor hat, jemanden zu »vergessen«, der gestorben ist.

Wir sprachen vom Erinnerungsvermögen, und sie sagt, daß wenn man sie fragt, weshalb es sowenig geistige Menschen gäbe, sie stets die gleiche Antwort parat habe. Sie fuhr fort, eine ziemlich grundlegende Definition über den Geist in Verbindung mit *Zeitgefühl* zu geben. In anderen Worten (zitieren kann ich sie nicht, da ich mich so sehr bemühte, sie zu verstehen, daß ich die Worte vergessen habe), daß man sich beim Schreiben lediglich an das augenblickliche Geschehen halten sollte, an das, was man gerade spürte und was sich jetzt ereignete. Die Schwierigkeit wäre die, daß viele Autoren sich mit der Vergangenheit oder Zukunft beschäftigten. So wenigen wäre es möglich, die Gegenwart zu gestalten. (Das ist schlampig vorgebracht. Sie sagte es kurz und bündig und es saß; aber Abstraktionen sind stets schwer zu zitieren.) Ich nehme an, daß es *philosophisch* das gleiche war, was Rilke *dichterisch* über das Wesen der Poesie aussagte. »Erinnerungen alleine genügen noch nicht. Sind einem viele geblieben, muß es einem gelingen, sie zu vergessen, und man muß die Geduld aufbringen, zu warten, bis sie sich wieder einstellen. Denn die Erinnerungen *als solche erwartet man mitnichten von uns. Erst wenn sie uns in Fleisch und Blut übergehen, Gesicht und Gestalt gewinnen, mit uns ganz und gar verschmolzen sind* – formen sich in seltenen Stunden die ersten Worte eines Verses.«

Nach einer angeregten und fesselnden Unterhaltung mit ihr wende ich mich an den reizenden, dabei aber weit weniger anregenden Lin Yutang, mit dem ich mich über C., seine Jugend auf dem Land und über seine wissenschaftlichen Ambitionen unterhalte.

Nach dem Essen (nach dem sich die Damen zurückziehen), stelle ich fest, daß ich wieder den Worten Gertrude Steins lausche und versuche, mir diese klar formulierten, grundlegenden Thesen einzuprägen.

»Das Leben«, sagte sie, indem sie eine ihrer nonchalanten Bewegungen machte, »ist lediglich eine Angelegenheit – schlichtweg eine Angelegenheit – punktum, mehr auch nicht; wir leben hier in einer geschlossenen Welt, einem geschlossenen Universum, dem Grenzen gesetzt sind. Selbst für das Fliegen gibt es Grenzen. Man lebt in einer *geschlossenen* Welt und kann sich eine *Vorstellung* von der Unendlichkeit machen.« (Sie sitzt breitbeinig wie ein Mann da, und ihre kräftigen Hände formen auf ihrem Schoß eine »begrenzte Welt«.) Also – wenn ich von dem sich in meinem Innern regenden Unbehagen, das ein Wissenschaftler wie Du Noüy wahrscheinlich bei der Behauptung, die Welt sei begrenzt, mit Sicherheit zur Diskussion gestellt hätte, einmal absehe – ihre Behauptung ist dann immer noch großartig.

Sie fuhr fort und erläuterte, welche Qual, welche Verstrikkungen, welche unvermeidlichen Schwierigkeiten aus diesem Paradoxon, diesem menschlichen Zustand resultieren müssen. »Selbst Hitler und Mussolini ... haben das erkannt. Sie wollen das Begrenzte (die Rassen, Nationen etc.) zu Unbegrenztem ausweiten. Jeder Eroberer hat davon geträumt, ist jedoch zum Scheitern verurteilt ... und birgt in sich den eigenen Tod. Mit Sicherheit wacht man eines Tages wie Alexander mit gebrochenem Herzen auf, da ›es keine zu erobernden Welten mehr gibt‹.«

Sie führt noch weitere Beispiele an. Ich werde an Christus' Weisung »Gebt dem König, was des Königs ist« erinnert, sage ihr das, und sie stimmt mir zu. »*Er* aber versuchte es *hier.*« Sie faßte sich an die Stirne. (Das Königreich Gottes.)

Ich finde diesen Gedanken sehr anregend und verfolge ihn in Gedanken weiter. Sie aber fährt einfach fort und spricht über die *Humanitas:* »Ich weiß, daß sie in Amerika Mode ist.« Weit überschätzt, wie sie fand, auf industriellem und anderen Sektoren. »Die Menschheit ist im ganzen höchst zufrieden mit dem Leben, sonst wäre sie nicht am Leben.

»Aber«, sagte ich, »das bedeutet doch nicht, daß man nicht versuchen sollte, Bedingungen zu *verbessern*?«

»Wer will entscheiden, was *besser* ist?« sagte sie.

Eine lange Diskussion über »trübseliges« Leben. »Jedermanns Leben ist von außen betrachtet trübselig.«

Wie sind wir wieder nach München und Louis Bromfield gelangt? »Louis hat sich im September aufgeregt, weil Europa keinen Krieg begonnen hat. Nun gut, Europa *wollte* keinen Krieg, das war's. Die Tschechoslowakei – ja, das war eine böse Geschichte, aber Europa *wollte* dafür in keinen Krieg ziehen.«

Sie erzählte mir daraufhin eine wunderbare Geschichte von

einem Bauern im südlichen Frankreich, einem einfachen, ungebildeten Mann. Sie hatte ihn gefragt, ob es Krieg geben würde.

»Nein«, sagte er, »es wird keinen Krieg geben.«

»Warum nicht?« fragte sie.

»Ce n'est pas logique«, sagte er schlicht (sehr französisch, betonte sie).

»Warum nicht?« fragte sie nochmals.

»Also wissen Sie, Mademoiselle«, antwortete er, »ich bin jetzt zweiundvierzig. Und ich habe im letzten Krieg gekämpft, und nun bin ich drauf und dran, wieder in einen Krieg zu ziehen. Mein Sohn ist achtzehn, auch er müßte in diesem Krieg kämpfen. *Ce n'est pas logique.* Wenn ich sechzig wäre, und mein *Enkel* wäre achtzehn, *dann* könnte es vielleicht Krieg geben. Aber jetzt – *ce n'est pas logique.*«

Ich finde das großartig. Wir unterhielten uns noch immer, als die Männer hereinkamen, über München und Chamberlain, für den sie eingenommen war, was mich wunderte, da die meisten Künstler, Literaten und »Intellektuellen« gegen ihn sind. Sie sagte, daß er die Dinge mit gesundem Menschenverstand zu lösen versuche, so wie eine Hausfrau dem Zank in ihrer Küche beikommt.

Wir gehen ins Studio. Ich unterhalte mich mit Mrs. Lin Yutang, einer resoluten, ernsthaften Frau, die ihren Kindern vormittags Chinesisch beibringt, den ganzen Nachmittag über in einem chinesischen Hilfsfonds arbeitet und nebenbei französische Stunden nimmt! Sie ist nicht ganz leicht zu verstehen, und ich verwende eine ganze Menge Zeit darauf, mich auf die hervorsprudelnden und sich überstürzenden Worte zu konzentrieren, so daß ich manchesmal den Sinn nicht ganz mitbekomme.

Gertrude Stein und Lin Yutang – eigentlich nur Gertrude Stein – führten ein Gespräch über den Katholizismus und die junge französische Partei, das ich gerne mitanhören wollte. Sie sagte, daß niemand Frankreich verstehen könne, der den Katholizismus nicht kenne.

Plötzlich ist allgemeiner Aufbruch. Alice B. Toklas sah, als sie so geduckt und schmal und schwarz dastand, wie die zerbrechliche alte Jungfer aus, die sie ja auch ist. Und Gertrude Stein stülpte eine kleine runde Filzkappe auf ihren Kopf (die weder eine bestimmte Façon noch Größe hatte, auch nicht paßte, sondern oben auf ihrem Kopf thronte und somit denselben verwegenen Eindruck machte, wie das braune Drillichkostüm) – und mit einemmal sah sie lächerlich aus. Sie kamen mir beide armselig vor – traurige alte Frauen, die sich anschicken, nach Hause zu gehen. Dabei stimmt das vielleicht noch nicht einmal. Ich könnte mir denken, daß sie vermutlich ganz glücklich und zufrieden mit ihrem Leben sind.

Ich gehe nach Hause zum bettlägerigen Charles, besorge ihm ein paar Cornflakes und Milch, nehme mir auch welche und setze mich an sein Bett und versuche, Gertrude Stein zu schildern. Ich habe die Vorstellung, daß sie eine ganz wichtige Figur in diesem Jahrhundert ist – nicht in bezug auf ihre literarische »Pionierarbeit«, ihre eigenen »gewagten« Experimente als Schriftstellerin, die sie zweifelsohne unternimmt, sondern als eine große Persönlichkeit, die einen ganzen Stamm von Literaten ermutigt, angeregt und erzogen hat. Der Dr. Johnson dieser Epoche; die Mme. de Staël. Mir geht das Gedicht von Yeats durch den Kopf:

»They came like swallows and like swallows went,
And yet a woman's powerful character
Could keep a swallow to it's first intent;
And half a dozen in formation there,
That seemed to whirl upon a compass-point
Found certainly upon the dreaming air...«[1]

Donnerstag, 9. März

Zu Jo Davidson, der C. modelliert. Die Büste ist sehr lebendig

1 »Sie kamen wie Schwalben/ sind wieder fort/
gebannt von weiblicher Kraft/ verweilt die eine/
ein halbes Dutzend/ zugvogelgleich/ umschwirrt die Stätte/
schraubt sich hinauf in traumhafte Höhen...«

von vorne, aber von der Seite stimmt noch etwas nicht. Wir unterhalten uns darüber: »Stellt euch vor, manche Leute brauchen vierzig Sitzungen!« Ich ergreife daraufhin die Gelegenheit (wir waren gerade drauf und dran, zum Mittagessen zu gehen), um ihm von Despiau zu berichten. Das hat mir tagelang bevorgestanden, und ich habe gefürchtet, daß er zufällig von anderen davon erfahren würde und dann gekränkt gewesen wäre, daß wir es ihm verheimlicht hatten.

Er ist ein wenig erstaunt, aber jetzt ist das Eis gebrochen. »Hat *Despiau* eine Plastik von *Ihnen* gemacht? *Wann* denn?« Und ich berichte ihm so beiläufig wie möglich, daß er bereits vor langer Zeit damit begonnen hat, sie aber noch nicht beendet hat, obwohl sie in meinen Augen eigentlich fertig ist. Ich füge noch hinzu, daß es zu unserem Abkommen gehörte, daß auch C. sich modellieren lassen sollte.

»Sie mußten also zu vierzig Sitzungen, und Ihr Mann sitzt zum viertenmal!«

Samstag, 11. März

Zu Despiau. Er ist über die Büste ganz glücklich – sagt, daß es ihm Freude mache, daran zu arbeiten, sie seinen Freunden gefalle, sie jetzt im großen soweit wäre und nur noch Einzelheiten zu korrigieren seien. *»C'est la plastique qui m'intéresse.«* Er wollte nicht *»supprimer les oreilles«* – das habe sich lediglich so ergeben.

Er erzählt mir, daß er seit Beginn seiner Arbeit fünf Kilo zugenommen habe. (Ich erzähle ihm, daß ich abgenommen habe!)

Er arbeitet mit einem Pinsel an einer winzigen Stelle am Haaransatz und an einem Ohr. Das andere Ohr ist noch lange nicht so ausgearbeitet, aber er will daran nichts mehr machen. *»Ça ne compte pas.«*

Montag, 13. März

Abends zum Essen zu Jo Davidson. Die Lin Yutangs, die Millers und Jo.

C.s Gipsbüste ist fertig. Ich bin richtig glücklich darüber. Sie sieht ihm nicht nur ähnlich, sondern zeigt seine besten Seiten, Augenbrauen und Augen in gelassener Intensität. Einsicht und gesunder Menschenverstand vereint. Auch der Mund ist gut, er zeigt beinahe ein Lächeln – und trockenen Humor. Sehr typisch.

Wirklich ansprechend ist die Stirne – was auch richtig ist –, Jo hat sie in der Struktur besonders herausgearbeitet, indem er sie weicher gelassen hat als das übrige Gesicht, dadurch ist sie irgendwie heller, etwa wie ein Glanzlicht auf einem Bild.

Ja, ich bin durchaus glücklich darüber, und doch – auch wenn ich das niemandem gestehen würde – ein bißchen enttäuscht. Es ist C. – aber auch nicht mehr. Sollte ein Kunstwerk nicht mehr sein? Sollte es einem nicht eine eigene freudige Überraschung vermitteln, die man vorher nicht empfand – nämlich das göttliche Geheimnis, das in jedem menschlichen Wesen schlummert?

Die Plastik Despiaus sieht mir weit weniger ähnlich, sie aber hat diese Eigenschaft.

Donnerstag, 16. März

Deutschland hat Böhmen und Mähren annektiert. Die beiden Länder haben sich »selbst unter Deutschlands Schutz« gestellt – wie »freiwillig« ist offensichtlich. Deutsche Soldaten sind in Prag. Hitler residiert in dem Schloß auf dem Hügel, das wir so oft betrachtet haben, und das Hakenkreuz weht über der Stadt. Ich bin froh, daß es keinen Krieg gibt, daß Prag nicht zerstört wurde, aber diese Berichte über die deutschen Soldaten, die in Reih und Glied grimmig in die Prager Straßen einmarschieren, haben etwas unendlich Trauriges an sich. Die schweigende Menschenmenge der Tschechen und fast herzzerbrechend der spontan sich erhebende Gesang der tschechischen Nationalhymne – zum letzten Male.

Ich bin innerlich voller Wut. Dieses Mal ist er zu weit gegangen. Jetzt hat er unrecht. Letzten Endes werden er und auch Deutschland scheitern. Dabei scheint keinerlei Grund vorhanden, weshalb Deutschland scheitern sollte. Es hat seine Grenzen begradigt, Waffen, Menschen, Geld, Industrien und Nahrung beschafft – und das alles ohne Kampf.

Die Zeitungen sind voll von den nicht eingehaltenen Versprechungen Hitlers. »Ich habe in Europa keinerlei weitere territorialen Ansprüche.« Der Rassengrundsatz: sein einziges Anliegen, *Deutsche* zu verteidigen, zu vereinen und zu schützen.

Nachmittags gehe ich mit den Kindern in den Park. Wie stets kommen die kleinen Jungen, die Jons Freunde sind, zu mir und geben mir die Hand.

Freitag, 17. März

Die Slowakei ist ebenfalls unter deutschem »Protektorat«. Ungarn erhält die Ukraine und hat somit mit Polen eine gemeinsame Grenze. Das deutsche Territorium sieht jetzt beängstigend auf der Landkarte aus – wie ein Finger, der auf die Ukraine zeigt.

Gehe zum Tee zu Mrs. Carter, wo ich drei oder vier lässig gutgekleidete charmante Französinnen und Amerikanerinnen (die mit Franzosen verheiratet sind) treffe. Sie sind intelligent und sympathisch, aber eine Clique, die in einer heilen, eigenen Welt lebt. Ich habe das Gefühl, daß sie verloren sind. (Es tut mir leid, daß sie verloren sind, und dies beschäftigt mich weit mehr als bei den gewöhnlichen, ungebildeten sozialen Schichten. Diese jungen Frauen waren intelligente Aristokratinnen aus einer liebenswürdigen, geschmackvollen, gebildeten Umwelt.) Sie sprechen über Politik mit einer Art düsteren Hinnahme der Gegebenheiten.

Abendessen bei den Millers. Chamberlain hält eine Radioansprache, in der er seine *bittere* Enttäuschung nicht verhehlt. Wir können sie nicht bis zu Ende anhören, da Gäste hereinkommen, sich unterhalten und nicht zuhören wollen. »Was *nützt* es«, sagt eine Frau, »wenn man die gleichen Dinge immer wieder vorbringt?«

(Hier in Frankreich herrscht eine beunruhigende *aprés nous le déluge* Attitüde.)

Samstag, 18. März

England ist mit einem Sturm der Entrüstung »zu sich gekommen«. Gerüchte schwirren umher, daß die deutschen Truppen direkt durch die Tschechoslowakei marschieren, daß Rumänien Ultimaten gestellt hat. Deladier fordert diktatorische Maßnahmen für die Krise. Konferenzen in Frankreich und England.

Aber was *werden* sie machen?

C. und ich gehen zu Despiau. Kein sehr guter Vormittag. Despiau fummelt an der Mundpartie herum, da er, wie er sagt, etwas verbessern will, und ihm etwas abhanden gekommen ist; arbeitet die ganze Zeit daran, dem wieder auf die Spur zu kommen. Schließlich sagt er: *»C'est fait – j'ai gagné.«*

»Was?« frage ich. »Haben Sie es tatsächlich erreicht, haben Sie das erreicht, was Sie versucht haben?«

»*Oui* (er lächelt), *presque*!« Wir lachen.

Ein Freund von ihm, ein Bildhauer, kommt herein, um die Plastik anzusehen. Er findet sie sehr schön und *»très évocateur«*.

Despiau lächelt und freut sich. Er sagt (auf französisch zu C., was C. nicht versteht): »Ihre Frau ist ein sehr gutes Modell gewesen. Es hat mir wirklich Freude gemacht.« Ich glaube ihm das auch, er scheint mich tatsächlich gern zu haben.

Jon ist mit geschwollenen Drüsen, einem roten Auge und Fieber im Bett. Sein Ohr tut ihm weh, sagt er. Es sieht so aus, als habe er Mumps. Ich hatte geglaubt, daß er sich gut macht...

Rufe den Arzt. Kaufe für den Abend Blumen, Plätzchen und Pfefferminz.

Der Arzt kommt um 18.30 Uhr. Jon *hat* Mumps! Er spielte heute morgen mit Land, also wird Land ihn vermutlich in zwei Wochen auch bekommen!

Jon ist ganz brav, und wir lachen darüber.

Sonntag, 19. März

Die Zeitungen sind noch immer voll von Protesten, Versammlungen und Reden. Daladier hat alle Vollmachten. Die rumänischen Gerüchte von einem Ultimatum wurden dementiert. Dennoch ist immer noch alles in Aufruhr.

Es ist sehr kalt und grau – wieder Winter. Wir gehen ins Tour d'Argent zum Mittagessen. Wir sitzen auf der verglasten Dachterrasse, blicken auf die Seine, die im leichten Dunst unter uns liegt, und auf die Rückseite von Nôtre-Dame. Sieht aus wie ein Gemälde von Marquet. Eine dieser erlesenen französischen Mahlzeiten. Fischklöße mit Käsesauce, Weißwein; Ente mit Sauce, Rotwein, Salat; Crème brulée mit Birnen.

Dann gehen wir rundherum gesättigt in den Louvre, der überfüllt und eher düster ist.

Durch die Räume mit den Bildern aus dem Mittelalter (die neu gehängt sind) und hinauf zum neunzehnten Jahrhundert. Ich denke ständig: Man kann diese ganzen Sachen im Fall eines Krieges *niemals* auslagern. Kilometerlang hängen hier die unschätzbaren Bilder, von Skulpturen, Glas, Gobelins und Möbeln gar nicht erst zu reden. Das könnte alles über Nacht zerstört werden.

Im Saal mit den Impressionisten fühlt man sich wie in der Sonne, und beim Weitergehen durch die anderen Säle hat man die Vorstellung, man ist wieder »im Haus«.

Hinaus in Kälte und Schnee.

Zum Tee kommen die Du Noüys. Er unterhält sich mit C. über seine Arbeit und sein neues Laboratorium. Aber er ist heute abend sehr müde. Land kommt herein. Er ist wie die sowjetischen Fremdenführer: *verkündet* alles mit lauter Stimme. Nie kann er einfach nur »sprechen«.

Jons Fieber ist gesunken. Er hat den ganzen Tag über vergnügt Bilder gemalt.

Montag, 20. März

Alfred und Germaine verlassen uns mit der Behauptung, daß es zuviel zu *supporter* gegeben habe. Das neue Ehepaar trifft ein.

Zwischen 12 und 13 Uhr ein Spaziergang mit C., um Pläne zu besprechen. Was wird in Europa geschehen?

Abends zu den Lin Yutangs zu einem wundervollen chinesischen Essen. (Jo Davidson, Mrs. Miller und noch eine andere Amerikanerin.) Doch wir können das Essen kaum genießen. Das Gespräch dreht sich um den Krieg.

Mrs. Lin ist mit dem Essen und mit dem Verlauf des Abends beschäftigt, dabei aber tief beunruhigt von den Unterhaltungen. Er ist ernst und beunruhigter, als ich ihn jemals gesehen habe.

Sonntag, 26. März

Wandern um den See herum und diskutieren Sommerpläne: sollen wir nach Hause? Sollen wir uns wieder auf amerikanischen Boden begeben, warten was sich tut, ich mit den Kindern in Maine, C. unterwegs? *Maine selbst* lockt mich sehr. Aber ich gebe Illiec und unseren dortigen Sommer und unsere Beschäftigung mit dem Haus höchst ungern auf. Außerdem wollte ich, daß Augustus John ein Porträt von C. macht.

Aber auf der anderen Seite wollen wir Amerika nicht aufgeben. Ich weiß das sehr genau, auch der Kinder wegen. Wie schön wäre für Jon ein Sommer in Maine.

Ich habe auch das Gefühl, daß besonders C. zurück sollte.

Während des Mittagessens ruft die Sekretärin des Herzogs von Windsor an und fragt nach unserer Adresse! Nach dem Essen kommt eine Mitteilung von der Herzogin, wir werden am Donnerstag um 20.45 Uhr (was für eine Zeit!) zum Abendessen gebeten.

Wir werden hingehen, aber *wie* redet man eine Herzogin an?

Peers sagt »Euer Hoheit« und »Madam«, aber mir will das nicht recht gelingen.

Montag

Maryse Hilz, der Flieger, Fanny und Michel Détroyat, »Michel« Witzig und Mr. und Mrs. Paul Claudel (der jüngere) zum

Abendessen. Alles ging gut, auch das Essen war ordentlich, und doch sind wir irgendwie, nachdem wir über den Krieg und die letzten Neuigkeiten über das Fliegen gesprochen haben, mit diesen netten, fröhlichen, aber schlichten offenen Fliegern an einen toten Punkt gelangt. Die Claudels sind weniger oberflächlich und interessieren mich mehr. Sie ist Griechin.

Michel Détroyat möchte, daß C. morgen mit ihm zur »Begrüßung« des [PanAmerican] »Clippers« fliegt, der auf seinem »Jungfernflug« (der erste reguläre Flug – der Probeflug fand letzten Sommer statt) von den Azoren kommend, über den Ozean nach Marseilles unterwegs ist. C. möchte nicht mit. Es wird einen gewaltigen Umtrieb geben – und er kann nichts tun, wenn er dort ist. »Er wird sehr gut auch ohne uns landen!« sagt C. lachend. Michel lacht auch, aber er kann nicht verstehen, daß C. nicht dabeisein will. Er wird aus C. in gar keiner Weise klug. Ich sehe, wie er C. von Zeit zu Zeit leicht verblüfft von der Seite betrachtet. Er ist sowohl neugierig, was C. in Paris macht, bewundert ihn aber auch. Fragt sich, weshalb C. nicht öfter fliegt, weshalb er fast keine Flieger sieht. Dabei mag er C. sehr und scheint ihn auch auf gewissen Gebieten besonders gut zu verstehen. Fanny ist nicht neugierig – sie war es nie.

Détroyat und die anderen scheinen zu glauben, daß es keinen Krieg gibt ... und legen dabei eine gutmütige Sicherheit an den Tag. Paul Claudel ist nicht so optimistisch.

Dienstag, 28. März

Nicht eine Zeile über den »Clipper« in der Londoner *Times*, obgleich in den französischen und amerikanischen Zeitungen die ersten Seiten davon voll sind. Da habt ihr mal wieder die Engländer!

Zu Jos Fest, um seinen gewaltigen bronzenen Walt Whitman zu bestaunen. Wir gehen früh, noch ehe der Rest der Gäste ankommt. Mir gefällt der Walt Whitman: er ist sehr amerikanisch und groß.

Mittwoch, 29. März

Nach dem Mittagessen gehe ich in die Stadt zur Bank (die von kurzberockten, schlanken, wunderhübschen, aber leicht ausgelassenen und munteren Amerikanerinnen bevölkert ist. Was für eine Rasse!). Ich kaufe zyklamenrote Schuhe, einen Clip und Ohrringe für das morgige Abendessen bei den Windsors.

Zu den Lin Yutangs zum Tee. Sie haben alle ihre Koffer gepackt. Sie fahren am 8. April nach Amerika, die Millers am 12. Wenn C. auch am 8. fährt, werde ich den letzten Monat über allein in Paris sein – nicht, daß ich annehme, daß es Krieg gibt, aber mir werden Mrs. Miller und die vergnügten Stunden, die ich mit ihnen zusammen verlebte, fehlen.

Donnerstag, 30. März

Daladier hat eine Rede gehalten, eine »starke Rede«, sehr französisch und gespickt mit *»Jamais! Jamais!«* (Niemals werden sie auch nur eine Handbreit französischen Bodens abtreten, doch sind sie weiterhin bereit, mit Italien friedliche Verhandlungen zu führen.[1])

Zu Despiau – C. kommt mit mir. Ich bin ganz verdutzt, als Despiau mir völlig ruhig sagt, daß er nichts mehr verbessern kann, und wenn das nicht mehr möglich ist, kann man nur noch aufhören. *»Merci«*, sagt er mit einem kleinen Lächeln und der Andeutung einer Verbeugung, so wie er es stets am Ende einer Sitzung getan hat. Nur ist jetzt alles zu Ende!

Und so verlassen wir ihn schließlich, nachdem er uns noch einmal angelächelt und uns die Hand gedrückt hat.

Nach Hause zum Essen mit den Madariagas. Er ist ein ausgezeichneter und interessanter Mann; klein, vogelhaft, den Kopf zur Seite geneigt, mit humorvollen, zwinkernden Augen. Er stellt einige bemerkenswerte Behauptungen auf, darunter die eine, daß das allgemeine Stimmrecht nicht unbedingt eine Dreingabe der Demokratie sei. Er sagt, daß Hitler der Genius des

1 Diese Rede war eine Antwort auf italienische Forderungen nach Gebieten wie Tunis, Korsika und Nizza.

Bösen für Europa sei – der Wunsch nach Einheit durch brutale Gewalt, der Eroberer.

Doch dieser *Teufel* kann allein durch das ihn ergänzende *Gute* – den guten Geist – mit dem Einsatz friedlicher Mittel und durch friedliche Organisationen ausgetrieben werden. Doch bis jetzt fehlt das Gute und der entsprechende Führer dafür. Zu den Aussichten eines Krieges bemerkt er: »Wer weiß – das spielt sich alles in der Vorstellung eines einzigen Mannes ab, und (mit einer Handbewegung und einem Augenzwinkern) ich bezweifle manchmal, ob es sich wirklich in seinem Kopf oder nicht wo anders – nämlich in seinem Sonnengeflecht befindet.« Er ist in bezug auf die ferne Zukunft Europas nicht pessimistisch, wohl aber auf die unmittelbar bevorstehende.

Ziehe mich zum Diner [bei dem Herzog und der Herzogin von Windsor] wie üblich, in Eile an (mir scheint nie genügend Zeit zu bleiben). Das dunkellavendelblaue Kleid mit dem weiten Rock und den Rüschen sieht mit den zyklamenfarbenen Schuhen und dem zyklamenfarbenen Samtband, das ich wie zu Großmutters Zeiten um den Hals schlinge, wunderhübsch aus.

Das Haus wirkt recht offiziell und französisch: viele Diener in Livree. Wir gehen die Treppe hinauf. Der Herzog und die Herzogin sind in einem kleinen, weißgold getäfelten Raum, in dem gelbe Tulpen und rauchschwarze Iris in wunderschönen Arrangements auf dem Kaminsims stehen. Sie kommen uns sehr herzlich entgegen. Sie sieht sehr schmal und eher müde aus (dabei aber unglaublich jung – mit straffer Haut, zauberhaftem Teint und hübsch gelegten Haaren), sie trägt ein schwarzes Kleid mit einem buntgestreiften paillettierten Bolero.

Eine große, fast majestätisch wirkende Dame mittleren Alters – gut aussehend, in deren Gesicht Stolz und Mut geschrieben stehen, tritt ein – »Kitty« – Baronesse Rothschild.

Sie ist der einzige Mensch, mit dem ich mich unterhalten kann. Sie ist in Amerika geboren, hat einen Gutteil ihres Lebens hinter sich, hat gelitten, ihr ist nichts erspart geblieben (wenigstens kommt einem das, so wie sie redet, vor). Sie ist verbittert, müde, desillusioniert, aber ungebrochen und intelligent. »Ich hasse nicht mehr – aber ich liebe auch nicht mehr.«

Dann zum Essen. Ein herrlicher Raum, offiziell, mit rotgoldenen Vorhängen und Spiegeln.

Ich sitze am Ende der Tafel zwischen dem Herzog de Polignac und dem Prinzen, dessen Namen ich nicht verstanden habe. Beide sind Franzosen, sprechen aber ein sehr schönes Englisch. Beide sind intelligent und interessant. Im Gegensatz zu den Gesprächen vor dem Essen mit den Frauen bereitet es mir keinerlei Schwierigkeiten, mich mit ihnen zu unterhalten.

Der Herzog von Polignac war ein starker Verfechter einer Wiederannäherung Frankreichs und Deutschlands, sagt aber, daß er nicht weiß, was man im Augenblick unternehmen könnte. Er kennt Ribbentrop gut – sagt, daß er sehr nett, loyal und ein guter Freund ist. Er hat in England hauptsächlich deshalb keinen Erfolg gehabt, weil er keine Umgangsformen beherrschte etc. Der Herzog ist gerade aus Amerika zurückgekommen, das er auch gut kennt. Wir unterhalten uns im wesentlichen über die Situation im Ausland.

Der Prinz ist sehr charmant, kennt England gut und liebt es – geht darin sogar so weit, daß es ihm grau besser gefällt als sonnig. Wir unterhalten uns über England und die Franzosen: die Charakteristika, die Ähnlichkeiten in den Lebensgrundsätzen, den Lehren und der Auffassungsgabe. Er ist einer dieser verständnisvollen, intelligenten und sensitiven Menschen, die einen rasch für sich einnehmen (mich wenigstens, und das immer), es steckt in ihm, wie ich glaube, eine Art *Fatalismus*, der gefährlich ist. Er ist ganz und gar auf den Krieg fixiert – rechnet fest mit ihm –, trotzdem sagt er mit einer Art teils betrübter, teils amüsierter Objektivität: »Dabei, müssen Sie wissen, sind die Franzosen und die Deutschen die einzigen beiden Stämme – ihrer Veranlagung entsprechend *müßten* sie miteinander auskommen.«

Die Unterhaltung in dem Damensalon ist nicht einfach – wieder ist die Rede davon, wie man abnimmt und wie das Zimmer dekoriert ist, etc. »Es ist mir gleich, was Sie über dieses

Haus sagen, wenn Sie gehen«, verkündet die Herzogin (woraus ich schließe, daß es ihr *nicht* gleich ist). Ich rede mit der Baronin Rothschild, die natürlich ziemlich verbittert ist, über Politik. Sie mußten Deutschland verlassen, gingen nach Österreich, mußten aus Österreich fort und gingen in die Tschechoslowakei, jetzt sind sie in Frankreich.

Der Rest des Abends verging so nach und nach bei einer recht mittelmäßigen Konversation. Der Herzog kommt und setzt sich zu mir, ebenso der Prinz, aber die Unterhaltung kommt nicht so in Gang, wie sie es wohl täte, hätte ich den einen oder den anderen als Gesprächspartner, oder wenn die beiden sich miteinander unterhalten hätten. Es ist ein verworrenes Gespräch, bei dem die Themen ständig wechseln und bei dem der Herzog der Hauptwortführer ist. Ehe noch jemand sich zu uns gesellte, sprachen wir ein wenig über unser Leben: über Paris, dieses Domizil, darüber, daß wir Städte nicht lieben, über das Schreiben und darüber, daß C. eines Tages wieder nach Hause zurückkehren sollte.

Dann erwähnte der Herzog, daß man stets darauf bedacht sein müsse, was für Wirkungen man nach außen erziele, auch wenn einem das nicht recht passe. (Wie sehr unterscheidet er sich darin von C. – aber das konnte ich ihm natürlich nicht sagen!) Wir sprachen über die Presse, mit der er im ganzen gut zurechtkäme (was er, wieder im Gegensatz zu C., für sehr wichtig hält). Er sagte einfach, so aus heiterem Himmel, daß er eine völlig freie Presse, wie die amerikanische (so schlecht wie sie sei) oder eine kontrollierte Presse, wie die deutsche oder italienische, einer so undefinierbaren Presse, wie die englische, die frei sein sollte, aber doch kontrolliert ist, vorziehe.

Als sich der Prinz zu uns gesellte, redete er über Politik und sagte, wie sehr er dieser Verbrüderung mit Rußland mißtraue, die jetzt im Gange sei.

Ich hatte das Gefühl, als stünde der Herzog ständig unter Druck, wie ein Mann, der mit einem Problem zu kämpfen hat, aus Gewohnheit wirre Reden hält, lautere und positive Gefühle hegt, manchesmal auch *außergewöhnlich* treffende und von guter Beobachtungsgabe zeugende Gedankenblitze aus dieser Konfusion und Unordnung hervorangelt. Hamlet, dachte ich immerfort. Manchesmal ausgezeichnete Momente, aber im Inneren gestört, unfähig, zur Wirklichkeit vorzudringen – unfähig, das Leben zu meistern.

Wie schwierig muß das für sie beide sein.

Später, nachdem der Prinz und die Prinzessin gegangen waren, kommt die Herzogin zu C. und mir, um sich noch ein bißchen mit uns zu unterhalten. Er ist natürlicher als sie, und daher fällt es (mir) leichter, sich mit ihm zu unterhalten, obwohl er so nervös ist. Er verbirgt weniger. Bei ihr hat man das merkwürdige Gefühl, daß sie sich eine passende Maske zugelegt hat.

Wir fuhren vergnügt und lachend mit dem Lift nach unten. Aber mein vorherrschendes Gefühl, als ich nach Hause kam, war, daß ich von einem Druck befreit war – dazu taten sie mir unendlich leid.

Freitag, 31. März

Ein köstlicher warmer Frühlingstag, eine strahlende Sonne, die die Welt und alles ringsum zur Entfaltung zu bringen schien. Ein Tag, an dem man alle Fenster öffnet, sich hinauslehnt, den auf der Straße prominierenden Menschen zuschaut und erwartet, daß sich eine Romanze ereignet. Man hat das Gefühl, man *muß* draußen sein – hungert geradezu danach, badet in frischer Luft, findet Entschuldigungen, um hinauszugehen, tummelt sich draußen und kommt wieder herein, nur um wieder nach draußen zu gehen. Erste Osterglocken und blühende Obstbäume.

Ich kann weder an den Krieg denken noch darüber sprechen. Der grüne Hauch, der über den Bäumen liegt, ist so herrlich, ebenso das Vogelgezwitscher über unseren Köpfen. Komme nach Hause, mache die Fenster auf und setze mich in die Sonne. Kann nicht arbeiten; die Sonne und die weiche Luft machen einen trunken wie der Schlaf – wieder hinaus.

C. bittet die Allards[1] und Hauptmann Sterling zum Abendessen. Das Gespräch zwischen Jack Allard und C. dreht sich hauptsächlich um technische Dinge, doch der ruhige Hauptmann Sterling läßt eine Bombe platzen, als er während des Essens sagt, daß Chamberlain im Unterhaus bekanntgab, daß England Polen im Fall eines Angriffs seine Unterstützung zugesagt hat.

»England hat das wirklich zugesagt?« schreie ich fast heraus. »Ja«, sagte er, »und wir sind dahingehend informiert, daß Deutschland Polen bereits ein Ultimatum gestellt hat. Manche Leute glauben, daß es innerhalb der nächsten zwei bis drei Tage Krieg geben wird.«

Das ist ein ungeheuer bedeutsamer Schritt. Ich wollte, sie hätten ihn nicht unternommen. Das bedeutet Krieg – einen entsetzlichen Krieg, in dem es nichts zu gewinnen gibt. Chamberlain ist (nach den Zeitungsmeldungen) dagegen gewesen, während Halifax ihn befürwortete. Ich nehme an, daß man Chamberlain zum Nachgeben gezwungen hat, da so viele gegen ihn sind, dabei bin ich sicher, daß er keinen Krieg will. Sie haben ihn überzeugt, daß Deutschland nur blufft und England lediglich eine feste Stellung beziehen muß, um den Angriff aufzuhalten.

Ich wollte, ich könnte auch so denken.

Die Diskussion wird fortgesetzt und dreht sich um technische Fragen in der Fliegerei. Ich kann nicht verstehen, wie man weiter so ruhig über Maschinen reden kann. Vermutlich deshalb, weil Allard Amerikaner und im Grunde nicht so entscheidend betroffen ist wie ein Europäer. Wie nur bringt Mrs. Allard es fertig, weiter über die Windsors zu plaudern?

Samstag, 1. April

Schlagzeilen über Chamberlains Zusage an Polen.

Ich kann nicht arbeiten. Ich mache Listen, beginne zu packen,

[1] Bei der Curtiss-Wright-Gesellschaft.

mache drei verschiedene Stapel: für die Sachen, die in Paris bleiben (beziehungsweise in die Bretagne sollen), einen zweiten von den Dingen, die nach New York gehen, und einen dritten für die, die mit mir sollen.

Dienstag, 4. April

Noch immer naß, aber es klart auf. C. fliegt nach England, um das Flugzeug zurückzubringen.[1]

Abends zu den Millers zum Essen. Die Lin Yutangs sind dort. Wir führen politische Gespräche. Sie sind nicht so bedrückt wie ich. Niemand glaubt, daß Deutschland im Falle eines Krieges gewinnen würde. Ich zitiere Lloyd Georges Rede, die er gestern im Unterhaus gehalten hat. Die einzige pessimistische Äußerung an einem Tag, an dem lauter großartige und mutige Reden geschwungen worden sind (Nicht eine Handbreit weiter! etc.). Lloyd George ist durchaus pragmatisch. Er billigt den Schritt der Regierung (Polen zu unterstützen), aber er will über die Pläne der Regierung unterrichtet werden und umreißt die Situation, in der die Engländer sich befinden. Sie können kein Bataillon nach Polen senden. Rußland ist die einzige Macht, die auf dem Gebiet im Falle eines deutschen Angriffs etwas unternehmen könnte. Und die Redaktion der *Times* stellt das als einen »nicht wieder gutzumachenden pessimistischen Ausbruch« hin und fährt fort, daß Lloyd George nun wohl in einer »fernen, seltsam eigenen Welt lebe«.

Sehr ermutigt hat mich dieser Abend nicht. Alle nehmen sicher an, daß Amerika in den Krieg eintreten sollte und würde.

Mittwoch, 5. April

C. kommt abends mit dem Zug zurück und muntert mich auf.

[1] C.A.L. brachte, ehe er in die Vereinigten Staaten abreiste, das Mohawk-Flugzeug in die Fabrik nach Reading zur Aufbewahrung zurück. Bei Ausbruch des Krieges stellten die Lindberghs das Flugzeug unverzüglich der britischen Regierung zur Verfügung.

Er hat in London mit Oberst Lee gesprochen, der keinen unmittelbar bevorstehenden Krieg sieht.

Karfreitag, 7. April

C. packt[1], ordnet Papiere und Pläne etc. Wir gehen in den Bois. Kurz vor dem Mittagessen ruft uns Harriet Miller an und berichtet, daß Italien Durazzo (in Albanien) bombardiert hat. Wir rufen die Auskunft 10 an (die Nachrichtenagentur, die am Telephon ständig Nachrichten wiederholt) und erfahren, daß Italien in fünf Häfen eingedrungen ist. König Zogu appelliert an seine Leute, bis zum letzten Mann Widerstand zu leisten. Die Italiener beteuern, das habe alles nichts auf sich, sie verteidigen lediglich ihre Völker...

C. ist sehr beunruhigt. Wir rufen den ganzen Nachmittag über mehrmals die Nachrichtenagentur an.

Beim Tee hören wir die englischen Radionachrichten. Man ist sehr aufgebracht, aber offensichtlich werden keine sofortigen Maßnahmen ergriffen. Jeder sagt: »Und das am Karfreitag!« Ich denke an die Königin, die mit ihrem drei Tage alten Baby über diese schrecklichen Straßen nach Griechenland unterwegs ist!

C. und ich besprechen die Entwicklungen. Deutschland gab bekannt, daß es nicht warten würde, bis das Netz sich über ihm zusammenziehen würde, und es sei ihm ernst damit.

Sie werden sicherlich dann und dort losschlagen, wo wir es am wenigsten erwarten. C. und ich überlegen, wohin wir im Falle eines Krieges ziehen sollten: sofort in die Bretagne.

Essen alleine zu Abend. C. und hinter ihm auf dem Kaminsims der blaue Vlaminck mit den weißen Blumen. Wir haben hier so einen glücklichen Winter verlebt. Es ist mir schrecklich, daß er vorüber ist.

[1] C.A.L. plant eine Rückkehr nach Amerika. A.M.L. sollte später nachkommen.

Samstag, 8. April

C. packt. Ich ebenfalls. Schreckliche Atmosphäre – es ist so scheußlich, an seine Abreise zu denken, daß ich wünschte, sie wäre schon vorüber. Hinaus in die Wälder zu einem Kleinspaziergang. C. fährt ungefähr um 12 Uhr. Jon und ich gehen bis zum Essen in den Park und betrachten die blühenden Bäume.

Ohne C. ist mir recht beklommen zumute. Es ist nicht nur der Ozean, der uns trennt, und die ganze Plackerei, die ich noch hinter mich bringen muß, ehe ich ihn wiedersehe, sondern der Gedanke an den Krieg.

Abendessen mit Harriet und Harlan Miller im Café de Paris. Dort gibt es Musik, Lichter und hübsche Hüte und ich fasse wieder Mut.

(Die Reporter rufen wegen C. zu Hause an.)

Sonntag, Ostern, 9. April

Albanien scheint erobert zu sein. London und Paris unternehmen Schritte, um mit Griechenland und der Türkei Verträge abzuschließen.

Deutschland zieht in der Nähe Polens Truppen zusammen (laut Zeitungsmeldungen) und eine heftige Pressekampagne gegen Polen wird vorbereitet. Es klingt so unheilvoll wie im September mit der Tschechoslowakei.

Dienstag, 11. April

Ein Tag, an dem viel los ist. Ich rufe als erstes Mr. Wynn und Mr. MacArthur in der Botschaft an, wegen Soeur Lisis Reise in die USA. Gehe los, um mich nach einer Überfahrt auf der *Paris* zu erkundigen.

Bespreche mit Soeur Lisi, ob sie nach Amerika mitkommt.

Mittwoch, 12. April

Soeur Lisi geht, um ihren Paß und das Einreisegesuch und die Arbeitsbewilligung für die USA zu holen.

Ich nehme die Kinder in den Park mit. Es ist tatsächlich ganz warm. Wir setzen uns unter die Bäume. Ich nehme mir Notizen, das Tagebuch und Briefe vor, kann aber lediglich die Zeitungen lesen. Man liest die Zeitungen täglich mit äußerster Sorgfalt, denn nicht die Schlagzeilen sind wahrhaft von Bedeutung, die kennt man bereits, oder sie sind leere Floskeln. Man versucht, einen Strohhalm zu entdecken und fragt sich, wie es weitergehen soll.

Sonntag, 16. April. Telegramm von C. Ich soll kommen! Roosevelt hat einen weiteren Friedensappell an Hitler gerichtet und eine verläßliche Zusage verlangt (als Gegenmaßnahme für das wirtschaftliche Engegenkommen), nicht dreißig Nationen anzugreifen. Das ist ein konstruktives Angebot, aber ich fürchte, es wird nichts nützen, außer, daß es vielleicht den nächsten *Putsch hinauszögert.* Ich glaube nicht, daß die Deutschen diesen Aufruf einfach in den Wind schlagen und trotzdem in Polen einmarschieren können.

Montag, 17. April

Soeur Lisi kommt! Große Erleichterung. Sie ist glücklich und zufrieden, freut sich auf ihre Reise nach Amerika, nachdem sie ihre Mutter noch einmal gesehen hat.

Wir treffen nun ernsthafte Vorkehrungen: telephonieren mit der Schule, dem Friseur und C.s Schneider. Ich gehe noch einmal zu Despiau.

Ich sitze ihm gegenüber und überlege mir, was ich in dieser Stunde am letzten oder vorletzten Tag noch alles hätte machen können. Am Ende der Stunde sehe ich, daß er nervös und bedrückt wird, also sage ich ihm, daß ich morgen auch noch kommen kann. Er ist sehr erleichtert und freut sich.

Zurück zum Mittagessen. Die Bilder sind zum Versand aufgestapelt. Die Wohnung sieht kalt und kahl aus.

Packe den ganzen Abend Koffer und Taschen. Die Schrankkoffer müssen morgen früh weg.

18. April, ein windiger stürmischer Tag

Um 9.15 Uhr weg zu Despiau. Er ist heute nicht bedrückt und bald fertig. Er sagt, daß ihm die Arbeit an der Plastik viel Freude gemacht hat, daß ich als Modell *»très sage«* war, und daß er von mir *»garde un souvenir très spécial«*.

Ich versuche ihm (leichthin) zu erklären, daß er mich eine Menge gelehrt hat. (Geduld bei der Arbeit, Geduld in jenen düsteren Tagen und geduldige Erwartung. Geduld und Beharrlichkeit – doch das sage ich ihm nicht alles.)

Mittwoch, 19. April

Um 7.15 Uhr klopft Angèle mit ihrem erschrockenen Kaninchenblick an meine Türe (ich bin todmüde), um mir zu sagen, daß »das Schiff, auf dem Madame reisen wollte, mit allen Bildern, die schon verladen waren, abgebrannt ist«. Ich bin wie betäubt und glaube zu träumen (»Meine Bilder!« denke ich in dumpfer Panik. »Nein, die Bilder für die Ausstellung.« Doch es sieht so aus, als seien sie nicht verbrannt, sondern gerettet worden.) Sie sagt, sie hörte es um 6.30 Uhr im Radio, und dachte sich gleich, es sei besser, Madame zu wecken und es ihr mitzuteilen (so was Blödes, warum eigentlich!). Sie öffnet die Jalousien. »Also«, sage ich, *»il n'y a rien à faire«*, und drehe mich wieder um und denke darüber nach: 1. Ist es wahr? 2. Wo sind unsere Schrankkoffer? 3. Wenn es stimmt, welches Schiff können wir dann nehmen? Will nicht, daß das Geld verloren ist. Werden sie es einem ersetzen, oder wird man einfach einen neuen Platz auf einem anderen französischen Schiff bekommen? Das wäre die *Normandie*, die am 26. April ausläuft. Wann wird Hitler seine Rede halten? Am 28. April. Mr. Wynn ruft an und macht sich ans Werk, um einen Platz auf einem neuen Schiff herbeizuzaubern. Die französische Linie übergibt ihre Passagiere an die *Champlain*, auf der wir Kabinen bekommen.

Donnerstag, 20. April

Bin früh auf und wecke Jon. Offenbar ist der *Champlain* nichts passiert und wir werden tatsächlich auslaufen. Jon hat seinen neuen grauen Hut auf. Großes Abschiednehmen, kräftiges Händeschütteln. Alle nehmen es sehr tragisch – sehr französisch. Verfrachten uns ins Taxi und ab geht's; ein schöner Tag. »Schau, Jon! Schau zurück und sieh dir die Kastanienbäume an!« sage ich ihm im Taxi, als wir in die Avenue Henri-Martin einbiegen. »Du darfst die Kastanienbäume nicht vergessen.« (Die großen im Bois blühen gerade.)

»Ich werde sie nicht vergessen«, sagt Jon mit ernstem Lächeln.

Wenn ich es mir so überlege, ist die ganze Pariser Zeit mit den Kastanienbäumen verbunden. Zuerst nach unserer Ankunft sammelte Jon die Kastanien, dann an den herabgefallenen Ästen die sprießenden Kastanien (wurmähnliche, rote und weiße, sich kringelnde Keimlinge) und die braunen, klebrigen, weißlich aufbrechenden Kastanienknospen. Dann beobachteten wir auf dem Schulweg die blühenden Bäume. Knospen öffneten sich, Grün sproß und Blütenknospen und schließlich gab es den unglaublichen grünen Schatten der Blätter. Jons »Maronistraße« im Bois, in der ich so oft den Kinderwagen schob. Wir aßen in Armenonville im Bois unter den frischen grünen Kastanienblättern. Ich saß auf den Champs Elysées mit Mrs. Miller unter Kastanienblättern, die sich an jenem ersten phantastischen Frühlingstag vor den blauen Himmel schoben.

Dann schien es plötzlich, als sei ganz Paris voller Kastanienblüten – Kerzen auf den Bäumen (in voller Perfektion), weißer Staub der herabgefallenen Blüten, die der Wind heruntergefegt hatte, auf Bürgersteigen, in Rinnsteinen und auf den Straßen (Jon hob sie auf, nahm sie mit nach Hause, so verwelkt, wie sie waren, und stellte sie in ein Zahnputzglas). Überall Kastanienbäume, plötzlich zum Leben erwacht – mit Erstaunen nahm man sie wahr. Sie erfüllten den Raum wie ein Lied, das einem nicht aus dem Kopf geht, oder wie ein durchdringendes Parfüm, wie eine Liebe, wie der Frühling.

Wir erreichen den Bahnhof und haben noch eine Menge

Zeit, wechseln Geld, kaufen Zeitschriften und besorgen Land ein Netz für seinen Ball.

Félix ist da. Wir beziehen mit unseren ganzen Koffern unser Abteil. Gelangen ohne Schwierigkeiten an den Photographen vorbei, sie entdecken uns erst, als wir drinnen sind. Sie fragen, ob sie Aufnahmen machen dürfen. Ich schlage es ihnen natürlich ab, vor Le Havre habe ich Angst. Miss H. verabschiedet sich. Sie ist so nett und verständnisvoll gewesen. Zwischen uns bestand eine Art nie erwähnter Beziehung. Sie kam ohne viel Aufhebens, war da, und ging wieder. Es tut mir leid, sie zu verlieren. Mit ihr entschwindet das letzte Stückchen England. Sie ist feinfühlig und besitzt ausgesprochene Qualitäten.

Wir fahren ab. Jon blickt hingerissen aus dem Fenster. Die Pariser Vorstädte quellen über mit Flieder, Obstblüten und Grün. Es ist wunderschön. Wir betrachten die Seine. Land wird müde, quängelt am Schluß. Er möchte auf meinen Schoß (und setzt sich auch drauf!).

In Le Havre sind *keine* Photographen! Lediglich ein, zwei Lokalreporter, die C. und mich auf dem Flugfeld gesehen hatten. Sie sind ganz nett und setzen mich überhaupt nicht unter Druck.

Auf das Schiff und ohne jede Schwierigkeit in unsere Kabinen – sehr erleichtert. Mit den Kindern zum Mittagessen in den »Kinderspeisesaal« hinunter. Land hingelegt – in ein Kinderbettchen, das extra für ihn aufgestellt wurde – er ist ganz friedlich, aber sehr müde.

Jon und ich gehen (als alles ruhig schien) auf Deck und wandern herum; sehr wenig Leute. Wir sehen die *Paris* mit Schlagseite im Wasser liegen. Ein wahrhaft schockierender Anblick (wie kann etwas so Großes und Stabiles wie ein Überseedampfer derart zusammenfallen). Als wir zurückkommen, hält uns ein älterer Herr auf, zieht höflich den Hut und überbringt uns die »Grüße« des internationalen Nachrichtendienstes. Ich erkläre, daß ich nichts zu sagen habe. Er sagt, daß er uns keine Scherereien machen will, sondern nur eine Frage hat: »Wie lange werden Sie bleiben?« Ich wiederhole, daß ich nichts zu sagen habe und mache mich davon. Dann sagt er nebenbei, »Haben Sie die *Paris* gesehen?« Ich wiederhole: »Ich habe nichts zu sagen«, aber der arme Jon stößt hervor: »Aber ich habe sie gesehen. Aber ich ...« »Oh, du schon, kleiner Mann, wirklich!«

Ich ziehe den noch immer plappernden Jon so taktvoll wie möglich weg, und wir verschwinden in der Kabine. Dort erkläre ich ihm, so gut ich kann, alles über Reporter und sage ihm, daß er mit niemandem reden soll, außer wenn ich ihm sage, daß er es darf. Immer, wenn er nicht sicher ist, solle er mich fragen: »Ist er ein Reporter?« Doch mich irritiert und ärgert dieser Zwischenfall, weil ich Jon etwas verbieten muß und weil ich die Sache nicht vorausgesehen habe. Was wird C. denken?

Wir kommen erst nach dem Tee um 18 Uhr wieder herauf. Die Gongs ertönten, so wähne ich uns in Sicherheit. Doch auch dann kommt eine aufgeregte alte Dame vom Pariser *Herald* auf mich zu, aber ich sage nichts und sie huscht davon. Jon fragt: »Wer war das?« »Das war auch ein Reporter.« Erstaunen: »Ich dachte, es gäbe nur männliche Reporter!«

Ich sorge dafür, daß wir Deckstühle bekommen. Land läuft in seinem kleinen blauen Leinenmantel auf dem Deck auf und ab. Er wirkt so männlich und unabhängig, alle schauen ihm nach und betrachten ihn voller Bewunderung. Wir erregen aber keine unliebsame Aufmerksamkeit.

Ich setze mich während des Abendbrots zu den Kindern. Jon steht an den Bullaugen und beobachtet die Schiffe: »Ich bin sehr glücklich über die Boote und das alles!«

Ich esse in dem großen *salle à manger* alleine zu Abend. Das Essen ist gut. Ich sitze alleine und bin zufrieden, wünschte mir nur, daß auch C. hier wäre. Während ich die Menükarten mit den Bildern der Normandiegäßchen und der Bretagnefelsen betrachte und ich rund um mich herum Französisch sprechen höre, wird mir schmerzlich bewußt: Wie ich Frankreich doch liebe, ich liebe sein Land und seine Leute. Die Menschen, mit denen man sich auf Gesellschaften unterhält, aber auch die einfachen Leute. Despiau sprach neulich in seinem Atelier davon, wie besonnen und heldenhaft die Franzosen zu dieser Krise stehen. Die Väter im Park, die sonntags mit ihren Kindern Ball spielen. Die Gastwirte. Die Fischer der Bretagne.

Ich liebe das alles aufrichtig. England gegenüber hegte ich diese Gefühle nie. In England liebe ich einzelne Menschen und sie stehen mir nahe. Ich bewundere eine kleine Gruppe (eine Klasse im intellektuellen, nicht im sozialen Sinn). Ich liebte Long Barn und seine Umgebung wie mein eigen Fleisch und Blut. Doch »England und die Engländer« liebe ich keineswegs so, wie ich »Frankreich und die Franzosen« liebe. Es ist nicht anders, wie wenn man sich verliebt, eine Entdeckung, die sich bei einem Abschied wiederholt, doch derer man sich erst bewußt wird, wenn einen ein jäher Schmerz daran erinnert, daß einem der andere nun fehlt.

Frauenleben: Tagebücher, Berichte, Autobiographien

Elisabeth Castonier:
Stürmisch bis heiter
Memoiren einer
Aussenseiterin

dtv

Der gesellschaftliche Glanz des Großbürgertums, die Boheme der zwanziger Jahre und die Zeit der Emigration
dtv 401

Katherine Mansfield:
Tagebuch
1904–1922

dtv

Ein hemmungsloses Ich-Buch, widersprüchlich, enthusiastisch und deprimiert, furios und zärtlich
dtv 1401

Isabella Nadolny
Seehamer Tagebuch

dtv/List

Ironisch-heitere Skizze aus der ländlichen Idyl des Chiemgaus
dtv 1665

Die Tagebücher der
Anaïs Nin 1

dtv

Die Jahre 1931–1934.
Eine junge Frau auf der leidenschaftlichen Suche nach sich selbst
dtv 759

Die Tagebücher der
Anaïs Nin 2

dtv

Die Jahre 1934–1939.
»Ein eindrucksvolles Bekenntnis« (Henry Miller)
dtv 858

Die Tagebücher der
Anaïs Nin 3

dtv

Die Jahre 1939–1944.
Anaïs Nin in New York
dtv 981

Joyce Carol Oates

Die große Erzählerin schämt sich ihrer
enschenfreundlichkeit und ihrer
armherzigkeit ebensowenig wie ihrer
üchternheit und Intellektualität.«
(Marcel Reich-Ranicki)

v 1643

dtv 1747

dtv 10032

v 10394

dtv 10473

dtv